제2판

사회복지실천기술론

길귀숙 · 강희숙 · 김상곤 · 오영훈
유용식 · 임승희 · 천덕희 · 현영렬 공저

YANGSEOWON
양서원

머리말

최근 팬데믹 현상도 포함하여 우리 사회의 다변화, 복잡화, 다양화됨에 따라 사회복지사의 도움을 필요로 하는 사람들의 수와 욕구의 종류가 늘고 있다. 사회복지사는 다양한 클라이언트를 만나게 되고 이들을 원조하기 위해 많은 지식과 기술이 필요함을 알게 되며 더 많은 도전을 받게 된다. 사회복지실천은 가치와 지식, 기술의 세 가지 요소를 기초하여 사회복지 전문직의 개입을 필요로 하는 제반 현장에서 사회복지사가 수행하는 실제적인 일련의 행동과 활동으로 사회복지사가 전문적 도움을 필요로 하는 사람들을 직접 만나 전문적인 서비스를 제공하여 클라이언트가 스스로 문제와 욕구를 스스로 해결하게 도와줌으로써 사회적 기능을 향상시키고, 나아가서 삶의 질을 높일 수 있도록 하는 종합적이고 전문적인 활동이다.

사회복지실천기술은 사회복지의 실천과정에서 사회복지사가 사용하는 다양한 기술로 클라이언트인 개인, 집단, 가족, 지역사회 등을 대상으로 하는 사회복지실천현장에서 실제로 활용할 수 있는 기술을 의미하는 데 사회복지의 궁극적인 목적인 클라이언트의 삶의 질을 높이기 위한 문제해결을 돕는 과정이 제대로 적절하게 이루어지도록 하기 위하여 사회복지사는 사회복지실천현장에서 실제로 활용될 수 있는 기술을 잘 습득하여야 한다. 더욱이 그동안 사회복지사업법의 개정과 국가시험제도의 도입으로 사회복지사의 자격이 강화되고 전문직으로서 확고한 위치를 가지게 되면서 대학은 사회복지실천의 전문성을 교육해야 하는 막중한 책임을 지게 되었다.

'사회복지실천기술론'은 사회복지사 자격을 취득하기 위한 국가시험 필수과목이며 '사회복지실천론'을 선수과목으로 하는 사회복지방법론 교육을 위한 필수적인 과목으로 사회복지학과 및 관련학과의 학생들은 이 과목을 통해 개인과 가족, 집단을 대상으로 사회복지실천을 하기 위한 지식과 가치, 기술을 포함하여 실제에 적용하기 위한 보다 구체적인 개입방법을 학습하게 된다. 사회복지실천기술론은 사회복지사가 사회복지실천현장에서 만나게 되는 다양한 클라이언트를 돕기 위하여 어떤 시각에서 어떤 지식과 기술로 도와야 하는가를 알려 주는 과목이라고 할 수 있다. 사회복지사를 클라이언트의 문제를 해결하고 바람직한 변화를 수행할 수 있는 전문가로서 인식하고자 하는 사회의 요구가 증대되어 가는 것에 맞춰 사회복지실천에 대한 사회의 변화된 관점과 요구를 반영하기 위한 사회복지학계나 실천현장의 노력이 반영된 사회복지실천 교육이 절대적으로 필요하다. 이런 효과적인 사회복지실천에 필요한 이론과 기술, 개입방법을 제시하는 것이 이 책의 목적이다.

이 책은 총 14개의 장으로 구성되어 있다. 제1장은 사회복지실천기술의 이해 및 사회복지사의 전문성에 관해 다루었고, 길귀숙 교수가 집필하였다. 제2장은 사회복지실천모델과 개입기술 1을 살펴보았고, 길귀숙 교수가 집필하였다. 제3장은 사회복지실천모델과 개입기술 2로, 오영훈 교수가 집필하였다. 제4장은 사회복지실천모델과 개입기술 3으로, 강희숙 교수가 집필하였다. 제5장 개인대상 사회복지실천기술 1과 제6장 개인대상 사회복지실천기술 2는 유용식 교수가 집필하였다. 제7장 집단대상 사회복지실천기술 1과 제8장 집단대상 사회복지실천기술 2는 임승희 교수가 집필하였다. 제9장 가족대상 사회복지실천기술 1과 제10장 가족대상 사회복지실천기술 2는 현영렬 교수가 집필하였다. 제11장은 지역사회대상 사회복지실천기술을 살펴보았고, 유용식 교수가 집필하였다. 제12장은 사례관리 실천을 다루었고, 김상곤 교수가 집필하였다. 그리고 제13장은 사회복지실천 기록으로, 천덕희 교수가 집필하였다. 제14장은 사회복지실천 평가를 다루었고, 강희숙 교수가 집필하였다.

위의 내용을 다루는 데 있어 저자들은 사회복지실천론과의 경계가 모호하고 각 교재들의 내용이 너무 다양하다는 점과 한 학기 강의하기에 적당한 분량 등을 고려하여 한국사회복지교육협의회의 최근의 사회복지학 교과목 지침서의 기준에 충실하기 위해 노력하였으며, 실제 실천현장에서 활용하는 데 도움이 될 수 있도록 가능한 한 예문과 사례, 연습을 제시하려고 노력하였다. 이와 같은 내용으로 교육현장에서 사회복지실무에 효과적으로 대처할 수 있는 실제적이고 유용한 사회복지실천 이론들과 기술들을 예비사회복지사인 학생들이 배우고 익히도록 이끌어 줄 수 있는 좋은 교재를 만들어 보자는 소박한 동기에서 집필이 시작되어 실제 현장에서 활용도가 높은 사회복지실천모델들을 설명하고자 하였다. 또한 사례관리 실천뿐만 아니라 지역사회복지론과 다른 시각에서 사회복지실천기술로서의 지역사회 개입도 살펴보고자 하는 등의 나름대로 많은 노력과 정성을 기울였으나 클라이언트들의 문제를 돕는 영역이 다양하여 실천현장의 현실성을 다 반영하기에는 분명히 한계가 있다고 본다. 앞으로 이에 대한 많은 부분들이 수정·보완되어야 할 것으로 생각한다. 아낌없는 비평과 조언, 그리고 격려를 독자 여러분에게 부탁드린다. 2015년 1판 때 김상곤 교수님의 유고인 '사례관리 실천' 부분을 이 책에서 다시 넣음은 고 김상곤 교수님의 열정과 충실성이 가득 담겨 있고 가족분들께 추억과 위로가 되기를 바람이다. 이 책을 내기까지 많은 도움을 주신 양서원 출판그룹의 박철용 회장님과 직원 여러분들께 깊은 감사를 드린다.

2021년 2월

저자 일동

차 례

Chapter

01 사회복지실천기술의 이해 및 사회복지사의 전문성

학습목표

1. 사회복지실천기술의 개념을 이해하여 설명할 수 있다.
2. 사회복지실천지식과 기술의 관계를 이해하여 설명할 수 있다.
3. 사회복지실천기술의 유형을 이해하여 설명할 수 있다.
4. 사회복지 전문직의 정체성을 이해하여 설명할 수 있다.
5. 사회복지실천윤리와 윤리적 결정과정을 이해하여 설명할 수 있다.
6. 사회복지사의 전문적 지식과 기술을 이해하여 설명할 수 있다.

1. 사회복지실천기술의 이해

1) 사회복지실천기술의 개념

사회복지실천기술은 사회복지실천이론을 사회복지현장에 적용하여 지역사회에 거주하고 있는 클라이언트의 삶을 유용하도록 하는 수단 혹은 이러한 목적을 위한 방법이나 능력을 의미한다고 볼 수 있다. 사회복지실천기술에 대한 여러 학자들의 주장은 이러한 맥락에서 다양하게 표현되고 있다.

콤프톤과 갤러웨이(Compton & Galaway, 1994)는 사회복지사가 자신이 얻은 지식을 능동적인 사고 과정을 통해 클라이언트의 욕구에 적합한 서비스로 전환할 수 있는 능력을 사회복지실천기술이라 하였고(이미선 외, 2020: 13), 존슨(Johnson, 1995)은 사회복지실천기술을 관심과 욕구에 맞추어, 지식과 가치를 행동으로 전화하는 사회복지실천의 구성요소로 보고, "특정 목표나 활동을 향한 복잡한 행위체제"라고 정의하였다(김충식 외, 2009: 16).

Barry Cournoyer(1991)는 사회복지실천기술은 ① 사회복지실천의 지식과 가치, 윤리, 의무로부터 나와야 하며, ② 사회복지사에 필요한 핵심적 자질과 일치해야 하며, ③ 전문적 통합성의 특징을 반영해야 하며, ④ 실천의 단계나 과정의 맥락이 고려된 사회복지실천 목적과 부합하여야 한다고 하였다(김인숙 외 역, 2002; 신성자 외, 2017: 42-43).

슐먼(Shulman, 1984)은 이러한 사회복지사가 갖고 있는 실천기술들이 종합적으로 잘 활용될 때, 긍정적인 원조관계가 형성되고, 긍정적인 원조관계는 사회복지실천의 결과에 영향을 준다고 하였으며, 쉐퍼 등(Sheafor et al., 1997)도 사회복지사가 갖고 있는 기술은 클라이언트와 사회복지사 간의 관계에 영향을 준다고 보았다. 즉, 사회복지사의 실천기술 자체가 실천의 과정에 직접 영향을 주기보다는 이러한 기술들이 사회복지사와 클라이언트 간에 협력적 작업관계 또는 원조관계 형성에 긍정적인 영향을 주고 이것이 다시 실천 성과물에 영향을 준다는 것이다(엄명용 외, 2016: 16).

사회복지실천기술은 사회복지라는 큰 분야의 한 부분으로 사회복지의 실천이라는 최종과정에 해당한다. 사회복지는 인간의 욕구 중 어느 부분을 도와주고 어느 부분을 도와주지 않을 것인가라는 문제와 무엇을 도와줄 것이며 누구를 얼마나 도와주어야 하는지의 문제, 제한된 자원을 어떻게 마련하고 어떤 경로를 통해서 전달할 것인지 등이 전체 내용을 구성하고 있다. 사회복지실천기술은 이러한 모든 과정을 통해서 최종적으로 결정된 서비스를 최일선에서 일하는 사회복지사가 최종적으로 전달하는 일과 관련된 활동이다.

그러므로 사회복지사는 인간과 사회에 관한 다양한 기초지식을 배경으로 클라이언트와 관계를 맺기 위해 요구되는 대인관계기술과 도움을 제공하기 위한 의사소통기술이 요구된다. 문제해결을 위한 기술로 클라이언트가 찾아왔을 때 제시된 문제를 파악하고 요구되는 정보를 찾아내어 개입의 목적과 방법을 파악해 내는 기술이 필요하다. 이러한 기술은 연이어질 지속적인 개입을 위한 준비의 틀을 제공하는 것이다. 이렇게 문제의 사정과 개입의 목표를 결정하고 개입을 통해서 문제를 해결해 나가는 기술은 어떤 종류의 실천이든 간에 기본적으로 요구되는 기술이다(최선화, 2008: 26).

이러한 기술들은 사회복지실천의 상황에 따라 각각 별도로 활용되기도 하지만 통합적으로 혼합되어 사용되는 경우가 더 많다. 따라서 사회복지실천을 통해 긍정적인 결과를 얻어 내기 위해서 사회복지사는 실천에 필요한 모든 기술들을 익히고 이 기술들을 긍정적인 원조관계 형성이라는 일차적인 목표를 위해 사용해야 함에 주목해야 한다. 특히 원조관계 형성은 전체적인 실천과정의 기초를 다진다는 점에서 초기 단계의 중요한 과제임을 명심할 필요가 있다(엄명용 외, 2016: 15).

2) 사회복지실천지식과 기술의 관계

사회복지실천은 종종 예술(art)과 과학(science)이 통합된 응용실천 분야로 불리어진다. 이 말은 사회복지실천이 사회복지사와 클라이언트와의 관계를 중시하면서도 과학적 이론과 지식에 근거해야 함을 의미한다. 즉 사회복지실천은 사회복지사와 클라이언트 간의 수용적이고 협조적인 관계가 매우 중요하지만, 이에 못지않게 실천의 전 과정이 이론적인 근거에 의해서 체계적으로 진행되어야 한다는 것이다. 사회복지사가 비록 많은 경험을 갖고 있으며, 이로 인해 클라이언트의 상황과 문제를 잘 이해한다고 하더라도, 문제의 원인과 해결방법을 제시할 수 있는 이론적 틀이 없으면 효과적인 개입을 할 수 없기 때문이다. 따라서 과학으로서의 사회복지실천은 사회복지사의 추상적 사고나 클라이언트와의 협조적인 관계에만 의존하는 것이 아니라, 클라이언트가 갖고 있는 문제의 원인과 현재 상황을 객관적 이론에 근거해서 파악하여야 하며, 이들 이론에 기초한 실천기술과 개입방법을 활용해야 하는 전문직임을 의미한다.

전문직인 사회복지실천을 위해서는 과학적 이론이 필요하지만, 이에 못지않게 사회복지사가 어떠한 이론을 선택하여야 할지를 결정하는 것도 중요하다. 사회복지실천은 사회복지사가 선택한 이론적 배경에 따라 클라이언트의 문제를 인식하고 사정하는 방법 그리고 개입의 목표와 문제해결방법에 많은 차이가 나타나기 때문이다. 또한 사회복지사가 이론을 선택할 때는 각각의 이론들이 내포하고 있는 인간관이나 세계관을 고려하는 것이 중요하다. 사회복지실천은 사회복지사의 개인적 가치와 직업적 가치가 중요시되는 분야이므로 사회복지사 자신의 가치와 이론적 관점이 서로 일치할 때보다 효과가 있다. 그러므로 사회복지사는 효과적이고 전문적인 사회복지실천을 위해서 인간과 사회환경에 대한 다양한 이론들을 이해하는 것은 물론 자신의 가치관에 적합한 이론이 무엇인지를 선택하고 이를 활용하는 것이 중요하다(윤현숙 외, 2005: 41). 사회복지실천에서의 과학성과 예술성은 서로 대립되는 개념이 아니라 상호 보완적이며 의존적인 관계이다.

(1) 과학적 기반(과학성)

사회복지사는 개인과 가족, 집단, 지역사회, 조직체를 대상으로 하므로 기초과학과 사회학, 인류학, 정치학을 포함해서 더 큰 체계를 연구하는 원리를 알아야 한다. 인간의 감정과 행태는 생리적 현상이고 일부는 유전에 의해 결정되며 감정과 행동을 조절하기 위해서 약물치료를 하므로 사회복지사는 유전학, 생물학, 행태과학에 대한 지식이 있어야 한다.

인간은 자연세계의 일부이고, 환경과 상호작용을 하므로 사회복지사는 클라이언트가 연계망을 이루고 있는 물리적·사회적 환경 등을 이해하기 위해서 생태과학에 대한 지식이 있어야 한다. 심리학, 사회학, 경제학, 인류학, 정치학 등에 대한 지식뿐만 아니라 의학, 정신의학, 가족치료 등과 같은 전문 지식과 관련된 지식도 갖추어야 한다(전남련 외, 2012).

사회복지는 다른 분야의 과학적 지식을 활용하고 점차 그 이론적 준거틀을 개발하고 그 효과성을 평가하는 데 과학적 방법의 활용이 증가하고 있다. 사회복지는 다음과 같은 방법을 활용할 때 과학적이라고 말할 수 있다(이애재, 2013).

① 사람들의 사회적 기능을 나타내는 자료를 수집하고, 조직화하고 분석한다.

② 새로운 기법을 만들고 새로운 실천 지침을 형성하고, 새로운 프로그램과 정책을 개발하기 위해 관찰, 경험, 그리고 공식적 연구를 활용한다.

③ 사회복지 개입을 안내하는 계획과 개념적 준거틀을 세우기 위해 기초가 되는 자료를 활용한다.

④ 개입이 사람의 사회적 기능 수행에 미치는 영향을 객관적으로 검토한다.

⑤ 전문직에서 다른 사람들이 설명하는 아이디어, 연구, 그리고 실천을 교환하고 비평적으로 평가한다.

(2) 예술적 기반(예술성)

예술은 능숙한 수행을 하는 데 필요한 특수기술로 학습만으로는 배울 수 없는 직관적 능력을 발휘해야 하는 것이다. 사회복지실천에서의 예술적 기반 혹은 예술성은 사회복지사의 개인적 특성이나 예술적 혹은 직관적 능력 등을 과학적 기반과 더불어 적절히 활용하는 것을 말한다.

사회복지사의 다양한 활동이나 개입 등이 효과적이기 위해서는 상황이나 클라이언트의 특성에 맞게 이론, 기술 등을 적절히 선택하여 적용할 수 있어야 하며, 이 과정에서 사회복지사는 클라이언트를 충분히 이해하고 공감하며 원조관계를 형성·유지하고, 클라이언트의 저항이나 양가감정을 다루고 클라이언트가 문제해결에 적극적으로 참여하여 변화를 일으킬 수 있도록 원조해야 한다. 사회복지실천의 예술적 기반(예술성)에 해당하는 다양한 구성요소는 아래와 같다(이영실 외, 2015: 12-15)

① **동정과 용기** : 동정이란 타인의 고통에 동참해서 그 괴로움에 의지하는 것을 의미하며, 동정이 결여된 경우 클라이언트의 관심사에 거리를 둘 수 있다. 또한 사회복지는 용기를 필요로 한다. 용기는 일상적으로 고통과 혼란, 인간의 부정적이고 파괴적인 행동에 대해서도 직면할 수 있는 능력을 의미한다.

② **전문적 관계** : 원조의 가장 기본은 전문적 관계를 활용하여 사람들이 변화 가능성에 관해 개방적이 되도록 하고, 적극적으로 변화과정에 참여하도록 돕는 것이다. 긍정적 관계는 개인, 가족, 혹은 클라이언트 집단을 효과적으로 원조하기 위한 전제조건이

될 뿐만 아니라 조직이나 지역사회를 구성하는 사람들과의 활동관계에도 중요하다. 전문적 관계를 형성하기 위해서는 감정이입, 온화함, 진실함 등의 대인관계기술이 필요하다.

③ **창의성** : 창의성은 각 클라이언트의 상황이 모두 독특하고 항상 변화하기 때문에 중요하다. 창의성의 요소를 살펴보면, 문제에 대한 다양한 접근방법을 확인하고 문제를 해결할 수 있도록 해 주는 상상력, 문제와 관련하여 모든 사람의 관점에서 상황을 이해할 수 있는 융통성, 그리고 어려움이나 좌절 속에서도 지속적으로 행동할 수 있는 인내심 등이 있다.

④ **희망과 에너지** : 희망이란 사람들의 기본적인 선함, 긍정적 방식으로 변화하는 능력, 그리고 공동 선을 위해 다른 사람과 협조적으로 활동하는 의지에 대한 확고한 믿음과 신념을 말한다. 에너지는 어떤 일이 진행되도록 하고 결과를 얻는 것이며 실수와 실패를 통해 회복할 수 있는 능력을 의미한다.

⑤ **판단** : 원조과정의 특성과 클라이언트 상황의 독특성으로 인해 사회복지사는 판단을 하기가 어렵다. 즉, 클라이언트 상황을 사정하고, 대안적 해결책을 제시하고, 원조과정을 계획하고, 변화활동을 수행하며, 서비스를 종료할 때를 결정하는 것을 포함해서 사회복지사는 판단을 내리기가 어렵다. 사회복지사의 전문적 판단은 명확하고 날카로운 사고력에 달려 있으며, 이는 사회복지실천 영역에서 지속적 분석과 반성을 통한 개방적 학습을 통하여 얻어질 수 있다.

⑥ **전문적 가치** : 전문적 가치는 기본권리에 대한 존중, 사회적 책임감, 개인적 자유에 관한 헌신성, 자기결정에 대한 지지로 구분한다. 첫째, 기본권리에 대한 존중으로서, 모든 인간은 삶의 목표를 달성하고 문제를 예방하며 인간으로서의 잠재력을 실현하는 데 도움이 될 자원과 서비스에 관해 동등한 접근성을 가지는 것이다. 둘째, 사회적 책임감으로서, 가족, 교육 정보와 같은 사회제도는 인간의 욕구에 관해 반응을 보여야 한다. 셋째, 개인적 자유에 관한 헌신성으로, 개인과 개인 사이에는 다양한 차이가 있음을 인정하고 사회는 그 구성원에 대한 통제를 최소화해야 한다.

⑦ **자기결정에 대한 지지** : 자기결정에 대한 지지로서, 인간은 자신의 삶을 선택할 권리를 가져야 한다(이영실 외, 2015 : 12-15).

3) 사회복지실천기술의 유형

사회복지사는 다양한 상황에 있는 각계각층의 클라이언트를 대상으로 원조한다. 원조과정이 진행됨에 따라 각 단계마다 필요한 개입 목표를 달성하기 위해서 다양한 이론적 이해를 바탕으로 활용해야 할 실천기술의 범위도 넓고 그 종류도 다양하다.

사회복지실천기술에서 공통 기술은 정보 획득과 계획수립기술, 의사소통기술, 문제상황 분석기술, 계약기술, 과정점검 및 평가기술, 다양한 역할수행기술 등의 기술이 필요하다고 본다. 사회복지실천기술의 유형은 다음과 같다.

(1) 미국사회복지교육협의회에서 제시한 사회복지실천기술의 유형

미국사회복지교육협의회(CSWE)의 『교육과정정책설명서』에서는 사회복지실천기술을 크게 두 유형으로 나누었다.

① **인지적 기술** : 상황 속의 사람을 생각하고, 사람과 상황에 관한 이해를 개발하고, 활용해야 할 지식을 명백히 하고, 중재를 위한 계획을 수립하고, 평가를 수행하는 데 사용되는 기술이다.

② **상호작용기술 또는 관계적 기술** : 개인, 가족, 집단 및 지역사회와 함께 일하는 데, 이해를 전달하고 개발하는 데, 함께 계획을 수립하고, 행동계획을 평가하기 위해서 사용되는 기술이다(양점도 외, 2008: 127).

(2) 개입 차원에 따른 실천기술의 유형

사회복지실천기술은 사회복지사가 관여하는 클라이언트체계 수준에 따라 다양하다. 그 수준은 미시(micro), 중범위(mezzo), 거시(macro) 등으로 구분되는데, 효과적 실천을 위해서는 세 가지 영역을 포괄하는 총체적 지식과 기술이 필요하다.

① **미시적 차원의 기술** : 미시 수준의 실천은 개인, 부부, 가족을 포함하는 다양한 클라이언트체계를 대상으로 하며 사회복지사는 클라이언트와 일대일로 접촉하면서 직접 서비스를 전달한다. 미시적 차원의 기술에는 대인관계기술, 면접기술 등이 해당된다.

② **중범위적 차원의 기술** : 중범위 수준의 실천은 가족생활보다는 덜 밀접하게 관련된 대인관계, 조직과 기관의 대표 사이보다는 더 의미 있는 관계, 자조집단이나 치료집단의 구성원 관계를 포함한 학교나 직장, 이웃에서의 동료 간의 관계에 개입한다. 중범위 수준에서의 개입은 클라이언트에게 직접적 영향을 미치는 가족, 또래집단, 학급과 같은 체계를 변화시키는 것이다. 중범위 차원의 기술은 집단 역동성을 활용하는 기술, 미시 수준의 관계형성기술 및 의사소통기술을 집단에 적용하는 기술 등이 해당된다.

③ **거시적 차원의 기술** : 거시 수준의 실천은 서비스를 직접 전달하는 것과 거리가 먼 것으로, 거시적 실천은 사회계획과 지역사회조직과정을 포함하며, 사회복지사는 사회문제를 다루기 위해 개인, 집단, 조직으로 구성된 지역사회행동체계를 원조하는 전문적 변화매개자로서 역할을 한다. 거시적 차원의 기술에는 주민조직기술, 지역사회지도자 및 정책결정자에게 접근하는 기술, 자금동원기술, 행동주도기술, 해결협상기술, 클라이언트 옹호기술, 대변기술 등이 해당된다(이영실 외, 2015: 15-16).

2. 사회복지사의 전문성

1) 사회복지 전문직의 정체성

사회복지사(social worker)라는 직업은 내용보다는 이미지를 강조하는 시대에는 어딘가 뒤쳐져 보이는 직업 명칭이라고 할 수 있다. 사실 사회복지사라는 용어를 모르는 많은 번역가들은 아직도 "사회적 노동자"로 해석하는 것을 자주 볼 수 있다. 그러면 사회복지사라는 용어 이전에 사회복지(social work)라는 용어가 어떠한 영향을 받아서 만들어졌는지를 아는 것은 매우 중요하다.

제프리 브래킷(Jeffrey Brackett, 1860~1949)이 사회복지의 명칭에 영향을 주었다. 볼티모어자선조직협회의 자원봉사자였던 브래킷은 30년 가까이 매사추세츠자선조직협회의 이사로 활동했으며, 이후 시몬스(Simmons) 사회복지대학의 첫 학장이 되었다. 1900년대 초기에 브래킷은 'social'이라는 용어가 발전하는 전문직 명칭의 한 부분이 됨을 주장하였다. 왜냐하면 이 용어는 가족 성원 · 친구 · 문화 · 인종집단 · 학교 · 직장 · 이웃 · 지역사회 등을 포함하여 많은 다른 요소들과 같이 생활을 형성하는 중요한 힘과 사람들의 상호작용에 초점을 두고 묘사할 수 있기 때문이다. 'work'라는 용어는 전문적인 실천과 자선적 활동을 구별하기 위하여 첨가되었다. 따라서 그는 전문직의 활동을 준비하지 않은 채 호기심에서 이루어지기보다는 책임과 훈련을 강조하는 전문직의 명칭으로 'work'를 포함시켜야 한다고 믿었다(서울대학교사회복지연구회, 1998).

사회복지는 모든 사람들의 잠재능력과 사회적 기능을 향상하여 사람들이 행복하고 만족스럽게 살 수 있도록 개인, 집단, 가족 그리고 지역사회가 겪고 있는 심리적 · 사회적 · 정신적 · 신체적 · 경제적인 문제들과 욕구 등을 해결하도록 도와주는 제도화된 사회적 서비스를 의미한다(Friedlander, 1985). 제도로서의 사회복지는 사회보험, 공적부조, 사회문제를 해결하기 위한 정부나 민간의 다양한 서비스와 프로그램을 포함한다(이준우 외, 2004 재인용).

사회복지 전문직이 활용하게 되는 사회복지실천기술은 위의 사회복지라는 큰 제도의 한 부분으로 사회복지실천의 최종과정에 해당한다. 사회복지는 인간의 욕구 중 어느 부분을 도와주고 어느 부분은 도와주지 않을 것인가라는 문제와 무엇을 도와줄 것이며 누구를 얼마나 도와주어야 하는지의 문제, 제한된 자원을 어떻게 마련하고 어떤 경로를 통해서 전달할 것인지 등이 전체 내용을 구성하고 있다. 사회복지실천기술은 이러한 모든 과정을 통해서 최종적으로 결정된 서비스를 최일선에서 일하는 사회복지사가 최종적으로 전달하는 일과 관련된 활동이다(최선화, 2008). 이러한 사회복지실천과정 속에서 사회복지사들은 자신들이 활용하고 있는 실천기술의 활용능력에 따라서 전문가로 인정받게 된다.

미국사회복지사협회(NASW) 강령은 능력을 갖추고 일하는 것에 대해 다음과 같은 분명한 지침을 제공한다. 첫째, 사회복지사는 자신의 현재 능력 또는 필요한 능력을 취득하려는 계획에 기반을 두고 책임 혹은 일을 받아들여야 한다. 둘째, 사회복지사는 전문적인 활동과 전문기능의 수행에 능숙해지고 이를 유지하기 위해 노력해야 한다. 사회복지사는 사회복지에 연관된 새로운 지식을 비판적으로 검토하고 이를 자신의 것으로 만들어야 한다. 사회복지사는 전문적인 문헌을 일상적으로 살펴보아야 하며, 사회복지 업무와 사회

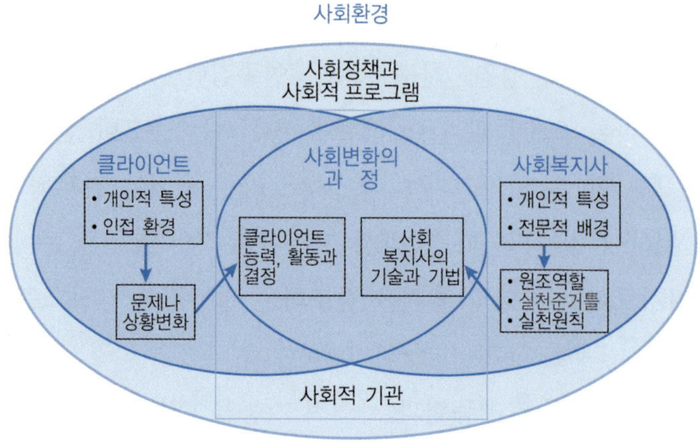

출처 : 서울대사회복지실천연구회(2010: 89)

[그림 1-1] 사회복지실천에 대한 통합적 관점

복지 윤리에 관련된 교육에 지속적으로 참여해야 한다. 셋째, 사회복지사는 경험적인 지식을 포함하여 사회복지 업무와 사회복지 윤리에 관해 자신이 알고 있는 지식에 기반을 두고 일을 해야 한다(손광훈, 2008).

[그림 1-1]은 사회복지실천에 대한 통합적 관점에 있어서 사회복지실천에 영향을 미치는 주요 요소들을 나타내고 있다. 여기에는 사회적 기관(정책과 프로그램 포함), 사회환경, 이의 영향을 받는 클라이언트 또는 클라이언트체계, 사회복지사들이 포함된다. 특히, [그림 1-1]에서 사회복지사 부분은 사회복지사가 독특한 개인적 특성과 전문적 배경을 가지고 변화과정에 개입하는 것을 보여준다. 사회복지사가 기법과 기술을 적용하는 등 실제적으로 클라이언트와 함께 하는 것을 통하여, 클라이언트는 사회복지사의 독특한 개인적 특성, 전문적 배경을 경험한다. 사회복지사는 자신이 가정하는 개념적 준거틀을 선택하여 독특한 전문적 역할과 실천을 수행한다. 사회복지사의 개인적 특성은 생활경험과 서비스를 제공하는 한 사람의 독특한 예술적 재능이나 선천적 능력과 관련된다. 인간상황에 관한 사회복지사의 독특한 관점뿐만 아니라 특정 가치는 변화과정에 필연적으로 도입된다. 사회복지사의 생활과 인간문제에 대한 관점은 자신의 인종·문화적 배경, 사회·경제적 지위, 성(gender), 나이, 성적 정향(sexual orientation) 등에 의해 형성된다. 이 모든 것은 사회복지사와 클라이언트의 관계에 영향을 미친다. 동시에 실천가들은 사회복지의 전문

적 배경을 형성하는 데 특별한 기여를 한다. 전문적 배경 때문에 사회복지사는 클라이언트의 친구·가족·자연적 원조자 및 클라이언트와 함께 활동한 적이 있거나 과거에 도와주었던 다른 분야의 전문가와 차별화된다(서울대사회복지실천연구회, 2008). 본서에서는 사회복지실천에 있어서 전문적인 배경이 무엇인지를 알아보고자 한다.

첫째, 사회복지사들은 신념체계·가치·윤리적 원칙을 가지고 있으며, 다양한 윤리적인 딜레마 상황에서 윤리적인 결정과정을 갖게 되는데 이에 활용될 수 있는 지식은 여기에서 다루고 있다.

둘째, 사회복지사들의 전문적 배경인 지식 기반은 사회복지실천의 중요한 요소이며, 이는 실천관점·이론·모델 등 실천과 변화과정의 지향점을 제공하는 다양한 실천 준거틀을 구성한다. 이러한 준거틀이 선택되고 활용되는 방식은 제 2 장부터 제 4 장에서 다루고 있다.

셋째, 사회복지의 주체로서 개인, 집단, 가족, 그리고 지역사회는 일차적으로는 사회복지사의 클라이언트가 된다. 다양한 형식의 클라이언트에게 맞는 실천기술에 대해서는 제 5 장부터 제 11 장까지 다루고 있다.

마지막으로, 사회복지사들은 책임감을 갖고 다양한 원조역할을 수행하는 하나의 방법으로 '사례관리'가 있다. 사회복지사들은 클라이언트를 적절한 자원에 연계하는 것으로부터 사례의 상황을 사정하는 것, 직접적인 서비스의 제공, 사회행동의 계획과 수행 등에 이르는 다양한 역할과 기능을 수행할 준비가 되어 있어야 한다. 제 12 장에서 이러한 사례관리 실천과정을 다루었으며, 사례관리를 포함하는 모든 사회복지실천과정을 기록으로 남기는 것의 중요성부터 방법에 대한 부분을 제 13 장에서 살펴보고 있다. 그리고 제 14 장에서 사회복지실천 평가를 다루고 있다.

NASW 윤리강령 개정판(1995)에는 "사회복지사는 자신의 전문 영역 내에서 실천하고, 자신의 전문적 기술을 개발하고 강화한다"는 내용이 들어 있다. 결국 사회복지사는 실천 속에서 전문적인 능력을 획득하고 유지하는 것을 윤리적으로 요구받는다. 이런 요구를 만족시키기 위해서 진취적인 사회복지사들은 전반적인 활동 속에서 전문능력을 획득해야 한다. 이러한 요구의 근거는 사회복지서비스의 많은 부분이 그것을 사용하는 사람들에게 달려 있기 때문이다. 게다가 자신의 실천 영역에서 스스로를 전문가라고 공공연히 내세우는 사람들에게 클라이언트가 질 높은 서비스를 기대할 권리가 있음을 의문시 여길 사람이 누구인가?(허남순 외, 2004).

2) 사회복지실천윤리와 윤리적 결정

제인 아담스(Jane Addams, 1860~1935)는 이미 오래전에 전문가 윤리의 중요성을 역설하였다. 그러나 대부분의 사회복지사들은 아직도 그 중요성을 크게 인식하지 못하고 있다. 사회복지실천에서 윤리적인 문제를 피하기란 불가능하다. 그러나 실천가의 전문적 권한을 우선시하는 강한 전통으로 인해 도덕, 가치, 윤리의 문제들은 소홀히 다루어져 왔다(서미경 외, 2005).

1920년대에 전문적 윤리강령의 초안을 마련하고자 했던 몇몇의 노력에도 불구하고, 공식적인 사회복지사 윤리강령이 채택된 것은 1951년 미국사회복지사협회에 의해 이루어졌다. 전문직 윤리강령이 지연된 이유 중 하나는, 1920년대 최초로 윤리강령을 만들고자 노력했던 의도가 주로 완벽한 전문가의 지위를 획득하기 위한 폭넓은 맥락에서 주도되었기 때문이다. 결과적으로 주된 관심은 가치보다는 일반 전문 지식과 기술을 밝히는 데 집중되었고, 이러한 흐름은 이후 몇십 년 동안 계속되었다(이팔환 외, 2000).

사회복지실천의 윤리가 본격적으로 논의되기 시작한 것은 겨우 1970년대에 들어서였다. 그 이전에는 가치가 윤리의 자리를 대신하였으며, 실천윤리를 논하여야 할 만큼 실천의 대상, 과정, 결과 등이 복잡하지 않았다. 이는 사회복지사뿐 아니라 의학, 법, 간호, 언론 등의 분야에서처럼 사람을 대하는 전문직에서도 동일하게 적용되어 사람에 대한 존엄성의 가치가 행동에서 지켜질 수 있는 어떤 원칙과 기준이 있어야 함을 절실히 느끼기 시작하였다(양옥경 외, 2004). 특히, 전문직으로서의 사회복지사가 실천윤리를 발전시키게 되는 계기로는 먼저, 과학기술의 발전에 따른 윤리적인 결정이 필요한 다양한 상황에 노출되기 시작하였으며, 그러한 결정에 따른 사회적 책임으로부터 자신을 보호하기 위한 근거 자료가 필요하게 되었다. 다음으로 사회복지가 사회통제(social control)의 수준에 있었으나 1960년대 들어서면서 미국 사회에서 시작된 흑인·여성 등의 인권운동에 있어서 사회적 약자에 대한 권리 옹호에 대한 입장 표명의 측면이다.

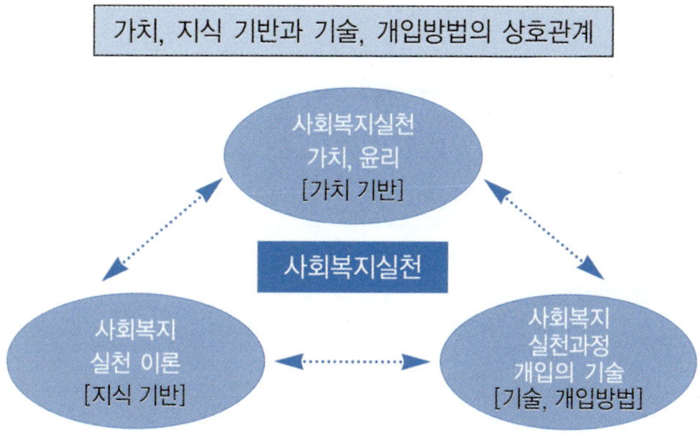

[그림 1-2] 사회복지실천의 토대 또는 기반

[그림 1-2]에서 보듯이 사회복지실천에 있어서 토대 또는 기반이 되는 것은 지식 기반, 가치 기반, 그리고 개입기술 기반이다. 이들 중 가치 기반이란 사회복지실천의 사상, 가치, 윤리 등의 인간이 가지고 있는 철학에서부터 시작한다. 사회복지실천에 종사하는 사회복지사는 과학적이고 전문적인 지식과 실천과정상의 적절한 개입기술만을 갖추는 것만으로는 부족하고 사회복지실천의 가치와 윤리에 대해 이해하는 것이 필요하다. 왜냐하면 사회복지실천의 가치와 윤리, 사회복지사 개인의 가치와 윤리, 클라이언트의 가치와 윤리들이 서로 얽히면서 나타날 수 있기 때문이다. 결국 이들 간의 문제는 사회복지사와 클라이언트와의 관계 그리고 서비스의 전달과정과 효과성에 중요한 영향을 준다(권구영 외, 2008).

전반적인 사회복지실천을 검토해 보면 사회복지실천의 원칙에는 윤리적 원칙을 포함하고 있거나 또는 그것에 기반하고 있음을 알게 될 것이다. 사회복지실천에서 윤리적 문제는 주로 현대 사회의 특징인 가치의 중복성과 모순성에서 기인한다. 윤리적 문제를 거론하면 할수록 사회복지실천상의 윤리적 딜레마 혹은 윤리적 측면을 보다 정확하게 인식할 수 있을 것이다. 과거에는 윤리적 이슈들이 단지 사회복지사와 클라이언트의 양자관계에서 비롯되거나 혹은 그 관계에 국한하는 것으로 생각하였다. 최근의 윤리적 관심은 사회복지사와 클라이언트의 양자관계를 기반으로 하지만 그 이외의 다른 관계들을 포함하는 발전된 실천 모형도 중요하게 다루고 있다. 사회복지실천상의 윤리적인 문제를 도식화하면 〈표 1-1〉과 같다(서미경 외, 2005).

〈표 1-1〉 사회복지실천상의 윤리적인 문제

윤리적 문제들은 다음과 같은 상황에서 갈등이 일어날 때 발생한다.	A	문제 정의 목표 설정 기관에 대한 우선순위	수단에 대한 결정 전략에 대한 결정 바람직한 결과
다음과 같은 대상에 의해 제기된다.	B	클라이언트 가족 실천가	기관 지역사회 전문직
다음에 대해서 서로 다른 가정을 갖고 있기 때문이다.	C	인간본성 가치	이슈 체계수준

출처 : 서미경 외(2005)

사회복지실천상의 윤리적인 문제에 있어서 사회복지사들이 클라이언트에게 추구하는 가치를 일관되게 행동하도록 지시하는 행동규범을 윤리강령이라고 한다. 한국사회복지사협회에서는 1992년에 사회복지사 윤리강령을 제정하였으며, 이를 2001년 12월에 대폭 개정하였다. 1992년에 제정되었던 사회복지사 윤리강령은 서문과 10개의 조항으로 되어 있으나 2001년 개정된 사회복지사 윤리강령에서는 서문을 비롯하여 내용을 기본적 윤리기준, 클라이언트에 대한 윤리기준, 동료에 대한 윤리기준, 사회에 대한 윤리기준, 기관에 대한 윤리기준, 윤리위원회의 구성과 운영에 관한 부분으로 범주화하였다(길귀숙 외, 2010).

특정 사례와 관련하여 윤리적·법적 책임 간에 갈등이 없을 경우 사회복지사는 이 윤리강령에 명시된 적절한 윤리적 의무를 따라야 한다. 하지만 대부분의 사회복지실천에는 윤리적 딜레마가 존재하며, 아쉽게도 현재의 윤리강령은 강령 간에도 상충되는 가치를 추구하고 있어서 그대로 적용하기에는 많은 문제점들이 있다.

이러한 현실에서 매티슨(Mattison, 1997)이 제시한 준거틀은 사회복지사가 윤리적 딜레마를 해결하는 데 사용할 수 있도록 단계별 과정을 상세히 기술하고 있다. 의사결정 단계마다 사회복지사는 분석도구의 상호 의존도와 개인의 의사결정과정 방향에 주의를 기울여야 한다(손광훈, 2008).

〈표 1-2〉 윤리적 딜레마 점검의 준거 틀

1단계	사례 이면의 사실과 사례의 세부 사항에 대한 수집 및 평가 단계
2단계	실천에 대한 고려와 윤리적 요소를 구분하는 단계
3단계	가치 갈등에 대하여 확인하는 단계
4단계	사례에 영향을 미치는 윤리강령 원칙들을 확인하는 단계
5단계	가능한 행동양식을 결정하는 단계
6단계	어떤 의무가 우선적인지 평가하고 행동의 선택을 정당화하는 단계
7단계	해결과 반영의 단계

어떠한 윤리적인 결정과정에 있어서 위에서 제시한 윤리적 딜레마 해결을 위한 매티슨의 준거 틀에 더하여 캐나다상담협회(CCA)가 윤리적 의사결정의 다양한 모델을 윤리강령에 통합하고자 시도한 결과로 제시한 윤리적 의사결정과 윤리적 딜레마 해결 단계를 6단계로 나누고, 각 단계별 해결질문(손광훈, 2008)을 제시한 것을 함께 고려해 보는 것도 좋을 것이다.

〈표 1-3〉 윤리적 딜레마 해결 단계별 해결질문

1단계	이 상황에서 핵심적인 이슈는 무엇인가?
2단계	어떤 윤리적인 지침이 이 상황과 관련되는가?
3단계	어떤 윤리적인 원칙이 이 상황에서 더욱 중요한가?
4단계	무엇이 가장 중요한 원칙이며, 이러한 원칙이 적용될 때 어떤 위험요소와 이점이 있는가?
5단계	만일 내가 이 상황에 대해 조금 더 오래 생각해도 똑같이 느낄 것인가?
6단계	이 상황에서 어떤 행동계획이 가장 도움이 될 것인가?

매티슨의 6단계에서 어떤 의무가 우선하는가에 대해 명확히 하는 것은 사회복지실천의 정당성을 확보함에 있어서 매우 중요하다. 의무의 우선순위를 결정함에 있어서 참고할 수 있는 준거 틀로는 로웬버그와 돌고프(Loewenberg & Dolgoff, 1996)의 준거 틀에 양옥경(1995)이 몇 가지를 첨부한 윤리적 결정지침이 있다.

〈표 1-4〉 윤리적 결정지침

윤리원칙 1	생명보호의 원칙	윤리원칙 5	균등의 원칙
윤리원칙 2	자기결정의 원칙	윤리원칙 6	객관성의 원칙
윤리원칙 3	비밀 보장의 원칙	윤리원칙 7	최소 손실의 원칙
윤리원칙 4	진실성의 원칙	윤리원칙 8	효과성의 원칙

셰퍼와 호레이시 등(2005)은 윤리적 이슈를 명확히 하고 사회복지실천의 윤리원칙 및 전문적 가치와 일치하는 실천을 선택하기 위해 실천대안의 윤리적 차원을 비교하는 도구(tool)로 〈표 1-5〉와 〈표 1-6〉과 같은 윤리강령 워크시트를 제시하고 있다. 〈표 1-5〉는 매티슨의 4단계를 명확히 함에 도움이 될 것이다. 그리고 〈표 1-6〉은 매티슨의 5단계에 적용할 수 있다.

이 윤리강령 워크시트를 사용하기 위해 사회복지사는 먼저, 선택 가능한 각각의 실천(각각의 가능한 행동 혹은 결정)을 나열해야 한다. 둘째, 사회복지사는 각각의 선택에서 발생할 수 있는 이슈나 관심사를 윤리강령 워크시트에 직접 기록해야 한다. 이 워크시트는 NASW 강령의 6가지 윤리적 고려 영역에 기반을 두어 마련된 것이다. 이 6가지 영역은 사회복지사의 윤리적 책임 중에서 ① 클라이언트, ② 동료, ③ 실천 세팅, ④ 전문가, ⑤ 사회복지 전문직, ⑥ 더 넓은 사회에 대한 윤리적 책임을 의미한다. 셋째, 일단 잠재적 이슈가 규명되면 사회복지사는 명확화와 더 이상의 관련된 이슈가 없게끔 각 윤리강령의 구체적 문구를 면밀히 검토해야 한다. 마지막으로 각 실천의 선택에서 사회복지사는 그 선택이 선정되었을 때 타협하게 되는 윤리강령 항목의 요약을 준비해야 한다.

〈표 1-5〉 **윤리강령 워크시트**

실천개입으로 어떤 선택, 행동, 혹은 결정을 고려하는가? 고려하는 실천개입에 대해 간략히 기술하라.

- 선택 A : ____________________
- 선택 B : ____________________

선택이 NASW 윤리강령에서 명시한 다음의 윤리 영역을 위반하는가?
그렇다면 잠재적 위반사항을 간략히 기록하라.

(1) 사회복지사의 클라이언트에 대한 윤리적 책임과 관련된 기준

윤리강령의 1항은 클라이언트에 대한 사회복지사의 우선적 책임성, 클라이언트의 자기결정에 대한 존중, 클라이언트의 고지된 동의, 필요한 서비스 제공, 사생활 비밀과 보장, 성관계나 성희롱 및 학대 등 부적절한 성적 접촉 금지, 클라이언트가 자기결정능력이 취약할 경우의 특별 고려, 서비스의 지속, 서비스 종결에서의 주의 깊은 고려 등

고려해야 할 잠재적 이슈나 문제점

- 선택 A : ____________________
- 선택 B : ____________________

(2) 사회복지사의 동료에 대한 윤리적 책임

윤리강령의 2항은 동료에 대해 존중심을 가지고 대할 사회복지사의 책임성과 관련된다. : 전문가 사이에서 비밀 보장을 유지하는 것에 대한 고려, 적절한 협력과 팀워크, 의견 불일치나 논쟁에 대해 적절히 처리하는 것, 적절한 자문 관계, 클라이언트를 동료에게 적절히 의뢰하는 것, 슈퍼바이저나 학생과의 성관계나 성적 학대의 금지, 실천에서 비윤리적이거나 무능력하거나 상처를 입은 동료와의 관계에서 책임성 있는 행동의 요구 등

고려해야 할 잠재적 이슈나 문제점

- 선택 A : ____________________
- 선택 B : ____________________

(3) 사회복지사의 실천 세팅에 대한 윤리적 책임

윤리강령의 3항은 사회복지사나 다른 전문직, 간접적으로 클라이언트와의 관련 속에서 수행되는 서비스와 관련된다. 이 항목은 슈퍼비전, 자문, 교육, 훈련에서의 유능성, 다른 사회복지사의 성과평가, 적절한 클라이언트 기록의 유지, 의뢰 전에 클라이언트 욕구의 면밀한 사정, 휴먼서비스 기관에서 적절한 업무환경의 유지와 지속적인 교육훈련의 제공, 기관 피고용자에 대한 헌신, 노동조건 논란 속에서의 책임 있는 행동 등을 제기한다.

고려해야 할 잠재적 이슈나 문제점

- 선택 A : ____________________
- 선택 B : ____________________

(4) 사회복지사의 전문가로서의 윤리적 책임

윤리강령의 4항은 사회복지사가 업무에서 유능하지 못할 때 고용과 업무 할당과 관련된 조항을

포함한다. : 특정 형태의 차별을 행하거나 묵인하거나 참여하는 것, 전문적 책임성을 충족할 능력을 손상하는 사적 행동에 관한 것, 부정직함을 범하는 것 등

고려해야 할 잠재적 이슈나 문제점

- 선택 A : ____________________
- 선택 B : ____________________

(5) 사회복지사의 사회복지 전문직에 대한 윤리적 책임

윤리강령의 5항은 사회복지사가 사회정책, 프로그램, 실천개입을 평가하고 점검하는 것과 아울러 사회복지실천의 높은 기준을 촉진하는 것, 그 성장과 발달을 위해 시간과 노력을 투여하는 이슈를 포함한다.

고려해야 할 잠재적 이슈나 문제점

- 선택 A : ____________________
- 선택 B : ____________________

(6) 사회복지사의 사회 일반에 대한 윤리적 책임

윤리강령의 6항은 사회복지사가 사회정의의 실현과 사회 전반적인 복지 증진을 위해 노력하는 것과 관련된다. : 사회정책과 제도 형성을 위해 공공논쟁에 참여하는 것, 공공적인 위급 상황에서 서비스를 제공하는 것, 사회적 혹은 전문적 행동에 적극적으로 참여하는 것 등

고려해야 할 잠재적 이슈나 문제점

- 선택 A : ____________________
- 선택 B : ____________________

〈표 1-6〉 **윤리적 이슈의 우선순위 체크리스트**

사회복지사는 어떤 선택, 행동, 혹은 결정을 고려하는가?

- 선택 A : ____________________
- 선택 B : ____________________
- 선택 C : ____________________

예, 아니오, 혹은 결정할 수 없음으로 확인한 각각의 선택에 대해 다음 질문에 답하라. (주 : 가능하지만 일어날 것 같지 않은 행동의 광범위한 함의에 대해 너무 많은 가정을 피한다.)

(1) 이 선택/행동이 생명, 신체적 안녕 혹은 생존 기회를 위협하는가?

선택 A	예(　)	아니요(　)	결정할 수 없음(　)
선택 B	예(　)	아니요(　)	결정할 수 없음(　)

(2) 이 선택이 누군가를 기본적으로 부정의, 불공정, 불공평한 방식으로 다루거나 기본적인 인권을 위반하는가?

선택 A	예(　)	아니요(　)	결정할 수 없음(　)
선택 B	예(　)	아니요(　)	결정할 수 없음(　)

(3) 이 선택이 주요하게 그리고 비합리적으로 누군가의 자기결정권, 자율성을 제한하는가?

선택 A	예( )	아니요( )	결정할 수 없음( )
선택 B	예( )	아니요( )	결정할 수 없음( )

(4) 이 선택이 누군가의 중대한 개인적 고통 혹은 경제적 곤란을 야기하는가?

선택 A	예( )	아니요( )	결정할 수 없음( )
선택 B	예( )	아니요( )	결정할 수 없음( )

(5) 이 선택이 이웃, 지역사회 혹은 전체 사회 사람의 삶의 질을 감소시키는가?

선택 A	예( )	아니요( )	결정할 수 없음( )
선택 B	예( )	아니요( )	결정할 수 없음( )

(6) 이 선택이 누군가의 사생활과 비밀 보장 권리를 잃게 하는가?

선택 A	예( )	아니요( )	결정할 수 없음( )
선택 B	예( )	아니요( )	결정할 수 없음( )

(7) 이 선택이 개인 혹은 지역사회의 진실을 왜곡하거나 철회하는 것을 포함하는가?

선택 A	예( )	아니요( )	결정할 수 없음( )
선택 B	예( )	아니요( )	결정할 수 없음( )

이상에서 정리한 윤리적 결정과정을 명확히 하기 위한 매티슨의 6단계와 2가지 체크리스트를 완성하면 적어도 윤리적 이슈에 관한 한, 사회복지사는 실행할 선택과 관련하여 결정할 준비를 갖추게 된 것이다. 윤리강령을 위반하는 행동을 취해야 한다면, 사회복지사는 그런 행동을 선택한 이유를 적어야 하고 이 기록을 클라이언트 파일에 포함해야 한다. 이 기록과 문서화는 만약 사회복지사가 이러한 결정의 결과로서 강령 위반에 따르는 처벌을 받게 될 때도 유용할 수 있다.

사회복지실천에서의 결정이 이론적이고 기술적인 지식에 근거할지라도, 과학적으로 숙련된 기술 이상의 사고가 요구된다는 인식이 늘고 있다. NASW 윤리강령(1996)에 기술되어 있듯이, 하나의 강령이 "모든 윤리적 문제와 논쟁을 해결할 수는 없는 것이고 도덕적인 사회 내에서 책임 있는 선택을 하려는 노력에 내포된 훌륭함과 복잡성을 모두 파악할 수 없다." 모든 윤리적 딜레마의 궁극적인 해결은 의사결정자가 내린 선택에 크게 의존하게 된다. 사회복지사는 윤리적 결정과정을 위한 자신의 개인적 기준을 명백히 해야 하며, 자신의 개인선호도가 윤리적 의사결정 방정식에 인수되는 방법을 인식해야 한다(이팔환 외, 2000).

3) 사회복지사의 전문적 지식과 기술

사회복지사가 전문가로 인정받으려면 단지 얼마나 어려운 일을 얼마나 오랫동안 하고 있는가를 주장하는 것이 아니라, 클라이언트의 바람직하고 긍정적인 변화를 유도하기 위해서 전문적인 지식(이론 : theory)과 기술(skill)을 사용하고 있다는 것을 많은 사람들이 인정해야 한다. 여기서 말하는 전문적인 지식(이론 : theory)이란 사실과 관찰에 기반을 두어 설명하는 가설, 구성물의 집합체를 말한다(Barker, 1995). 세계 혹은 특정사건에 대하여 의미를 찾으려고 하는 모든 시도가 이론을 구성한다. 이론은 단순히 현상을 기술하는 차원을 넘어서 어떤 일이 왜 일어났는지에 대한 설명을 제공한다.

반면에 기술(skill)이란 "과학 이론을 실제로 적용하여 자연의 사물을 인간 생활에 유용하도록 가공하는 수단", "사물을 잘 다룰 수 있는 방법이나 능력"(naver 국어사전)이라고 나온다. 이러한 통상적인 기술(skill)에 대한 정의를 바탕으로 사회복지실천기술의 개념에 대해 몇몇 학자는 다음과 같이 정의하고 있다. 바커(Barker, 1991)는 사회복지실천기술을 "대화나 클라이언트의 문제, 욕구, 능력 등에 대한 사정, 자원 개발과 사회구조를 변화시키는 데 있어서의 숙련성"이라고 정의하였다. 전재일(2006)은 "사회복지실천의 지식과 가치, 윤리, 의무에 기초하여 클라이언트와 관련된 특별한 상황의 변화를 위하여 심리사회적 개입을 할 수 있는 사회복지사의 인지적 · 행동적인 능력"으로 정의하였다(이영호, 2008).

사회복지실천을 위한 지식과 기술의 관계를 보여주는 것이 [그림 1－3]이다. 여기에서 보면 '사회복지실천을 위한 이론'은 크게 '기본 이론(orienting theories)'과 '실천틀(practice framework)'로 구별된다(Mailick, 1990). 기본 이론은 인간 행동에 대한 기술 및 설명, 인간 행동 문제의 발생 원인, 사회문제의 원인과 과정 등에 대한 설명을 제공한다. '실천틀'은 인간의 행동 및 심리상의 문제, 인간의 주변에서 인간의 문제에 영향을 미치는 여러 가지 사회환경의 문제들을 어떻게 파악할 것이며, 또한 어떻게 변화시킬 수 있을 것인가에 대한 지침을 제공한다(Sheafer et al., 1997; 엄명용 외, 2007 재인용).

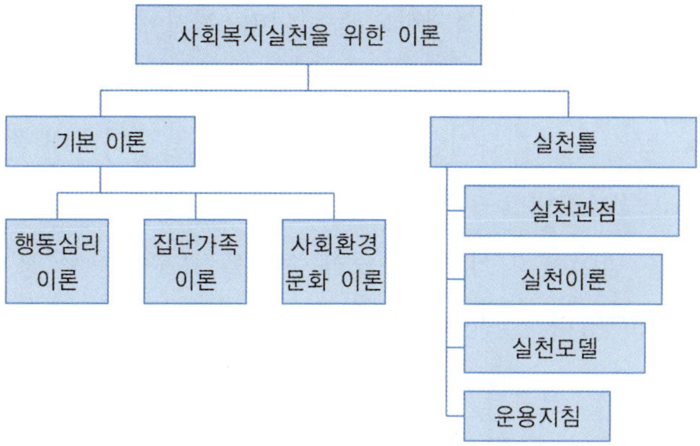

출처 : 엄명용(2007)

[그림 1-3] 사회복지실천이론의 구성

[그림 1-3]에서 보면, 사회복지실천이론과 기술의 관계를 파악할 수 있다. 실천이론과 기본 이론이 바탕이 되고, 그 안에서 실천모델과 운용지침(실천기술)이 나오게 된다. 그러므로 실천기술만 있다고 해서 유능하다고 할 수 없다. 왜냐하면 지식 기반이 뒷받침되지 않으면 사회복지사는 기술자 이상 아무것도 아니기 때문이다. 문제와 사람, 그리고 상황을 분석하고, 치료적 개입방법을 계획하고, 그리고 적절한 기술을 실행하기 위해서는, 사회환경 속에서의 인간 행동에 대한 실천이론과 지식을 이해하는 것이 필요하다(허남순 외, 2004).

사회복지실천기술이란, 클라이언트의 욕구에 반응하여 그의 사회적 기능을 향상시키려는 목적으로 사회복지의 가치와 지식을 잘 조화시켜 이를 행동으로 옮기는 실천적 구성요소라 할 수 있다. 사회복지 교육이 직면하고 있는 가장 중대한 이슈들 중의 하나는, 사회복지실천을 위해 필요한 기술이 무엇인지, 그리고 사용된 특정한 기술과 서비스의 효과 간의 관계를 설명할 수 있어야 한다는 것이다. 그러나 현재로서는 사회복지사들이 필요로 하는 핵심 기술에 관한 동의가 부족한 상황이다(NASW, 1982). 그럼에도 불구하고 사회복지는 다양한 상황에 필요한 다양한 기술을 가지고 있는데, 로웬버그와 돌고프(Lowenberg & Dolgoff, 1971)는 사회복지사가 갖추어야 할 실천기술로서 기본적인 원조기술(basic helping skills), 관여기술(engagement skills), 관찰기술(observation skills), 의사소통기술(communication skills)을 꼽았다. 김융일(1995)은 사회복지실천기술이란 클라이언트체계와의 관계 속에서 클라이언트와 관련된 특별한 상황 안에서의 사회복지 가치들과 지식에 근거하여 변화를 위한 심리사회적 개입을 할 수 있는 사회복지사의 능력이며, 여기에는 체계적인 관찰, 이론의 평가, 적절한 행동 계획을 공식화하는 것 등이 포함된다고 말했다.

한편, 포춘(Fortune, 1994)은 사회복지실천에 필요한 능력들을 나타내 줄 수 있는 포괄적인 지식 내용과 기술 모델을 [그림 1-4]와 같이 제시하고 있다. 물론 일부 학자들은 이러한 포괄적인 핵심 내용을 넘어서 지식 및 기술의 습득을 요구하는 실천 영역이 존재할 수 있다는 의견을 제시하고 있다. 일반적으로 이들 내용들은 포춘의 핵심 내용 모델을 대치하기보다는 추가될 수 있는 성격들이다. 포춘이 제시한 모델은 사회복지 실습교육에 있어서의 핵심 내용과 기술이면서 또한 그것은 사회복지사의 전문적 실천에 근본이 되는 것이기 때문에 사회복지를 실천하고 있는 모든 사회복지사들에게 적용할 수 있겠다(조휘일 외, 2005).

포춘이 설명한 [그림 1-4]를 보면, 사회복지사는 실천가로서의 기술을 갖추기 위해서 먼저 자기 자신에 대해 명확하게 아는 것을 기본 지식과 기술로 하며, 자신이 속한 기관

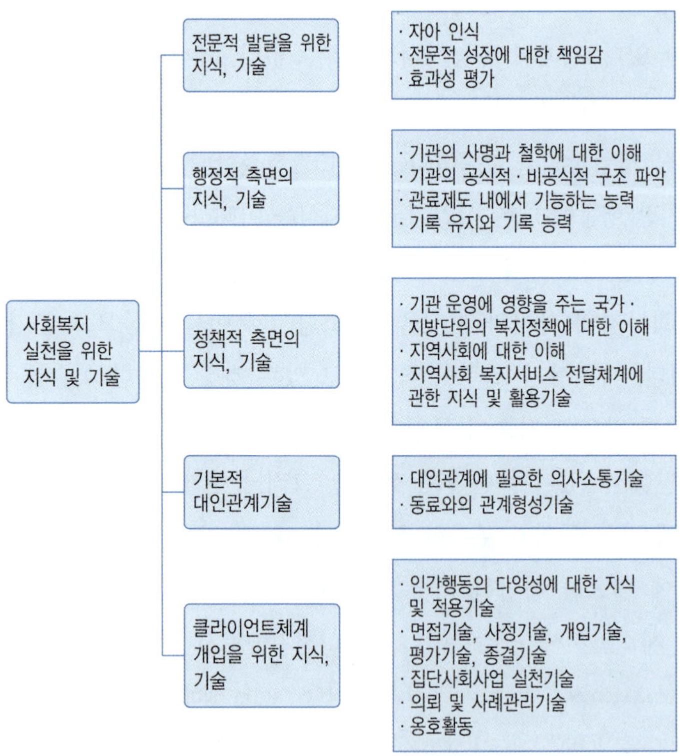

출처 : Fortune(1994)

[그림 1-4] 포춘의 사회복지실천에 필요한 지식과 기술 모델

의 정책과 행정적인 부분을 제대로 알고 활용하는 기술, 대인관계에 관련한 기술, 그리고 클라이언트의 문제에 직접 관여하기 위해 필요한 전문 지식과 기술을 갖춰야 함을 알 수 있다. 또한 미국사회복지사협회(NASW)에서는 사회복지사가 갖추어야 할 필수적인 기술을 명시하고 있는데(Sheafor, Horejsi & Horejsi · 서울대사회복지실천연구회 역, 1997), 이를 좀 더 자세하게 설명하면 다음과 같다(이미선 외, 2020).

① 이해와 목적을 가지고 다른 사람을 경청하는 기술
클라이언트가 처한 문제 상황을 이해하기 위해서, 그리고 이를 해결하기 위해 클라이언트 및 관련된 모든 사람의 말을 충분히, 적극적으로 들어주는 기술이다. 경청을 한다는 것은 상대방과 눈을 맞추며, 적절한 순간에 "네~ 그렇군요", "아! 그래요"라는 식으로 적극적인 반응을 보이며 듣는 것이다.

② 정보를 끌어내고 사회력(social history), 사정 및 보고서를 준비하기 위한 사실적인 정보를 모으는 기술
클라이언트의 문제를 해결하기 위해 클라이언트 개인 및 가족, 기타 관련된 정보들 중 추측이나 소문이 아닌 '사실'인 정보를 파악하는 기술이다. 정보를 수집하기 위해 필요한 경우 가정 방문이나 주변인과의 만남을 통해 클라이언트를 입체적으로 평가하는 능력이다.

③ 전문적인 관계를 만들고 유지하며, 관계 안에서 자신을 활용하는 기술
사회복지사는 전문가로서 클라이언트와 관계를 맺으며, 그러한 관계 속에서 때때로 사회복지사 자신을 교사로서, 치료자로서, 혹은 옹호자로서, 조언자로서, 매개자로서 활용하는 기술이다. 사회복지사는 클라이언트의 문제를 해결하고 욕구를 충족시켜 주기 위해 자신을 도구로 적절히 활용할 줄 알아야 한다.

④ 언어적 · 비언어적 행동을 관찰하고 해석하며 성격 이론과 진단적 방법에 관한 지식을 활용하는 기술
클라이언트가 사용하는 단어, 말투, 몸짓, 웃음, 표정 등을 주의 깊게 살펴보고 그것이 주는 의미가 무엇인지를 해석하는 것이다. 예를 들면 어머니와 사이가 나쁜 딸이 어머니라는 단어를 말할 때마다 입술을 씰룩거리는 것을 발견한다든지 혹은 가

출 청소년이 학교에 관한 이야기만 나오면 갑자기 목소리가 작아진다는 것을 발견한다든지 등이다. 이를 해석하기 위해 '성격이론'과 '진단적 방법'에서 설명하는 이론들을 참고로 하여 클라이언트의 언어적 · 비언어적 행동에 대해 전문적으로 해석하는 기술이다.

⑤ 클라이언트가 자신의 문제를 해결하는 노력과 신뢰를 얻도록 하는 기술

클라이언트가 자신의 문제에 대해 자포자기하지 않고 해결을 위한 노력을 하도록 용기를 주는 것이다. 즉 사회복지사가 도와주겠다고 지지를 해 주고, 함께 노력하여 문제를 해결했을 때 성취감을 느끼면서 클라이언트가 스스로에 대해 '나도 내 힘으로 문제를 해결할 수 있는 사람이다'라고 신뢰감을 갖게 하는 기술이다. 뿐만 아니라 클라이언트가 사회복지사에 대해서도 '나를 도와주기 위해 노력하는 사람이구나'라는 신뢰감을 갖게 만드는 기술이다.

⑥ 비위협적인 지지방식(태도)으로 민감한 정서적 주제들을 논의하는 기술

클라이언트의 문제 중에는 때로는 쉽게 다루기 곤란한 민감한 주제들이 있다. 예를 들어 동성연애자인 클라이언트와의 관계에서 사회복지사가 동성연애에 대해 매우 비판적이며 죄악시하는 태도를 취한다면 클라이언트의 문제를 논의하기는 어렵다. 편안하고 부드러운 말투와 표정으로 지지적인 태도를 취하여 클라이언트로 하여금 사회복지사가 자신을 이해하고 있다는 느낌을 갖도록 하여 클라이언트의 문제를 충분히 논의할 수 있게 하는 것이다.

⑦ 치료적 관계의 종결과 어떻게 종결한 것인가를 경청하는 기술

치료적 관계를 맺다 보면 클라이언트가 사회복지사에게 지나치게 의존하기 쉽다. 따라서 시회복지사는 클라이언트에게 '우리의 만남이 앞으로 몇 번 남았다'는 식으로 예정된 종결의 시간을 미리 준비시킬 수 있다. 또한 종결을 의미하는 일종의 의식 행위를 통해(예를 들어 간단한 다과를 나눈다든지, 집단 활동의 경우에는 작은 파티를 한다든지) 클라이언트로 하여금 종결을 받아들이게 할 수 있다.

⑧ 조사연구의 결과와 전문적 문헌을 해석하는 기술

클라이언트의 문제해결과 관련된 조사연구들의 결과나 전문 서적 및 보고서 등을 읽고 이해하는 능력을 말한다. 이것은 사회복지사의 지적인 능력과 관련된 것으로

서, 사회복지사는 자신의 전문 분야에 관한 충분한 지식을 갖추어야 한다.

⑨ 갈등 부분을 화해시키거나 협상하는 기술
클라이언트와 사회복지사 간의, 혹은 클라이언트와 주위 관련자들 간의 갈등이 있는 경우 화해시키고 해결방안을 함께 모색하는 능력이다.

⑩ 조직 간의 연락서비스를 제공하는 기술
클라이언트의 문제해결과 관련하여 다른 조직과 연결해야 할 필요가 있는 경우 적절한 조직과 연결시켜 주는 능력이다.

⑪ 후원자, 시민, 또는 법률가들에게 사회적 욕구를 해석하고 전달하는 기술
기관의 후원자, 지역사회의 일반 시민들 그리고 정책 및 법과 관련된 사람들에게 클라이언트와 관련하여, 혹은 지역사회에 필요한 사항들을 이해시키고 전달하는 능력을 말한다.

클라이언트들은 자신에게 다가온 어려움이나 도전을 해결하기 위하여 사회복지사를 찾게 된다. 따라서 사회복지사들은 그들에게 정서적이고 실질적인 도움을 주기 위하여 다양한 훈련과 가능한 많은 실천 경험을 쌓아야 한다. 어떤 사회복지사는 석·박사를 획득하여 보다 전문성을 살려 일하기도 한다. 여러분의 미래의 계획이 어떻든 간에 여러분의 최대 목적은 도움이 필요한 이에게 여러분이 가진 인간에 대한 존경과 신뢰를 가지고 비심판적이고 친절하게 도움을 주는 것이다. 사회복지사들은 "마음으로부터의 언어"를 말하는 기술을 가져야 한다(Borkman, 1990; 이윤로 외 역, 2005 재인용).

요점정리

사회복지실천기술을 이해하기 위하여 먼저 개념을 살펴보면, 사회복지실천기술은 사회복지실천이론을 사회복지현장에 적용하여 지역사회에 거주하고 있는 클라이언트의 삶을 유용하도록 하는 수단 혹은 이러한 목적을 위한 방법이나 능력을 의미한다고 볼 수 있다.

사회복지실천지식과 기술의 관계를 언급하면, 사회복지실천은 종종 예술(art)과 과학(science)이 통합된 응용실천 분야로 불리어진다. 이 말은 사회복지실천이 사회복지사와 클라이언트와의 관계를 중시하면서도 과학적 이론과 지식에 근거해야 함을 의미한다.

과학적 기반(과학성)으로, 사회복지사는 개인과 가족, 집단, 지역사회, 조직체를 대상으로 하므로 심리학, 사회학, 경제학, 인류학, 정치학 등에 대한 지식뿐만 아니라 의학, 정신의학, 가족치료 등과 같은 전문 지식과 관련된 지식도 갖추어야 한다. 사회복지는 다른 분야의 과학적 지식을 활용하고 점차 그 이론적 준거틀을 개발하고 그 효과성을 평가하는 데 과학적 방법의 활용이 증가하고 있다.

예술적 기반(예술성)으로, 사회복지사의 다양한 활동이나 개입 등이 효과적이기 위해서는 상황이나 클라이언트 특성에 맞게 이론, 기술 등을 적절히 선택하여 적용할 수 있어야 하며, 이 과정에서 사회복지사는 클라이언트를 충분히 이해하고 공감하며 원조관계를 형성·유지하고, 클라이언트의 저항이나 양가감정을 다루고 클라이언트가 문제해결에 적극적으로 참여하여 변화를 일으킬 수 있도록 원조해야 한다. 사회복지실천의 예술적 기반(예술성)에 해당하는 다양한 구성요소는 동정과 용기, 전문적 관계, 창의성, 희망과 에너지, 판단, 전문적 가치, 자기결정에 대한 지지 등이다.

사회복지실천기술의 유형은 미국사회복지교육협의회에서 제시한 사회복지실천기술의 유형으로 인지적 기술, 상호작용기술 또는 관계적 기술로 나눌 수 있다. 그리고 개입 차원에 따른 실천기술의 유형으로 미시적 차원의 기술, 중범위적 차원의 기술, 거시적 차원의 기술 등으로 구분지을 수 있다.

사회복지사의 전문성을 통해서 사회복지사의 처우 개선이 이루어져야 한다. 어떤 어려운 일을 오랫동안 한다고 해서 처우 개선이 필요한 것이 아니라, 전문가로서 좋은 휴먼서비스를 팔아서 그에 대한 반대급부로 좋은 처우를 보장받는 것이 필요하다. 사회복지 전문가로서 자신들의 처우 개선이 먼저가 아니라, 클라이언트의 긍정적 또는 바람직한 변화에 대한 당연한 보상이 논의되어야 한다. 그러려면 실제로 사회복지전문가로서 어떠한 기술을 가져야 하는지에 대해서는 보통 3가지 측면에서 접근한다.

먼저 사회복지실천윤리이다. 전반적인 사회복지실천을 검토해 보면 사회복지실천의 원칙에는 윤리적 원칙을 포함하거나 또는 그것에 기반하고 있다. 사회복지실천상의 윤리적인 문제에 있어서 사회복지사들이 클라이언트에게 추구하는 가치를 일관되게 행동하도록 지시하는 행동규범이 윤리강령이다. 이러한 윤리강령을 어떤 사례에 바로 적용하기에는 아직까지 많은 어려움이 있기에 '윤리적 딜레마 점검의 준거틀', '윤리적 결정지침', 그리고 '윤리강령 워크시트' 등을 적절히 사용하여야 한다.

다음으로 실천이론의 측면이다. 실천이론에는 사람과 그를 둘러싼 사회환경에 대한 순수한 연구를 포함한 사회복지실천과정에서 얻어지는 실천지혜(practice wisdom)를 포함한다. 이러한 이론에 따라 자연스럽게 어떤 사례에 적용할 수 있는 적합한 기술들이 있을 수 있다. 하지만 많은 사례에 적용할 수 있는 일반적인 기술이 있을 수 있으나, 각 사례를 개별화하다보면 각 사례마다 적용하게 될 수많은 기술들이 있을 수 있다.

마지막으로 실천이론에서 출발한 실천기술에 더하여 사회복지사 개인이 가지고 있는 다양한 역량에 의해서 개발되는 개입기술이 있을 수 있다. 클라이언트의 긍정적 또는 바람직한 변화라는 궁극적인 목적 달성을 위해 최선의 개입기술이 무엇인지에 대한 것은 철저히 사례에 대한 사정(assessment), 개입(intervention), 그리고 평가(evaluation) 과정에서 지속적으로 적용하고 변화되어야 한다.

토의문제

1. 사회복지사에 대한 처우 개선이 필요한 근거를 제시해 보시오. 특히, 똑같이 휴먼서비스를 제공하고 있는 의사(doctor)와 사회복지사(social worker)에 어떠한 차이가 있는지에 대해서 논의해 보시오.
2. 자신이 살아온 삶의 과정에서 윤리적인 딜레마 상황에서 어떤 결정을 내려야 했을 경우를 적어 보시오. 그리고 그러한 결정을 내리게 된 배경은 무엇이었는지 토의해 보시오.
3. 사회복지실천이론에 국한하지 말고 자신이 가지고 있는 장점에 근거를 두는 개입기술은 무엇이 있을 수 있는지 생각해 보시오. 그리고 역으로 지금까지 배워 왔던 많은 사회복지실천이론에 끼워 넣어 보시오.

Chapter

02 사회복지실천모델과 개입기술 1

학습목표

1. 정신역동모델의 철학과 기본 개념에 관하여 학습하여 설명할 수 있다.
2. 정신역동모델의 개입목표와 과정에 관하여 학습하여 설명할 수 있다.
3. 정신역동모델의 개입기법에 관하여 학습하여 설명할 수 있다.
4. 심리사회모델의 철학과 기본 개념에 관하여 학습하여 설명할 수 있다.
5. 심리사회모델의 개입목표와 과정에 관하여 학습하여 설명할 수 있다.
6. 심리사회모델의 개입기법에 관하여 학습하여 설명할 수 있다.

1. 정신역동모델

1) 정신역동모델의 철학과 기본 개념

(1) 정신역동모델의 철학

정신역동모델은 프로이트와 그의 동료들의 과업에 기반을 두고 있다. 이 이론은 행동이 인간 마음속의 움직임과 상호작용으로부터 나온다는 점을 강조하며 또한 정신이 행동을 자극하는 방식과, 정신과 행동이 인간의 사회환경에 영향을 주고받는 방식을 강조하고 있기 때문에 정신역동적이라고 불린다. 현대정신분석이론은 행동에 대한 기본적 영향력을 본능적 충동(drives)의 개념으로 보는 관점에서 벗어나 어떻게 개인들이 사회와 상호작용하는지에 더욱 관심을 갖고 있다. 이는 자아심리학의 영향에서 비롯되었다(Goldstein, 1995; 이윤로 외, 2007: 196).

프로이트의 정신분석이론은 1909년에 정신치료를 위한 이론으로 미국에 소개되면서 사회복지실천에 많은 영향을 주기 시작하였다. 구체적으로 프로이트의 정신분석이론은 1920년대에 의료적 모델에 기초한 사회복지실천의 진단주의 학파를 태동시켰으며, 1930년대에는 심리사회적 이론의 개별사회사업 모델로 확대되면서 현재까지도 사회복지실천의 중요한 이론적 토대가 되고 있다(Payne, 1991; 윤현숙 외, 2005: 46-47에서 재인용).

프로이트의 기본 입장은 인과론적 및 진화론적 결정론(현재는 과거의 원인에 의해서 결정되어 있다는 생각)이다. 프로이트는 정신적 외상을 중요시하고 그 외상으로 말미암은 고착, 결과적으로 일어나는 성격 발전의 왜곡을 논하는 결정론적, 진화론적 그리고 인과론적 접근방법을 취하고 있다.

(2) 정신역동모델의 기본 개념

정신분석이론은 인간을 심리적 무의식과 본능에 의해서 결정되는 생물학적 유기체로 인식하는 결정론과 환원주의적 관점을 갖고 있다. 즉 인간의 모든 행동이나 생각은 우연히 나타나는 것이 아니라, 본능적 욕구인 성욕과 공격욕을 충족하기 위한 무의식적 충동에 의해서 나타난다고 보는 것이다. 그러나 모든 인간은 자신의 본능이나 욕구를 추구하는 과정에서 이를 억제하려는 사회적 환경이나 정신적 역동과정에 의해서 갈등을 경험하게 되며, 이러한 갈등이 원만히 해결되지 못했을 때 신경장애와 같은 비정상적인 행동을 보이게 된다. 그러므로 정신분석이론은 문제를 일으키는 정신세계의 역동성을 이해하여 이들 간의 갈등을 해소하고 문제의 증상을 감소시키는 심리치료가 필요하다고 하였다.

정신분석이론은 인간의 정신세계를 다양한 관점에서 설명하고 있는데, 이러한 관점들 중에서 지형학적 관점, 구조적 관점, 심리성적 발달단계의 관점은 현재까지도 중요하게 받아들여지고 있다(Strean, 1986; 윤현숙 외, 2005: 47에서 재인용).

① 지형학적 관점

지형학적 관점은 인간의 정신적 요소가 의식, 무의식, 전의식의 서로 다른 수준으로 구성되어 있다고 보는 관점이다. 의식은 인간이 인식하고 있는 기억이나 지각 등이며, 무의식은 직접적으로 관찰할 수 없으며 인식하지 못하는 욕구나 본능으로 꿈이나 말의 실수를 예로 들 수 있다. 전의식은 의식과 무의식 사이에 존재하는 영역으로 상황에 따라서는 의식으로 변화할 수 있는 것이다. 이러한 정신적 요소들 중에서 무의식은 인간의 행동이나 동기에 영향을 미치는 가장 중요한 요소로서, 인간의 특정한 문제나 행동의 원인을 이해하기 위해서는 그 사람의 무의식적 경험을 이해하는 것이 중요하다고 보았다(윤현숙 외, 2005: 47).

가. 무의식

정신구조 대부분을 차지하고 있다. 인간 행동을 결정하는 주된 원인이다. 인간이 느끼는 공포, 충동, 억압된 기억, 소망 등이 저장되어 있는 무의식에 의해 행동이 결정된다는 것이다. 의식적 인식이 어렵지만 행동에 큰 영향력을 발휘하는 사고, 기억, 욕구를 말한다. 무의식이 있다는 증거는 최면에 걸렸을 때의 암시, 꿈, 의식 없이 튀어나온 말이나 행동(말실수), 잊어버림, 공상, 노이로제나 각종 정신장애의 증상 등이다(예 : 아동기의 외상, 부모에 대한 감추어진 적대감, 억압된 성적 욕구 등).

프로이트는 최면술을 통해 의식 상태와 다른 정신 상태가 있음을 알았고, 이것을 무의식이라 명명했다. 무의식은 정신의 감추어진 면을 말하는 것으로 의식으로는 접근할 수 없는 정신 영역을 나타내는데 성문제와 밀접하게 관련되어 있다고 보았다. 이러한 무의식 사고들은 거의 대부분 억압되고 폐기처분되었으며, 정신의 표면에서 심층으로 내려가 묻히도록 압력을 받고 있다(이유섭 외, 2009).

나. 전의식

현재 의식되지는 않지만 전에 의식했던 것이 저장된 것으로 주의 집중을 통해 의식세계로 끌어낼 수 있는 경험이다. 조금만 노력하면 쉽게 떠올릴 수 있는 인식의 표면 밑에 있는 내용을 말한다. 어린 시절 경험들의 경우 기억을 되살리면 생각해 낼 수 있다(예 : 어제 저녁에 무엇을 먹었고 왜 친구와 다투었는가 등은 쉽게 기억할 수 있는 내용).

다. 의식

현재 느끼고 이해하고 알 수 있는 모든 경험과 감각을 뜻한다. 특정 시점에 인식하는 모든 것을 말한다(예 : 지금 이 순간의 의식은 책의 내용에 대한 사고의 흐름과 눈이 피곤하고 배가 고프기 시작한다는 것을 포함하고 있다).

② 구조적 관점

구조적 관점은 인간의 성격이 원초아(id), 자아(ego), 초자아(superego)로 구성되어 있다고 보는 관점으로서, 이들은 서로 상호작용하면서 인간의 행동과 성격을 결정짓는다고 한다. 원초아는 태어날 때부터 존재하는 성적 욕구와 공격적 본능이며, 쾌락을 추구하고 고통을 회피하는 쾌락원칙에 의해서 지배를 받는다. 자아는 외부에 의해서 형성된 성격의 집행자로서 원초아의 본능적 욕구를 현실원칙에 따라 통제하고 조절하여 불안을 감소시키는 역할을 한다. 그러나 이러한 현실원칙이 제 기능을 수행하지 못할 경우에는 무의식에 의한 자아방어기제가 현실의 불안을 감소시키는 역할을 대신하게 된다. 초자아는 사회의 이상이나 도덕관에 의해 형성되는 성격의 마지막 구조로서 자아이상이나 양심으로 구성되어 있다(윤현숙 외, 2005: 47-48).

가. 원초아(id)

충동의 심리적 표상으로, 성욕과 공격성 등으로 대표된다. 원초아는 완전히 무의식이며, 본능과 충동의 원천으로 마음의 에너지 저장고이다. 또한, 태어날 때부터 존재하는 성적 욕구와 공격적 본능이며, 쾌락을 추구하고 고통을 회피하는 쾌락원칙에 의해서 지배를 받는다.

나. 자아(ego)

합리적, 사고적, 타산적 부분이다. 자아의 기능은 원초아의 충동과 초자아의 도덕적 규제 사이에서 균형을 유지함으로써 현실을 적절히 평가하는 기능을 담당한다. 자아는 외부에 의해서 형성된 성격의 집행자로서 원초아의 본능적 욕구를 현실원칙에 따라 통제하고 조절하여 불안을 감소시키는 역할을 한다. 그러나 이러한 현실원칙이 제 기능을 수행하지 못할 경우에는 무의식에 의한 자아방어기제가 현실의 불안을 감소시키는 역할을 대신하게 된다. 자아와 원초아 사이에 갈등이 깊어지면 정신건강에 영향을 미쳐 긴장, 신경증, 정신증 등이 나타날 수 있다.

다. 초자아(superego)

초자아는 자아로부터 발달된다. 초자아는 마음의 도덕적 지각과 이상적 갈망과 관련되어 있다. 초자아는 사회의 이상이나 도덕관에 의해 형성되는 성격의 마지막 구조로서 자아이상이나 양심으로 구성되어 있다. 아동의 경우, 부모 혹은 양육자가 갖고 있는 사회의 도덕규범, 전통적 가치, 이념, 행동 등을 내면화한다.

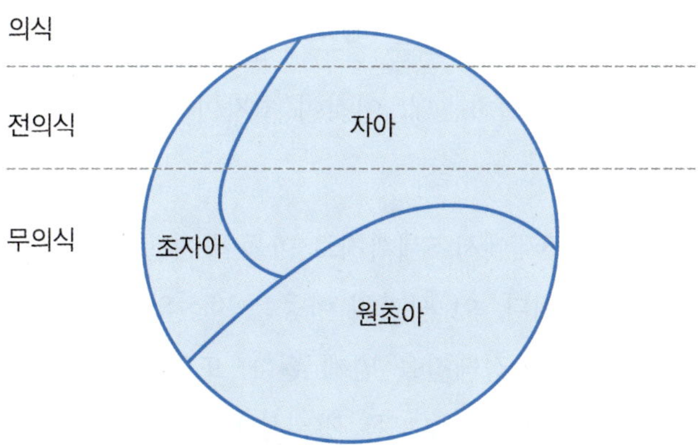

출처 : 권중돈 외(2005: 224)

[그림 2-1] 프로이트의 정신지도

③ 심리성적 발달단계의 관점

심리성적 발달단계의 관점은 인간의 성격이 신체적 성감대에 따른 5단계의 발달단계를 거쳐서 형성된다고 본다. 인간은 출생 후부터 각각의 발달단계에서 충족되어진 성적 만족의 유무에 따라 개인의 성격이 특정한 단계에 고착되거나 혹은 다음 단계로 발전한다고 보는 것이다. 인간의 성격을 형성하는 5단계는 구강기, 항문기, 남근기, 잠재기, 생식기로 되어 있다(임상사회사업연구회 역, 1997: 75-78; 윤현숙 외, 2005: 48-49).

가. 구강기

구강기(oral stage)는 출생에서 생후 18개월 사이에 해당되는 기간으로서 아동이 어머니의 젖을 빠는 행위를 통해 성적인 만족을 얻는 시기이다. 또한 이 시기는 아동이 입으로뿐만 아니라 눈과 손 및 모든 감각을 통하여 통합적 감정을 충족 받아야 하는데, 만약 아동이 어머니로부터 젖을 빠는 동안에 안정과 평안한 감정을 얻지 못한다면 성인이 되었을 때 무계획적인 생활이나 충동적인 구매를 하는 등의 정서적 장애를 받게 된다.

나. 항문기

항문기(anal stage)는 생후 18개월부터 3세까지로 배설의 욕구와 관계된 시기이다. 이 시기의 아동은 배변훈련을 통하여 생리현상에 대한 통제력을 가지며 이로 인해 부모의 사랑을 얻게 된다. 따라서 성공적인 배변훈련을 통해 부모로부터 사랑을 받게 되는 아동은 자율성과 통제성을 갖게 되지만, 그렇지 않은 경우에는 강박적이거나 의존적인 성격의 소유자로 성장하거나 결벽증 환자가 되는 경우가 많다. 부모에 의한 배변훈련이 진행되면서 아동은 자신의 욕구를 조절하는데, 이것이 초자아 발달의 시초가 된다.

다. 남근기

남근기(phallic stage)는 생후 3세에서 5세까지로 아동이 자신의 성기를 만지면서 얻는 성적 쾌락과 관련이 있는 단계이다. 이 시기의 아동은 자신의 육체에 대해 호기심과 이성과의 차이점을 발견하면서 자아정체감을 얻게 된다. 또한 이 시기는 이성 부모에 대해 성적인 유대 감정을 느끼고 동성의 부모를 경쟁상대로 인식하는 오이디푸스 콤플렉스(Oedipus complex)가 형성되는 단계인데, 이러한 감정은 동성 부모의 역할을 모방하는 동일시(同一視) 과정을 통해서 해소될 수 있다. 이때 남자아이에게는 어머니의 사랑을 갈망하는 오이디푸스 콤플렉스가, 여자아이에게는 아버지를 좋아하고 어머니를 싫어하는 경향을 보이는 엘렉트라 콤플렉스(Electra complex)가 나타나게 된다.

라. 잠재기

잠재기(latency stage)는 6세에서 사춘기 사이에 해당되는 시기로서 성적 대상이나 성욕이 잘 나타나 보이지 않는 일종의 '성적 휴지기'에 해당된다. 이 기간에 아동은 학교라는 새로운 학습 환경에 부딪히게 되면서 성적인 본능은 억압되지만, 이전 단계의 성적인 기억들은 그대로 남아 있어서 장래의 성격 형성에 영향을 미친다. 이 시기에는 리비도의 신체적 부위는 특별히 한정된 데가 없고 성적인 힘도 잠재되고, 관심이 동성의 친구에게 향하며 동일시 대상도 주로 친구가 된다. 또한 이 시기의 에너지는 지적인 활동, 친구와의 우정 등에 집중된다.

마. 생식기

생식기(genital stage)는 12세 전후의 사춘기에서 시작되는데, 생물학적 재생산이 가능하고 이성에 대한 관심이 높아지는 단계이다. 이 시기는 이성에 대한 관심이 점차 사회화 과정을 통해서 이루어지며 입맞춤, 포옹 및 성교 행위 등을 통해 성적인 충동을 만족시킨다. 프로이트는 이 기간이 사춘기로부터 노년기까지 연장되는 것으로 보았다. 사춘기

〈표 2-1〉 프로이트의 심리성적 발달단계

단계	성적 조점	핵심과제 및 주된 발달특징	고착에 의한 성격 특징
구강기(0~1세) oral stage	입	이유하기(젖떼기)/깨물기, 빨기, 삼키는 행위를 통해 성욕을 충족	강박적 식습관, 흡연, 알코올중독, 수다스러움, 수동적, 의타심, 논쟁적, 냉소적, 험담
항문기(1.5~3세) anal stage	항문	배변훈련/배설물의 보유와 배설을 통해 성적 충족, 사회적 통제 습득	강박증, 소유욕, 완고함, 고집 셈, 인색함, 복종적, 결벽증, 지저분함, 잔인함, 파괴적, 난폭함, 적개심
남근기(3~5세) phallic stage	생식기	오이디푸스 위기의 극복, 부모 동일시/성기에 관심, 이성부모를 사랑, 동성부모를 동일시, 초자아 발생	동성애, 자기도취, 거만함, 현란함, 남성 : 경솔, 야심, 과장적, 여성 : 난잡, 경박, 유혹적
잠재기(6~12세) latent stage	없음	사회적 관계 형성(동성친구)/성욕이 잠재, 지적 관심, 동성친구와의 우정 중시	리비도(성적 에너지)가 잠재되어 성격 유형이 발생하지 않음
생식기 (13세 이후) genital stage	생식기 (성교)	이성과의 친밀한 관계 형성 개발/이성에 관심, 2차 성징, 의존적 · 반사회적 성행위 추구	의존적, 반사회적

출처 : 이윤로(2007: 198); 권중돈 외(2005: 231-236)를 참조하여 재구성

로부터 성적으로 성숙되는 성인기 이전까지의 시기로 심한 생리적 변화가 그 특징이다. 격동적 단계로 불리기도 한다. 여러 가지 생리적 요인들로 인해 그동안 자유롭게 표출하지 못한 성적 감정들이 크게 강화되면서 잠재기 동안 억제되었던 성적·공격적 충동이 자아와 자아의 방어를 압도할 정도로 강해진다.

④ 자아방어기제

성격이론의 중요한 특징은 원초아를 통제하려는 자아와 초자아의 욕구가 갈등을 빚어내는 방식과 자아가 갈등을 운용해나가는 방식에 있다. 불안은 그러한 갈등으로부터 발생한다. 자아는 승화, 투사, 합리화, 억압 같은 다양한 방어기제를 사용해 불안을 다루어 나간다. 부정과 투사는 미성숙한 방어기제다. 정신병 환자의 경우 부정, 투사, 퇴행 등의 원시적 방어를 많이 사용한다. 부정과 투사를 사용하는 사람은 억압과 승화에 의존하는 사람보다 전반적인 성격기능에서 미성숙한 사람으로 간주된다(이인정 외, 2004). 개인이 활용하는 방어기제를 이해함으로써 개입에 대한 통찰을 얻을 수 있다(이윤로, 2007: 200).

가. 자아방어기제(ego defense mechanism)의 개념

원초아(id) 속에 포함되어 있는 것으로 사회적으로 용납될 수 없는 욕구나 충동 등의 사실적 표현과 초자아(superego)의 압력 때문에 발생하는 불안 또는 불쾌감으로부터 자아(ego)를 보호하고자 한다. 방어기제를 현명하게 사용하면 그 가치가 있지만 지속적으로 사용하면 성장을 방해하고 효율적인 적응과 대처방법을 배우지 못하게 된다. 모든 방어기제는 현실을 거부, 위조, 왜곡하는 것과 무의식적으로 작용하여 본인이 현재 어떠한 상황에 있는지 알지 못하는 특징이 있으며, 대부분 인격 초기에 시작된다. 모든 방어기제에는 충동을 부인하려는 시도가 있게 마련이다. 원초아의 "괜찮아"라는 대답에 자아가 "안 돼"라고 방어함으로써, 금지된 충동이 의식에 떠오르려는 것을 피하게 된다. 자아는 원치 않은 본능적 충동의 요구로부터 생기는 위험을 감소시키는 것은 어떤 것이든 방어기제로 사용할 수 있고 또 사용한다(Brenner, 1975; 연세사회복지실천연구회 역, 2004: 592에서 재인용). 만족스러운 심리사회적 사정이 되기 위해서는 클라이언트의 주요 방어기제, 그 외 자아의 기능과 역기능, 초자아의 주요 명령, 그리고 불안을 야기하는 원초아적 소망에 대한 설명이 포함되어야 한다. 그리고 다양한 이 정신적 기제들이 서로 어떻게 상호작용하는가를

주목하는 것이 특히 중요하다.

나. 자아방어기제의 유형

〈표 2-2〉 주요 자아방어기제의 유형

번호	자아방어기제	개념과 예
1	억압 (repression)	널리 사용되는 완전히 무의식적인 기전으로 자아가 고통스럽고 위협적인 충동, 감정, 소원, 환상, 기억 등을 무의식 속으로 추방시켜 의식화되는 것을 막아주는 기제 예) 하기 싫고 귀찮은 과제를 하지 않고 '깜박 잊었다'고 말하는 경우
2	반동형성 (reaction formation)	용납할 수 없는 감정이나 충동을 정반대의 감정이나 행동으로 대체시켜 표현하는 기제 예) 미운 놈에게 떡 하나 더 준다.
3	퇴행 (regression)	실패 가능성이 있거나 불안한 상황에 대한 해결책으로 현재와 같이 갈등이 없었던 시기인 초기의 발단단계나 행동양식으로 후퇴하는 기제 예) 놀이는 퇴행의 중요한 한 형태. 동생이 태어나 부모의 관심이 동생에게 집중되자 갑자기 말을 하지 못하고 대소변을 가리지 못하는 유아
4	동일시 (identification)	용납할 수 없는 충동 그 자체는 부정하고 그 충동을 갖고 있는 사람 또는 그 사람의 일면과 동일화하여 다른 사람의 성격, 태도, 가치, 행동들을 무의식적으로 자신의 것으로 채택하여 받아들이는 과정 예) 아버지를 무서워하는 아들이 아버지를 닮아가는 경우
5	보상 (compensation)	심리적으로 어떤 약점이나 제한점이 있는 사람이 이를 보상받기 위하여 다른 어떤 것에 몰두하는 기제 예) 자신이 친부모에게 효도를 하지 못한 사람이 이웃의 홀로 된 노인을 극진히 부양하는 경우
6	합리화 (rationalization)	의식하지 못하는 동기에서 나온 용납할 수 없는 충동이나 행동에 대해 지적으로 그럴 듯한 설명이나 이유를 대는 기제 예) 친구와의 경쟁에서 이기고 싶은 충동에서 친구의 잘못을 선생님께 고해바치고 그것이 자신의 의무라고 주장하는 경우
7	대치 (substitution)	정서적으로 아주 중요하지만 심리적으로 수용할 수 없는 대상을 심리적으로 수용 가능한 비슷한 다른 대상으로 무의식적으로 대치하는 기제 예) 오빠에게 매력을 느끼는 여동생이 오빠와 비슷한 사람과 사귀는 경우
8	전치 (displacement)	무의식적 어떤 충동, 감정, 관념들이 실제 대상과는 전혀 다른 대치물에 향하게 되는 것으로 실제로 있는 어떤 대상에게 향했던 감정 그대로를 다른 대상에 표현하는 기제 예) 도덕적 타락에 대해 강한 무의식적 죄책감을 느끼는 사람이 하루에 몇 번씩 손을 씻는 경우, 종로에서 뺨 맞고 한강에서 눈 흘긴다.

번호	자아방어기제	개념과 예
9	투사 (projection)	용납할 수 없는 자기 내부의 문제나 결점이 자기 외부에 있는 것으로 생각하는 기제로 어떤 행동이나 생각의 책임을 자신으로부터 외부 대상이나 다른 사람에 돌리는 과정 예) 잘못되면 조상 탓이다.
10	상징화 (symbolization)	어떤 사람이나 사물에 부착된 감정적 가치를 어떤 상징적 표현으로 전치시키는 기제 예) 아이를 낳고 싶은 강렬한 소망을 지닌 여인이 꿈에서 달걀을 보는 경우
11	분리 (isolation)	고통스러운 생각이나 기억을 그에 수반된 감정 상태와 분리시키는 기제 예) 아버지가 죽었을 때 슬픔을 느끼지 못했던 청년이 아버지를 연상시키는 권위적 남자 주인공이 죽는 영화를 볼 때 비통하게 우는 경우
12	부정(denial)	의식화된 상태에서 도저히 감당해 내지 못할 어떤 생각이나 욕구, 현실적 존재들을 무의식적으로 인정하지 않는 것으로 엄연히 존재하는 위험이나 불쾌한 현실은 부정함으로써 그로 인한 불안을 회피하고 편안한 상태를 유지하는 방어기제 예) 어머니가 사망했음에도 불구하고 돌아가신 것이 아니라 며칠 동안 딴 곳으로 갔다고 믿는 경우
13	승화 (sublimation)	원초적이고 용납되지 않는 충동을 적절히 억압할 수 없을 때 사회적으로 용납되는 다른 형태로 전환하여 표출하는 방어기제 예) 예술은 성적 욕망을, 종교는 막강한 아버지를 찾는 의존심을 승화시킨 것
14	해리 (dissociation)	마음을 편치 않게 하는 근원인 성격의 일부가 그 사람의 의식적 지배를 벗어나 마치 하나의 다른 독립된 성격인 것처럼 행동하는 기제 예) 이중인격자, 몽유병, 잠꼬대, 건망증 등
15	저항 (resistance)	억압된 감정이 의식화되면 너무 고통스럽기 때문에 억압된 재료들이 의식화되는 것을 방해하는 과정 예) 자유연상을 통해 억압된 내용을 상기시킬 때 흔히 부딪치게 되는 연상의 단절, 당혹, 침묵, 불안 등
16	내면화 (introjection)	애증과 같은 강한 감정을 직접적으로 표현하는 것을 피하기 위해 외부의 대상을 자기 내면의 자아체계로 받아들이는 기제 예) 어머니를 미워하는 감정을 수용할 수 없기 때문에 자기 자신을 미워하는 것으로 대치하는 경우
17	원상복귀 (undoing)	무의식에서 어떤 대상을 향해 품고 있는 자기의 성적인 또는 적대적인 욕구로 인해 상대방이 당할 것이라고 생각되는 피해를 원래 상태로 되돌려 놓은 기제 예) 굿과 같은 의식(ritual)
18	전환 (conversion)	심리적 갈등이 신체 감각기관과 수의근 계통의 증상으로 표출되는 경우 예) 군에 입대하기 싫어하는 사람이 입영 영장을 받아 보고 시각장애를 일으키는 경우

번호	자아방어기제	개념과 예
19	고착 (fixation)	충족이 지나치거나 좌절이 지나칠 때, 새로운 것에 대한 두려움으로 발달이 특정 발달단계에 정지되어 정신적 에너지가 병적 애착을 보이는 것 예) 신체적으로나 지적으로 생각하고 느끼고 행동하는 것은 제 나이대로 성숙했지만, 어린아이 말투를 쓰거나 어리광을 부리거나, 어린아이 같은 요구행위를 하는 경우
20	전이 (transference)	아주 어릴 때 억압되고 눌려서 잊어버렸던 경험이 다시 생각나는 것으로 전에 알았던 사람과 현재의 사람을 동일시하여 전에 알았던 사람에게 가졌던 사랑이나 미움의 감정을 현재의 사람에게 옮겨와 반복시키고 있는 착각의 현상으로 대부분 무의식적 현상인 기제 예) 어린 시절 아버지의 지나친 권위나 폭력에 주눅 들어 있는 사람은 커서도 권위를 상징하는 사람이나 사회에서 아버지의 역할을 담당하는 사람에게 같은 모습을 보이게 되는 경우
21	역전이 (counter-transference)	전에 다른 사람에게 가졌던 동일한 감정을 관리자나 치료자가 아랫사람에게 갖게 되는 착각의 현상 예) 아랫사람의 문제가 관리자를 자극해서 관리자의 무의식 속에 감추어져 있었던 숨겨진 갈등이 표출되어 나온 현상으로 분노나 증오심, 우울감과 슬픔이 이유 없이 생긴 경우
22	압축 (condensation)	두 개 이상의 사물이 하나로 압축되어 변모되는 과정으로 동일한 본능 에너지 값을 갖고 있는 두 가지 이상의 이미지가 합병된 것 예) 꿈속에서 만난 여인이 아내 같기도 하고 어머니 같기도 한 것 같은 경우
23	환상(illusion)	이루지 못하는 욕구를 상상 속에서 충족시키려는 현상
24	지성화 (intellectualization)	인지적 과정을 통하여 자기의 불안이나 스트레스를 해소시키려는 노력으로 이를 통해 인간은 너무 위협적이거나 고통스러운 정서적 문제를 피하거나 둔화시키기 위하여 사고와 추론, 분석 등과 같은 지적 능력을 사용하여 느낌보다는 사고로 정서적 불편을 제거하려는 것 예) 어떤 사람이 자기 자신을 괴롭힐 때, 그로 인한 속상함을 인정하지 않으려고 그 상대가 자신을 괴롭히는 원인이 무엇인가를 분석하여 불편한 감정을 제거하려고 노력하는 경우

출처 : 권중돈 외(2005: 229-231), 이영실 외(2015: 43-48)를 참고하여 재구성

⑤ 역동적 관점

역동적 관점이란 프로이트의 본능이론(instinct theory)을 말하는 것으로서 리비도(Libido)적, 또는 공격적 충동과 관련이 있다. 인간발달에서 본성과 양육의 상호작용을 고려할 때 충동, 또는 본능은 '본성'(nature)적 요인을 의미한다. 본능(instinct)에는 근원(source), 목적

(purpose), 대상(object), 그리고 힘(impetus)과 같은 4가지 특성이 있다. 본능의 근원은 배고픔, 성욕, 공격성과 같은 신체적 상태나 욕구이며, 목적은 언제나 만족을 얻는 것이다. 본능의 대상은 욕구가 집중되어 있는 것－예를 들어 음식－과 그것을 확보하는 데 필요한 모든 활동－예를 들어 냉장고로 가서 집어서 입에 넣고 씹는 것 등－을 의미한다. 본능의 힘은 내재된 욕구－예를 들어 배고픔, 성욕, 공격적 소망 등－의 세기나 강도에 따라 결정되는 데 사람마다, 그리고 동일한 사람이라도 시기에 따라 그 욕구의 양이 다르다(연세사회복지실천연구회 역, 2004: 598-599).

2) 정신역동모델의 개입 목표와 과정

(1) 개입 목표

정신역동모델은 프로이트(Freud, 1856~1939)에 의해 발전된 특수 형태의 심리치료로 정신분석치료의 목표는 클라이언트가 과거의 경험에서 갖게 된 불안한 감정이나 무의식적 사고의 원인을 깨달아서 자신의 본능적 욕구나 충동을 억제할 수 있도록 자아의 통제력을 강화하는 것이다(윤현숙 외, 2005: 49). 정신역동모델은 클라이언트가 과거의 경험에서 갖게 된 불안한 감정이나 무의식적 갈등을 의식화하여 이러한 것들이 어떻게 현재 자신의 행동에 영향을 주고 있는지를 통찰하도록 돕는 것을 목표로 한다. 주로 통찰, 전이의 해석, 자유연상, 훈습의 기법을 이용한다(1급 사회복지사시험연구회 편, 2009: 50). 아동기에서 연유하는 적대적이거나 또는 성적인 감정과의 관계성에서의 꿈의 해석, 저항 및 치료자와 환자와의 관계성 분석, 그리고 정신성적발달과 어렸을 때의 경험과의 관계성에서 환자의 현재를 분석하는 것 등을 이용한다.

(2) 개입과정

① 관계형성 단계

본격적인 원조과정으로 들어가기 위해 치료자인 사회복지사와 클라이언트가 신뢰관계를 형성하는 단계이다. 불안에 직면한 클라이언트에게 명확한 해석이나 통찰 기법을 적용하는 것이 어려우므로 신뢰관계를 우선 형성하여 클라이언트가 덜 방어적인 태도를 갖게 하는 것이 중요하다.

② 동일시를 통한 자아구축 단계

클라이언트는 자신을 사회복지사와 동일시하기 시작하여 사회복지사의 생각과 태도 중 많은 부분을 받아들인다. 사회복지사는 클라이언트에게 좀 더 큰 현실감을 부여함으로써 세상을 현실적으로 볼 수 있게 한다.

③ 클라이언트가 독립된 정체감을 형성하도록 원조하는 단계

클라이언트가 독립된 정체감을 확립할 수 있도록 원조하는 단계이다. 클라이언트는 독립적으로 세상을 향해 나아가야 하기 때문에 독립된 정체감을 확립하는 것이 필요하면서도 어렵고, 그렇기 때문에 퇴행을 보일 수도 있다. 사회복지사는 클라이언트가 성인으로의 성장을 위한 투쟁을 이해해 주는 강하고 공정하며 일관성 있는 부모의 모습을 보여주어야 한다.

④ 클라이언트의 자기이해를 원조하는 단계

클라이언트가 자신의 행동과 그 행동의 과거 뿌리를 이해할 수 있도록 원조한다. 클라이언트가 자신의 방어기제에 대해 의식하며, 유치한 정서적 행동에 빠지지 않으면서 좌절과 실패에 대응하는 방법을 생각할 수 있게 한다(장인협, 2005: 36-38).

3) 정신역동모델의 개입기법과 적용 사례

(1) 정신역동모델의 개입기법

① 전이의 해석

정신역동모델의 개입과정에서 전이(transference)와 역전이 현상에 대한 해석이나 활용이 매우 중요하다. 정신역동모델에서는 클라이언트들이 과거의 관계에 속하는 것으로 보이는 행동, 사고, 감정 등을 치료자 사이에서 반복할 것이라고 본다. 전이는 클라이언트가 치료 상황 밖의 세상에서 인간관계를 어떻게 수립하며 해석하고 있는가에 관해 매우 중요한 실마리를 제공해 준다. 사회복지사를 비롯한 치료자들은 중립적인 태도와 반영적 태도로 클라이언트의 전이를 유발시키고 전이를 다루어 주어야 한다.

② 역전이의 이용

역전이(countertransference)는 전이의 반대적 상황으로, 전이에 대한 치료자의 정서적 반응을 말한다. 즉, 치료자가 억압된 무의식적 갈등이나 동기를 클라이언트와의 관계에서 표출하는 것이다. 역전이는 긍정적인 면과 부정적인 면이 있는데, 클라이언트의 사고나 감정을 모니터할 수 있게 되므로 개입에 중요한 역할을 하기도 하지만 일반적으로 정신분석의 과정을 방해하는 부정적 측면도 많이 있기 때문에 치료자가 역전이를 좇아 행동해서는 안 된다.

③ 자유연상

자유연상(free association)은 클라이언트의 마음속에 떠오르는 것을 자유롭게 말하게 하는 개입기술이다. 클라이언트가 편안히 쉬는 자세를 하고 눈을 감게 한 다음 특정한 자극을 주지 않고 마음에 떠오르는 것을 차례차례 말하게 한다. 마음에 떠오르는 생각들에 대해 일어나는 모든 비판을 중지하도록 지침을 준다. 떠오르는 모든 것들을 있는 그대로 말하는 것이 자유연상에 중요하며, 별로 중요치 않다고 또는 연관이 없다고 생각되더라도 억제해 버리지 말고 이야기하는 것이 중요함을 설명해 준다. 자유연상기법을 통해 클라이언트들은 자기 꿈의 밑에 깔려 있는 의미에 도달하게 되며, 무의식 혹은 무의식적 갈등에 접근할 수 있다(장인협, 2005: 37-39). 치료에 대한 저항이 나타날 때마다 치료자는 그에 타당한 해석을 한다. 초기의 기억 탐색, 중요한 경험과 느낌 재생, 인간관계의 재활성화에 초점을 두며, 치료시간은 1회 40분, 1주 1회, 약 2년 치료를 진행한다.

④ 꿈의 분석과 해석

수면 중에는 자아방어가 약화되므로 억압된 욕망과 감정이 의식 표면에 떠오르게 된다. 꿈의 분석은 이러한 꿈의 속성을 이용하여 무의식적 자료를 발굴하고 정리함으로써, 클라이언트로 하여금 자신의 내면세계와 문제 영역에 대해 통찰을 얻도록 도와주는 중요한 절차이다. 꿈은 억압된 소원들로 구성되어 있는 것으로 무의식의 세계로 통하는 길이다. 꿈의 내용은 첫째, 가장되어 있고 숨겨져 있으며 상징적이고 무의식적인 동기로 구성되어 있고, 너무나 고통스럽고 위협적이기 때문에 보다 용납될 수 있는 내용으로 변형되어 꿈으로 나타나는 잠재적 내용과 둘째, 꿈속에 나타나는 꿈의 내용인 현시적 내용이다(황철수 외, 2010: 127-128). 꿈은 "무의식의 내용을 알 수 있는 왕도(royal road)"라 하며, 전체 수면의 20%를 차지하는 꿈의 해석은 삶을 방해하는 잠재의식의 요인들을 찾아내는 것이다. 우리가 경험하는 발현몽에서는 직접 중요한 심리적 의미를 파악하기 힘들고 꿈의 해석은 잠재몽의 내용을 밝혀나가는 것이다. 잠재몽은 잠자는 사람을 깨우려고 위협하는 무의식에 있는 소망, 욕구, 관념이 꿈의 진정한 내용이며 수면 중에 통제를 이완시킴으로써 전에 억압되었던 자료들이－본능적 요구, 유아기 기억, 환상, 신체적 감각 주입, 생활의 전반적 상황, 그날 있었던 일(생각 · 감정)－꿈속에 나타나는 것이다.

⑤ 저항의 해석

저항(resistance)이란 불안으로부터 자신을 방어하는 경향을 말한다. 정신분석 초기에 클라이언트는 억압된 감정이나 생각을 회상할 수 없거나 혹은 그 표현을 주저하는 경향을 보인다. 사회복지사는 클라이언트의 주의를 집중하게 하고 저항 가운데서도 가장 분명한 저항현상을 해석한다. 저항 해석의 목적은 클라이언트가 저항의 이유를 각성하고 저항을 처리하여 치료과정에 협조할 수 있도록 도우려는 것이다(이영실 외, 2015: 51) 저항은 치료과정에서 무의식을 의식화하는 것을 방해하는 환자의 모든 태도, 행동 및 언어를 총칭하며, 저항은 즉시 규명 · 해석되어야 하고 환자 스스로 어떤 상황에서든 그 대처방법을 결정하고 배우며 익혀나가야 한다. 수용적이고 무비판적인 치료태도는 저항을 감소시키고 환자의 생각과 감정을 표출하게 하는 방법이다.

⑥ 해석

해석(interpretation)은 치료관계에서 나타나는 클라이언트 행동의 의미를 설명하고 때로는 가르치기도 하는 것으로 행동에 대한 단순한 설명이 아닌 자아가 더 깊은 무의식의 자료를 탐색할 수 있도록, 즉 자기통찰을 하도록 도와주는 기능을 한다. 자유연상, 꿈, 저항, 전이를 분석할 때 사용되는 기본 절차로 자아로 하여금 무의식적 재료를 의식화하는 것을 촉진시킴으로써 클라이언트는 무의식적 재료에 대한 통찰을 갖게 된다. 올바른 해석이 이루어지기까지 걸리는 준비기간과 해석(interpretation)을 통해 통찰에 이르고, 이것을 행동화하기까지 이 모든 과정을 통틀어 해석과정이라고 한다. 이러한 해석과정은 클라이언트를 어떤 특정 사실이나 경험에 직면(confrontation)하게 하고, 직면한 사실이나 사건, 의미 등의 초점을 잡아 명료화(clarification)하고, 지금까지 유추한 사실을 클라이언트에게 말로 전달하며, 클라이언트가 억압된 것을 받아들이고 분석과정에서 해석된 것을 통합하고 그 과정에서 생겨난 저항을 극복하는 훈습(working-through)으로 구성된다. 적절한 해석을 하기 위해 치료자는 클라이언트의 준비상태를 민감하게 지각하고 있어야 한다. 왜냐하면 해석의 영향력이나 그 변화의 힘은 클라이언트의 준비 정도에 따라 달라질 수 있기 때문이다. 해석을 위한 규칙으로는 첫째, 클라이언트가 저항 혹은 방어적 태도를 취할 때 그 이면의 숨겨진 원인을 해석하기 전에 클라이언트의 방어나 저항행동 그 자체를 지적하고 설명해 주어야 한다. 둘째, 클라이언트가 표현한 감정의 대상적인 이면을 이해할 수 있어야 한다(황철수 외, 2010: 127).

⑦ 훈습

클라이언트가 인지한 저항을 좀 더 숙지시키고 반복강박의 지배로부터 해방시켜 주는 심리적 작업인데, 이 작업을 하지 않으면 통찰은 지적인 단계에 머물고, 경험적인 확신으로까지 도달하지 못한다. 훈습(work through)의 목표는 전이 현상이나 생활문제의 갈등, 과거문제의 갈등 등에 대한 클라이언트의 이해 및 관점의 수준을 확장시켜 자신의 문제나 상황을 좀 더 통합적인 관점으로 이해하게 하는 것이다. 사회복지사는 아직 충분히 통합되지 않았지만 점점 의식화되어 가는 자료를 클라이언트가 계속 탐색하고 이해할 수 있도록 반복적으로 상황을 설명하고 이해시킨다. 사회복지사는 클라이언트가 가장 잘 이해하도록 문제에 대해 조리 있는 설명을 반복적으로 전달하여 통찰이 발달하고 자아통합이 확대되도록 도와주어야 한다. 똑같은 말이나 해석을 되풀이하는 것은 클라이언트를 지루하게 하고 개입의 효과를 떨어뜨린다. 프로이트는 치료자가 클라이언트의 저항을 지적하고 해석해 주는 것만으로는 저항을 포기하게끔 할 수는 없다고 했는데, 해석을 진정으로 받아들이고 동화한다는 것은 클라이언트에게 상당한 시간이 걸리는 힘든 과제이며 치료자의 입장에서도 상당한 인내가 필요한 작업이다. 훈습을 철저학습이라고도 한다(장인협, 2005: 37-39).

⑧ 감정이입

감정이입(empathy)은 정신분석학적 치료자가 개입할 때 가족 구성원이 개방적이고 감정이입적 이해를 표현하며 그들의 경험에 대한 숨겨진 의미와 혼돈스러운 면을 명백히 하는 해석을 내리게 한다. 감정이입적 경청은 치료자가 클라이언트의 생각과 느낌을 함께 공유할 수 있도록 주의를 기울여 들어주는 것이다. 감정이입적 경청을 할 때 클라이언트의 감정을 공유할 수 있으며 효과적인 치료적 상황을 가져올 수 있게 된다(이영실 외, 2015: 53).

⑨ 경청

경청(listening)은 클라이언트의 언어적 · 비언어적 표현에 귀를 기울이는 것으로 의사소통의 숨겨진 의미를 이해하는 것이라고 할 수 있다. 이완된 경청의 자세에 더하여 이 모든 것을 관찰하고 상황을 정확하게 판단할 수 있을 때 정신분석적 경청이 가능해진다(황철수 외, 2010: 130; 이영실 외, 2015: 53).

⑩ 버텨주기 및 간직하기

버텨주기(holding) 기법은 클라이언트가 경험하고 있거나 혹은 뭔가 막연하게 느끼기는 하지만 감히 직면할 수 없는 깊은 불안과 두려움을 견딜 수 있는 힘을 제공하는 것으로 이러한 기법을 적절히 활용하기 위해서 사회복지사는 클라이언트를 수용하고 일관성 있게 대함으로써 사회복지사를 신뢰할 만한 사람으로 여기게 하고, 비판을 위한 비판이 아니라 클라이언트를 위하는 마음에서 그의 감정에 전문가로서 진실한 반응을 하여야 한다. 간직하기(containing)는 클라이언트가 두려워하는 모든 충동과 경험을 간직하여 완화시켜 주는 기법으로 클라이언트가 보이는 강한 감정을 마음에 간직하여 뜸들이고 길들여서 위험하지 않도록 변화시켜 클라이언트가 준비가 되었을 때 해석을 통하여 전달하는 기법이다. 따라서 이 기법은 클라이언트와 함께 고통을 나누는 것으로 이 기법을 잘 활용하기 위해서는 사회복지사는 심한 좌절을 견디어 낼 수 있고 강한 감정을 통제할 수 있는 능력을 갖추어야 한다(황철수 외, 2010: 131).

(2) 정신역동모델의 개입기법 적용 사례[1)]

사 례

대학 1학년생인 Bob은 자신이 강박사고와 강박행동 때문에 고통 받고 있다고 사회복지사에게 호소하였다. 그는 수업 도중 계속 "죽어, 죽어!"라고 말하고 싶다는 강박사고가 있다고 하였다. 그리고 그러한 강박사고로 인해 불안해졌으며, 집중하는 데 어려움이 생겼다는 것이다. 또한 그는 기숙사에서 나갈 때마다 자기 방문이 잠겼는지 꼭 확인을 해야만 했다. 심지어 잠겼는지 몇 번을 확인한 후에도 다시 돌아와 확인을 하곤 했다.

사회복지사와 Bob이 과거사를 검토함에 따라 Bob이 생전 처음으로 집을 떠나있게 된 것에 대해 매우 화가 나 있다는 것이 드러났다. Bob은 자신의 집과 고향에서는 모든 이들에게 사랑을 받았으며, 또 매우 중요한 사람이라는 느낌을 받았다. 그러나 대학에 오자 그는 그다지 유명하지 않은 많은 학생들 중 한 명에 불과해졌다. 이러한 상황은 그의 자기도취를 깨뜨렸으며, 그의 대학 동료들과 교수들에 대하여 크나큰 분노를 일으켰다. 그러나 Bob이 집에 대한 그리움과 대학에 있다는 사실로 인해 느껴지는 분노는 그에게 받아들여질 수 없는 것이었다. 그는 자신의 의존성을 거부하였으며(부인), 그의 분노감정을 억압했다. 하지만 그럼에도 불구하고 그의 충동은 강했고, 방어기제는 그러한 충동을 감당해낼 정도로 강하지는 못했다. 결국 그의 분노는 "죽어, 죽어!"라는 강박사고의 형태로 분출되었던 것이다.

무의식적으로 Bob은 그의 부모나 친구들이 학교를 찾아와 자신을 놀라게 해 주기를 바랐다. 또한 무의식적으로는 자신이 수업이 끝난 후 돌아왔을 때 그들이 방에 들어와 있을 수 있도록 방문을 열어 놓고 싶었던 것이다.

Bob이 사회복지사와 자신의 환상, 즉 부모와 입 맞추고 끌어안으며 다시 어린 소년으로 돌아가고 싶다고 환상에 대해 이야기함에 따라 증상은 감소하였다. 그가 자신의 분노와 의존성, 특히 엄마가 목욕시켜 주고 먹여줬으면 하는 소망, 또한 아빠가 귀여워해 줬으면 하는 소망을 인정함에 따라 더 이상 자신을 방어하기 위해 에너지를 쓰지 않아도 되었으며, 그의 기능은 많이 호전되었다.

설 명

Bob의 강박사고와 같은 신경증적 증상을 통해 원초아적 소망이 부분적으로, 그리고 가장된 모습으로라도 나타나게 함으로써 자아는 불안의 어느 정도라도 피할 수 있게 된다. 충동 즉 가장되고 왜곡된 환상에서의 만족(꿈에서처럼)을 허락함으로써, 자아는 극단적 불안을 경험하는 불쾌감을 피할 수 있다. Bob은 강박사고를 통해 자신이 수용할 수 없는 생각에 대처함으로써 누군가를 죽이고자 하는 소망, 불안, 죄책감 등을 피할 수 있었다. 이것은 바로 신경증의 일차적 이득으로, 위험한 충동이 의식으로부터 차단되어 불안과 죄책감이 감소하는 것을 의미한다.

이차적 이득이란 자아가 신경증적 증상을 통해 만족을 얻을 가능성을 이용하려는 것을 말한다. 예를 들어 학교공포증이 있는 아동이 그러한 증상으로 인해 부모로부터 받는 과잉보호와 염려를 즐길 수도 있다는 것이다. 이와 마찬가지로, 위궤양 같은 정신 · 신체적 증상이 있는 성인 역시 그런 증상으로 인해 애정과 관심을 받을 수 있을 것이다.

1) 연세사회복지실천연구회 역(2004: 601-602)

연 습

정신분석이론에 근거한 "나의 초기 경험" 실습자료를 자기 분석을 할 때에 참고하여 활용할 수 있음.

* 나의 초기 경험 *

1) 어릴 때 초기 경험(출생부터 만 5세 전후까지)을 회상해 보고 적기

(1) ....

(2) ....

(3) ....

(4) ....

(5) ....

(6) ....

2) 해석

(1) 가장 기억나는 일

....

....

- 그때 느낌

....

- 요즘도 그 느낌이 들 때는

....

(2) **구강기**(젖먹이 시절, 출생에서 1, 2세)에는 어떠하였는가?________

① 만족 - 낙천적, 자신감, 능동적

② 불만족 - 비관적, 의존적, 수동적

....

....

(3) **항문기**(변 가리는 시기, 1, 2세에서 3, 4세)에는 어떠하였는가?________

① 엄격 - 지나치게 아낌, 자기 것을 잘 챙김, 권위에 대한 불만, 지나치게 깔끔

② 적절 - 초자아 형성, 생산성과 창조성

③ 방관 - 낭비

(4) **남근기**(성 구별 시기, 3, 4세에서 5, 6세)에는 어떠하였는가?________

① 동성 부모에게 동일시가 적절 - 성역할 획득

② 동성 부모와 갈등 - (a) 아들- 연상의 여자 사랑, 어머니와 비슷한 여자 사랑
(b) 딸 - 연상의 남자 사랑, 남성 같은 여자

3) 나의 초기 경험 중 나의 성격 발달에

(1) 긍정적으로 미친 영향

(2) 부정적으로 미친 영향

(3) 요즘도 그 느낌이 들 때는

4) 내가 가장 잘 사용하는 방어기제는

2. 심리사회모델

1) 심리사회모델의 철학과 기본 개념

(1) 심리사회모델의 철학

① 개요

심리사회모델(psycho-social model)은 상황 속의 인간(person in situation)을 강조하는 관점으로서 메리 리치몬드(Mary Richmond)에서 그 기원을 찾을 수 있으나 1930년대 후반에 고든 해밀턴(Gordon Hamilton)에 의해서 심리사회적 이론으로 처음 불리어지기 시작하였다. 그 후 심리사회적 이론은 1960년대에 플로렌스 홀리스(Florence Hollis)에 의해서 사회복지의 실천이론과 접근방법으로 구체화되었으며, 체계이론과 역할이론의 영향을 받아서 보다 체계적으로 발전되었다(윤현숙 외, 2005: 53-54). 심리사회적 모델의 기본 원리는 1930년대 초에 발달하여 사회복지실천 분야에서 있었던 진단주의학파와 기능주의학파의 논쟁에서 개인, 가족, 근접환경, 상황 속의 인간 등을 철저히 조사하는 사정(assessment) 및 진단(diagnosis)이 강조되는 진단주의 실천양식에 뿌리를 둔 모델로서 기능주의 학파와의 여러 가지 차이점들 중의 하나인 진단의 중요성을 강조하였다. 초기 심리사회모델은 정신분석이론, 자아심리학, 대상관계이론 등의 영향을 받아 개인의 심리내적인 과정에 치중되었다. 그러나 점차 개인 외부의 물리적 여건이나 사회적 여건들도 함께 중시하는 쪽으로 발전하여 개인 내적 요소와 사회적 요소를 모두 중시하는 심리사회모델로 발달하였다.

심리사회모델은 개인의 심리적 특성뿐만 아니라 신체생리적 현상과 사회환경까지도 모두 고려하는 특성이 있다. 따라서 클라이언트를 '상황 속의 인간'이라는 개념으로 파악한다. 클라이언트의 근접환경을 현재 및 과거 시점에서 조사했던 리치몬드의 영향을 반영하고 있으며, 관련된 과거 사실에 대한 세심한 개인력 조사(history-taking)를 통한 사회연구(social study)를 강조한 프로이트의 관점도 반영하고 있다. 이러한 심리사회적 접근은 이전의 자선 내지 단순한 원조가 사회복지실천이라는 인식을 넘어 전문적인 현대의 임상사회복지실천을 형성하는 데 크게 기여하였다(이준우 외, 2004: 307-308). 심리사회모델에서는 클라이언트가 자신의 행동과 감정에 대해 이해하고 통찰함으로써 자신의 문제를 해결하기 위한 능력을 고취하도록 원조하는 것을 강조한다(Woodrow, 1983; 김혜란 외, 2005: 72에서 재인용).

실천 원칙은 다음과 같다(김혜란 외, 2005: 72).

- 클라이언트와 사회복지사와의 관계를 중시한다. 관계를 형성하기 위해 클라이언트를 수용하고 개별화하며, '클라이언트가 있는 곳'(start where the client is)에서 출발하는 것을 강조한다.
- 클라이언트의 과거 경험이 현재 심리내적 혹은 사회기능에 미치는 영향을 강조한다.
- 클라이언트가 자신의 과거 혹은 현재 경험과 관련해서 내적 갈등을 이해·통합해서 성장할 수 있도록 원조한다.

주요 전제 및 가치는 다음과 같다(엄명용 외, 2005: 411-413).

- 모든 인간은 생래적 가치 또는 존엄성을 지닌 존재이다.
- 모든 인간은 성장능력, 학습능력, 적응력, 환경의 변화능력을 지닌 긍정적 존재이다.
- 개인 기능의 이해를 위하여 성격체계의 구조, 발달에 관하여 프로이트 관점을 이용한다.
- 심리체계는 독립적으로 존재하는 것이 아니라 생물학적·사회적 체계와 끊임없이 상호작용한다.
- 문제 상황을 다루는 데 있어 차별성이 강조된다.

② 이론적 배경

심리사회적 이론은 인간의 심리적 요소는 물론 그가 속한 사회환경과 이 둘 사이의 상호작용에 의한 결과까지도 고려하는 3가지 측면에서 문제의 원인과 해결을 찾으려고 하는 이론이다(Hollis, 1967; 윤현숙 외, 2005: 54에서 재인용). 따라서 이 이론은 개인의 심리적인 특성뿐만 아니라, 신체생리적인 현상과 사회적인 환경(bio-psycho-social)까지도 모두 고려하는 상황 속의 인간(person in situation)이란 관점을 제시하면서 사회복지실천의 고유한 이론으로 발전하게 되었다. 상황 속의 인간에서 의미하는 인간은 변화하고 발전 가능성을 가진 존엄한 존재를 정의하며, 상황은 의식주와 같은 물질적인 자원뿐만 아니라 대인관계를 통해 얻게 되는 개인의 사회적인 관계도 포함한다. 따라서 심리사회적 이론은 인간의 수용(acceptance)과 자기결정권의 가치를 존중하며, 사회적 자원의 결핍이 개인의 문제에 미치는 영향력을 중시한다(윤현숙 외, 2005: 54).

심리사회모델의 이론적 배경이 되는 주요 이론을 간단히 살펴보고자 한다(김혜란 외, 2005: 72-75; 엄명용 외, 2005: 413-416).

가. 정신분석이론

프로이트에 의해 주창된 정신분석이론은 정신결정론(psychic determinism)과 무의식적 동기(unconscious motivation)를 강조하고 있다. 정신결정론이란 사람들이 생각하거나 느끼는 모든 것에는 의미와 목적이 있으며, 개인의 경험에 의해 이미 결정되어 있다는 가정이다. 무의식적 동기란 프로이트가 마음의 구조를 빙산으로 비유하면서 의식, 전의식, 무의식 등 지형학적으로 분석한데서 나온 개념이다. 정신분석이론에서 인간의 성격은 이드와 자아, 그리고 초자아로 구성된다고 본다. 그리고 인간의 문제와 갈등의 원인은 무의식에 있는 것으로 본다. 따라서 정신분석에서는 자유연상, 꿈 분석 등을 통해 무의식을 분석함으로써 문제의 원인을 파악하고, 해결점을 찾고자 한다.

나. 대상관계이론

정신분석이론은 인간의 심리내적인 부분을 강조한다면 대상관계이론은 인간이 속한 환경과의 경험에서 발전한 대인관계를 강조한다. 생애 초기에 경험한 애착대상과의 관계(주로 부모)가 이후 대인관계 유형을 결정짓는다는 것을 강조한다. 따라서 자녀의 성장과정에서 적절한 부모 역할을 중요하게 여긴다(이팔환 외 역, 1999: 192).

다. 자아심리이론

자아심리학은 1950년대에 소개되기 시작하여 그 뿌리가 정신역동이론이었지만 자아심리학에서 초점을 두는 것은 다른 정신역동이론들처럼 무의식이 아니라, 의식이고, 자아의 상태이다. 자아심리학은 자아(ego)가 무의식적인 성적 에너지 또는 공격적 에너지에 좌우되지 않는 독립성과 자율성을 가지고 있다고 보았다. 따라서 자아는 창조적이고 주체적인 현실적응기체로 원초아(id)와 초자아(superego)를 중재한다. 그러므로 자아심리학에서의 개입대상은 자아로 자아의 수행능력, 자아방어기제, 자아의 자신감, 자아의 현실

판단능력 등을 회복, 향상, 보존해 주는 것 등이 개입의 목표이다(김혜란 외, 2005). 자아심리학에서는 과거보다는 현실, 수동성보다는 능동성, 단점보다는 강점을 강조한다.

라. 체계이론과 생태체계이론

개인체계와 환경체계는 서로 영향을 주고받는 개방체계이며, 개인의 행동은 상호작용하는 개방체계의 맥락에서 이해되어야 한다는 것을 강조하는 체계이론의 영향을 받았다. 체계에 대한 개념은 심리사회적 접근방법이 본래 가지고 있던 생각들을 매우 적절하게 표현해 준다.

마. 기타 사회과학이론 등

인류학의 영향으로 각 개인의 독특성을 인정하고 차별적 진단 및 차별적 개입을 강조하였다. 가족체계, 결혼 관련 사회학 연구들, 역할이론, 의사소통이론 등의 영향을 받았다.

바. 실천을 통해 획득된 이론

실천으로부터 획득된 이론들도 심리사회모델의 이론적 기반을 형성하는 데 기여하였다(연세사회복지실천연구회 역, 2004: 623-630). 사회복지실천현장에서의 경험적 지식은 다음과 같다. 첫째, 개인에게만 초점을 맞춘 자선활동으로는 당시 클라이언트들이 경험하고 있던 문제를 해결하기가 어렵기 때문에 클라이언트의 최근접 환경인 가족 상황에서 클라이언트의 문제를 진단하려고 하였고 더 나아가 사회 개량(mass betterment)을 통해 개인문제를 해결해야 한다. 둘째, 리치몬드(Richmond)에 의해 시도된 사회복지실천과정 즉 자료수집(data collection) →사회연구(social study) → 진단(diagnosis) → 개입계획(intervention planing) → 개입(intervention)의 사회복지실천 절차의 과학화 노력이 심리사회모델로 이어졌다. 셋째, 각 개인 및 가족은 독특성이 있으므로, 차별적으로 진단·개입되어야 한다. 넷째, 실천의 결과를 평가한 리치몬드의 노력이 심리사회모델로 이어졌다.

(2) 심리사회모델의 기본 개념

① 주요 원칙과 가정

심리사회모델은 개인 내적 영역과 사회환경적 영역, 그리고 개인과 환경의 상호작용에 초점을 두고 있다. 이 모델은 기본적으로 정신분석이론에 뿌리를 두고 있으며, 자아심리학과 체계이론 등의 영향을 받아 형성된 모델이므로 다음과 같은 가정을 기반으로 한다고 할 수 있다(Turner, 1996; 신성자 외, 2017: 154-155).

- 모든 개인은 생래적 가치 또는 존엄성을 갖고 있다고 전제된다. 사회복지사는 클라이언트의 존엄성을 존중하기 위해 그를 현재 상황에서 있는 그대로 받아들인다.
- 모든 인간은 연령에 상관없이 성장 능력, 학습 능력, 적응력, 그리고 사회 또는 물리적 환경을 변화시킬 수 있는 능력을 가진 존재로 간주된다.
- 자아심리학의 영향에도 불구하고 '개인이 어떻게 기능하는가'에 대한 이해를 위해서는 성격체계의 구조나 발달에 관한 프로이트의 관점이 이용된다.
- 심리체계는 독립적으로 존재하는 것이 아니라 생물학적 체계, 사회적 체계와 끊임없이 상호작용한다고 전제된다. 따라서 사회복지사는 클라이언트의 현재 문제 상황에 영향을 주는 생물·심리사회체계 등 모든 관련체계에 관여해야 한다.
- 문제 상황을 다룸에 있어 차별성이 강조된다. 동일한 유형의 문제 상황이더라도 그 상황이 발생한 배경들이 다를 수 있기 때문에 클라이언트의 문화적 배경, 사회·경제적 배경, 계층, 주변 환경 등이 차별적으로 다루어져야 함이 강조된다(엄명용 외, 2005: 411-413).

② 주요 개념

가. 심리사회적 조사

정신분석은 무의식분석을 통해 억눌린 유아기 때의 감정이나 기억들의 재생을 중요하게 다루는 반면, 심리사회적 조사는 의식 및 전의식 수준에 초점을 둔다. 그러므로 원가족과 초기 발달상의 정보 등이 표출된 문제에 직접적 연관성이 있을 때 과거로의 탐색이 이루어지기도 한다. 그리고 개인의 인생발달단계(life-stage) 및 가족생활주기에 있어 전환기에 더 주목하며 발달과정상의 정상적 위기로 밝혀지기도 한다. 이러한 경우 클라이언트는 자신이 경험하고 있는 혼란이나 좌절이 다른 많은 사람들 또한 겪는 것임을 인식하면서 안도감을 느끼기도 한다. 이는 클라이언트가 즉시 문제를 재규정하고 새로운 해결책을 찾도록 하는 계기가 된다(김기태 외, 2008: 380).

나. 상황 속의 인간에 대한 숙고

상황 속의 인간에 대한 숙고는 클라이언트를 둘러싼 현재 상황들과 다른 사람들과의 상호작용에 관련되는 인식, 사고와 감정들을 이해하는 것이다. 인간-상황 구성 내에서 작용하는 많은 체계들이 어떻게 상호작용하고 있는지를 개념화하는 것이 중요하다. 복잡한 체계들을 규명하여 변화를 위한 개인들, 가족, 사회연계망들과 지역사회들의 능력, 동기와 기회를 평가해야만 한다.

다. 사회복지사와 클라이언트의 관계

사회복지사와 클라이언트와의 관계에 있어 사회복지사의 지지는 클라이언트가 자신의 억압된 생각과 감정을 적절히 표출하도록 도우며, 더 나아가 클라이언트의 자신감과 자존감을 향상시킴으로써 자신이 원하는 삶을 선택할 수 있도록 이끌 수 있다. 지지는 관심, 수용, 감정이입적 이해, 재확인, 그리고 격려를 보여주는 언어적·비언어적 의사소통이다. 특히, 수용은 클라이언트의 태도와 행동이 사회복지사의 개인적 판단과 상관없이 온화함과 선한 의지를 보여주는 태도를 유지하는 것을 의미한다. 따라서 클라이언트에게 도움을 제공하기 위해 수용은 다른 사람의 내적 감정이나 주관적인 상태에 들어가고 받아들이는 능력인 공감 혹은 감정이입을 갖추어야 한다. 클라이언트는 사회복지사와의 전문적 관계를 통해 자율성을 경험하고, 희망을 가지며, 보다 더 많은 자신감과 독립심을 느낄 수 있게 된다. 사회복지사는 클라이언트가 기회를 최대한 이용할 수 있도록 스스로 자기결정을 내려 행동에 옮길 수 있도록 도와주어야 한다. 클라이언트의 자기지시 혹은 자기결정은 클라이언트의 중요한 권리이며, 심리사회이론에서는 이 권리를 매우 중요시 한다(길귀숙 외, 2010: 142).

2) 심리사회모델의 개입 목표와 과정

(1) 개입 목표

심리사회적 이론은 인간의 성격이나 문제가 생활상의 다양한 요인에 의해서 형성된다고 생각하는 다원성과 공통적인 상황을 경험하더라도 개개인은 서로 다르게 반응한다고 하는 인간의 개별성을 중시한다. 다원성은 클라이언트의 성격에 영향을 미치는 다양한 요인들을 의미하는 것으로, 건강, 유전적 자질, 인종, 출생순위, 성별, 가족관계나 구조, 또래집단, 사회·경제적 여건, 주거환경 등을 들 수 있다. 따라서 심리사회적 이론의 사회복지실천은 클라이언트의 다양한 생활사(life history)를 다각적으로 사정하는 것을 매우 중요하게 생각한다. 또한 클라이언트의 개별성을 이해하기 위해서는 지금–현재(here and now)의 상황에서 클라이언트가 문제를 인지하는 방법과 이에 대처하는 행동들을 파악하는 것이 중요하다고 보았다. 따라서 클라이언트의 인지체계는 물론 사상, 가치관, 사회적 역할, 종교관 등을 사정하여 클라이언트의 독특한 반응형태를 파악한다(Turner, 1986; 윤현숙 외, 2005: 55에서 재인용).

심리사회적 이론처럼 사회복지실천의 전문적인 개입도 클라이언트의 심리적인 변화와 사회환경적인 변화를 모두 추구하는 이중적인 개입방법을 활용한다. 사회복지사의 이중적인 개입방법은 사회복지실천을 타 전문직과 차별화시키는 근거가 되었으며, 오늘날의 직접개입(direct practice)과 간접개입(indirect practice)을 구분케 하는 효시라고 할 수 있다. 특히, 클라이언트가 원조를 받게 되는 문제 상황은 크게 세 가지로 요약될 수 있다. 첫째, 현재 생활상의 압력으로 질병이나 이혼, 실직 등 스트레스를 주거나 사회적 기능을 약화시키는 상황이나 상태가 주어진 경우이다. 둘째, 자아와 초자아가 성숙하지 못하거나 균형을 이루지 못하여 사회적 상황에 적응하지 못하거나 불만을 느끼게 되는 경우로 이런 경우에는 주변 상황이 어떠하든지 적응이 어렵게 된다. 셋째, 억압적이거나 경직된 자아방어기제나 초자아 기능이 지나치게 발달되어 과제는 성실하게 수행하나 만족을 모르고 억압이 크고, 경직되어 있어 어려움을 겪는 경우이다. 이렇듯 심리사회모델에서는 환경적 압력이 직접적으로 수정될 수도 있고, 클라이언트가 자신을 변화시키도록 도움을 받아 성격 변화를 이룰 수도 있다. 또는 클라이언트 내에 작용하고 있는 것으로 가정되는 힘의 균형을 수정함으로써 마음의 문제를 다룰 수도 있다(조휘일 외, 2002: 110). 이러한 이론적 특징에 근거하여, 홀리스(Hollis)는 사회복지실천의 내용을 6가지로 구별하면서 정신분석치료와 차이가 나는 사회복지실천의 개입과정을 명시하였다. 심리사회적 이론에서 제시하는 사회복지실천은 ① 클라이언트의 감정과 행위를 지지하는 과정, ② 문제해결에 직접적인 영향을 주는 과정, ③ 클라이언트의 감정을 환기(ventilation), 묘사, 탐색하는 과정, ④ 클라이언트를 상황 속의 인간이라는 관점에서 고려하는 과정, ⑤ 클라이언트의 성격과 행동 그리고 이 둘 사이의 역동성을 살피는 과정, ⑥ 클라이언트의 사회적 기능에 영향을 미치는 과거와 현재의 경험을 고려하는 과정으로 구별된다(Hollis, 1967). 심리사회적 이론의 여섯 가지 과정들은 현재에도 사회복지사가 수행해야 하는 중요한 역할이며 사회복지실천의 중요한 과정으로 활용되고 있다(윤현숙 외, 2005: 55-56).

(2) 개입과정

① 초기면접 및 심리사회 상황 조사

초기면접(intake)은 클라이언트의 문제 상황, 그 문제 상황에 기여하는 요소 및 관련 사실을 수집하는 과정으로 심리사회모델에서는 심리사회조사(Psychosocial study)가 강조된다. 심리사회조사란 클라이언트와 클라이언트 상황에 대한 사실을 관찰, 조사하여 논리적으로 정리하는 과정으로 '상황과 상호작용하는 개인(Person-in-interaction with situation)'이 관심의 최소단위가 된다(Hollis, 1970).

② 사정(진단적 이해)

진단적 이해는 심리사회 조사를 통해 관찰, 수집된 사실에 대해 사회복지사가 분석적으로 사고하거나 추론을 전개하는 과정이다. 이때 사회복지사는 개인체계와 환경체계가 어떻게 상호작용하여 문제를 일으켰는가를 통합된 전체 틀 속에서 보아야 한다. 이 단계에서 클라이언트가 문제적 상황으로 오는 약점만이 아니라 강점에 대해서도 살펴보아야 하는데, 개인, 가족, 사회관계망, 지역사회 등이 갖고 있는 변화추구능력, 변화추구동기 및 변화기회 등이 평가된다(Ripple et al., 1964). 이때 생태도나 가계도가 사용되기도 한다.

③ 개입 목표의 설정 및 개입

심리사회 조사 및 진단적 이해에 바탕을 두고 개입 목표와 방향이 설정된다. 이때 개입 목표의 명료화, 세부 실행 목표의 명료화, 개입 수단 및 절차 선택 등이 다루어진다. 개입형태는 개인, 부부, 가족 혹은 환경체계들과의 활동 등이다. 필요에 따라서는 집단이 구성되거나 참여되기도 한다. 지역사회 내에서의 사회복지사의 역할이 이 과정에서 활용된다. 또한 클라이언트의 복합적 문제해결을 위해 여러 서비스와 자원이 동시에 동원될 필요가 있을 경우에는 서비스 간의 조정자 및 관리자 기능도 필요한데, 터너(Turner, 1986)

는 이를 중개자(broker) 기능이라고 하였다.

심리사회모델에서는 클라이언트를 괴롭히는 문제요인으로 세 가지로 꼽는데 첫째는 지나친 유아기적 욕구 및 충동, 둘째는 현재 생활상의 압력(좌절), 셋째는 잘못된 자아기능 등이다. 이러한 문제를 해결하기 위한 개입과정은 주로 성찰, 인지적 과정으로 구성되는데, 즉 클라이언트 자아에 관여하여 사고, 성찰(반영), 이해능력을 향상시키는 데 초점을 둔다. 또한 문제에 영향을 미치는 환경을 변화시키는 것도 개입실천 내용에 포함되는데, 환경 변화를 통하여 자아에 대한 신뢰를 강화하고자 노력한다. 이러한 개입에 관련하여 다음과 같은 사항이 필요하다.

가. 사회복지사 - 클라이언트의 의사소통 유형

- 받쳐주기 : 관심, 수용, 감정이입적 경청, 격려, 비언어적 지지 등이 사용된다.
- 직접 영향주기 : 위기 상황이나 부모 지도 같은 상황에서의 단순 강조, 제안, 충고, 독려 등이다.
- 탐색, 묘사, 환기 : 탐색과 묘사는 클라이언트가 상황에 대하여 사실 그대로 말할 수 있도록 도와주는 것이며, 환기는 구술된 사실과 관계된 감정, 느낌을 방출할 수 있도록 하는 대화이다.
- 개인－환경 간의 관계에 대한 성찰(reflection)적 토의 : 클라이언트 자신의 상황과 그 상황 내에서의 자신의 위치나 기능, 생각, 느낌, 감정에 대해 보다 더 잘 이해할 수 있도록 도와주는 의사소통이다.
- 패턴－역동의 성찰(반영) : 클라이언트 행동 경향, 생각, 감정의 패턴, 사고 경향 등을 클라이언트 스스로 찾을 수 있도록 도와주는 의사소통이다.
- 발달 성찰(반영) : 클라이언트의 현재 성격이나 기능에 영향을 미치는 원가족에서의 경험 또는 유아기 때의 경험에 대해 생각해 보도록 하는 의사소통이다(Turner, 1996: 575-576; 신성자 외, 2017: 156).

나. 사회환경 자원과의 작업

사회복지사는 클라이언트의 문제해결을 위한 자원 활용을 위하여, 기관의 정책, 자원, 권력구조, 타 전문기관 분위기에 관해 깊은 이해가 필요하며, 타 기관 관계자들과 지속적 유대관계를 갖는다. 주변 환경에 직접 개입보다는 클라이언트가 주변 환경을 변화시킬 수 있도록 도와주어야 하며, 현실적 지원을 해야 한다.

다. 환경에 대한 개입에 있어 사회복지사의 역할 유형

강조되어야 할 두 가지 중점 사항은 클라이언트의 비밀 보장과 책임성이다. 홀리스와 우즈(Hollis & Woods, 1981)는 심리사회모델에서 사회복지사의 역할에 대해 다음과 같이 말하였다.

- 자원 제공자 : 기관의 자원 제공 업무
- 자원 발견자 : 클라이언트 욕구 파악 및 지역사회 자원 파악
- 자원 창출자 : 사회복지기관 또는 관련 기관들이 새로운 프로그램을 신설하도록 독려
- 해석자 : 클라이언트 주변 사람들이 클라이언트에 대한 이해와 변화된 행동을 할 수 있도록 지원
- 중재자 : 클라이언트의 주변 사람들이 클라이언트의 인격, 욕구, 권리 등에 대한 이해를 도움
- 공격적 개입자 : 클라이언트 권리가 무시, 거부, 침해된 경우에 직면하여 벌이는 활동 (연세사회복지실천연구회 역, 2004: 636-645; 엄명용 외, 2005: 417-421).

3) 심리사회모델의 개입기법과 적용 사례[2)]

(1) 심리사회모델의 개입기법

① 지지

지지(sustainment)과정은 심리사회모델에 따른 사회복지사의 활동 가운데 가장 기본적이고 핵심적인 것이다. 지지과정은 사회복지사가 클라이언트를 수용하고 클라이언트를 원조하려는 의사를 갖고 있음을 전달하고, 클라이언트가 문제해결능력을 갖고 있음을 확신한다는 것을 표현함으로써 클라이언트의 불안을 줄이고 자기존중감을 증진하기 위한 과정이다. 특히, 클라이언트가 죄책감과 수치감을 느끼거나 두려워하거나 분노를 느끼는

2) Woods & Hollis, 1990; 김혜란 외, 2005: 76-79; 신성자 외, 2017: 157-159.

경우에 사회복지사는 지지기법을 적극 사용함으로써 클라이언트를 이해함으로써 보여주어야 한다.

지지과정은 언어적 의사소통뿐 아니라 따뜻한 표정, 어깨를 두드리는 등의 비언어적 방법을 포함한다. 또한 클라이언트의 당면한 문제에 대해 실질적인 도움(예 : 가정봉사원, 보육서비스, 경제적 지원, 자원봉사자 연결 등)을 제공함으로써 사회복지사가 클라이언트를 수용하고 지지함을 나타낼 수 있다(김혜란 외, 2005: 76). 사회복지사가 클라이언트에게 관심과 수용(interest and acceptance), 공감적 이해(empathic understanding), 재보증(reassurance), 격려(encouragement)를 보여주기 위한 언어적·비언어적 형태의 의사소통을 모두 포함하고 있다. 이를 통해 클라이언트의 불안을 감소시키고, 클라이언트와 함께하고 있다는 신뢰를 갖도록 격려한다(신성자 외, 2017: 157).

- 언어적 : "그런 느낌들은 자연스러운 거예요."
  "계속 얘기해 보세요."
- 비언어적 : 미소, 고개 끄덕임

② 직접적 영향 주기

직접적 영향(direct influence)은 클라이언트의 행동을 향상하기 위해 사회복지사가 조언이나 제안을 하는 과정을 말한다. 의견의 피력, 제안, 클라이언트가 이미 하고 있는 생각의 강조, 강력한 주장, 직접적 개입 등의 방법을 포함한다. 유의점은 이 개입이 효과적이기 위해서는 지지 과정을 통해 신뢰관계를 형성하는 것이 무엇보다 중요하다는 것이다. 또한 사회복지사 자신이 조언하고 싶은 욕구에 의해 조언하는 것이 아니라 클라이언트의 욕구에 따라 조언해야 하며, 조언하기 전에 충분히 경청하고, '클라이언트가 서 있는 곳'에서 출발해야 한다(김혜란 외, 2005: 76-77). 이 기술은 다양한 수준의 조심스러운 제안이나 충고를 제시하는 것이다. 부모의 안내나 위기개입은 때로 사회복지사가 강한 의견을 표현하거나 클라이언트가 특정한 행동 과정을 따르도록 촉구하기도 할 정도로 직접적 영향을 준다. 물론, 클라이언트가 자신의 생각대로 결정에 이르기는 하지만 어느 정도 방향은 분명하게 제시하기도 한다(신성자 외, 2017: 157-158).

- "~하는 게 도움이 될까요?"
- "~하는 게 더 나을 거예요."
- "나는 당신이 ~했으면 해요."

③ 탐색 - 기술 - 환기

이러한 개입은 클라이언트의 문제와 관련하여 클라이언트, 클라이언트 환경, 혹은 클라이언트와 환경과의 상호작용에 관한 사실을 진술하고 설명하도록 원조하는 것이며, 환기는 사실과 관련된 감정을 끄집어냄으로써 카타르시스를 경험하도록 원조하는 것이다. 탐색(exploration)－기술(description)－환기(ventilation)는 연관되어 있는데, 사실을 진술하거나 설명하는 과정에서 자연히 감정이 표현되기 때문이다. 심리사회모델에서는 특히 분노, 상실에 대한 애도 반응, 죄책감, 불안 등의 감정에 주의를 기울인다. 이런 감정들은 말로 표현되었을 때 강도가 현격히 줄어들 수 있는데, 무엇보다 타이밍이 중요하다. 즉 방어하지 않고 편안하게 자신의 감정을 표현할 수 있는 준비가 되었을 때에야 비로소 클라이언트는 환기를 경험할 수 있다. 때로는 환기를 경험하는 것 자체로 문제가 해결되는 경우가 종종 있다(김혜란 외, 2005: 77).

그러나 클라이언트가 개방할 준비가 되지 않았을 때에는 더욱 방어적 태도를 취하거나 표면적으로만 그 사실을 다루게 되어 실제로 느끼는 그 감정은 그대로 남아 있는 경우도 생긴다. 클라이언트가 자신의 상황과 감정을 사회복지사와 의사소통할 때 탐색, 기술, 환기를 통해 설명한다. 감정을 환기하면 클라이언트는 즉각적으로 감정적인 편안함을 느낀다(신성자 외, 2017: 158).

- "지금의 문제를 조금 더 얘기해 주세요."
- "당신이 가족과 함께 있을 때 무슨 일이 일어나나요?"

④ 인간 - 상황에 대한 고찰

인간－상황에 대한 고찰(person-situation reflection)은 현재 혹은 최근 사건에 대한 고찰로서 다음의 여섯 가지를 포함한다. 가와 나는 클라이언트의 외부환경과, 다, 라, 마는 클라이언트의 주관적인 내부 상황과, 마지막 바는 원조 상황과 관련된다.

가. 다른 사람들, 건강, 상황

인간의 정보 부족이나 편견, 두려움 등에 의해 자신이 처한 상황과 가족이나 친구들, 동료들, 이웃 사람들의 감정과 행동을 정확히 이해하지 못하는 경우가 있다.

나. 클라이언트의 행동이 자신과 다른 사람들에게 미치는 영향

사회복지사는 클라이언트가 미처 깨닫지 못했거나 간과한 결과에 대해 주의를 기울인다.

다. 클라이언트 행동의 성격

클라이언트가 자신의 숨겨진 반응, 사고, 감정의 성격에 대해 내부지향적인 이해를 하도록 원조한다.

라. 클라이언트 행동의 원인

클라이언트가 다른 사람들과의 상호작용이나 상황적 자극에 대해 나타낸 반응 행동 원인을 이해하도록 원조한다.

마. 자기 평가

클라이언트가 자신의 도덕과 양심, 자기 이미지, 가치 등에 관하여 자기 평가를 원조한다.

바. 사회복지사와 치료 과정

사회복지사, 치료, 기관의 규칙 등에 대한 클라이언트의 반응과 이해 정도를 탐색하여 원조과정의 효과를 최대화한다(김혜란 외, 2005: 77-79).

개인-상황의 구성에 대한 고찰을 통해 클라이언트의 현재 환경과 다른 사람과의 상호작용에 관한 인식, 생각, 감정을 더 알 수 있도록 도움을 준다. 클라이언트가 말하는 것에 대해 사회복지사가 의견 제시, 질문, 부연 설명 등을 하여 관심 있는 사건에 대해 클라이언트가 깊이 있게 되새겨 볼 수 있도록 돕는 것이다. 클라이언트와 사회복지사 간의 관계를 탐색하는 것도 개인-상황 반영의 일부분이 될 수 있다(신성자 외, 2017: 158-159).

아버지가 딸의 비행에 화가 나고 혼란스러울 때

- "딸이 반항적으로 행동하는 것이 당신을 당황하게 만드나요?"
- "딸의 어떤 행동이 당신을 힘들게 만드나요?"
- "내(사회복지사)가 당신(클라이언트)을 판단한다면(또는 차별하거나 화를 내면) 당신은 어떤 느낌인가요?"

⑤ 유형 - 역동에 대한 고찰

사회복지사는 클라이언트의 성격 혹은 행동의 유형과 이드, 자아, 초자아의 심리내적 역동에 대해 고찰한다. 또한 클라이언트가 사용하는 방어기제를 분석하고, 클라이언트가 가지고 있는 내부 사상과 분리와 개별화 정도에 대해 고찰한다(김혜란 외, 2005: 79). 유형-역동에 대한 고찰(pattern-dynamic reflection)은 사건에 대해 특정한 방식으로 생각하거나 행동하도록 이끄는 클라이언트의 행동 경향, 사고나 감정의 패턴을 확인하도록 도와준다. 이런 절차는 클라이언트가 자신의 심적 기능을 탐색하도록 격려한다(신성자 외, 2017: 159).

- "가까워지는 것이 어려운 사람과 가까워지려는 경향이 있나요?"
- "다투기 어려운 사람과 싸우려고 하지 않나요?"
- "남편이 정말 괴롭힐 때 당신의 아들과 싸우지는 않나요?"
- "당신의 생각을 평가절하하거나 비판하거나 하는 것을 어떻게 알게 되나요?"
- "당신이 자신을 희생해서 다른 사람을 돌보는 방식으로 다른 사람도 자신을 돌보아 주었으면 좋겠다고 바라나요?"

⑥ 발달적 고찰

인간-상황에 대한 고찰과는 달리 발달적 고찰(development reflection)은 성인기 이전의 생애 경험과 이런 경험이 현재 미치는 영향에 대해 고찰하는 것을 의미한다(김혜란 외, 2005: 79). 이 기술은 현재의 인격과 기능에 영향을 주는 원가족이나 초기 생활의 경험을 클라이언트가 고려해 보도록 한다. 과거의 상황과 개인의 감정이 연결되도록 돕는다. 때로는 특정한 초기 경험과 현재 행동이나 태도 간에 관계를 인식할 수 있도록 촉진시키는 질문을 던진다. 해석보다는 질문이 보통 더 바람직하다. 클라이언트는 동의하지 않아도 되므로 자유롭게 느끼고 사회복지사의 의견이 잘못될 수도 있기 때문이다(신성자 외, 2017: 159).

- "이전에도 이와 같은 감정을 가진 적이 있습니까?"
- 10대의 자식을 가진 부모에게 더 어린 시절을 성찰하도록 돕는 질문
  - "당신의 청소년기와 비슷한 점은 무엇입니까?"
  - "당신의 아버지에게 느꼈던 대로 상사 앞에서 위축됩니까?"

(2) 심리사회모델의 개입기법 적용 사례[3]

① 사례 개요

클라이언트인 S부인은 임파선에 악성종양이 있다는 사실을 몇 개월 전에 알게 되었으며, 최근에는 종양이 온몸에 퍼지고 있다는 것을 알게 되었다. 현재 항암치료를 받고 있으며, 6개월에서 2년 정도 살 수 있을 것으로 생각하고 있었다. 클라이언트 주변에는 자신의 심정에 대해 이야기할 수 있는 사람이 없다. 부모님은 연로하시고 남편은 '약하기' 때문에 자신이 오히려 이들을 위로해야 할 것 같이 느끼고 있다고 했다. S부인은 경험이 풍부한 성숙한 여성 상담자를 원하였다.

② 클라이언트의 가족 상황

가. 결혼관계

S부인은 자신과 마찬가지로 지배적이고 고집스러운 첫 남편과 5년간 결혼생활을 하고 이혼한 후 현재의 남편인 S씨와 결혼하였다. S씨는 정부기관에서 20년 이상 근무하고 있는 엔지니어이며, 소극적이고 재미없지만 친절한 사람이었다. S부인은 결혼생활을 행복해 하지 않았지만, 자신의 지배적인 성격 때문에 현재의 남편을 선택했다는 것을 인정하고 체념하고 있었다.

나. 자녀와의 관계

현재 남편과의 사이에서 15세의 아들과 13세의 딸을 두고 있다.

3) Woods & Hollis, 1990; 김혜란 외, 2005: 81-82

- 아들 : 공부도 잘하고 친구들도 많아 크게 문제가 없다.
- 딸 : 잦은 병치레(구개파열로 태어나 어려서부터 여러 번의 수술을 받았고), 현재에도 수줍어하고 친구들도 거의 없기 때문에 S부인이 신경을 많이 쓰고 과보호하는 편이었다.

③ S부인이 상담을 통해 변화되기를 원하는 점(바라는 점)

- 자신의 남은 삶을 생각해 보기
- 자신의 질병으로 인한 분노를 남편에게 터뜨린 것에 대한 죄책감에 대해 이야기하기
- 자신의 분노로 인해 자신이 죽은 후에 남편과 자녀들의 관계에 미칠 수 있는 부정적인 영향에 대해 이야기하기

④ 개입과정(개입기술 분석)

- 지지과정 : 사회복지사는 S부인에게 지속적인 관심을 보이고 격려함으로써 심리사회모델의 지지과정을 적극 활용하였다.
- 탐색－기술－환기 : S부인은 자신의 분노를 남편이 아닌 사회복지사에게 표현함에 따라 부부 사이의 갈등이 점차로 해소됨을 보고하였다.
- 인간－상황에 대한 고찰 : S부인은 사회복지사와 상담을 거친 후 딸에게 그동안 자신이 딸을 아기 취급했고, 이를 후회한다는 것을 이야기할 수 있었다.
- 발달적 고찰 : 가족과의 관계를 회복함에 따라 S부인은 인생의 여러 시기를 돌이켜 보길 원하였다. S부인의 부모님은 비주장적이기 때문에 외동딸로서 S부인은 어려서도 가정에서 지도력을 발휘해야 했으며, 현재 가정에서도 '남자' 역할을 수행해 왔다. S부인은 자신이 아버지에 대한 실망으로 아버지와는 다른 첫 남편을 선택하였으나, 첫 남편과의 갈등으로 인해 결국 아버지와 비슷한 현재의 소극적인 남편을 선택하게 되었다는 것을 이해하게 되었다.

⑤ 평가

- S부인은 죽음이 임박함을 수용하였다.
- 죽음을 가까이 느끼면서 가족들에게 편지를 썼다. → 자신이 죽은 후에 읽어보도록 된 이 편지들은 하나는 남편에게, 두 개는 두 자녀들에게 보내지는 편지로서, 장례

에 대한 지시, 가계 재정에 대한 제안, 세부 지시사항 등을 포함하는 내용이었다.

- 사회복지사는 전반적으로 S부인의 자아(ego)를 매우 기능적으로 평가하였다. → 말기암 환자임에도 삶에 대해 열정적이었고, 자기를 비판하고 변화할 수 있는 능력을 가지고 있었다.
- S부인은 사회복지사와의 만남을 통해 자신에게 중요한 모든 것들을 이야기할 수 있었다는 점을 고마워했으며, 특히 피할 수 없는 죽음을 수용하는 데에 따르는 고통을 함께 나눌 수 있었던 점을 고마워했다.
- S부인은 질병 상태가 점점 악화되어 병원 입원 2주 만에 사망하였다.

요점정리

본 장에서는 사회복지실천모델과 개입기술로 정신역동모델과 심리사회모델을 살펴보았다. 먼저 **정신역동모델**을 살펴보면, 다음과 같다. 정신역동모델의 **철학**은 행동이 인간 마음속의 움직임과 상호작용으로부터 나온다는 점을 강조하며 또한 정신이 행동을 자극하는 방식과, 정신과 행동이 인간의 사회환경에 영향을 주고받는 방식을 강조하고 있으며, 인과론적 및 진화론적 결정론이다.

정신역동모델의 **기본 개념**은 같다. (1) **지형학적 관점** : ① **무의식** - 정신구조 대부분을 차지하고 있으며 인간 행동을 결정하는 주된 원인이다. ② **전의식** - 현재 의식되지는 않지만 전에 의식했던 것이 저장된 것으로 주의집중을 통해 의식세계로 끌어낼 수 있는 경험이다. ③ **의식** - 현재 느끼고 이해하고 알 수 있는 모든 경험과 감각을 뜻한다. (2) **구조적 관점** : ① **원초아(id)** - 완전히

단계	성적 초점	핵심과제 및 주된 발달특징	고착에 의한 성격 특징
구강기(0-1세) oral stage	입	이유하기(젖떼기)/ 깨물기, 빨기, 삼키는 행위를 통해 성욕을 충족	강박적 식습관, 흡연, 알코올중독, 수다스러움, 수동적, 의타심, 논쟁적, 냉소적, 험담
항문기(1-3세) anal stage	항문	배변훈련/ 배설물의 보유와 배설을 통해 성적 충족, 사회적 통제 습득	강박증, 소유욕, 완고함, 고집 셈, 인색함, 복종적, 결벽증, 지저분함, 잔인함, 파괴적, 난폭함, 적개심
남근기(3-6세) phallic stage	생식기	오이디푸스 위기의 극복, 부모 동일시/성기에 관심, 이성부모를 사랑, 동성부모를 동일시, 초자아 발생	동성애, 자기도취, 거만함, 현란함, 남성: 경솔, 야심, 과장적, 여성: 난잡, 경박, 유혹적
잠재기(6-12세) latent stage	없음	사회적 관계 형성(동성친구)/ 성욕이 잠재, 지적 관심, 동성친구와의 우정 중시	리비도(성적 에너지)가 잠재되어 성격 유형이 발생하지 않음
생식기(13세 이후) genital stage	생식기 (성교)	이성과의 친밀한 관계 형성 개발/ 이성에 관심, 2차 성징, 의존적 · 반사회적 성행위 추구	의존적, 반사회적

무의식이며, 본능과 충동의 원천으로 마음의 에너지 저장고이다. ② **자아(ego)** - 원초아의 충동과 초자아의 도덕적 규제 사이에서 균형을 유지함으로써 현실을 적절히 평가하는 기능을 담당한다. ③ **초자아(superego)** - 초자아는 사회의 이상이나 도덕관에 의해 형성되는 성격의 마지막 구조로서 자아이상이나 양심으로 구성되어 있다. (3) **심리성적 발달단계의 관점 : 구강기-항문기-남근기-잠재기-생식기** 단계로 구분할 수 있다. (4) **자아방어기제** : 성격이론의 중요한 특징은 원초아를 통제하려는 자아와 초자아의 욕구가 갈등을 빚어내는 방식과 자아가 갈등을 운용해나가는 방식에 있다. 불안은 그러한 갈등으로부터 발생한다. 자아는 승화, 투사, 합리화, 억압 같은 다양한 방어기제를 사용해 불안을 다루어 나간다. 개인이 활용하는 방어기제를 이해함으로써 개입에 대한 통찰을 얻을 수 있다. (5) **역동적 관점** : 인간발달에서 본성과 양육의 상호 작용을 고려할 때 충동, 또는 본능은 '본성'(nature)적 요인을 의미한다. 본능(instinct)에는 근원(source), 목적(aim), 대상(object), 그리고 힘(impetus)과 같은 4가지 특성이 있다.

정신역동모델의 **개입 목표**는 클라이언트가 과거의 경험에서 갖게 된 불안한 감정이나 무의식적 갈등을 의식화하여 이러한 것들이 어떻게 현재 자신의 행동에 영향을 주고 있는지를 통찰하도록 돕는 것이다.

정신역동모델의 **개입과정**은 (1) 관계형성 단계, (2) 동일시를 통한 자아구축 단계, (3) 클라이언트가 독립된 정체감을 형성하도록 원조하는 단계, (4) 클라이언트의 자기이해를 원조하는 단계로 나뉜다.

정신역동모델의 **개입기법**은 (1) 전이(transference)의 해석, (2) 역전이(counter-transference)의 이용, (3) 자유연상(free association), (4) 꿈의 분석과 해석, (5) 저항(resistance)의 해석, (6) 해석(interpretation), (7) 훈습(work through), (8) 감정이입(empathy), (9) 경청(listening), (10) 버텨주기(holding) 및 간직하기(containing) 등이다.

심리사회모델을 살펴보면, 심리사회모델의 **철학**은 인간의 문제를 심리적(혹은 정서적)이고 사회적인 문제로 이해하면서 상황 속의 인간(person in situation)을 강조한다. 심리사회모델에서는 클라이언트가 자신의 행동과 감정에 대해 이해하고 통찰함으로써 자신의 문제를 해결하기 위한 능력을 고취하도록 원조하는 것을 강조한다. **이론적 배경**으로 정신분석이론, 대상관계이론, 자아심리이론, 체계이론과 생태체계이론, 기타 사회과학이론 등, 실천을 통해 획득된 이론 등이다.

심리사회모델의 **기본 개념**에는 (1) **심리사회적 조사** : 정신분석은 무의식분석을 통해 억눌린 유아기 때의 감정이나 기억들의 재생을 중요하게 다루는 반면, 심리사회적 조사는 의식 및 전의식 수준에 초점을 둔다. (2) **상황 속의 인간에 대한 숙고** : 상황 속의 인간에 대한 숙고는 클라이언트를 둘러싼 현재 상황들과 다른 사람들과의 상호작용에 관련되는 인식, 사고와 감정들을 이해하는 것이다. (3) **사회복지사와 클라이언트의 관계** : 사회복지사와 클라이언트와의 관계에 있어 사회복지사의 지지는 클라이언트가 자신의 억압된 생각과 감정을 적절히 표출하도록 도우며, 클라이언트의 자신감과 자존감을 향상시킴으로써 자신이 원하는 삶을 선택할 수 있도록 이끌 수 있다.

심리사회모델의 **개입 목표**를 말하자면, 심리사회적 이론은 상황 속의 인간이란 관점을 중시하기 때문에, 사회복지실천의 목적도 클라이언트와 사회환경 간 혹은 클라이언트와 타인 간의 상호작용에서 나타나는 사회적 역기능을 해결하는 것으로 정의한다. 따라서 사회복지실천의 전문적인 개입도 클라이언트의 심리적인 변화와 사회환경적인 변화를 모두 추구하는 이중적인 개입 방법을 활용한다.

심리사회모델의 **개입과정**은 (1) 초기면접(intake) 및 심리사회 상황 조사, (2) 사정(진단적 이해), (3) 개입 목표의 설정 및 개입 : ① 사회복지사 - 클라이언트 의사소통 유형, ② 사회환경 자원과의 작업, ③ 환경에 대한 개입에 있어 사회복지사의 역할 유형 등이다.

심리사회모델의 **개입 내용**을 살펴보면, 심리사회모델에서 사회복지실천의 목적은 인간과 환경 간의 최상의 적합 혹은 적응을 제공하는 것이다. 따라서 상황 속에 있는 개인을 파악하고, 개입할 때에도 클라이언트가 제대로 기능할 수 있도록 사회복지사가 직접적으로 개입하는 경우와 클라이언트가 환경에 잘 적응할 수 있도록 간접적으로 원조하는 경우가 있다.

심리사회모델의 **개입기법**으로는 (1) **지지(sustainment)** : 지지과정은 언어적 의사소통뿐 아니라 따뜻한 표정, 어깨를 두드리는 등의 비언어적 방법을 포함한다. 또한 클라이언트의 당면한 문제에 대해 실질적인 도움을 제공함으로써 사회복지사가 클라이언트를 수용하고 지지함을 나타낼 수 있다. (2) **직접적 영향(direct influence) 주기** : 클라이언트의 행동을 향상하기 위해 사회복지사가 조언이나 제안을 하는 과정을 말한다. 의견의 피력, 제안, 클라이언트가 이미 하고 있는 생각의 강조, 강력한 주장, 직접적 개입 등의 방법을 포함한다. (3) **탐색(exploration) - 기술(description) - 환기(ventilation)** : 클라이언트의 문제와 관련하여 클라이언트, 클라이언트 환경, 혹은 클라이언트와 환경과의 상호작용에 관한 사실을 진술하고 설명하도록 원조하는 것이며, 환기는 사실과 관련된 감정을 끄집어냄으로써 카타르시스를 경험하도록 원조하는 것이다. (4) **인간 - 상황에 대한 고찰(person-situation reflection)** : 인간 - 상황에 대한 고찰은 현재 혹은 최근 사건에 대한 고찰로서 다음의 여섯 가지를 포함한다. ① 다른 사람들, 건강, 상황, ② 클라이언트의 행동이 자신과 다른 사람들에게 미치는 영향, ③ 클라이언트 행동의 성격, ④ 클라이언트 행동의 원인, ⑤ 자기 평가, ⑥ 사회복지사와 치료 과정. (5) **유형 - 역동에 대한 고찰(pattern-dynamic reflection)** : 사회복지사는 클라이언트의 성격 혹은 행동의 유형과 이드, 자아, 초자아의 심리내적 역동에 대해 고찰한다. 또한 클라이언트가 사용하는 방어기제를 분석하고, 클라이언트가 가지고 있는 내부 사상, 분리와 개별화 정도에 대해 고찰한다. (6) **발달적 고찰(development reflection)** : 인간 - 상황에 대한 고찰과는 달리 발달적 고찰은 성인기 이전의 생애경험과 이런 경험이 현재 미치는 영향에 대해 고찰하는 것을 의미한다.

토의문제

1. 정신역동모델의 기본 개념 및 개입기법에 관하여 숙지하여 서로 설명을 하고, 각자가 중요시하고 자주 사용하는 자아방어기제는 무엇이며, 각자의 생활에 어떻게 작용하고 있는지에 대하여 의견을 제시해 보시오.
2. 배운 내용을 바탕으로 사례를 발굴하여 심리사회모델의 6가지 개입기법을 적용하는 연습을 해 보시오.

Chapter

03 사회복지실천모델과 개입기술 2

학습목표

1. 인지행동모델, 행동수정모델 및 과제중심모델의 철학을 학습하여 설명할 수 있다.
2. 인지행동모델, 행동수정모델 및 과제중심모델의 기본 개념을 학습하여 설명할 수 있다.
3. 인지행동모델, 행동수정모델 및 과제중심모델의 개입 목표를 학습하여 설명할 수 있다.
4. 인지행동모델, 행동수정모델 및 과제중심모델의 과정을 학습하여 설명할 수 있다.
5. 인지행동모델, 행동수정모델 및 과제중심모델의 개입방법을 습득할 수 있다.

사회복지실천모델에서의 인지행동모델은 인간과 환경이라는 사회복지실천의 이론적 관심을 모두 포괄하는 새로운 대안적 관점의 하나가 바로 인지행동적 관점이다. 이 시각은 인간의 행동이 개인과 환경적 실재 간 상호작용의 결과이며 이론의 융통성 있는 사용만이 이 현상을 효과적으로 다룰 수 있음을 강조한다. 또한 인지행동모델은 사고나 인지로 불리는 개인의 내면에서 은밀하게 일어나는 과정이 행동 변화를 중재한다는 이론적 입장을 취하는 모든 치료접근법을 의미한다. 행동수정모델은 현재 클라이언트의 문제 행동을 변화시켜서 바람직하지 못한 행동을 감소·제거하고, 바람직한 행동을 학습하고 유지하게 하려는 것이다. 행동주의자들은 인간의 문제를 내적 과정, 인지, 의기, 동기와 같이 추상적 개념들에 의해서가 아니라 눈으로 관찰할 수 있는 행동을 통해 해결해야 한다고 생각한다. 과제중심모델은 단기개입모델의 한 형태로서 대인관계와 사회적 관계의 어려움, 역할 수행의 어려움, 정서적 고통 등 생활상의 문제들을 다루기 위해 1970년대 미국 시카고대학교의 Reid와 Epstein이 진행한 프로젝트의 결과로서 제시되었다. 이 3가지 모델을 구체적으로 살펴보도록 하겠다.

1. 인지행동모델

1) 인지행동모델의 철학과 기본 개념

(1) 인지행동모델의 기본 철학

인지행동모델은 행동주의자들이 주장하는 환경결정주의와 프로이트주의자들의 정신내적 결정주의를 통합시킨 모델이다. 인지행동모델 기법의 기본 전제는 대부분의 사회적·행동적 역기능이 자기 자신, 타인 그리고 삶의 상황들에 대해 갖고 있는 잘못된 생각에서 비롯된다는 것이다. 인지행동적 관점에서는 개인과 환경 사이의 상호적 영향이 대개 정보의 교환을 통해 발생한다고 보고 있다.

환경은 끊임없이 인간에게 경험과 정보를 제공해 주고 이러한 환경의 영향은 개인의 관심, 기대, 자극변형, 반응 레퍼토리와 같은 인지적 과정에 의해 중재된다. 인지적 중재

과정을 결정하는 인지체계는 과거 및 환경이 주는 정보에 의해 일방적으로 영향을 받기만 하는 것이 아니라 환경에 나름대로 의미를 부여하거나 선택적 인지작용을 통해 환경을 변화시키려 하기도 한다. 이러한 인지행동적 접근에 기초해서 클라이언트의 사회심리적 적응현상에 개입할 경우 개입의 대상은 클라이언트 자신들뿐만 아니라 클라이언트의 인식체계 및 사고 체계 양상에 영향을 미치는 주변 환경에까지 확대된다. 한편 인지행동모델에서 인간의 행동을 이해하기 위해서는 행동주의 혹은 인지주의만으로는 부족하며, 행동주의와 인지주의를 통합한 이론적 기반하에서 이해하는 것이 필수적인 요소이다. 인지행동모델에서 인간에 대한 전제는 외적 자극에 단순히 반응하는 존재가 아니며 상징을 사용할 수 있는 비범한 능력을 가지고 있기 때문에 사고하고, 창조하며, 계획하는 것이 가능한 존재라고 본다.

인지행동모델에서 공유되는 기본적 가정은 다음과 같다. 첫째, 인지행동은 행동에 영향을 미친다. 둘째, 인지행동은 관찰될 수 있고 변경될 수 있다. 셋째, 바람직한 행동 변화는 인지 변화를 통한 영향을 받는다.

(2) 인지행동모델의 이론적 배경

① 엘리스

엘리스(Albert Ellis)는 1913년 미국 피츠버그에서 태어나서 4살 때 뉴욕으로 와서 1년간 뉴저지에서 살았던 것을 제외하고는 줄곧 뉴욕에서 살았다. 어렸을 대 신장염으로 9번이나 병원에 입원했고, 19살 때는 신장 당뇨, 40살에는 당뇨병으로 고생했다. 그러나 건강에 조심하고 건강문제로 비참하게 살지 않기로 결심하면서, 강건하고 활력 있는 삶을 살았다. 엘리스는 정신분석이 심리상담/치료의 가장 심오한 형태라고 믿고 훈련 분석가로부터 정신분석을 받고, 지도감독도 받았다. 1947년에서 1953년까지 그는 고전적 분석을 배웠고 분석 심리상담/치료를 지향했다.

정신분석이 피상적이고 비과학적인 심리상담/치료형태라고 생각하여, 그는 다른 체계들을 연구했다. 1955년 초기에, 그는 인본주의적, 철학적, 행동적 심리상담/치료를 결합하여 합리적 정서 치료(현재 합리정서행동치료로 알려져 있다. REBT; Rational Emotive Behavioral Therapy)를 만들어냈다. 엘리스는 인지행동치료의 대부로 알려져 있다.

엘리스는 매우 활동적이고 생산적인 사람이며, 심리상담/치료 분야에서 가장 저술이 많은 사람 중의 하나다. 그는 50년 이상 심리상담/치료 · 집단 심리상담/치료 · 부부와 가족 심리상담/치료 · 성 심리상담/치료를 해 왔다. 그는 바쁜 교수생활 중에서도, 그는 1주일에 80명의 클라이언트를 만나고, 매주 5개의 집단 심리상담/치료를 하고, 매년 전문가와 시민을 대상으로 200여 개의 강연과 워크숍을 개최하였다.

그는 REBT의 이론과 적용에 대한 60권 이상의 책과 700편 이상의 논문을 발표했다. 그는 미국 전문 심리학회에서 임상심리학 면허를 수여 받았고, 미국 심리최면학회와 미국 의학심리상담/치료자협회에서 임상최면자격증을 받았다.

② 벡

벡(Aron T. Beck)은 1921년 미국 로드 아이랜드의 프로비덴스에서 태어났다. 그의 아동기는 불행했고 생명이 위험할 정도의 투병 생활로 초기에 학교생활을 중단하였지만 그는 이 문제를 극복하고 결국에는 또래 집단보다 1년 앞서게 되었다. 그는 일생동안 피 흘리는 상처를 보는 두려움, 질식의 두려움, 터널에 대한 공포, 건강에 대한 불안, 대중 앞에서 말하는 불안 등 많은 공포에 맞서왔다. 벡은 타인을 이해하고 자신의 이론을 발전시키는 토대로 자신의 문제들을 이용했다. 브라운대학과 예일 의과대학을 졸업한 벡은 초기에는 신경학에 매력을 느꼈지만 전문의 실습기간 동안 정신의학으로 전공을 바꾸었다. 벡은 심리상담/치료에 가장 영향력 있고 경험적으로 타당한 접근 중의 하나인 인지치료의 주창자이다. 또한 인지치료는 세상에서 우울증을 매우 잘 이해할 수 있는 이론이기도 하다.

벡은 연구를 통해 우울에 대한 인지이론을 개발하였다. 벡의 이론에 따르면, 부정적 사고는 기본적으로 역기능적 신념과 가정을 반영한다. 이 신념이 상황적 사건에 의해 촉발되었을 때, 우울 패턴이 행동으로 작동하기 시작한다. 벡은 내담자가 역기능적 사고를 수정하는데 적극적인 역할을 할 수 있으며 그렇게 함으로써 정신병의 범위에서 벗어날 수 있다고 믿는다. 정신병리 영역에서의 지속적 연구와 인지치료의 활용으로 그는 미국 과학계에서 확고한 위치를 차지했다. 벡은 1954년 펜실베이니아 대학 정신의학과에 합류했고 현재는 명예교수로 있다. 벡의 연구는 우울증에 대한 인지치료의 효율성을 확립했다. 그는 인지치료를 우울증에 성공적으로 적용시켰고, 불안과 공포장애/알코올중독과 약물남용/섭식장애/부부문제와 대인관계문제/성격장애를 일반화시켰다. 또한 우울증, 자살위험, 불안, 자기 개념, 성격에 대한 평가척도를 발전시켰다.

③ 글래서

글래서(Glasser)는 1925년 미국 오하이오, 클리블랜드에 있는 케이스 서부 예비대학에서 교육받았다. 처음에는 화공학 기사였는데 심리학으로 전환했다. 그 후 의대에 입학해서 정신의학을 전공하여 정신과 의사가 되었다. 1957년 로스앤젤레스에 있는 전문가협회와 UCLA에서 정신과 수련을 마쳤고, 1961년에 정신과 의사 자격증을 획득했다.

초기에 그는 프로이트식 모델을 거부하고, 1962년 수련이 끝나갈 무렵 현실치료(Reality Therapy)를 향해 매진했다. 현실치료의 핵심은 '무엇을 선택하든, 선택에 대한 책임은 전적으로 우리 자신에게 있다'는 것이다. 과거에 의해서 만들어지기도 했지만, 우리가 스스로 과거의 희생자가 되기로 선택하지 않는 한, 우리는 과거의 희생자가 아니다. 모든 문제는 현재에 있다. 그러므로 현실치료에서는 과거를 거의 다루지 않는다. 글래서는 아주 어린 아동을 제외한 거의 모든 영역에서 성공적으로 현실치료를 이용했다. 어린 아동의 경우는 부모를 심리상담/치료하는 것이 더 효과적이라고 여겼기 때문이다.

〈표 3-1〉 인지행동적 이론들의 종류

등장시기	이론 명칭	창시자	강조점
1962	합리적 정서치료(Rational Emotive Therapy)	Ellis	인지적 재구성
1963	인지치료(Cognitive Therapy)	Beck	인지적 재구성
1971	자기교습 훈련(Self-Instructional Training)	Meichenbaum	인지적 재구성
1971	불안관리 훈련(Anxiety-Management Therapy)	Suinn & Richardson	대처기술훈련
1971	문제해결치료(Problem-Solving Therapy)	D'Zurilla & Goldfried	문제해결
1971	문제해결치료(Problem-Solving Therapy)	Spivack & Shure	문제해결
1973	스트레스 면역 훈련(Stress Inoculation Training)	Meichenbaum	대처기술훈련
1974	체계적 합리적 재구성(Rational Systematic Restructuring)	Goldfried	대처기술훈련
1974	개인 과학(Personal Science)	Mahoney	문제해결
1975	합리적 행동치료(Rational Behavioral Therapy)	Maultsby	인지적 재구성
1977	자기통제치료(Self-Control Therapy)	Rehm	문제해결
1983	구조적 심리치료(Structural Psychotherapy)	Guidano & Liotti	인지적 재구성

출처 : 김혜란 외(2001)

④ 인지행동적 상담 이론의 종류와 창시자

인지행동적 접근에는 약 12가지의 개별적 이론들이 포함되어 있다(표 3-1 참조). 개별적 이론들은 인지가 제일 중요하며, 인지를 변화시킴으로써 내담자의 심리적 문제를 변화시킬 수 있다는 인지행동적 접근의 기본 가정은 공유하지만, 문제를 해결하는 데 동원되는 구체적인 방법이나 절차 면에서는 조금씩 차이가 있다.

(3) 인지행동모델의 특징

첫째, 문제중심적이며 목표 지향적이다. 인지적 행동치료의 우선 목표는 구체적 문제를 해결하는 것이고, 그 다음이 자신과 다른 사람들에 대한 기능 장애적 믿음과 인식을 정하는 것이다. 둘째, 협력적이다. 치료사는 단지 클라이언트를 고치거나 문제를 해결하는 것이 아니라 클라이언트의 어려움에 대한 해결책을 찾기 위해 함께 협력한다. 셋째, 치료사는 적극적이며 직접적으로 개입한다. 넷째, 과제중심적이다. 과제의 역할은 치료사의 적극적이고 교수적 역할과 일치한다. 다섯째, 현재에 초점을 맞춘다. 과거는 현재 문제의 근원을 이해하기 위해서만 논의하게 되며, '바로 지금-여기(Here & Now)'를 강조한다.

2) 인지행동모델의 실천과정

인지이론에 바탕을 둔 실천의 초점은 클라이언트의 사고와 행동에서 관찰되는 편협성과 왜곡 현상이다. 따라서 치료와 사정은 밀접히 관련되어 있다. 사회복지사의 임무는 ① 클라이언트로 하여금 그들의 비논리적 사고를 떨쳐버리게 하고, ② 사고의 부정확성을 깨닫게 하며, ③ 자기파괴적인 자세를 변화시키며, ④ 자신들이 처한 상황에 대해 보다 현실적인 견해를 갖도록 유도하는 것이다. 치료의 목적은 클라이언트로 하여금 자기 자신, 다른 사람들 그리고 삶에 대한 정확하고 객관적인 평가를 통해서, 보다 건설적인 인지들을 클라이언트 스스로가 창출해 내거나 발견해 낼 수 있도록 도와주는 것이다. 하지만 이러한 과정에서 주의해야 할 것은 사회복지사가 갖고 있는 가치체계를 클라이언트에게 강요해서는 안 된다.

(1) 접수 단계

심신의 이완상태를 유도하는 대화 및 간단한 호흡을 시행하여 클라이언트가 편안한 상태에서 치료자와 대화를 할 수 있는 상태를 만든다. 이와 함께 인지체계의 재구성 원리 및 절차를 간략히 설명한다.

(2) 문제 청취

클라이언트의 사고와 논리체계에 문제가 있더라도 일단 그것을 받아들이면서 이해하도록 노력한다.

(3) 문제 우선순위의 설정

문제의 우선순위를 정할 때는 클라이언트 입장에서 쉽게 성취 가능한 작은 변화를 목표로 하는 문제를 선정하는 것이 좋다. 이때, 변화에 필요한 클라이언트의 기술 습득의 용이성, 변화를 촉진하는 주변 여건의 변화 가능성, 클라이언트의 노력의 결과가 쉽게 관찰되며 그에 대한 보상을 적절히 제공할 수 있는지의 여부를 고려해야 한다.

(4) 부정적 인지, 사고체계 탐색

문제 속에 내재하는 역기능적 믿음, 사고체계, 인식체계 등을 찾아내도록 돕는 단계이다. 잘못된 인식체계를 찾아내는 과정에서 사회복지사와 클라이언트는 클라이언트가 갖고 있는 인식 및 사고체계가 어떻게 작용하여 어떤 결과를 낳게 하였으며, 그 인식 및 사고체계를 변화시켜야 하는 이유는 무엇인가에 대해 충분히 토의한 후 동의해야 한다.

(5) 개입 전 자료 수집

사회복지사의 개입 후 클라이언트의 문제 상황이 해결되었는지를 사후에 평가하기 위해서는 개입 전의 문제 상황에 대한 자료 수집이 필요하다.

(6) 부정적 인지, 사고체계의 정황 분석

클라이언트로 하여금 부정확한 인식이나 잘못된 생각 등을 갖게 한 주변의 사건이나 상황을 클라이언트 스스로 분석하여 그 당시에 자신이 가졌던 생각이나 믿음의 합리성 정도를 평가하도록 한다.

(7) 순기능적 인지, 사고체계로 전환

자기파괴적 인식체계를 순기능적 자기구술(self-statements)로 바꾸도록 사회복지사가 모델링을 통해 도와준다.

(8) 과제 내주기

과제의 목적은 클라이언트가 일상생활에서 경험하는 사회심리적 어려움 가운데서 자신에게 행하는 역기능적인 자기 구술을 관찰·발견하여 그것을 순기능적인 자기구술로 바꾸는 훈련을 지속적으로 하는 데 있다.

(9) 평가

평소 갖고 있던 역기능적인 인지체계나 사고체계가 어느 정도 합리적인 대안체계로 변화되었는가를 확인하는 단계이다.

3) 인지행동모델의 개입방법

① 직접 면접

② 논박

- 논리적 논박 : 사물, 사건에 대해 정확하게 생각하는 방법
- 경험적 논박 : 내담자가 가지고 있는 요구가 항상 현실과 일치하지 않음을 보여주는 방법
- 실용적 논박 : 내담자가 가지고 있는 비합리적인 믿음으로서 야기하는 실질적 결과를 보여주는 데 초점을 두는 방법

③ 독서 및 시청각 자료 기법

④ 자기 말 쓰기 : 어떤 행동을 하기 이전에 클라이언트가 한 생각을 점검해 보도록 요

구한다.

⑤ 내적 경종장치나 표어 이용

⑥ 재명명(relabeling)

⑦ 상징적 탈감(symbolic desensitization) : 심상을 통해 불안감을 이완시키는 방법

⑧ 인지적 재구성 : 부정적 · 자기－패배적 사고를 긍정적 · 자기 향상적 사고로 대치시키도록 가르치는 전략

⑨ 자기주장훈련과 사회기술훈련

⑩ 과제 할당

⑪ 합리적 역할 바꾸기 : 치료자는 내담자의 입장에서 비합리적인 신념을 표출하고, 내담자는 치료자의 입장에서 합리적인 신념을 표출하기

4) 인지행동모델의 효율성과 한계

인간관계에 대한 왜곡된 인식, 자기와 타인, 비합리적인 불안, 공포, 우울증, 분노, 물질남용 등에서 효과를 볼 수 있다. 그리고 치료방법을 뒷받침하고 있는 기본적인 원리들이 쉽게 정의되어 있어 클라이언트와 치료자, 그리고 연구자들 사이에 의사소통이 용이하다. 언어구사능력이나 최소한의 내적 통찰능력 등을 갖추지 못한 대상들에 대해 이 모델을 사용하는 데는 한계가 있다. 그리고 너무 급하게 비합리적 신념으로 규정지어 가혹한 공격을 퍼부을 위험이 있다.

2. 행동수정모델

1) 행동주의모델의 철학과 기본 개념

(1) 행동주의모델의 철학

행동수정은 현재의 문제 행동을 변화시켜서 바람직하지 못한 행동은 감소 · 제거하고

바람직한 행동을 양성하려는 것이다. 행동수정모델이 기초를 두고 있는 행동주의는 인간을 지금까지 그가 배운 모든 것의 총합이라고 본다. 행동 변화의 핵심은 의지의 문제가 아니라 기술의 문제라고 본다. 의지는 어떻게 하기 어렵지만 기술은 배울 수 있는 것이기 때문이다. 행동주의자들은 관찰 가능한 행동에 초점을 두고 행동을 자극과 반응이라는 도식에 의해 선행 조건-행동-후속 결과의 관계(Antecedent-Behavior-Consequence : A-B-C 관계)로 이해하며 일반적인 것이 아닌 특정의 구체적인 문제 행동에 초점을 둔다.

(2) 행동주의모델의 이론적 배경

행동주의적 개입의 기초가 되는 과학철학은 행동주의이다. 인간 행동에 대한 과학적인 연구로서, 대표적인 학자인 스키너(Skinner, 1974)는 행동주의를 인간의 행동 내면에서 일어나는 정신적 과정에 의존하지 않고 설명하려는 하나의 시도라고 하였다. 행동주의자들은 모든 자발적 행동은 호의적이거나 비호의적인 결과를 제공하는 환경에 근거하여 일어난다고 본다. 이러한 행동들을 집합적으로 '조작적 행동(operant behavior)'이라고 하는데 이 모델에서는 거의 모든 클라이언트의 문제에 결정적인 조작적 요소가 게재되어 있는 것으로 간주한다.

사회복지실천에서 사용되는 행동수정은 순수한 행동수정이라기보다 반두라(Bandura, 1977)에 의해 발전된 사회학습이론에서 발전된 것이다. 행동수정에는 크게 두 가지 기본 원칙이 있다. 즉 정상적이든 비정상적이든 행동은 모두 같은 원칙하에 발달한다는 것, 모든 행동은 학습 원리에 의해 수정되거나 변화될 수 있다는 것이다.

행동수정이론에 영향을 미친 이론적 개념은 결정론, 경험주의, 간결주의와 순환적 사고의 지양을 들 수 있다. 결정론이란 모든 인간의 행동은 개인의 과거 및 현재의 환경 속에서 확인되는 잠정적인 원인을 찾을 수 있다는 것으로 인간의 행동은 인간이 의도적으로 변화시킬 수 있다는 낙관적 신념을 보여준다. 경험주의는 사회복지사의 의사결정은 객관적인 자료나 실험조사연구 등 경험적인 자료에 의해 클라이언트의 행동을 서술하고 절차에 따라 실행해야 한다는 입장이다. 간결주의는 단순하고 간결한 원인론적 접근이 가능한 문제에 대해 복잡한 원인론을 대입할 필요가 없다는 입장이다. 순환적 사고란 원인과 결과가 구별되지 않은 설명방식인데 행동주의자들은 이를 가식적인 설명이라고 보고 지양해야 한다고 주장한다. 모든 행동에는 원인 요인이 있으며 실험적 조사분석을 통해 이를 밝힐 수 있다고 보는 것이다.

(3) 행동수정의 원리와 기술

① 조절이론 : 유아기에서 성인기에 이르기까지 사람에게 타인과 자기 자신에 의한 조절(특히 언어적 조절)은 행동을 이끌어내는 강력한 유인으로 작용한다.

② 조작적 행동 : 조작적 행동은 결과에 영향을 받는다. 인간의 행동은 그 행동의 결과가 유쾌한 것이면 강화되고 불쾌한 것이면 감소·소거된다.

③ 정적 강화 : 긍정적 강화는 행동의 발생빈도와 정도를 증가시킨다.

④ 부적 강화 : 부적 강화는 불쾌한 결과를 미리 피할 수 있게 함으로써 행동을 증가시킨다.

⑤ 처벌 : 처벌을 받는 행동은 발생빈도가 줄어든다.

⑥ 소거 : 행동은 더 이상 강화되지 않으면 약화된다.

⑦ 간헐적 강화 : 간헐적으로 강화된 행동은 소거하기 어렵다.

⑧ 차별적 자극 : 대부분의 조작적 행동은 결국 선행 조건에 의해 일어난다. 어떤 행동(욕하기)이 강화(주위의 아이들이 쳐다봄)되었을 때 있었던 자극(주위의 아이들)이 발현되면 그 행동은 일어나기 쉽지만 그 행동이 강화 받지 못했을 때(쳐다보지 않음)는 같은 자극(주위의 아이들)이 발현되어도 그 행동은 일어나지 않는다.

⑨ 회피행동 : 불쾌한 사건이 임박했다는 선행 조건은 회피행동을 유발한다.

⑩ 조건화 : 조건화를 통해 선행 조건은 정서적인 자동적 반응을 불러일으킨다.

⑪ 모델링 : 대부분의 행동은 다른 사람이 행동하는 것을 보고 모방학습될 수 있다.

2) 행동주의모델의 실천과정

(1) 초기 단계

① 문제 규정

행동수정이론을 사용하여 사례에 개입할 때에는 가장 중요한 것이 문제의 구체화이다. 행동수정모델은 클라이언트의 문제를 일단 관찰 가능한 구체적인 행동으로 표현하고, 이

행동을 조작적 행동의 원칙에 따라 행동이 일어나기 전에 전개된 선행자극과 행동, 그리고 행동의 결과로 나누어진 그 관계를 분석하게 된다. 따라서 문제 행동이 추상적으로 표현되어서는 곤란하며 구체적이며 확인이 가능한 언어로 표현되어야 한다. 이때 문제 행동이 반드시 행동(behavior)이어야만 하는 것은 아니다. 문제 행동은 고치고 싶은 정서적 반응이나 사고가 될 수도 있다.

② 기초선 자료 수집

기초선 자료는 문제 행동의 현재 수준과 앞으로의 변화를 구체화해서 보여줄 수 있는 방법으로 수집되는데 선행 조건과 후속 결과 즉, A(antecedents)－B(behavior)－C(consequences) 관계로 표현한다. 정확하게 수집된 기초선은 문제를 규정하고 A－B－C 관계를 사정할 수 있게 해 주며 어떻게 문제에 접근할 것인가를 보여줄 수 있다.

기초선 자료의 정확성을 기하기 위한 몇 가지 규칙이 있다. 첫째, 표적문제(행동, 감정, 사고)가 발생하는 즉시 기록한다. 둘째, 모든 기록은 정확하고 엄격하게 기록한다. 셋째, 기초선 자료의 수집방법은 행동의 빈도, 정도, 내용에 대해 표나 그래프, 또는 일기형식 등 다양한 방법을 활용할 수 있다. 넷째, 기록은 서면으로 남기는 것이 좋다.

③ 사정과 목적 설정

기초선 자료의 분석을 통해 표적문제와 문제의 발생유형을 파악하는 작업이 필요하다. 클라이언트가 직접 기초선 자료를 측정한 경우라면 기초선 측정 자체가 문제를 경감시키는 효과를 가져올 수도 있다. 사회복지사는 기초선 자료를 검토하면서 클라이언트 스스로도 자기 문제의 발생유형을 이해할 수 있도록 도와주고 이를 선행 조건과 후속 결과의 형태로 나누어 볼 수 있도록 도와준다. 이 과정을 통해 사회복지사와 클라이언트는 표적문제를 확실히 하고 해결의 우선순위를 정한 후 목표를 명확히 한다.

"목표는 ________한 상황에서 ________행동을 변화시키는 것이다." 목표 설정 시 고려해야 할 원칙으로는 첫째, 구체적이어야 하며, 둘째, 문제를 표현할 때 행동적인 용어로 표현해야 한다는 것이다.

④ 개입계획 수립

행동수정모델을 적용할 때 중요한 것은 행동 변화는 반드시 그 선행 조건과 후속 결과의 영향을 받게 되어 있으므로 선행 조건-행동-후속 결과의 세 가지 영역 모두를 고려한 변화계획을 수립해야 한다는 것이다. 개입계획을 세울 때 유의해야 할 것은 행동수정이 목적이라면 그 문제 행동을 소거하는 동시에 지금까지 발전되지 못했던 "바람직한 행동의 발달"이 병행될 때 효과가 있다는 것, 신념이다. 행동 변화에 대한 믿음이 강하면 강할수록 성공 확률도 높아진다고 볼 수 있다.

⑤ 계약

기초선 자료의 사정이 끝나 표적문제가 확정되고 목표에 따른 개입계획이 수립되면 클라이언트와 사회복지사의 계약과정이 뒤따르게 된다. 계약은 다른 모델에서와 마찬가지로 표적문제, 장·단기 목표, 개입계획, 사회복지사와 클라이언트 각자의 역할, 기간, 장소, 참여자 등이 명시되어야 한다. 특히 변화매개자로서 사회복지사의 역할이 중요한데, 사회복지사는 클라이언트의 동기와 변화할 수 있는 능력을 사정하고 클라이언트가 제안된 변화를 기꺼이 시행하게끔 하는 변화의 힘이 무엇인지, 그리고 이를 약화시키는 저항의 힘은 어떤 것인지를 사정하게 해야 한다.

(2) 개입 단계

개입계획을 실행하고 수행 여부를 점검하며 수정하는 과정으로 구체적 개입과정 A-B-C 관계로 나누어 적용되는 행동수정기술들을 살펴보면 다음과 같다.

① 선행 조건 영역의 개입기술

선행 조건 영역의 개입은 크게 두 가지로 분류할 수 있다. 개입 목적이 바람직하지 못한 행동의 감소 또는 제거일 때 사용하는 선행 조건의 통제와, 개입 목적이 바람직한 행동을 증가시키는 것일 때 사용하는 새로운 선행 조건의 개발이 그것이다. 기초선 자료를 통하여 문제 행동의 선행 조건이 되는 상황들을 발견했다면 이런 조건들을 변화시킴으로써 행동에 변화를 가져올 수 있는 방법을 사용하는 것을 선행 조건의 통제라고 한다.

② 행동 영역의 개입기술

선행 조건의 변화와 함께 A−B−C 관계 중 행동 영역에 대한 개입이 필요하다. 행동의 변화를 계획하고 있을 때에는 바람직하지 않은 행동을 단순히 억압하기보다는 새로운 대체 행동을 발달시키는 것이 보다 효과적이다. 사회복지사의 원조 계획에 차질이 생기는 것은 개인의 잘못이 아니라 기술적인 잘못이라는 관점에서 문제를 해결하려고 해야 한다.

③ 후속 결과에 대한 개입기술

행동수정에서 후속 결과는 행동의 결과에 따라 그 행동이 지속될 것인지 중단될 것인지를 결정하는 중요한 요인이 된다. 후속 결과에 대한 개입은 바람직하지 못한 행동을 제거하는 것이 목적인지, 바람직한 행동을 증가시키는 것이 목적인지에 따라 나누어진다. 물론 어떤 때는 두 가지가 동시에 진행되기도 한다. 바람직한 행동을 발달시키려는 목적일 때 행동을 발달시키기 위해 후속 결과를 변화시키는 기술은 긍정적 강화물을 일관되게 사용하는 것이다. 우선 새로운 행동을 유발할 수 있을 만큼 강력한 강화물을 찾고, 그 강화물은 오직 새로운 행동이 시행되었을 때에만 주어지도록 하는 것이다.

(3) 종결 단계

우선 종결이 다가오면 종결을 예고하고 그동안의 진전과정을 클라이언트와 함께 평가한다. 평가의 기준은 초기 단계에 작성한 계약이다. 계약상에 드러난 목적과 관련하여 그 진전도를 평가하고 얻어진 결과를 점검한다. 목적 달성에 어려움이 있었거나 미진했다면 그 원인을 분석하고 필요한 과정을 논의한다. 종결의 결정이 내려지면 바람직한 행동의 유지를 위한 조건을 설정하고 클라이언트에게 비록 사회복지사와의 면담이 없더라도 최소한 4주 정도는 문제 행동의 진전 상황을 기록하도록 한다.

3) 행동수정모델의 개입기법

(1) 선행 조건의 회피

이 기술은 바람직하지 못한 표적행동을 가져오는 상황이나 사고로부터 거리를 둠으로써 문제 행동이 일어나는 것을 방지하는 것이다.

(2) 행동연쇄를 변화시키기

행동이 거의 자동적으로 이어서 일어나면서 먼저 일어난 행동이 다음 행동의 촉발요인이 되고 이 행동이 다시 그 다음 행동의 촉발 원인이 되는 경우를 말한다. 최종 행동이 문제 행동이지만 사실은 전체 행동의 고리가 복합적으로 얽혀 있음을 알 수 있다. 따라서 행동고리의 어느 부분을 끊어서 전체 과정을 재조정함으로써 문제 행동에 이르는 자동적이고 통제 불가능한 상황을 변화시키려는 것이다.

(3) 선행 조건을 압축하기

문제 행동에 이르게 하는 상황의 범주를 아주 특수하고 작은 범위로 한정하는 기술이다.

(4) 선행 조건의 재인식

일정한 선행 조건에 접했을 때 문제 행동을 하도록 인식하는 클라이언트의 인식체계를 변화시키는 것이다.

(5) 멈춤

문제 행동이 일어나려 하는 기미를 느끼게 되면 심호흡을 한다든지 또는 숫자를 하나에서 열까지 센다든지 하여 문제 행동이 발생하는 것을 예방하는 방법이다.

(6) 언어적 지시

조작적 행동의 첫 번째 원칙인 언어적 지시가 행동을 통제하는 데 강력한 힘이 있음을 응용한 것이다. 지시는 간단하고 명료해야 한다.

(7) 사고 중단

사고 중단도 언어적 지시와 유사한 구조인데 바람직하지 못한 생각이 들 때 바로 스스로에게 '멈춰!'라고 말하는 것이다.

(8) 자극 통제와 자극 일반화

자극 통제는 바람직한 행동의 발생을 특별한 경우에 한정하는 것이다. 클라이언트가 원하는 바람직한 행동을 잘 수행하는 다른 사람들을 주위에 배치함으로써 클라이언트의 바람직한 행동 유발을 자극하도록 사회환경을 조정하는 것이다. 이렇게 특정한 자극을 점점 일반화해 가는 것을 자극 일반화라 부른다.

(9) 선약속

바람직한 행동을 양성해야 하는데 어려움이 예상될 때 쓰는 방법이다. 만일 바람직하지 못한 행동을 유발하는 촉매(cue)를 잘 알고 있다면 바람직한 행동을 유발할 수 있는 촉매도 존재하도록 미리 준비해 두는 것이다.

(10) 긍정적 강화

조작적 행동은 결과에 영향을 받는다는 원칙에 근거하여 발달시키고자 하는 바람직한 행동을 할 때마다 보상을 함으로써 그 행동이 더 자주 일어나도록 하는 것이다.

(11) 대체행동의 사용

금연을 하고 있는 사람이 담배피우고 싶을 때마다 은단이나 껌을 씹도록 함으로써 보다 효과적으로 행동을 통제할 수 있다.

(12) 리허설

발달시키고자 하는 행동을 반복적으로 연습하는 것이다. 행동 숙달에 가장 기본적인 방법이 리허설이다.

(13) 모델링

원하는 행동을 훌륭하게 수행하고 있는 다른 사람들을 관찰하고 모방함으로써 행동을 익히는 것이다.

(14) 행동 형성

행동 형성은 최종적인 목표 행동에 도달하기 위해 점진적으로 이를 진행시키는 것이다. 행동 형성에서 클라이언트가 동기를 상실한다면 이는 아마 사회복지사의 목표가 너무 높게 설정되었거나 시작점이 너무 높았을 가능성이 많다.

(15) 소거

어떤 행동에 더 이상 강화를 주지 않음으로써 그 행동의 발생을 약화시키는 기술이다.

(16) 처벌

어떤 행동이 발생했을 때 불쾌한 결과를 동반시킴으로써 그 행동을 약화시키는 방법이다. 그러나 벌의 사용에 대해서는 논란이 많다. 벌을 효과적으로 사용하는 방법으로는 긍정적 강화를 해 주는 것이 있다. 또는 행동이 일어나기 전에 미리 과중한 벌을 정해 놓아 문제 행동을 사전에 피하도록 하게 하는 방법이다. 벌을 사용할 때 명심할 것은 긍정적 강화와 마찬가지로 행동 즉시 사용해야 한다는 것이다.

4) 적용 분야 및 실천 결과들

행동수정모델은 지금까지의 어떤 다른 사회복지실천모델보다도 이론적 뒷받침이 풍부하고 경험적 지지도가 높기 때문에 발전 전망이 낙관적이며 사회사업의 통합적 패러다임으로 발전할 수 있는 잠재력이 있다.

행동수정모델은 적용되는 분야가 매우 풍부하여 사회복지실천현장에서 어른이나 아이들과 일할 때, 일반인들의 일상생활 문제에서부터 정신적인 문제에 이르기까지 다양한 분야에서 상이한 인구집단에 적용할 수 있는 방법으로 비교적 단시간에 효과를 볼 수 있어 많이 사용되고 있다.

반면 그 기본 가정이 클라이언트를 조종하고 클라이언트의 변화를 촉진하는 데 있어 대인관계 과정의 역할을 무시한다는 비판도 일고 있다. 그러나 다른 모델과 마찬가지로 행동수정모델도 강제성을 띠지 않는다는 점에서 일반적으로 가치중립적이라 할 수 있다.

3. 과제중심모델

1) 과제중심모델의 철학

과제중심모델은 1960년대 미국 뉴욕에서 리드와 엡스타인(Reid & Epstein)이 발전시킨 사회복지실천의 한 모델이다. 이들은 문제를 가진 개인이나 가족을 돕는 데 있어서는 종래와 같이 긴 개입기간을 요구하는 심리사회적 실천방법에 비해 단기간의 심리사회적 접근이 보다 효율적이라는 것을 발견하고 체계적이고 종합적이며 효과적인 단기치료모델로서 과제중심모델을 개발하게 되었던 것이다. 과제중심모델의 특징은 첫째, 시간 제한적인 단기치료이며 둘째, 클라이언트와 사회복지사가 표면적으로 계약한 구체적인 문제를 해결하는 데 개입의 초점을 두고 셋째, 클라이언트의 문제해결활동은 그가 수행에 동의한 과제를 중심으로 조직되며 넷째, 이론보다는 조사에 근거한 경험적 자료를 중심으로 진행된다는 것이다. 과제중심모델은 시작 단계와 4개의 연속적이며 중복적인 후속 단계로 이루어진다.

(1) 과제중심모델의 이론적 배경

과제중심모델은 경험에 기초한 지식을 바탕으로 하여, 계획적이고 의도적인 과정을 통해 클라이언트의 문제를 구체적인 과제로 해결해 나가려는 것인데 어떤 특정한 이론이나 개입방법에 고정되지 않는다. 오히려 일반체계이론, 의사소통이론, 인지이론과 정신분석이론, 그리고 학습이론의 기본 원칙들을 통합하려 절충적인 접근을 시도하고 있다.

행동주의 원칙 중에서는 문제 발생과 변화를 설명하는 데 도움이 될 수 있는 방법에 관한 지식이 선택되어 사용되고 있다. 예를 들어 과제 수행을 조장하기 위한 강화, 모델링 기법들이 그것이다. 또 과제 수행을 어렵게 하는 심리적 장애에 대한 통찰력 획득에 도움이 되는 정신분석이론과 인지이론의 원리, 가족이나 중요한 타자들과 함께 과제를 수행하는 데에 도움이 될 수 있는 의사소통이론의 원리, 그리고 개인과 다른 사람들, 또는 클라이언트가 속한 조직들과 같은 소규모 사회체계 내에서의 의사결정과 과제 수행에 도움이 될 수 있는 사회체계이론의 원리들 역시 과제중심모델에서 발견할 수 있다.

과제중심모델은 단기 심리사회적 접근의 기술을 이용하여 클라이언트가 자신들의 문제를 완화하기 위한 과제나 활동을 고안하고 수행하되 시간 제한을 두는 구조를 이용하고 있다. 이 모델에서는 헬렌 펄만(Helen Perman)의 문제해결과정과 엘리엇 스텃(Elliot Studt)의 서비스 초점을 클라이언트의 과제에 둔다는 생각이 특히 유용하게 받아들여졌다. 이외에도 과제중심모델은 경험에 기초한 지식을 일반화하고 있는데, 예를 들면 과제중심모델이 창안되기 이전까지의 심리치료나 사회사업 상담에서 발견된 사실들, 즉 단기의 시간 제한적 치료를 받은 사람들이 장기치료를 받은 사람들과 효과 면에서 별 차이가 없었다든가, 의도된 기간과 상관없이 비교적 짧은 시간 안에 효과를 볼 수 있었다든가 하는 발견들이 이 모델의 밑받침이 되었다.

(2) 과제중심모델의 특징

① 시간 제한적 단기개입 : 주 1~2회, 면접 전체 8~12회 정도 구성, 4개월 이내
② 클라이언트가 인식한 문제중심 : 클라이언트와 계약한 문제해결에 초점
③ 과제중심 : 문제해결활동은 수행 동의한 과제중심 조직
④ 경험적 기초 : 경험적 자료가 모델 형성하는 데 기초
⑤ 협조적 관계 : 제한 시간 내 문제 완화를 위한 협조적 노력 강조
⑥ 자기결정의 원리 : 클라이언트 문제에 대해 한정적 접근 시도
⑦ 통합적 접근 : 다양한 접근방법 사용
⑧ 구조화되고 체계적 접근 : 실천과정이 매우 구조화

2) 과제중심모델의 기본 개념

(1) 표적문제

과업중심모델에서 표적문제는 클라이언트가 인식하고 동의한 문제다. 클라이언트가 직면하고 있는 다양한 문제 중에서 시급히 해결해야 할 문제, 즉 클라이언트가 열거하는 문제 중에서 스스로 문제를 인식하고 변화하기를 원하며 사회복지사의 전문적 판단에 의해 인정된 클라이언트와 사회복지사가 변화시키기로 동의한 문제를 말한다.

(2) 과업

과업이란 목표를 달성하기 위하여 클라이언트와 사회복지사가 해야 하는 활동으로서 클라이언트와 사회복지사가 함께 계획하고 동의한 문제해결활동을 말한다. 즉, 과업은 클라이언트 자신의 문제해결 노력과 의지가 구체적으로 표현된 것으로 클라이언트가 자신의 문제를 해결하기 위해 어떤 과업을 수행하는 것을 의미하며, 문제를 완화하고 해결하기 위해 클라이언트와 사회복지사 사이에 당장 수행하기로 합의한 활동 목표 및 과정이다. 따라서 과업은 사회복지사가 클라이언트에게 일방적으로 부과하는 숙제와 차이가 있으며, 클라이언트만 과업을 수행하는 것이 아니라 사회복지사도 그것을 수행한다. 클라이언트는 문제해결을 위한 혹은 문제해결에 도움이 되는 활동을 수행하게 되고, 사회복지사는 클라이언트의 과업 수행을 지원하기 위한 활동을 한다. 과업의 유형에는 기본적으로 일반적 과업과 조작적 과업이 있으며, 그 외에 다양한 유형의 부수적 과업이 있다. 과업의 분류는 활동 수행을 계획하는 데 필요한 것으로 특별한 효과나 목적을 갖는 것은 아니다.

① 일반적 과업

일반적 과업은 행동 방향을 대략적으로 기술하는 과업으로 '무엇을 해야 하는가?'를 묻는 것이다. 일반적 과업은 클라이언트의 목표를 반영하고, 목표는 과업이 행해졌을 때 달성되어야 하는 상태를 말한다.

② 조작적 과업

조작적 과업은 클라이언트가 수행해야 하는 구체적 활동을 말한다. 대부분 일반적 과업에서 나오며, 명확한 활동에 대한 정보를 포함하고 있기 때문에 상위 과업을 도달하기 위한 하위 과업의 형태를 보인다.

③ 다른 유형의 과업

일반적 과업의 하위 유형은 세분화될 수 있다. 이러한 유형은 유동적이며 다른 과업과 합쳐지거나 실천과정에서 우연히 실행되거나 중간에 누락될 수 있다. 과업을 분류하는 것은 특별한 조작적 의도가 있는 것이 아니라 수행과정을 더욱 주의 깊게 계획하기 위한 것이다.

- 유일 과업 : 한 번의 수행을 위해 계획한 것
- 반복 과업 : 반복적인 활동을 위해 계획한 것
- 단일 과업 : 여러 단계가 필요한 하나의 활동
- 복잡한 과업 : 밀접하게 관련된 둘 또는 그 이상의 구분된 활동
- 개인적 과업 : 한 사람이 수행하는 것
- 상호적 과업 : 둘, 그 이상의 사람들이 수행해야 하는 과업, 서로 연관되어 있는 과업
- 공유 과업 : 둘 또는 그 이상의 사람이 같은 과업을 하는 것
- 인지적 과업 : 사고, 감정 활동과 관련된 과업, 정신적인 활동을 검토하여 명확히 하기

3) 과제중심모델의 개입

(1) 개입 목적

과업중심모델은 두 가지 개입 목적을 가진다. 하나는 클라이언트의 문제를 해결하도록 클라이언트를 돕는 것이고, 다른 하나는 클라이언트가 자신의 문제를 성공적으로 해결한 경험을 통하여 미래를 부딪치는 어려움을 극복할 수 있는 능력을 향상시키고자 하는 것이다.

(2) 개입 원칙

과업중심모델은 모델의 기본 특성과 원칙은 경험적 기원, 통합적 자세, 클라이언트가 인식한 문제에 대한 초점두기, 체계와 맥락, 계획된 단기개입, 협력적 관계, 구조화, 문제해결활동 등이다.

① 경험적(실증적) 기원

과업중심모델은 경험적 연구에 의해 검증되고 지지된 방법과 이론을 선호한다. 클라이언트체계에 대한 가설과 개념은 실제 자료에 근거한 것이어야 하며, 사정, 과정, 성과 자료는 개별 사례에서 체계적으로 수집되어야 한다. 또한 모델의 개선을 위해 지속적인 프로그램의 연구가 이루어진다.

② 통합적 자세

과업중심모델은 다양한 접근방법, 즉 문제해결, 인지행동적, 인지적, 가족 구조적 접근방법 등 양립 가능한 접근방법 가운데 경험적 기초가 있는 이론과 방법을 선별적으로 선택하여 사용한다.

③ 클라이언트가 인식한 문제에 초점 두기

클라이언트가 관심을 가지고 명백하게 인식하는 특정 문제에 서비스 초점을 둔다.

④ 체계와 맥락

문제는 복잡한 체계의 맥락에서 발생한다. 문제해결이나 재발 예방을 위해 맥락적 변화가 필요하며, 문제해결은 역으로 문제가 발생한 맥락에 긍정적 영향을 미칠 수 있다.

⑤ 계획된 단기개입

일반적으로 서비스는 계획된 단기간 동안 실행된다.

⑥ 협력적 관계

클라이언트와의 관계는 돌봄보다 협력적 노력을 강조한다. 사회복지사는 사정 정보를 공유하며 숨겨진 목적이나 의도는 피한다. 치료 전략을 개발하는 데 있어 클라이언트를 최대한 참여시킴으로써 보다 효과적인 개입을 고안하고 클라이언트의 문제해결능력을 개발한다.

⑦ 구조화

치료 회기를 비롯한 전체 개입 프로그램은 잘 다듬어진 연속된 활동으로 구조화된다.

⑧ 문제해결활동(과정)

변화는 기본적으로 클라이언트가 회기 중이나 회기 외의 시간에 문제해결활동을 수행함으로써 달성된다. 특히 클라이언트가 자신의 환경 속에서 스스로 행동을 동기화하는 데 초점이 있다. 또한 사회복지사의 과업은 클라이언트의 환경 변화에 영향을 미치는 수단을 제공하는 것이다.

4) 과제중심모델의 실천과정

과업중심모델에서 제시하는 실천과정은 시작하기, 표적문제의 규명, 계약하기, 실행, 종결의 5단계로 이루어진다. 사회복지실천의 일반적 과정과 같이 과업중심모델의 각 단계는 엄격하게 분리되기보다 필요에 따라 상호 중복되거나 이전 단계로 돌아가는 등 유연하게 활용될 수 있다. 그러나 다른 모델에 비해 과업중심모델의 개입과정은 체계적이다. 체계적 실천을 통해 시간, 노력, 비용의 낭비를 최소화하고 실천과정을 효과적으로 진행한다.

(1) 1단계 : 시작하기(starting up)

일반적으로 클라이언트가 서비스를 이용하기 위해 의뢰되는 경우는 주로 비자발적인 경우다. 이 경우 클라이언트를 의뢰하는 구체적이고 확실한 이유는 무엇인지, 실행 가능한 목표와 그것을 달성하기 위해 필요한 자원을 의뢰기관에서 제공할 수 있는지를 파악하고 의뢰자와 직접적으로 협상한다. 한편 클라이언트가 자발적으로 찾아온 경우는 바로 클라이언트의 문제를 발견하고 신속하게 초기 사정하는 표적문제 규명 단계로 넘어갈 수 있다.

(2) 2단계 : 표적문제의 규명(problem identification)

가장 큰 관심사는 표적문제를 규명하고 이를 설명, 구체화, 명명하는 과정에 클라이언트의 참여를 촉진시키고, 문제의 우선순위를 결정하며, 신속하게 초기 사정하는 것 등이다.

첫째, 클라이언트가 제시하는 문제에서 출발을 하지만 과제중심모델에서 강조하는 문제는 개입의 초점이 되는 표적문제를 규명한다. 즉, 클라이언트가 자신의 문제를 인식하고 개입의 초점으로 동의한 것을 표적문제로 규명하는 것이며, 문제를 구체적으로 규명하는 책임은 사회복지사에게 있다.

둘째, 표적문제의 탐색과 구체화 이후 효과적으로 문제를 효과적으로 문제해결 전략을 활용하기 위해서는 표적문제를 선정해야 한다. 사회복지사와 클라이언트는 몇 가지 기준에 따라 우선순위를 선정할 수 있는데, 이런 기준은 문제를 다루기 위해 그동안 사용했던 방법의 특성, 기관으로부터 받은 권한, 클라이언트의 견해를 포함한다. 그중 클라이언트의 우선순위는 문제와 관련된 클라이언트의 인식방법에 따라 선택될 수 있다. 우선순위의 결정에 있어 클라이언트의 진술을 일차적으로 고려하지만 문제 목록에 전문가가 제안한 문제도 포함시킬 수 있다. 그리고 전체 목록을 검토하여 최대 세 가지로 우선순위를 제안하여 선택한다.

셋째, 신속한 초기사정이다. 초기사정은 표적문제의 규명과정에서 발달하며 치료계획을 위한 기초가 된다. 문제 규명과정을 통해 필요한 정보가 제공되고 무엇이 변화, 개선, 향상되어야 하는지에 대한 방향이 설정된다. 따라서 사회복지사는 지지적이고 우호적이지만 과장되지 않은 태도를 취하고 사정과 개입의 수행을 위해 바람직한 신뢰와 자기 노출을 촉진할 수 있다. 사정은 사례 진행의 전 기간에 의해 계속된 과정이며, 1단계에서의 초기사정은 표적문제의 규명과 명확화를 돕는다. 그것은 계약에 앞서 이루어지는 임시사정이다. 본격적인 사정은 제 4단계, 즉 실행 단계에서 이루어진다.

(3) 3단계 : 계약하기(contracting)

계약은 개입의 기본 요소로 클라이언트와 사회 간 동의에 대한 현대적 의미의 협약식이다. 서면 또는 구두 계약을 통해 개입의 목적과 형태, 구조 등에 대해 제시하는 것은 개입의 과정을 명확히 하는 데 도움이 되고 클라이언트와 사회복지사의 관계를 강화시킨다. 계약을 하는 이유는 개입에 대한 동의가 상호 성립되었고, 개입 목표와 과정 등이 클라이언트의 자기결정에 의한 것임을 강조하기 위한 것이다. 한편 초기 계약은 개입과정 중 중대한 문제와 상황의 변화가 생기면 클라이언트와 상의하여 변경 · 수정할 수 있다.

(4) 4단계 : 실행(implementation)

과업중심모델에서 개입의 대부분은 실행 단계에서 이루어진다. 8회의 면접을 가정할 때 면접 2~7회 사이에 진행된다. 이 단계의 주요 목표는 클라이언트가 과정을 성취할 수 있도록 원조하는 것이다. 이 단계에서는 문제에 대해 집중적으로 사정하고, 대안을 모색 · 결정하며, 문제를 해결하기 위한 과정을 수행하고, 과업 수행의 정도를 점검한다.

① 실행 단계의 사정(재사정, 표적문제 사정)

초기 단계의 사정을 보다 정교화하는 과정으로 표적문제와 사회적 맥락, 클라이언트의 장점을 포함한 인지·정서적 상황에 대해 포괄적으로 사정한다. 실행 단계의 사정을 통해 초기사정의 오류나 불충분한 부분을 보완함으로써 과업의 가치를 높이고 과업 수행을 방해하는 장애 요인을 제거한다.

② 대안의 모색과 결정

문제해결에 도움이 되는 실현 가능한 대안을 살펴본다. 이때 클라이언트의 경험이나 사회복지사의 개인적·전문적 경험, 전문적 기술과 정보, 문헌 등을 참고한다. 특히 사회복지사는 실현 가능한 대안을 이해 가능한 형태로 구체화하고 명료화한다. 또한 대안의 모색 후에는 표적문제를 해결하는 데 효과적이거나 합당한 프로그램으로 알려진 것, 클라이언트와 기관의 자원, 클라이언트가 가장 적합하다고 인식한 것 등을 고려하여 전략을 선택한다.

③ 개입 전략의 실행

초기에 계약을 통해 설정된 일반적 과업은 실행 단계 동안 새로운 과업으로 진행되거나 수정되면서 발전한다. 수행될 만한 가능성을 가진 과업을 발달시켜 가고, 동시에 과업 수행을 위해 다양한 지지활동이 수행된다. 즉, 자원을 획득하고 사용하기, 교육과 지도, 역할훈련 및 모델링 등 다양한 활동을 강화하기 위한 사회복지사의 과업을 적극적으로 발굴해낸다. 동시에 과업 수행에 대한 장해물을 탐색하여 그것을 감소시키기 위한 활동을 수행한다.

④ 진행과정의 확인과 장점

개입의 효과를 검사하고 확인하기 위해 개입과정과 그 결과를 주기적으로 점검하는 것이 필요하다. 정기적인 모니터링을 위해 개별적인 면접상황에서 과업 수행 여부와 문제 상태 및 변화, 새로운 문제 혹은 수정된 문제 등을 검토해야 한다. 그러나 이때 괄목할 만한 향상을 기대하여 진전이 없다거나 문제가 새롭게 수정되는 것에 대해 당황할 필요는 없다. 이러한 과정은 과업 수행에 있어서 일상적으로 나타날 수 있는 일이며, 모니터링을 통해 문제의 변화 정도를 명확히 파악할 수 있도록 한다. 모니터링을 통해 사회복지사의 개입이 실행할 수 없거나 비효과적이라고 판단될 경우 개입 전략을 수정할 수 있다.

(5) 5단계 : 종결

사회복지의 실천과정에서 종결은 우연히 이루어지는 것이 아니라 계획된 활동이며, 종결계획은 개입의 처음부터 이루어져야 한다. 과업중심모델에서 목표는 제한적이고 구체적이어야 하고, 목표를 성취되었을 때 분명하게 측정할 수 있어야 한다. 따라서 종결 시 사회복지사와 클라이언트는 문제해결 정도를 파악하고 클라이언트의 과업 수행 여부를 평가한다.

① 계획된 종결 : 마지막 또는 그 전 회기 클라이언트가 달성한 것을 확인하고 앞으로 그가 스스로 수행해 나갈 수 있는 다른 과제를 계획하도록 돕는다.

② 종결 혹은 연장 : 연장 시 클라이언트 승인 필요

③ 성취한 것 점검(관련 법규, 법원의 명령, 공식적 기관의 요청이 존재하는 경우)

④ 사후지도 계획 수립

5) 과제중심모델의 주요 기법

간접적 행동 변화 기법의 탐색과 구조화는 행동의 변화를 가져오지만, 직접적 기법은 클라이언트의 인지, 태도, 감정, 행동수정 등에 영향을 미친다.

(1) 간접적 행동 변화 기법

① 의사소통기술

과제중심모델은 단기간에 클라이언트가 선택한 명확한 목표를 성취할 수 있도록 원조하는 서비스이므로 클라이언트 스스로가 문제해결에 대한 인식을 명확히 하는 것이 중요하며, 클라이언트가 무엇을 추구하고 바라고 있는지를 클라이언트와 함께 언어화하는 것이 좋은 방법이다. 따라서 사회복지사는 클라이언트와의 면담과정에서 클라이언트가 자신의 의사를 분명히 밝힐 수 있게 도와주는 의사소통기술이 필요하다.

② 탐색

클라이언트로부터 자료 및 정보를 이끌어 내려는 사회복지사의 노력을 말하며, 이러한 탐색과정을 통해 클라이언트의 문제를 이끌어 내고 명확하게 하며, 과제의 방향과 문제해결의 가능성을 검토한다.

③ 구조화

클라이언트와의 상호작용 구조와 방향에 대한 사회복지사의 의사소통으로 구성된다. 구조화에는 3가지 단계가 있다.

- 1단계는 클라이언트에게 개입의 성격과 목적, 개입의 조직화와 관련된 문제, 과제, 시간 제한 등 과제와 관련 있는 내용에 대한 명확한 의사소통 반응에 대해 클라이언트에게 다시 들려주는 작업
- 2단계는 클라이언트를 위해 개입계획을 구체화하는 사회복지사의 노력
- 3단계는 조작적 과제를 구조화하는 작업으로써 사회복지사가 클라이언트의 의사소통에 대한 명확한 지침을 제공하는 것 등의 활동들로 구성

④ 상황 분석

문제의 상황은 문제를 유지시키는 원인, 즉 문제해결의 장애물과 문제를 다룰 때 동원될 수 있는 자원으로 구성된다. 상황 요인, 물리적 요인, 인지적 요인, 가족, 지역사회체계가 포함된 다차원적 틀 속에서 이루어지며 표적문제와 관련하여 검토한다.

사회복지사는 클라이언트의 왜곡된 지각, 비현실적 기대를 수정하도록 돕고 역기능적 상호작용이나 행동유형을 지적한다. 상황 분석과 관련하여 사회복지사는 클라이언트가 스스로 문제해결에 동원할 수 있는 자원을 찾아내어 활용하고, 또 문제해결의 장애물을 확인하여 해결하도록 돕고, 클라이언트의 생활상에서 나타나는 문제의 변화를 확인한다.

(2) 직접적 행동 변화 기법

① 인식 증진

클라이언트의 과제 성취에 장애가 되는 요인을 제거하거나 극복할 수 있도록 클라이언트의 인식을 증진(awareness enhancement)하는 기술이다. 인지적 왜곡이 클라이언트의 과

제 성취에 장애가 되고 있는 상황에서 특히 중요한 기술이다. 클라이언트의 인식 증진을 원조하기 위해서는 개별화된 교육적 노력이 필요하며, 특수한 기능과 상황에서의 인식 증진에 대한 사회복지사의 집중적 노력이 요구된다.

② 격려

격려(encouragement)는 클라이언트가 세운 계획이나 행동에 대해 긍정적 반응을 표하는 것으로, 클라이언트의 긍정적 행동을 강화하게 된다. 또한 과제 수행을 도울 것이라 기대되는 클라이언트의 행동을 강화하고 자극하기 위해 사회복지사가 클라이언트나 그 행동에 대해 선택적으로 사용해야 하며, 진솔하고 정성된 마음으로 표현해야 한다.

③ 지시

지시(direction)는 사회복지사가 과제나 관련된 행동에 대해 클라이언트에게 조언, 충고를 하는 것을 말한다. 격려와는 달리 클라이언트가 생각하지 못했던 행동을 제안하거나 클라이언트가 생각하고 있는 내용에 대한 조언으로 이루어진다. 그러나 클라이언트의 의존성을 조장할 우려가 있으므로 무차별적으로 이유 없이 제공해서는 안 된다.

요점정리

인지행동모델은 행동주의자들이 주장하는 환경결정주의와 프로이트주의자들의 정신내적 결정주의를 통합시킨 모델이다. 인지행동모델 기법의 기본 전제는 대부분의 사회적·행동적 역기능이 자기 자신, 타인 그리고 삶의 상황들에 대해 갖고 있는 잘못된 생각에서 비롯된다는 것이다. 인지행동모델의 특징은 첫째, 문제중심적이며 목표지향적이다. 둘째, 협력적이다. 셋째, 치료사는 적극적이며 직접적으로 개입한다. 넷째, 과제중심적이다. 다섯째, 현재에 초점을 맞춘다.

인지행동모델의 실천과정에서의 사회복지사의 임무는 ① 클라이언트로 하여금 그들의 비논리적 사고를 떨쳐버리게 하고, ② 사고의 부정확성을 깨닫게 하며, ③ 자기파괴적인 자세를 변화시키며, ④ 자신들이 처한 상황에 대해 보다 현실적인 견해를 갖도록 유도하는 것이다. 치료의 목적은 클라이언트로 하여금 자기 자신, 다른 사람들 그리고 삶에 대한 정확하고 객관적인 평가를 통해서, 보다 건설적인 인지들을 클라이언트 스스로가 창출해 내거나 발견해 낼 수 있도록 도와주는 것이다.

인지행동모델의 개입방법으로는 직접 면접, 논박, 독서 및 시청각 자료 기법, 자기 말 쓰기,

내적 경종장치나 표어 이용, 재명명(relabeling), 상징적 탈감(symbolic desensitization), 인지적 재구성, 자기주장훈련과 사회기술훈련, 과제 할당, 합리적 역할 바꾸기 등이 있다.

행동수정모델은 현재의 문제 행동을 변화시켜서 바람직하지 못한 행동은 감소·제거하고 바람직한 행동을 양성하려는 것이다. 행동수정모델이 기초를 두고 있는 행동주의는 인간을 지금까지 그가 배운 모든 것의 총합이라고 본다.

행동수정의 원리와 기술은 조절이론, 조작적 행동, 정적 강화, 부적 강화, 처벌, 소거, 간헐적 강화, 차별적 자극, 회피행동, 조건화, 모델링으로 요약할 수 있다. 행동수정모델의 실천과정은 첫째는 초기 단계로 문제 규정, 기초선 자료 수집, 사정과 목적 설정, 개입계획 수립, 계약으로 진행된다. 둘째는 개입 단계로 선행 조건 영역의 개입기술, 행동 영역의 개입기술, 후속 결과에 대한 개입기술로 진행된다. 마지막으로 종결 단계로 구성된다.

행동수정모델의 개입기법은 선행 조건의 회피, 행동연쇄를 변화시키기, 선행 조건을 압축하기, 선행 조건의 재인식, 멈춤, 언어적 지시, 사고 중단, 자극 통제와 자극 일반화, 선약속, 긍정적 강화, 대체행동의 사용, 리허설, 모델링, 행동 형성, 소거, 처벌 등이 있다. 행동수정모델은 적용 분야가 매우 풍부하여 사회복지실천현장에서 어른이나 아이들과 일할 때, 일반인들의 일상생활 문제에서 정신적인 문제에 이르기까지 다양한 분야에서 상이한 인구집단에 적용할 수 있는 방법으로 비교적 단시간에 효과를 볼 수 있어 많이 사용되고 있다.

과제중심모델은 문제를 가진 개인이나 가족을 돕는 데 있어서는 종래와 같이 긴 개입기간을 요구하는 심리사회적 실천방법에 비해 단기간의 심리사회적 접근이 보다 효율적이라는 것을 발견하고 체계적이고 종합적이며 효과적인 단기치료모델로서 개발된 것이다. 과제중심모델의 특징은 첫째, 시간 제한적인 단기치료이며 둘째, 클라이언트와 사회복지사가 표면적으로 계약한 구체적인 문제를 해결하는 데 개입의 초점을 두고 셋째, 클라이언트의 문제해결활동은 그가 수행에 동의한 과제를 중심으로 조직되며 넷째, 이론보다는 조사에 근거한 경험적 자료를 중심으로 진행된다는 것이다. 과제중심모델은 시작 단계와 4개의 연속적이며 중복적인 후속 단계로 이루어진다.

과제중심모델 특징은 시간 제한적 단기개입, 클라이언트가 인식한 문제중심, 과제중심, 경험적 기초, 협조적 관계, 자기결정의 원리, 통합적 접근, 구조화되고 체계적 접근이다.

기본 개념으로는 첫째, 표적문제로 클라이언트가 인식하고 동의한 문제다. 둘째, 과업으로 목표를 달성하기 위하여 클라이언트와 사회복지사가 해야 하는 활동으로서 클라이언트와 사회복지사가 함께 계획하고 동의한 문제해결활동을 말한다.

과업중심모델에서 제시하는 실천과정은 5단계로 이루어진다. 즉, 시작하기, 표적문제 규명, 계약하기, 실행, 종결이다. 사회복지실천의 일반적인 과정과 마찬가지로, 과업중심모델의 각 단계는 엄격하게 분리되기보다 필요에 따라 상호 중복되거나 이전 단계로 돌아가는 등 유연하게 활용될 수 있다.

과제중심모델의 주요 기법으로 간접적 행동 변화 기법과 직접적 기법이 있다. 먼저, 간접적 행동 변화 기법은 의사소통기술, 탐색, 구조화, 상황 분석이다. 다음으로, 직접적 행동 변화 기법은 인식 증진(awareness enhancement), 격려(encouragement), 지시(direction)가 있다.

토의문제

각 이론들을 비교 분석하여 사회복지현장에서의 대상별 적용을 나누어 보시오.

Chapter

04

사회복지실천모델과 개입기술 3

학습목표

1. 해결중심모델, 위기개입모델 및 권한부여모델의 철학을 학습하여 설명할 수 있다.
2. 해결중심모델, 위기개입모델 및 권한부여모델의 기본 개념을 학습하여 설명할 수 있다.
3. 해결중심모델, 위기개입모델 및 권한부여모델의 개입 목표를 학습하여 설명할 수 있다.
4. 해결중심모델, 위기개입모델 및 권한부여모델의 과정을 학습하여 설명할 수 있다.
5. 해결중심모델, 위기개입모델 및 권한부여모델의 개입방법을 습득할 수 있다.

1. 해결중심모델

해결중심모델(solution-focused brief model)은 1982년에 미국 밀워키의 드세이저(Steve De Shazer)와 버그(Insoo Kim Berg, 한국명 김인수), 그리고 그 동료에 의하여 개발된 이론으로, 클라이언트가 이미 '문제가 나타나지 않는 예외 상황' 즉 해결책을 갖고 있음을 발견하면서 붙여졌다.

1) 해결중심모델의 철학과 기본 개념

(1) 해결중심모델의 철학

해결중심모델의 중심 철학은 내담자가 이미 문제해결을 위한 자원을 가지고 있으며, 내담자의 강점에 초점을 맞추고, 그의 자원을 충분히 활용하며, 문제(problem)가 아닌 해결(solution)에 중점을 둔다. 따라서 해결중심모델의 철학은 다음과 같다(솔루션센터, 2003).

① 내담자가 문제 삼지 않는 것은 건드리지 말라.

② 일단 무엇이 효과가 있는지를 알면 그것을 더 많이 하라.

③ 그것이 효과가 없다면 다시는 그것을 하지 말고 다른 것을 행하라.

(2) 해결중심모델의 기본 개념

해결중심모델에서 제시하는 기본 개념은 다음과 같다(정문자 외, 2008).

① 병리적인 것보다는 건강한 것에 초점을 둔다.

내담자가 자신의 문제를 다루는 데 있어서 성공했던 경험에 일차적인 초점을 두는 것으로 내담자의 강점과 자원 그리고 능력에 초점을 두며 내담자의 결함이나 장애는 가능한 한 다루지 않는다. 이 모델에서는 내담자의 긍정적인 측면에 초점을 맞출 때 내담자와 치료자와의 관계 형성에 도움이 되며 내담자의 성공적인 과거 경험들은 앞으로의 행동에 긍정적인 영향을 미친다고 본다.

② 내담자의 강점, 자원, 건강한 특성을 발견하여 치료에 활용한다.

내담자가 원하는 결과를 성취하기 위해서는 내담자가 이미 가지고 있는 자원, 기술, 지식, 믿음, 동기, 행동, 사회관계망, 환경, 개인적인 특성을 활용한다.

③ 탈 이론적 · 비규범적이며 내담자의 견해를 존중한다.

해결중심모델은 내담자가 경험하는 문제에 대한 어떠한 가정도 하지 않을 뿐 아니라 내담자에 관한 것을 특정한 이론적 틀에서 해석하거나 설명하지 않는다. 대신에 내담자가 호소하는 불평과 내담자의 특성에 기초하여 개별화된 해결책을 발견하고자 한다.

④ 간단하고 단순한 방법을 사용한다.

해결중심모델은 치료목표를 달성하기 위해 단순한 것에서부터 복잡한 것으로 접근하는 것이다. 따라서 치료목표는 내담자가 달성할 수 있는 작은 것으로 세우는 것이 중요하다.

⑤ 변화는 불가피하다.

인간의 삶 속에서 변화는 끊임없이 일어나고 있기 때문에 개입은 자연스럽게 일어나는 변화를 단지 확인하고 그 변화를 해결책으로 활용하는 작업이다. 따라서 전문가의 역할은 긍정적인 변화가 일어나도록 돕고 이를 해결책으로 이어지게 하는 것이다.

⑥ 현재에 초점을 맞추며 미래지향적이다.

해결중심모델은 과거를 깊이 연구하기보다는 내담자로 하여금 현재와 미래의 상황에 적응하도록 돕는 데 일차적인 관심을 갖는다. 그러므로 치료과정은 내담자로 하여금 문제가 있었던 과거에서 벗어나 현재와 미래에 초점을 두고 구체적인 해결책을 찾는다.

⑦ 내담자와 협력관계를 중요시한다.

이 모델은 해결방안을 발견하고 구축하는 과정에서 치료자와 내담자가 함께 해결방안을 발견하고 구축하는 과정에서 협력을 중요시한다.

2) 해결중심모델의 목표 설정 과정과 개입 목표

해결중심모델의 목표 설정 과정에서 사회복지사가 다루는 4가지 영역은 다음과 같다.

① 내담자가 상담을 통해 원하는 것이 무엇이라고 말하는가?
② 내담자가 원하는 것이 그들에게 어떻게 변화를 줄 수 있는가?
③ 내담자가 자신이 원하는 것을 위해 노력하고 있다는 것을 어떻게 알 수 있는가?
④ 내담자는 그들이 지금 원하는 것을 얼마나 경험하고 있는가?

해결중심모델의 개입 목표를 설정하기 위해서는 다음과 같은 원칙이 필요하다(Dejong · Berg, 1998; 노혜련 · 허남순 역, 2004; 솔루션센터, 2003).

① 내담자에게 중요한 것을 목표로 한다.

개입 목표는 내담자에게 중요하며 유익한 것이어야만 한다. 내담자에게 중요한 목표를 개입 목표로 설정하는 경우 내담자가 목표를 성취하기 위하여 보다 더 노력하게 되기 때문이다.

② 작은 것을 목표로 한다.

내담자가 설정하는 목표가 작을수록 내담자가 쉽게 목표를 성취할 수 있다. 성취감은 내담자로 하여금 성공의 경험을 가지게 함으로써 희망과 변화하고자 하는 동기를 증가시킬 수 있게 된다.

- '전보다 무엇이 조금 달라졌구나'라고 생각하는 것이 있다면 그것이 무엇인가요?

③ 구체적이며 명확하고 행동적인 것을 목표로 한다.

"행복하게 되는 것"과 같이 애매모호하게 목표가 설정되면 목표가 성취되었는지 파악하는 것이 불가능하다. 따라서 전문가와 내담자가 진행하고 있는 것을 쉽게 평가할 수 있는 목표를 설정하는 것이 유용하다.

- 행복하게 되고 싶다고 하셨는데, 다른 사람들은 당신의 어떤 모습을 보면 행복해졌다고 말할 것 같습니까?

④ 문제를 없애는 것보다는 더 나은 것에 관심을 둔다.

문제를 없애는 것에 관심을 두기보다는 긍정적인 행동에 관심을 둔 목표가 더 성취하기가 쉽다.

- '전보다 무엇이 조금 달라졌구나'라고 생각하게 할 것이 있다면 그것이 무엇인가요?

⑤ 지금 여기에서의 목표로 시작한다.

내담자들은 처음에 왔을 때 문제가 완전히 사라지거나 성취하기를 바라는 최종 결과에 목표를 둔다. 해결중심 전문가는 내담자의 견해를 전적으로 수용하는 한편, 원하는 결과를 성취하기 위하여 처음 단계에서 필요한 것을 명확하고 구체적으로 설명해야 한다.

⑥ 내담자가 실현 가능하고 성취 가능한 것을 목표로 한다.

내담자가 비현실적이고 성취 불가능한 목표를 가지고 있을 때 전문가는 내담자가 실제로 실행할 수 있는 목표를 설정하도록 조정하여야 한다.

- 일주일에 몸무게를 50kg 빼고 싶다고 하셨는데, 건강을 해치지 않으면서 몸무게를 줄이는 위해서는 일주일에 몇 kg을 빼는 것이 좋을까요?

⑦ 목표를 수행하는 것은 힘든 일이라고 인식한다.

내담자가 목표를 수행하는 것은 '힘든 일'이라고 인식하는 것이 중요하다. 결과가 어떠하든지 간에 전문가와 내담자는 그들이 목표를 수행하기 위해 했던 노력 그 자체가 성공적이라고 볼 수 있다. 내담자가 목표 수행을 빨리 잘 해결했을 때는 칭찬을 해 주어야 하고, 천천히 해결했을 때라도 열심히 한 것에 대한 칭찬을 해 주어야 한다.

- 쉽지 않은 일인데 어떻게 그렇게 잘하실 수 있으셨어요. 참 대단하군요.

3) 해결중심모델의 개입기법

해결중심모델에서 제시하는 주요 기법은 크게 일반적 상담 기법, 해결 지향적 질문 기법, 메시지 작성과 전달, 과제부여 등으로 구분할 수 있다(원요한, 2007).

(1) 일반적인 상담 기법

해결중심모델에서도 일반적 상담 기법에서 활용되는 기본적인 의사소통기술이 필요하다.

① 경청과 인정

내담자의 강점과 능력에 대해 경청하고 이러한 강점을 인정해 줌으로써 내담자가 전문가로부터 존중받고 있다는 느낌을 가지도록 한다.

② 호기심 갖기

내담자가 원하는 것, 그것을 성취하기 위해 어떻게 해야 하는가를 명확히 하도록 하며, 내담자의 반응에 전문가는 호기심을 갖고 경청한다.

③ 초대하기

내담자가 상담에서 기대하는 바가 무엇인지, 내담자의 목적이 성취되고 문제가 해결되는 것이 무엇인가에 대해 대화하도록 초대하는 것을 말한다.

④ 격려하기

내담자에게 용기를 북돋아주는 기법이다.

(2) 해결지향적 질문 기법

해결중심모델에서는 다른 이론과 차별화된 해결지향적 질문을 사용함으로써 내담자가 목표를 설정하고 성취하도록 돕는다. 전문가는 내담자의 문제해결에 유용한 질문을 상황에 따라 적절히 선택하여야 한다.

① 첫 면담 이전의 변화에 관한 질문

해결중심모델에서는 내담자가 상담받기 이전의 변화에 대해 관심을 가지고 관찰하고, 이것을 근거로 내담자의 잠재능력을 발견하며, 내담자가 의식하지 못하는 해결책을 탐색한다(Dejong · Berg, 1998; 노혜련 · 허남순 역, 2004).

- 전화로 상담을 신청해 놓고, 오늘 여기 오기까지 어떤 변화가 조금이라도 있었습니까?

② 예외 질문

예외 질문은 내담자가 성공했던 경험과 현재 잘하고 있는 것을 발견하는 질문이다. 이러한 예외 질문은 문제보다는 해결책을 모색하는 것에 관심을 집중하도록 돕는 데 효과적이다. 따라서 문제의식에서 벗어나도록 돕기 위해서는 반복적으로 강점과 자원중심의 대화를 하도록 하는 예외 질문이 도움이 된다.

- 문제가 발생하지 않은 때는 언제입니까?
- 문제를 성공적으로 극복한 경험에 대해 말씀해 주십시오.
- 문제가 발생하지 않을 때는 무엇을 하십니까?

③ 기적 질문

기적 질문은 문제가 해결된 상태를 상상해보고, 해결하기 원하는 것들을 구체화하고 명료화하며, 치료목표를 현실적이며 구체적으로 설정하기 위한 질문 기법이다.

- 밤에 잠자는 동안에 기적이 일어나 지금 염려하는 문제가 모두 해결되었다고 상상해 봅시다. 잠자는 동안에 기적이 일어난 것입니다. 아침에 눈을 떴을 때 당신의 어떤 모습을 보면 지난밤 동안에 기적이 일어났다고 딸이 생각하겠습니까?
- 가족에게 기적이 일어나 모두 행복해진 모습을 상상해서 설명해 보시오.
- 기적이 일어나서 모든 문제가 다 해결되었을 때 당신은 어떻게 달라질 것이라고 생각합니까?

④ 척도 질문

척도 질문은 1점부터 10점까지의 척도 위에 내담자가 인식하는 문제의 정도, 해결 가능성, 우선순위, 성공, 정서적 관계, 자아존중감, 변화에 대한 투자 노력 등을 수치로 표현하도록 질문한다. 특히 정서적으로 힘든 상황에 있는 사람들이 미래를 향해 나아갈 수 있도록 하며, 현재의 상태를 유지할 수 있는 힘과 자원이 자신에게 있다는 사실을 인식하도록 하는 데 도움이 된다(정문자 외, 2008).

- 1점부터 10점까지 있는 척도 중에서 최악의 상태를 1점, 모든 문제가 해결된 상태를 10점이라고 한다면, 오늘은 몇 점이라고 할 수 있습니까? 몇 점까지 도달하면 만족하겠습니까?
- 현재의 상태가 4점이면 무엇이 달라지면 1점을 높일 수 있을까요?

⑤ 대처 질문

대처 질문은 내담자가 어려움과 위기를 어떻게 극복하고 생존해 왔는지, 그리고 희망을 버리지 않고 유지해 올 수 있었는지에 관해서 질문하는 동시에 생존능력을 인정하고 간접적으로 칭찬하는 방법이다.

- 아주 힘든 상황 속에서 그렇게 고생을 하면서도 자녀들을 훌륭하게 키웠는데, 어떻게 그렇게 하실 수 있으셨습니까?
- 어려운 가운데에서도 오늘까지 지탱할 수 있었던 힘은 무엇입니까?

(3) 메시지 작성과 전달, 과제 부여

해결중심모델은 2명 이상의 치료팀이 일방경이나 모니터를 통하여 치료현장의 진행상황을 관찰하고, 자문 역할을 하는 팀과 치료실 사이에 전화를 이용한 자문을 하기도 하고, 질문을 하기도 한다. 일반적으로 60분 상담 동안 40분 정도 진행한 후 치료자가 치료팀에 나와서 자문시간을 갖는다. 10분 정도 치료팀과 치료진행과정을 검토하고, 내담자에게 전달할 메시지와 과제를 만든다. 메시지와 과제가 결정되면 다시 치료실로 들어가 메시지를 전달하고 과제를 주고 종결한다(김인수 외, 1998).

메시지의 구조는 칭찬, 연결문, 과제로 구성되어 있다(정문자 외, 2008).

칭찬은 전문가가 내담자에게 찬사와 지지를 하는 것으로서, 내담자가 하고 있는 것을 강화시켜 문제해결을 촉진하는 것이다.

연결문은 칭찬과 제안 또는 과제를 연결해 주는 메시지의 한 부분으로서, 그 내용은 내담자의 목표, 예외, 강점 또는 지각에서 끌어낸 것으로 내담자가 사용한 단어와 어구를 넣을 수도 있다.

해결중심모델에서는 대개 과제를 주는데, 관찰과제(observation task)와 행동과제(behavioral task)의 두 가지 유형으로 분류한다. 관찰과제는 해결책을 구축하는 과정에 도움이 될 것이라고 생각되는 부분에 내담자가 주의를 기울일 것을 제안한다. 행동과제는 내담자에게 도움이 될 만한 어떤 일을 내담자가 실제적으로 하도록 제시하는 것을 말한다.

〈비행청소년과 어울리는 자녀의 문제에 대한 상담을 한 부모〉

- 상담과정을 통해 저는 그동안 아버지와 어머니는 딸을 위해 여러 가지 좋은 방법을 많이 생각하고 계신 것을 알았습니다.
- 저는 당신이 딸을 위해 어떻게 해야 할지 말한 내용에 동감합니다.
- 그러므로 저는 다음과 같은 제안을 하려고 합니다.

2. 위기개입모델

위기개입모델(crisis intervention model)의 발전 계기는 1942년 493명의 목숨을 앗아간 미국 보스턴 코코넛 그로브 나이트클럽 대화재사건 후 정신의학자이던 리더만(Lindermann)이 생존자들의 심리적 증상에 대한 연구 논문을 발표하여 애도자가 상실을 받아들이고 해결하는 데에는 일련의 단계가 있음을 밝히면서 비탄에 잠긴 정상적인 반응행동이 6주 이상 지속되면 전문가의 개입이 반드시 요구된다고 하였다. 이후 캐플란(Caplan)과 동료학자가 수행한 예방정신의학 연구 프로그램 등에 기초해서 1950년대와 1960년대에 급격한 속도로 성장하였다(Walsh, 2006).

1) 위기개입모델의 철학과 기본 개념

위기개입모델은 위기로 인한 불균형 상태를 회복하기 위하여 일정한 원조 수단을 개인, 가족, 집단 그리고 지역사회 등에 적용하는 과정을 말한다. 즉 이 모델은 자연재해나 갑작스런 생활상의 사건으로 인해 극심한 고통의 감정을 일시적으로 경험하거나, 이로 인해 압도당하거나, 발달상의 어려움을 경험하는 경우 이에 대처할 능력이 부족한 사람들에 대한 관심에서 나왔다(전재일 외, 2002).

위기개입을 하기 위해서는 다음과 같은 원칙을 지켜야 한다.

첫째, 위기개입은 즉시 이루어져야 하는데, 일반적으로 위기상태에 들어간 때부터 6주 내에 어떤 형태로든 해결이 되어야 한다.

둘째, 위기개입은 위기와 그 위기에 대한 내담자의 행동에 초점을 둔다. 따라서 클라이언트의 과거를 탐색하는 데 비중을 두지 않는다.

셋째, 위기개입의 목표는 직접적으로 위기 상황과 관련된 구체적 문제에 초점을 두고 설정되어야 한다. 즉, 목표는 너무 장황하지 않고 간결해야 한다.

넷째, 위기개입 사회복지사는 다른 어떤 실천접근에서보다 적극적이고 직접적인 역할을 수행한다.

다섯째, 위기에 처해 절망하고 있는 내담자에게 무엇보다 희망을 고취하는 것이 중요하다. 그리고 내담자에게 실제적 정보를 제공하거나 정서적으로 지지하며, 사회적 지지체계를 개발하고 형성하도록 해야 한다.

여섯째, 사회복지사는 내담자의 자기상을 사정하고 이해해야 한다. 사회복지사는 내담자와 신뢰관계를 조성하여 내담자의 자기상을 알아보고, 더 나아가 건전한 자기상을 확립하도록 원조한다.

2) 위기개입모델의 개입 목표와 과정

(1) 개입 목표

위기개입의 목표는 클라이언트가 최소한 위기 이전의 기능 수준으로 회복하도록 돕는 데 있다. 아래의 개입 목표 중 처음 네 개는 최소한 달성해야 하는 목표이며, 나머지 두 개는 상황이나 내담자 성격 등에 따라 달성할 수 있는 목표이다(이애재, 2006).

첫째, 위기로 인한 증상을 제거한다.

둘째, 위기 이전의 기능 수준으로 회복한다.

셋째, 불균형 상태로 만든 촉발 사건에 대해 어느 정도 이해한다.

넷째, 내담자나 가족이 사용하거나 지역사회 자원에서 이용할 수 있는 치료 기제에 대해 규명한다.

다섯째, 현재의 스트레스를 과거의 생애 경험, 갈등과 연결한다.

여섯째, 새로운 인식, 사고, 정서 양식을 개발하고 위기 상황 이후에도 사용할 수 있는 새로운 적응적 대처 기제를 개발한다.

(2) 개입과정

위기개입모델의 개입과정은 사정–계획–개입–위기대비 계획 단계로 구분할 수 있다(이영호, 2008).

① 사정 단계

사정 단계에서는 내담자 위기상태의 특성과 수준, 위기가 내담자에게 주는 의미와 영향, 위기 상황을 초래한 사건과 요소, 내담자의 대처능력, 위기 상황을 완화시킬 수 있는 자원 등을 결정한다. 사정 단계에서는 다음과 같은 상황을 고려해야 한다.

- 내담자의 위기와 선행 사건이 무엇인지 파악한다.
- 내담자가 현재의 위기와 선행 사건을 어떻게 인식하는지 파악한다.
- 내담자에게 현재 도움을 받을 만한 지지 자원이 있는지, 있다면 지지 수준과 질은 어느 정도인지 파악한다.
- 내담자가 과거에 비슷한 문제를 겪은 경험이 있는지, 있다면 어떻게 대처했는지를 고려한다.
- 내담자의 자해 또는 타해의 위험 정도를 알아본다.

② 계획 단계

위기로 인한 내담자의 기능 손상 정도와 회복 가능성, 주변 자원들의 반응과 도움을 줄 수 있는지 등에 대한 평가가 이루어져야 한다. 그 다음으로 가능한 대안들을 고려하고, 이들의 장단점을 파악하여 무엇을 수행할 것인지 행동계획을 세운다.

계획 단계에서 필요한 개입기술은 내담자 위기를 이해하고 자신의 감정을 인정하고 토로하도록 원조하는 기술, 대처 기제를 찾을 수 있도록 원조하는 기술, 사회적 지지망을 활용하는 기술, 현실적 목표를 세울 수 있는 기술 등이 요구된다.

③ 개입 단계

개입 단계는 내담자가 표현하기 힘든 감정을 드러내도록 도우며, 대처 기제를 탐색하고, 사회활동을 재개하도록 돕는다.

④ 위기대비 계획 단계

내담자가 미래의 다른 위기를 준비하도록 도우며, 내담자가 위기를 다루는 과정에서 무엇을 배웠는지 정리한다.

〈표 4-1〉 위기개입 단계별 내용

사정 단계	계획 단계	개입 단계	위기대비 계획 단계
• 위기와 선행사건 파악 • 위기 사건에 대한 인식 파악 • 유용한 자원 파악 • 대처능력 파악 • 자해 및 타해 위험성	• 일상생활수행기능 손상 정도와 회복 가능성을 고려한 개입계획 • 대안 탐색과 대처 전략 세우기	• 위기 사건에 대한 이해 돕기 • 감정 표현 돕기 • 대처 전략의 효과성 점검 • 사회적 활동 재개 격려와 점검	• 향후 있을 위기에 대비한 계획 수립

출처 : 이영호(2008)

3) 위기개입모델의 개입기법

위기개입 시점에서 사회복지사가 내담자에게 할 기법은 다음과 같다(원요한, 2007).

① 경청 : 적극적인 경청을 통해 내담자의 감정을 파악하고 인정해준다.

② 위기 강도의 사정 : 위기가 어느 정도인지 파악하고, 위기가 너무 크고 통제하기 어렵다고 느껴지면 위기에 처한 사람을 전문상담가에게 의뢰할 필요가 있다.

③ 강점 확인 : 위기개입과정에서 사회복지사는 내담자가 역량이 있다는 점을 강조하고, 다만 현재 일시적인 어려운 상황에 놓여 있는 것이라는 점을 전달한다.

④ 정상화 : 사회복지사는 내담자에게 그들의 위기가 정신질환이나 병리의 징후가 아니라 누구나 경험할 수 있는 것이라는 점을 강조한다.

⑤ 방향 제시하기 : 사회복지사는 개입의 초기에는 다소 지시적으로 할 수 있으나, 내담자가 안정감과 자신감을 회복함에 따라 스스로 문제해결을 할 수 있도록 격려해야 한다.

⑥ 문제해결 : 내담자가 문제를 해결할 수 있는 능력을 갖도록 한다.

⑦ 도움의 적절성 결정 : 내담자의 원래 위기를 개입하는 도중에 또 다른 위기가 발생했을 경우 사회복지사는 자신이 이 위기를 개입하는 것이 적절한지를 사정한 후 경우에 따라 다른 사회복지사나 기관에 위탁해야 한다.

⑧ 사후관리 : 위기개입 이후 내담자와 자주 접촉을 시도하여 적절한 사후관리를 제공한다.

3. 권한부여모델

권한부여(empowerment)란 누군가에게 권한을 주는 것, 힘을 부여하는 것, 능력을 주는 것이다. 권한부여는 사람들이 개인적 혹은 사회구조적인 이유에서든지, 또는 개인과 사회환경 등의 복합적인 이유로 그들의 권리, 기회, 자원을 박탈당하거나 상실한 경우 이를 회복시켜주는 노력이다(전재일 외, 2004). 1970년대에는 일반체계이론과 생태학이론이 사회복지의 주요 이론 틀로서 활용되면서, 생태체계관점에 근거한 강점(strength)지향 혹은 해결중심접근(solution-focused approach)의 중요성이 대두되었고, 이는 다시 체스탕(Chesting), 솔로몬(Solomon), 핀더허그(Pinderhughes) 등의 학자들에 의해 1970년대 중반에 권한부여모델로서 새롭게 태어났다.

1) 권한부여모델의 철학과 기본 개념

(1) 기본 철학

권한부여모델(empowerment model)은 내담자를 문제중심이 아니라 강점중심으로 봄으로써 내담자의 잠재력 및 자원을 인정하고, 내담자가 건강한 삶을 결정할 수 있도록 권한 혹은 힘을 부여한다(Sheafer, Horejsi, & Horejsi, 1997; Solomon, 1976). 이 모델은 내담자가 독특한 존재이며, 다양성을 가지고 있다는 것을 인정하고 존중하면서 내담자의 결점보다는 강점에 초점을 두고 가능한 모든 자원을 활용하여 내담자의 역량을 실현해 나가도록 돕는다. 따라서 권한부여모델을 지향하는 사회복지사는 다음과 같은 가정을 갖는다(강흥구, 2007).

① 인간은 성장과 변화를 위한 개별적 잠재능력을 가지고 있다.
② 내담자체계는 변화를 이끌어 내는 자원과 역량을 이미 가지고 있다.
③ 새로운 자원을 구축하기 위해서는 현재의 강점을 기반으로 상호작용하고 협력해야 한다.
④ 변화는 미래에 대한 희망과 가능성을 기반으로 한다.
⑤ 자신의 상황을 잘 알고, 선택이 주어진다면 자신의 상황을 해결하는 데 가장 적절한 해결을 할 수 있다고 확신한다.
⑥ 결점보다는 체계 사이의 상호 교류 안에서 관심이 되는 이슈와 도전을 중시한다.

(2) 권한부여모델의 주요 개념

권한부여모델의 주요 개념은 권한부여, 협력과 파트너십, 역량, 소비자 등이 있으며, 다음과 같다(이종복 · 전남현 · 김덕일, 2006).

① 권한부여 : 다른 사람들에 대한 통제력, 권위, 영향력의 소유일 뿐 아니라 스스로의 삶에 대한 통제력을 가지는 것을 의미한다.
② 협력과 파트너십 : 권한부여모델에서 내담자는 경험과 역량을 가진 원조과정의 파트너이다. 내담자를 돕는 과정의 파트너로 보는 것은 내담자를 잠재력을 가진 인간 또는 자원으로 인식하여 내담자의 참여를 중시하고, 변화 노력의 전 과정에서 내담자의 자기결정권을 강조한다.
③ 역량(competence) : 인간체계의 구성원을 돌보는 기능을 수행할 수 있으며, 다른 체계와 효율적으로 상호작용하고, 사회적 · 물리적 환경의 차원체계에 기여할 수 있는 능력을 말한다. 역량은 개인 특성, 대인상호 관계, 사회적 · 물리적 환경에서 비롯되는데, 이러한 세 차원이 잘 기능할수록 각 개인의 환경에 대처할 수 있는 역량은 향상된다.
④ 소비자 : 권한부여모델은 내담자와 사회복지사의 관계를 협력과 파트너십을 강조한 수평적인 파트너로 보고 내담자를 개입 주체로 보기 때문에 자기결정권을 강조한다. 권한부여모델은 내담자를 기존의 수혜자, 환자, 도움을 받는 사람이라는 낙인으로부터 소비자(consumer)라는 개념으로 시각을 변화시켰다. '소비자'라는 용어는 사

회복지사와 클라이언트체계의 파트너십 내에서 클라이언트의 자기결정권 보호와 활동적인 역할을 강조하는 것이다.

2) 권한부여모델의 개입 목표와 과정

(1) 개입 목표

권한부여모델의 일반적 목적은 자신의 삶과 자신이 배려하는 사람들에게 영향을 미치는 사건에 참여하고, 이에 대한 통제를 공유하며, 이에 영향을 미치는 내담자의 권한을 부여하는 것이다. 따라서 구체적인 개입 목표는 다음과 같다(Gutiérrez, Parsons, & Cox, 1998).

첫째, 사회복지사는 내담자와 협력하여 내담자가 고려하고자 하는 결정에 기초한다.

둘째, 사회복지사와 내담자가 합의한 문제를 해결하기 위한 행동은 사회복지사와 내담자 모두의 관심이 된다.

셋째, 구조적인 사회 변화는 내담자와 사회복지사 모두에게 똑같이 중요한 관심사이다.

권한부여모델에서의 목표 설정은 사회복지실천에 내재한 가치들을 혼합하면서 개인적인 것에서 대인적인 것, 그리고 정치적인 것으로 확장한다.

(2) 개입 과정

권한부여모델은 당면 문제에 대해 개인적 · 대인적 · 정치적인 국면과 관련한 일련의 요인의 연속체 중심에 있다. 개입은 4차원으로 되어 있으며, 내담자체계에 초점을 둔 개인적인 것으로부터 사회 · 정치적인 활동을 포함한다(Gutiérrez, Parsons, & Cox, 1998). 4가지 차원들은 따로따로 제시되었으나 상호배타적이지 않고, 모든 차원의 과제들이 동시에 진행될 수 있다. 예를 들어 관계를 개발하는 동안, 사회복지사와 내담자는 전국적 옹호 집단에 대해 논의하거나 사회행동의 행사에 참여할 수 있다. 또한 상호지지 집단이 유용할 수 있지만 집단의 활용이 가능하지 않을 때, 역량강화를 증진하는 많은 과제들과 활동은 일대일로 수행될 수 있다.

① 1차원적 개입

1차원적 개입은 주로 스스로 찾아온 내담자나 현장 개입 혹은 접수 담당 사회복지사들이 필요하다고 여겨지는 내담자에 대해 실시한다. 제시하는 문제들은 자원의 부족, 대인갈등, 정서문제, 환경문제, 혹은 그 밖의 다른 관심사 등이다. 이 단계는 내담자의 욕구와 목적을 알기 위해 초기 사정을 해야 하며, 내담자의 문제에 대한 관점과 내담자의 가족문제에 대한 내담자의 인식을 알아본다.

② 2차원적 개입

2차원적 개입은 삶의 전환, 발달적 문제, 혹은 좀 더 구체적인 조건들과 같이 규명된 문제를 해결하는 데 필요한 지식과 기술을 제공한다. 2차원적 개입을 위해 제안된 방법은 대회, 워크숍, 강좌 개설, 소집단 진행, 신문, 전화 걸기, 비디오 등을 포함한다. 교육프로그램과 자료는 성인교육의 방식으로 진행되어야 하며, 내담자의 이익과 욕구에 맞춰 결정되어야 한다. 역량강화의 자조적 접근은 음주문제, 질병, 빈곤, 범죄에 대한 공포, 거주지 문제와 같은 공통의 문제를 해결하는 데 있다.

③ 3차원적 개입

3차원적 개입의 초점은 당면한 환경의 변화 혹은 중재에 집중된다. 사회서비스와 건강관리 자원 그리고 여기에 접근하는 방법에 대한 학습이 하나의 주요 활동이다. 이 차원은 내담자와 사회복지사가 환경이 개인적 문제에 미치는 영향을 지속적으로 탐색하는 과정으로부터 진행된다. 3차원적 활동은 또한 전문 원조자들에 대한 학습, 그리고 그들과 효과적으로 의사소통하는 방법에 대한 학습에 중점을 둔다.

④ 4차원적 개입

4차원적 개입은 내담자 문제의 정치적 측면에 내담자를 포함하는 것이다. 이는 개별문제에 기여하는 환경 세력에 영향을 미치기 위한 사회행동 혹은 다른 집합적 노력을 포함한다. 이 차원의 지식 기반은 전국적 사회행동집단과 학술기관과 같은 공식적 지식을 갖춘 참여자 및 근거 자료가 된다.

〈표 4-2〉 권한부여모델의 문제해결활동

1차원	2차원	3차원	4차원
• 사회복지사-클라이언트 관계 확립 • 당면한 욕구의 충족 • 개인, 가족을 현존하는 서비스와 연결 • 의식 향상 과정의 시작 • 자원을 찾고 요구하는 방법에 대한 실제적 학습	• 교육 • 기술 개발 • 자조 • 지식 발달 • 문제해결의 물리적, 사회적 국면들 • 옹호와 중재와 같은 새로운 기술의 개발 • 선정된 문제에 대한 구체적 지식 • 공통 문제와 해결을 다루기 위한 집단 활용 • 자기 원조 대 다른 사람에 대한 원조 • 상호 문제해결기술	• 자원 확보 • 체계 사정 • 자원과 조직에 대한 지식 개발 • 전문가 및 조직과 의사소통하는 기술의 개발 • 조직적, 지역사회 변화 기술의 개발 • 조직 변화에 참여 • 의사결정체의 기회에 참여 • 공식적 자조 프로그램과 조직의 조성 · 합류	• 사회행동 • 정치적 행동 • 변화 • 주, 전국, 국제적 활동 • 정치적 · 경제적 체계, 전국적인 쟁점에 대한 지식의 개발 • 전국적인 쟁점을 다루고, 조직과 작업하는 기술의 개발 • 개인적 문제에 대한 정치적 성격의 명확화 • 편지, 전화, 캠페인, 협의, 중재 • 로비, 항의
주요 참여자			
• 개인, 가족 • 사회복지사	• 개인, 가족 • 소집단 • 사회복지사	• 개인, 가족 • 소집단, 대집단 • 초점화된 문제의 연결망	• 개인, 가족 • 소집단, 대집단 • 지역사회 • 전국적 조직 • 지역, 주 조직
주요 변화 표적			
• 개인, 가족	• 개별, 집단의 상황 • 공통적인 문제해결	• 조직 • 기관 • 개인 • 공통 문제	• 대집단 • 지역사회 • 법률, 정책 • 지방, 주, 국가 정부

출처 : Gutiérrez, Parsons, & Cox(1998); 김혜란 · 좌현숙 · 차유림 · 문영주 · 김보미 역(2006) 재인용

3) 권한부여모델의 개입기법

권한부여모델의 개입기법은 실천적 개입에서 개인적, 대인관계적, 그리고 거시적인 차원에서 개입이 이루어지는데, 다음과 같은 내용을 포함한다(정순둘 외, 2007).

(1) 사회복지사와 내담자와의 관계 형성

사회복지사는 문제에 대해 내담자의 시각과 의미, 그동안의 대처방식과 결과에 대해 이야기하면서 공감하고 연대감을 가지면서 관계를 형성한다. 이러한 과정을 통해 내담자의 욕구와 목표를 구체적으로 파악하게 된다.

- 결식아동의 경우 식사와 영양 공급을 우선적으로 지원한다.
- 추운 겨울 냉방에서 거주하는 노인의 경우 연료 공급을 우선적으로 지원한다.

(2) 교육과 기술 습득

권한부여모델에서는 내담자의 강점과 그들이 이미 가지고 있는 대처방식을 기반으로 도움이 될 자원에 대한 정보와 지식을 습득하게 하고, 그러한 자원을 활용하여 그들이 문제를 해결할 수 있도록 필요한 기술을 습득하게 한다.

- 무직인 한부모여성이 자녀 교육과 경제적 어려움을 호소할 때, 욕구를 잘 살펴보고, 취업을 위한 정보와 지식을 습득함으로써 새로운 의사결정을 하도록 한다.

(3) 자원 확보와 체계 활용

사회복지사와 내담자는 욕구 충족과 문제해결에 도움이 되는 주변의 자원 체계가 무엇인지 확인하고, 잠재자원을 찾으며, 그에 대한 접근방법을 사정하고 동원 가능성을 최대화한다.

- 무직인 한부모여성이 자녀 교육과 경제적인 어려움을 호소할 때, 지역사회 내의 무료 취업교육과 자녀 교육을 위한 대학생 자원봉사자의 활용을 알아본다.

(4) 지역사회 및 사회의 변화

거시적 차원에서의 사회복지실천으로 내담자는 자신의 즉각적인 욕구를 충족하고 물리적 · 사회심리적 문제해결을 위해 지식과 기술을 쌓으며 지역사회의 자원을 활용하면서, 그러한 문제를 경험하는 사람이 자기 혼자가 아니라는 것을 깨닫게 되고, 이로써 보다 거시적인 사회 · 경제 · 정치적 차원의 시각을 갖게 된다.

- 한부모여성의 빈곤, 결식아동의 문제 등은 모두 우리 사회의 가족체계 및 지지체계의 약화로 인한 것이라는 인식을 하게 된다. 내담자가 권한부여가 됨에 따라 가정, 학교, 시민단체, 지역사회, 캠페인 등에 함께 참여함으로써 사회적 의식 강화에 관심을 갖는 실천하는 사회운동에 참여하게 되고, 이를 통해 문제의 예방과 해결에 동참하게 되며, 지역사회까지 역량강화가 된다.

요점정리

1. 해결중심모델

해결중심모델의 중심 철학은 내담자가 이미 문제해결을 위한 자원을 가지고 있으며, 내담자의 강점에 초점을 맞추고, 그의 자원을 충분히 활용하며, 문제(problem)가 아닌 해결(solution)에 중점을 둔다.

해결중심모델의 목표 설정의 원칙은 ① 내담자에게 중요한 것을 목표로 한다. ② 작은 것을 목표로 한다. ③ 구체적이며 명확하고 행동적인 것을 목표로 한다. ④ 문제를 없애는 것보다는 더 나은 것에 관심을 둔다. ⑤ 지금 여기에서의 목표로 시작한다. ⑥ 내담자가 실현 가능하고 성취 가능한 것을 목표로 한다. ⑦ 목표를 수행하는 것은 힘든 일이라고 인식한다.

해결중심모델의 개입기법은 일반적인 상담 기법, 해결지향적 질문 기법, 메시지 작성과 전달, 과제 부여 등으로 구분할 수 있다. 해결중심적 기법에서는 질문기법으로 예외 질문, 기적 질문, 척도 질문, 대처 질문 등이 있다.

2. 위기개입모델

위기개입모델은 위기로 인한 불균형 상태를 회복하기 위하여 일정한 원조 수단을 개인, 가족, 집단 그리고 지역사회 등에 적용하는 과정을 말한다.

위기개입의 목표는 클라이언트가 최소한 위기 이전의 기능 수준으로 회복하도록 돕는 데 있다. 첫째, 위기로 인한 증상을 제거한다. 둘째, 위기 이전의 기능 수준으로 회복한다. 셋째, 불균형 상태로 만든 촉발 사건에 대해 어느 정도 이해한다. 넷째, 내담자나 가족이 사용하거나 지역사회 자원에서 이용할 수 있는 치료 기제에 대해 규명한다. 다섯째, 현재의 스트레스를 과거의 생애 경험, 갈등과 연결한다. 여섯째, 새로운 인식, 사고, 정서 양식을 개발하고 위기 상황 이후에도 사용할 수 있는 새로운 적응적 대처 기제를 개발한다.

위기개입의 단계는 사정 단계, 계획 단계, 개입 단계, 위기대비 계획 단계로 진행한다. 또한 위기개입의 개입기법은 경청, 위기 강도의 사정, 강점 확인, 정상화, 방향 제시하기, 문제해결, 도움의 적절성 결정, 사후관리 등이 있다.

3. 권한부여모델

권한부여모델은 내담자를 문제중심이 아니라 강점중심으로 봄으로써 내담자의 잠재력 및 자원을 인정하고, 내담자가 건강한 삶을 결정할 수 있도록 권한 혹은 힘을 부여한다.

권한부여모델의 일반적 목적은 자신의 삶과 자신이 배려하는 사람들에게 영향을 미치는 사건에 참여하고, 이에 대한 통제를 공유하며, 이에 영향을 미치는 내담자의 권한을 부여하는 것이다.

권한부여모델의 개입과정은 당면 문제에 대해 개인적 · 대인관계적 · 정치적인 국면과 관련한 일련의 요인의 연속체 중심에 있다. 개입은 4차원으로 되어 있으며, 내담자체계에 초점을 둔 개인적인 것으로부터 사회 · 정치적인 활동을 포함한다. 1차원적 개입은 주로 스스로 찾아온 내담자나 현장 개입 혹은 접수 담당 사회복지사들이 필요하다고 여겨지는 내담자에 대해 실시한다. 2차원적 개입은 삶의 전환, 발달적 문제, 혹은 좀 더 구체적인 조건들과 같이 규명된 문제를 해결하는 데 필요한 지식과 기술을 제공한다. 3차원적 개입의 초점은 당면한 환경의 변화 혹은 중재에 집중된다. 마지막으로 4차원적 개입은 내담자 문제의 정치적 측면에 내담자를 포함하는 것이다.

토의문제

1. 해결중심모델의 기본 개념을 서로 토의해 보시오.
2. 2명씩 짝을 지어 해결중심모델의 질문기법을 활용하면서 상담을 해 보시오.
3. 위기개입모델의 기본 개념과 원칙을 서로 토의해 보시오.
4. 2명씩 짝을 지어 위기개입모델 단계별에 따라 '가출청소년'에 대한 개입을 진행해 보시오.
5. 권한부여모델의 개입과정에 따라 '무직인 한부모여성'을 위한 개입을 진행해 보시오.

Chapter

05

개인대상 사회복지실천기술 1

학습목표

1. 개인대상 사회복지실천기술의 개념, 개입 목표, 특징을 이해하여 설명할 수 있다.
2. 개인대상 사회복지실천기술의 개입과정을 이해하고, 개입의 각 단계별 내용을 이해하여 설명할 수 있다.
3. 개인대상 사회복지실천기술의 개입 각 단계별 내용을 이해하여 설명할 수 있다.

1. 개인대상 사회복지실천기술의 개념

전통적으로 사회복지실천의 개입방법은 클라이언트체계의 수준에 따라 개인을 대상으로 한 개별지도, 집단을 대상으로 한 집단지도, 지역사회를 대상으로 한 지역사회조직으로 분류되어 왔다. 개인과의 일대일 관계를 통해 이루어지는 접근방법은 개별지도 또는 개별사회사업이라고도 불리며, 대부분의 사회복지실천현장에서 가장 빈번하게 활용되는 접근방법으로 알려져 왔다(이영호, 2008).

리치몬드(Richmond)는 『사회 진단(Social Diagnosis)』에서 개별사회사업(Social Casework)을 "개인과 사회환경 간의 개별적인 의식적 조정을 통해 인격 발달을 도모하는 과정"이라고 정의하였다. 이러한 초기 사회복지실천의 흐름은 다수가 경험하는 사회문제에 대한 거시적 관점보다는 개별화된 문제의 다양성과 적응방식에 초점을 둔 미시적 접근 중심으로 사회복지사의 역할을 한정하였다(김혜란 외, 2006 재인용).

그러나 개인의 문제를 사회적 환경과의 관련성 속에서 삶의 문제로 이해하고 다양한 수준에 체계적으로 개입할 것을 강조하는 통합적 접근이 등장하면서, 인간과 환경 간의 상호적인 변화를 가능하게 하는 개입방법에 관심을 갖게 된다. 이러한 개념적 변화에 따라, 개인에 대한 심리내적 적응과 개입을 강조하는 '개별지도'(casework)로부터 대상체계의 수준을 강조하는 '개인대상의 실천'(social work practice with individuals)으로 전환되고 개인을 대상으로 개입하게 되는 실천 영역이 확대되고 있다.

개인대상 실천기술의 일반적 성격 및 개념은 다음과 같다(장인협, 1993).

① 자기 스스로 해결하기 곤란한 문제를 가진 개인 및 그 가족이 대상이 된다.
② 문제에 대한 과학적 인식과 이에 대한 전문적 기술을 가진 전문가에 의해서 실시된다.
③ 개별적으로 이루어진다. 즉 대상에 따라 그 방법이 여러 면으로 달라진다.
④ 환경에의 적응과 인격의 성장발달을 돕기 위한 의식적 노력이 지속적으로 이루어진다.
⑤ 사회복지실천가와 클라이언트의 인간관계가 중요시된다. 사회복지사와 클라이언트의 협동적 활동이다.

⑥ 예방보다는 치료에 중점을 둔다.

⑦ 개인과 개인이 속하는 사회환경과의 상호작용이다.

또한, 도광조(2008)는 개인대상 사회복지실천은 사회복지사와 클라이언트가 직접 1 : 1로 만나서 클라이언트와 함께 클라이언트의 문제나 욕구를 분석하고, 그 해결책을 모색하며, 원조를 실행하는 것이라고 하였다.

이와 같은 내용을 정리해보면, 개인대상 사회복지실천을 "개인의 인격 존중을 전제로 한 전문적인 대인관계의 기반 위에서 클라이언트가 직면하고 있는 문제 상황을 분석하고 검토하여 클라이언트의 생활상의 욕구를 조직적이고 체계적으로 충족시켜 나가는 전문적인 방법"이라고 할 수 있다.

2. 개인대상 사회복지실천의 개입 목표 및 특징

1) 개인대상 사회복지실천의 개입 목표

개인대상 사회복지실천기술의 궁극적 목적은 클라이언트의 삶의 질을 향상시키기 위한 것이다. 이러한 목적을 달성하기 위해서 구체적으로 실행해야 하는 개입의 목표는 구체적이고 단순하며 세분화되어야 한다. 개입의 목표는 개입의 방향을 설정하는 역할을 하기 때문에 분명해야 한다. 일반적으로 개인대상 사회복지실천기술의 목표는 개입을 통해서 변화되기를 바라는 것을 말한다(양옥경 외, 2005).

① 주변 환경이 좀 더 클라이언트의 욕구에 반응하도록 변화시키는 것

② 자신과 타인에게 혹은 환경에 부정적인 행동을 변화시키는 것

③ 관계 변화로 다른 사람과의 관계를 변화시키거나 그 사람에 대한 자신의 인식을 변화시키는 것

④ 기능적인 사회적 역할 수행에 필요한 기술을 익히는 것

⑤ 필요한 자원이나 정보를 구하는 것

⑥ 중대한 결정을 내리는 것 등

2) 개인대상 사회복지실천의 특징

개인대상 사회복지실천의 특징은 첫째, 클라이언트체계가 1인의 클라이언트라는 점이다. 개별 클라이언트와의 협력적인 문제해결과정에서 클라이언트의 선택권을 중요시하며 개인의 개별적인 욕구와 특성, 상황에 맞는 알맞은 방법과 전략을 활용한다. 이를 위해서는 개인의 존엄성, 자기결정권, 개별적 욕구와 특성, 상황에 맞는 방법과 전략을 선택해야 한다.

둘째, 클라이언트의 문제를 해결하기 위해 사회복지사와의 전문적인 관계를 도구로 활용한다는 점이다. 이는 사회복지사와 클라이언트가 일대일 관계 속에서 대인관계의 기술을 활용하여 클라이언트의 문제해결을 돕게 되기 때문이다.

셋째, 개인의 적응과 변화를 위한 다양한 모델과 개입방법을 활용한다. 역동심리이론, 자아심리이론, 행동주의심리학, 역량강화이론, 페미니스트이론, 정신치료 등 다양한 모델과 개입방법을 활용하여 개인의 변화 또는 개인과 환경의 상호작용을 변화시키기 위해 노력한다는 것이다.

넷째, 개별 클라이언트를 대상으로 한 개입활동은 클라이언트의 사회적 기능 수행 향상 및 문제해결능력 향상을 위한 개인의 변화뿐만 아니라 개인과 환경 사이의 상호작용을 변화시키기 위한 개입 노력을 기울인다.

그러므로 개인대상 사회복지실천의 대상은 문제를 가진 개인이고, 주체는 문제에 대한 과학적 지식과 전문적 기술을 가진 전문가이다. 그리고 그 방법은 대상에 따라 달라지는 개별적인 것이며, 개인 성격의 성장, 발달과 환경에의 적응을 다루는 의식적인 노력을 통해 사회복지사와 클라이언트 간의 인간관계를 중요시하는 협동적인 활동으로 문제해결 및 재조정을 하게 된다. 또한 클라이언트의 주체성을 인정한 측면적 도움으로 개인과 그의 사회환경과의 상호작용을 중요시하여 개인의 내면 강화와 환경 조정을 한다(신성자, 2007).

3. 개인대상 사회복지실천기술의 개입과정

개인대상 사회복지실천기술의 개입과정은 학자에 따라 다양하게 분류되고 있으나 클라이언트와 주변 환경에 대한 변화를 모색하고 개입하여 효과를 기대하는 기본적 입장에서는 크게 차이가 없다. 따라서 개인대상 사회복지실천기술의 개입과정은 사회복지사가 클라이언트와 클라이언트를 둘러싼 다양한 환경 내의 체계들을 변화시키기 위해 그의 전문적 가치와 지식에 기초하여 개입하는 과정이다(양옥경 외, 2005).

여기에서는 크게 3단계로 구분하여 초기 단계, 개입 단계, 평가 및 종결 단계로 나누어 살펴보고자 한다.

1) 초기 단계

도움을 받으러 온 클라이언트를 도와주기 위해서는 먼저 클라이언트가 어떤 상태에 있는지를 파악해 나가는 과정이 필요하다. 클라이언트를 아무리 도와주고 싶어도 그 사람이 처한 개인적이고 사회적 상황과 여러 가지 사실들을 파악하지 않고는 어떤 개입도 함부로 하기가 힘들 것이다. 그래서 클라이언트를 파악해서 사정하기 위한 자료 수집이 먼저 이루어져야 한다. 초기 단계에는 접수, 자료 수집, 사정, 계획, 계약 등이 포함된다.

(1) 접수

접수(intake)란 문제를 가진 사람이 사회복지기관을 찾아왔을 때 사회복지사가 그의 문제와 욕구를 확인하여 그것이 기관의 정책과 서비스에 부합되는지 여부를 판단하는 과정이다. 접수를 통해 그 기관에서 적합한 서비스를 줄 수 있다고 판단될 때, 사회복지사를 찾아온 사람은 클라이언트가 되어 그 다음 실천과정인 자료 수집, 사정의 단계를 거쳐 적절한 서비스를 받게 된다(양옥경 외, 2005). 접수과정은 클라이언트를 클라이언트로 할 수 있는지의 여부를 판단하는 첫 단계로서 앞으로 진행될 전문적 관계의 과정을 결정하는 중요한 만남이다. 일반적으로 접수 시 사회복지사에게 주어지는 시간은 매우 짧기 때문에 이에 대비한 여러 가지 기술 습득이 필요하다.

① 접수의 목적

접수 단계에서 달성해야 할 목적은 클라이언트가 직면하고 있는 문제를 기관의 도움을 이용하여 해결해 나갈 수 있는가의 적격성(eligibility) 여부를 결정하는 데 있다. 초기 단계의 목적을 구체적으로 살펴보면 다음과 같다(김충식 외, 2009).

- 클라이언트가 기관을 찾지 않으면 안 되는 상황을 명확히 이해하고 파악하는 것
- 클라이언트가 자기의 문제를 어떻게 보며, 그것에 관하여 어떻게 느끼고 있으며, 그리고 어떻게 생각하는가, 또 장래에 대해 어떤 희망과 계획을 가지고 있는가 등을 파악하는 것
- 문제에 관하여 기관이 무엇을 할 수 있는가를 생각하고, 기관의 기능으로 클라이언트의 욕구에 따른 도움을 줄 수 있는지의 여부를 결정하는 것
- 기관이 클라이언트가 자신의 문제를 해결하기 위하여 제공하는 도움을 이용할 능력을 가지고 있는지의 여부에 관해 예비적 평가를 하는 것
- 기관의 기능, 서비스를 제공하는 방법 등을 설명하는 것

결국 접수 단계는 기관의 서비스와 기능에 대한 설명을 명백히 하여 적합한 사례인가를 결정하고 기관의 클라이언트로서 도움을 받기로 잠정적인 결정을 한다. 그리고 부적합한 사례에 대해서는 클라이언트와의 면접에 의하여 그의 문제해결에 적합한 시설이나 기관을 소개하고 의뢰(referral)한다. 이때 단순히 사무적으로 처리할 것이 아니라 의료의 의미를 서로 이야기하여 확실한 동기를 부여해야 한다.

② 접수 단계의 과제

가. 관계 형성

관계 형성은 기관을 찾는 클라이언트들이 일반적으로 새로운 환경에 대한 두려움과 양가감정을 해소하기 위해 사회복지사와 상호 긍정적인 친화관계, 즉 라포를 형성하는 것이다. 라포가 형성됨으로써 효과적인 의사소통을 할 수 있다. 사회복지사는 클라이언트의 문제에 대한 이해와 진실된 관심을 표명함으로써 클라이언트로 하여금 수용감과 존중감을 전달받을 수 있도록 해야 한다. 이를 위하여 사회복지사는 클라이언트를 가장 효율적으로 대할 수 있는 전문적 자질을 갖추어야 하는데 이는 관계의 원칙을 잘 지킴으로써 클라이언트와의 신뢰적 관계를 형성할 수 있게 된다. 또한 관계 형성이 어려운 클라이언

트에게는 인내심과 깊은 관심, 의미를 부여해 주어야 한다. 관계 형성은 개입과정 초기에 집중적으로 이루어지기는 하지만 개입기간 내내 진행되는 지속적인 과정이다. 초기 접수 과정에서 사회복지사의 효과적 관계형성기술로서 경청, 침묵의 허용, 감정이입, 클라이언트의 저항 다루기 등이 있다.

나. 문제 확인

클라이언트의 문제가 무엇인지를 확인하는 것이다. 문제의 확인에서는 문제의 성질, 문제의 중요성, 문제의 원인, 클라이언트의 문제해결 노력과 방법, 기관에 요구하는 해결책, 클라이언트의 문제해결방법과 기관의 성격 등을 확인하는 단계이다. 이때 클라이언트의 실제 문제가 무엇인지 정확하게 파악하고 기관에서 그에 관한 서비스를 제공할 수 있는지 평가하여야 한다.

다. 원조과정에 대한 안내

클라이언트에게 서비스 제공을 결정한 후에는 서비스 제공에 대한 규칙과 조건, 그리고 서비스 제공 과정에서 사회복지사와 클라이언트가 각기 수행해야 할 역할 등에 대하여 설명해 준다. 제공해야 할 사항은 서비스에 관련된 세부 사항 즉, 시간, 장소, 빈도, 모임 횟수, 프로그램 진행시간 등이 포함된다.

라. 의뢰

클라이언트가 서비스에 대한 정보를 얻게 되면 사회복지사는 서비스의 수혜 여부를 결정하게 된다. 의뢰(referral)는 클라이언트의 문제와 욕구를 기관에서 해결할 수 없을 경우 혹은 문제해결에 더 적합한 기관이 있을 경우 다른 기관으로 클라이언트를 보내는 것이다. 이때 반드시 클라이언트의 동의가 필요하며 사후 의뢰된 기관에서 클라이언트가 서비스를 적절히 받고 있는지 확인이 필요하다.

(2) 자료 수집

자료 수집(data collection)은 클라이언트의 문제를 이해, 분석, 해결하는 데 필요한 자료를 모으는 것을 말한다. 이렇게 수집된 자료를 바탕으로 사정을 하게 되므로 자료 수집이 사정에 선행되어 이루어져야 할 것으로 보이지만 실제 자료 수집과 사정은 거의 동시에 반복적으로 이루어진다. 자료 수집의 목적은 클라이언트를 사정하는 데 필요한 정보를 얻는 데 있다. 다시 말하면 클라이언트를 효과적으로 돕기 위하여 문제와 문제를 가진 클라이언트를 보다 잘 이해하는 것이다. 따라서 자료를 수집하기 위해서는 사회복지사와 클라이언트 간에 원활한 대인관계가 형성되어야 한다.

① 자료의 출처

- 클라이언트의 이야기 : 클라이언트가 말하는 것은 대체로 상당한 정보 출처일 뿐 아니라 어떤 경우에는 거의 유일한 정보 출처이기도 하다. 그러나 클라이언트의 이야기가 왜곡되는 경우가 있는데 이를 대비해 객관성을 정확히 인지할 수 있는 능력이 필요하다.
- 클라이언트가 작성한 양식 : 보통 첫 면접 이전에 기관의 간단한 초기 면접 시에 클라이언트가 직접 이름, 성별, 나이, 직업, 주소나 전화번호, 문제, 가족 구성원 등을 작성하기도 한다.
- 부수 정보 : 클라이언트 외에 가족, 이웃, 친구, 친척, 다른 기관, 학교 등으로부터 얻게 되는 정보가 때에 따라서는 클라이언트로부터 얻지 못한 귀중한 정보가 된다. 이때 클라이언트의 동의 없이 정보를 얻어서는 안 된다.
- 심리검사 : 심리검사척도에 의해 실시되는 다양한 성격 및 지능검사 결과로부터의 정보이다. 이러한 검사는 전문적 지식 없이 함부로 사용해서는 안 된다.
- 클라이언트의 비언어적 행동 : 언어적 표현 못지않게 중요한 제스처, 얼굴 표정, 손동작, 목소리톤 등이 해당된다.
- 중요한 사람과의 상호작용 및 가정 방문 : 클라이언트와 그의 삶에 중요한 사람과의 상호작용을 관찰함으로써 많은 정보를 얻게 된다.
- 직접 상호작용하면서 느끼는 사회복지사의 감정 : 클라이언트가 사회복지사와 상호작용하는 패턴은 그가 다른 사람과 어떻게 상호작용하는지에 대한 실마리를 제공한다.

② 자료 수집에 포함될 요소

- 접수 시 클라이언트에 대한 기본적인 정보
- 문제에 대한 깊이 있는 정보(개인적 · 환경적 측면 관찰)

- **개인력**(클라이언트가 살아온 역사)
- **가족력**(가족관계, 가족 구성 등)
- **클라이언트의 기능**(지적 기능, 정서적 기능, 신체적 기능, 행동적 기능, 대인관계적 기능, 업무능력, 문제해결능력 등)
- **클라이언트의 자원**(현재 이용하고 있는 서비스, 활용 가능한 자원 등)
- 클라이언트의 한계, 강점, 동기 등

(3) 사정

사정(assessment)은 클라이언트의 문제와 원인이 무엇인지, 그리고 문제를 완화·해소하기 위하여 무엇이 변화될 수 있는지를 탐사하는 사회복지실천과정의 핵심적 단계이다. 따라서 사정은 클라이언트의 욕구나 문제해결을 위한 자원을 조사하여 사회복지사의 개입계획을 세우기 위한 토대를 제공하는 것이다. 즉, 사정은 클라이언트의 욕구를 파악한 후 이 욕구에 따라 사회복지사가 실천 가능한 프로그램을 결정하게 된다.

클라이언트들의 문제는 클라이언트 개인이나 가족 및 집단만이 포함되는 것이 아니라 사람들이 생활하는 보다 큰 지역사회나 각종 체계들을 포함한다. 따라서 사정은 개입의 전 과정에 걸쳐 행해지며, 사정의 내용으로 크게 욕구 및 문제의 발견, 정보의 발견, 문제형성 등이 있다.

사정은 자료를 수집하여 분석하고 종합하는 과정으로 개입과정 전체의 가장 핵심적인 부분이라고 할 수 있다. 사정을 통해 목표를 설정하여 개입하게 되므로 개입의 효과는 사정의 정확성에 달려 있다고 볼 수 있다. 존슨(Johnson, 1995)은 사정의 특성을 다음과 같이 제시하였다.

- 사정은 계속적인 과정이다.
- 사정은 이중 초점을 가진다.
- 사정은 클라이언트와 사회복지사의 상호 과정이다.
- 사정은 사고의 전개과정이다.
- 수평적·수직적 탐색 모두가 중요하다.
- 클라이언트를 이해하는 데는 지식적 근거가 필요하다.

- 사정은 생활 상황 속에서 욕구를 발견하고 문제를 정의하며 그 의미와 유형을 설명한다.
- 사정은 개별적이다.
- 판단이 중요하다.
- 클라이언트를 완전히 이해하는 데는 한계가 있다.

① 사정 시 고려 사항

가. 발달단계와 과업 파악하기

특정 클라이언트의 문제나 그가 처해 있는 상황을 이해하기 위해서 생애발달단계에서 어떤 위치에 처해 있으며, 이 시기의 발달상의 특성과 과업은 무엇인가를 파악하는 것이 중요하다.

나. 가족생활주기 파악하기

특정 클라이언트의 욕구가 가족생활주기의 단계와 어떻게 연관되어 있는지를 파악하고 가족주기상의 특성과 발달적 이슈와의 상호작용적 요소를 파악하는 것이 요구된다.

다. 클라이언트의 강점 사정

문제 상황에 처해 있는 클라이언트라 할지라도 많은 자원과 강점을 지니고 있다. 이러한 강점을 활용해서 욕구와 문제를 해결해 나갈 수 있다(최선화, 2009).

② 사정 내용

가. 문제의 발견

문제의 발견은 사정의 기초적인 단계이다. 문제는 클라이언트가 제시한 문제(presenting problem)에 초점을 둔다. 문제의 정의는 클라이언트 중심으로 그의 고유한 가치와 상황 속에서 정의되는 것이므로 사회복지사는 문제에 대한 클라이언트의 이해를 존중하고 그 문제를 잘 정의할 수 있도록 도와주어야 한다.

나. 정보의 발견

브라운과 레비트(Brown & Levitt, 1979)는 사정 시 정보를 수집하는 유용한 지침으로 다음과 같은 질문을 제시하였다.

- 누가 문제체계에 관여되어 있는가?
- 참여자들은 어떻게 관여하고 있는가?
- 클라이언트가 문제에 어떤 의미를 부여하는가?
- 어디서 문제 행동이 일어나는가?
- 언제 문제 행동이 일어나는가?
- 문제 행동이 일어나는 빈도는 어느 정도인가?
- 문제 행동은 언제부터 있어 왔는가?
- 문제와 관련하여 채워지지 않은 욕구는 무엇인가?
- 문제에 대한 클라이언트의 정서적 반응은 어떠한가?
- 클라이언트는 그동안 문제에 어떻게 대처해 왔으며, 문제를 해결하는 데에는 어떤 기술이 필요한가?
- 클라이언트는 어떤 장점과 기술을 가지고 있는가?
- 필요로 하는 외적 자원은 무엇인가?

다. 문제 형성

사정의 세 번째 영역은 그동안 얻어낸 정보들을 분석하여 사회복지사가 전문적 소견으로 판단하는 것이다. 존슨(Johnson, 1995)은 문제 형성을 하기 위해서는 첫째, 무엇보다도 우선 충족되지 못한 욕구를 찾아내고, 둘째, 어떤 요인들이 욕구 충족을 방해하는지를 고려해야 한다.

'충족되지 못한 욕구가 구체적으로 무엇인가'라는 질문은 문제 형성에서 가장 중요한 질문이다. 즉, 클라이언트가 제시한 문제를 충족되지 못한 욕구와 필요로 바꾸어 재진술해야 클라이언트를 돕기가 쉽다. 여기서 욕구란 인간이나 사회체계가 주어진 상황에서 합리적 기대에 맞게 기능하는 데 반드시 필요한 것으로 여기에는 기본적인 자원, 심리사회적 발달욕구, 인간관계상의 욕구, 적절한 역할 수행의 욕구 등이 있을 수 있다.

'욕구 충족을 방해하는 요인들은 무엇인가'라는 질문은 무엇보다 욕구가 분명히 규정되었을 때 가능하다. 욕구가 분명히 규정되면, 그 욕구를 충족시키지 못하게 하는 요인들이 무엇인지 파악하여 문제 형성을 하게 된다.

③ 사정 도구

가. 가계도

가계도(genogram)는 대부분 사회복지사들이 선호하는 사정도구이다. 가계도는 2~3세대의 가족관계를 도표로 작성하여 현재 제시된 문제의 원인을 규명하는 것으로 사람을 표시하는 기호와 관계를 묘사하는 선을 활용하여 보통 3세대 이상의 가족들에게 나타난 중요한 생활사건(결혼, 별거, 이혼, 사망, 입양 등)과 인구학적 정보(연령, 학력, 직업, 주거 등)들을 기술한다.

가족 구조를 도식화하고 가족에 관한 정보를 기록하며 마지막으로 가족관계를 기술하는 순서로 작성된다. 중요한 가족 사건이란 과도기, 인간관계의 변화, 상실과 성공 같은 것을 말한다. 가족관계의 표현은 선으로 나타나게 되는데, 융합이나 대립적 관계를 선으로 상징화하여 나타낸다.

나. 생태도

생태도(ecomap)는 가족 및 가족 구성원과 환경 간의 상호작용을 그림으로 나타낸 것으로 특정 문제에 대한 개입계획을 세우는 데 매우 유용한 도구이다. 외부체계로부터 스트레스를 경험하고 있는 가족의 문제를 사정할 때 유용하며, 완성된 생태도는 가족과 환경체계 간의 관계에 대한 전체적 조망과 함께 개입에 필요한 정보를 간략하게 한눈에 파악할 수 있도록 해준다.

다. 사회적 관계망 그리드

사회적 관계망 그리드(grid)는 개인, 가족의 사회적 지지체계를 사정하는 도구이다. 사회적 관계망을 그림이나 표로 보여줌으로써 가족의 관계망을 전체적으로 볼 수 있게 해준다. 사회적 관계망 그리드에서 알 수 있는 정보로는 가족의 사회적 관계망에서 중요한 인물, 가족이 지지를 받는 생활 영역, 사회적 관계망에서 지지 제공 유형, 제공되는 정도의 중요도, 지지의 방향 및 방향의 상호성과 일방성, 개인적 친밀감 정도, 접촉 빈도, 관계의 기간 및 알고 지낸 기간, 종교성 등이 포함된다.

라. 생활력 도표

생활력 도표는 여러 시기에 개인이 경험한 것이나 가족 구성원에게 발생한 중요한 사건이나 시기를 조사하여 그 자료를 연대기적으로 조직화한 것이다. 이 도표를 보면 현재 문제나 기능 수행의 어려움이 특정 시기의 경험과 어떤 관계가 있는지 이해할 수 있다. 생태도나 가계도처럼 원이나 화살표 등 기호를 사용하지 않고 표로 제시한다.

생활력 도표는 특정 발달단계의 생활 경험을 이해하는 데 도움이 되고, 특히 아동과 청소년 대상의 활동에서 유용하게 사용된다. 생활력 도표 작성방법은 개인이나 가족의 다양한 시기의 자료를 조직화하여 표현하고, 삶의 중요한 사건을 시계열적으로 나열한다(구혜영, 2010).

(4) 계획

계획과정은 수집된 자료를 근거로 하여 사회복지사와 클라이언트가 상호 협의에 의하여 다루어야 할 문제를 정의하고 목적을 구체화시키고 문제로부터 목적으로 옮겨가기 위하여 계획된 중재방법을 제공하는 과정이다.

계획 단계에서 가장 중요한 과업은 목표를 설정하는 것이다. 목표 설정(goal selection)은 클라이언트의 능력을 고려하여 현실적이고 실현 가능한 구체적인 것으로 책정되어야 한다. 즉 목표를 설정할 때는 앞의 사정과정에 나타난 욕구나 문제를 근거로 설정하여야 한다.

사회복지실천과정에서 목표 설정이 중요한 이유는 사회복지사와 클라이언트에게 개입과정의 방향을 명확히 제시해 주어 방황 없이 진행할 수 있도록 도와주고 개입이 끝난 후 그 결과를 효과적으로 평가할 수 있게 해 주기 때문이다(양옥경 외, 2005).

목표를 설정할 때의 지침으로 목표는 반드시 클라이언트가 바라는 것, 측정 가능한 것, 달성 가능한 것, 사회복지사의 지식과 기술에 상응하는 것, 긍정적인 것, 기관의 기능과 일치해야 한다. 수집된 정보를 바탕으로 사정을 통해서 적절한 개입 목표를 정해야 한다. 적절한 목표를 설정하는 것은 능률적인 개입과 개입의 효과를 높이는 데 필수적이다. 목표 설정의 원칙을 살펴보면 다음과 같다.

① 클라이언트에게 중요한 것을 목표로 정한다.

클라이언트의 가치와 본인이 중요시하는 것에 따라 상담의 목표가 정해져야 한다. 모든 개입의 목표는 클라이언트를 돕기 위한 것이며 클라이언트 중심으로 이루어져야 한다. 클라이언트가 원하는 목표를 우선순위로 첫째, 클라이언트에게 가장 시급한 문제, 둘째, 단기간에 성취 가능한 것, 셋째, 클라이언트에게 강한 동기를 부여할 수 있는 것, 넷째, 무리 없이 달성 가능한 것이어야 한다. 이렇게 순위를 정하는 이유는 클라이언트에게 가장 필요하고 원하는 일을 조그마한 것부터 실시해서 일단 성공적으로 달성하게 되면 자신감을 회복하게 되어 그 다음은 스스로 할 수 있도록 하기 위한 것이다.

② 작고 쉬운 것을 정한다.

작고 쉬운 것을 목표로 정하면 그 목표를 달성하기가 쉬워진다. 클라이언트가 상담을 통해서 성공적인 경험을 한다는 것은 스스로 문제를 해결할 수 있는 자신의 능력을 인정받는 것으로 뒤이은 개입을 위한 자신감을 회복한다는 차원에서 큰 의미를 가진다.

③ 목표를 구체화한다.

클라이언트들은 상담을 하러 올 때 복잡하고 추상적이며 모호한 목표를 가지고 온다. "우리 남편 술 마시지 않게 해 주세요", "우리 아이 버릇 고쳐 주세요" 등 모호하고 구체적이지 않은 목표를 작고 쉬운 것으로 구체화해서, 어떤 변화를 원하는 것인지 명확히 할 필요가 있다. 바로 행동적으로 나타나는 것, 변화를 측정할 수 있고 수치화할 수 있는 것으로 목표를 정하는 것이 효과적이다.

④ 현실적이고 성취 가능한 것을 목표로 한다.

개입의 목표가 비현실적이거나 성취 가능한 것이 아니라면 아예 목표가 될 수 없다. 상담자는 클라이언트의 비현실적이고 성취가 어려운 목표를 상담을 통해서 현실적이고 성취 가능한 목표로 바꿀 수 있도록 도와나가야 한다. 만일 그렇지 못하다면 슈퍼바이저를 통해서 능력을 성장시키거나 다른 능력 있는 사회복지사에게 넘겨야 할 것이다.

⑤ 부정적인 것보다 긍정적인 목표를 정한다.

예를 들면 아이에게 '그렇게 하면 안 된다'라고 하면 다른 방법을 모르기 때문에 아이는 당황하게 된다. 그러므로 '그렇게 하지 마라' 대신 '이렇게 하라'고 하는 것이 더 효과적이다.

⑥ 선택의 폭을 넓혀 주며 스스로 선택하게 하고 선택에 대한 책임을 지게 한다.

사티어(Satir)는 개입의 목표가 자기 스스로가 선택할 수 있고 결정자가 되는 것이라고

했다. 그래서 상황이나 다른 사람에 의해서 수동적으로 응하는 것이 아니라 스스로의 삶을 주도해 나가며 선택하고 책임지도록 도와나가야 한다.

⑦ 목표가 사회복지사의 중요한 권리나 가치에 위배된다면 동의하지 않아야 한다.

사회복지사는 클라이언트의 권리와 선택권을 존중한다. 그럼에도 불구하고 클라이언트가 정하는 개입의 목표가 사회복지사에게 받아들이기 힘든 권리나 가치에서 나온 것이라면 동의하지 말아야 한다. 마음으로는 동의하지 않으면서 겉으로는 동의하는 척하는 이중성을 가지면 안 된다. 예를 들면 실직한 가장이 아동이 수급권을 받을 수 있도록 하기 위해서 일부러 아이들을 버리고 가출하려고 할 경우 사회복지사는 아버지의 결정에 동의하지 않을 수 있다.

⑧ 목표는 기관의 기능과 일치해야 한다.

클라이언트나 사회복지사가 시도하는 변화를 위한 노력이 기관의 기능이나 설립 목적과 일치하지 않거나 위배될 때, 사회복지사는 클라이언트를 다른 기관으로 의뢰해야 한다. 예를 들면 미혼모가 임신중절을 원할 경우 특정 기관에서는 동의하지 않을 수 있다. 이럴 경우 다른 기관으로 의뢰하는 것이 요구된다(최선화, 2009).

(5) 계약

계약(contract)은 목표를 달성하기 위한 구체적인 계획에 대해 사회복지사와 클라이언트가 서로 동의하는 것을 말한다. 계약은 클라이언트에게 구체성과 참여감을 주기 때문에 문제와 과업을 수행하려는 클라이언트의 동기를 배양하고 강화시킬 수 있고, 클라이언트가 자신의 활동을 통해서 합의된 목적과 목표에 도달하는 것은 자아존중감을 향상시키고 상황에 영향을 미칠 수 있다는 자신감을 갖게 한다(양정남 외, 2003).

① 계약 종류

가. 서면 계약

계약을 공식적으로 서명화하여 구체적 목표와 누가, 무엇을, 언제 할 것인지의 내용을 명확히 기재한다. 서면 계약의 장점은 사회복지사와 클라이언트가 참여의 의지를 확실히 할 수 있고, 분명하고 논쟁의 여지가 없는 기록이며, 오해의 소지를 최소화할 수 있다는 점이다. 그러나 작성 시간이 많이 걸리고, 법적인 문제가 야기될 수 있다는 단점이 있다.

나. 구두 계약

모든 목표와 책임을 분명하게 한다는 점에서 서면 계약과 근본적으로 다를 바 없지만 서면화하는 대신 구두로 계약하는 것이다. 구두 계약의 장점은 신속하고 비교적 쉽게 할 수 있고, 서류의 서명을 거부하거나 저항하는 혹은 불신감을 가진 클라이언트에게 유용하다. 그러나 합의한 내용의 자세한 부분을 잊을 수 있어 이에 대한 보완이 필요하다는 단점이 있다.

다. 암묵적 계약

실제로 언어화하거나 서면화하지는 않았어도 암묵적으로 합의한 계약을 의미한다. 이 계약은 클라이언트가 실제로 동의하지 않았는데 동의했다고 사회복지사가 잘못 생각할 수 있으며, 사회복지사는 클라이언트가 모든 조건과 책임을 이해한다고 가정하지만 실제로 그렇지 않을 수 있다는 단점이 있다(김충식 외, 2009 재인용).

② 계약 내용

- 참여자의 역할 : 원조과정에 대한 클라이언트의 기대감과 개념을 표현하게 하고, 기대감과 현실 사이의 불일치를 명확하게 밝혀야 한다. 또한 문제해결자는 사회복지사가 아닌 클라이언트 자신임을 인식시켜 주어야 하며, 사회복지사는 클라이언트의 어려움을 깊이 이해해 주어야 한다.
- 개입기술 : 기술에는 이완훈련, 비합리적인 신념, 인지재구조화, 역할극과 행동시연, 자기관리기술, 의사소통, 자기주장, 문제해결 및 갈등해결 등의 발달기술이 있다. 사회복지사는 개입방법에 대해 간결하게 설명하고 클라이언트의 반응을 이끌어내며 클라이언트의 동의를 얻어야 한다.
- 시간의 조건
  - 개입기간 : 최대한의 상담횟수를 정하는 형태의 시간 제한 서비스와 시간을 구체화시키지 않는 형태의 시간 제한이 없는 서비스가 있다.
  - 상담의 빈도 : 1주일에 1회가 적절하나 필요에 따라 더 많은 상담을 가질 수 있다.

– 상담의 길이 : 개인 클라이언트에게는 45분 정도가 적절하나, 초기면접이나 가족·집단일 경우 1시간 내지 1시간 반이나 2시간이 될 수도 있다.

이 모든 사항은 클라이언트의 상황과 기관의 상황을 고려하여 결정하나, 가능하면 클라이언트 상황에 적합하게 결정하는 것이 바람직하다(백은령 외, 2009).

2) 개입 단계

개입 단계는 사회복지사와 클라이언트가 상호 합의하여 결정한 목표를 달성하기 위한 실천 단계이다. 즉 사회복지사의 원조활동이란 바로 개입활동을 의미하는 것으로 이 중간 단계가 바로 사회복지실천과정의 핵심적인 단계이다. 이 단계에서는 심리치료, 옹호, 조정, 중재, 사회계획, 지역조직, 자원의 발굴 및 개발 등 기타 다양한 활동들을 포함하고 있다. 여기에서는 직접적 개입과 간접적 개입으로 나누어 살펴보고자 한다(남기민, 2004).

(1) 직접적 개입

직접적 개입은 클라이언트의 심리적·내적 측면의 욕구나 문제 등에 초점을 두며 중재를 통하여 클라이언트가 생활에 필요한 대처능력을 향상시키는 데 목적이 있다. 즉 문제되는 상황이 어떤 것이든지 긍정적이고 효과적인 방법으로 대응할 수 있도록 클라이언트의 감정, 주관적 사실, 사고와 행동적 방식에 초점을 두어 장애가 되는 태도와 행동, 그리고 인간관계의 왜곡을 수정하려고 하는 것이다(전재일 외, 2003). 사회복지사는 클라이언트에게 지지나 이해를 제공해 주는 것만으로는 목적 달성이 어렵기 때문에 변화를 위한 문제해결기술, 행동수정기술 등 직접적인 기술을 사용한다. 직접적인 개입활동은 다음과 같다.

① 정보 제공 및 의뢰

클라이언트가 문제해결에 필요한 정보를 갖고 있지 못할 때 혹은 잘못된 정보를 제공받거나 환경적 자원에 관한 잘못된 생각을 갖고 있을 때 사회복지사는 정보를 제공한다. 또한 클라이언트의 욕구가 사회복지사가 고용된 기관에서 제공되는 서비스로는 충족될 수 없을 때, 혹은 보다 적절한 서비스가 다른 기관에 의해 제공될 때 사회복지사는 의뢰를 행한다.

② 가용 자원을 활용할 수 있게 하는 개입

클라이언트 중에는 욕구 충족의 걸림돌이 자원의 결핍에서 오는 경우가 많다. 때로는 이러한 자원들을 얻을 수 있음에도 클라이언트들은 그러한 자원을 알지 못하고 또 어떻게 사용하는지도 모르는 경우가 있다. 따라서 클라이언트가 가용한 자원들을 활용할 수 있도록 돕기 위해서 사회복지사는 지역사회복지 서비스 전달체계, 의뢰 과정 등에 관한 지식과 기술을 획득하여야 한다. 이를 위한 지식과 기술은 다음과 같다(전재일 외, 2003).

- 사회복지사들이 실천하는 장소인 지역사회의 서비스 전달체계와 클라이언트가 생활하고 기능하는 지역사회에 대한 충분한 지식을 갖고 있어야 한다.
- 의뢰 과정에 관한 활용 지식과 기술을 획득해야 한다.
- 중개적 역할과 대변적 역할의 적절한 활용과 이러한 역할들을 충족할 수 있는 기술들을 획득해야 한다.
- 클라이언트가 자기들의 생활 상황을 책임질 수 있도록 그들에게 권한부여(empowerment)를 해 주는 방법을 알아야 한다.

③ 역량강화 접근

역량강화란 클라이언트로 하여금 자기 자신도 유능한 개인이며 지역사회체계와 협상하는 데 필요한 기술을 가질 수 있으며 나아가 건전한 사회적 기능의 수행에 필요한 자원을 받을 가치가 있는 존재라는 사실을 믿을 수 있도록 동기를 불어넣고, 교육시키고, 자존심을 고양시키는 것이다.

(2) 간접적 개입

간접적 개입이란 사회복지사가 목표 달성을 위하여 사회복지사와 상호작용할 계획에 합의하지 않은 체계에서 변화를 일으키는 행동에 종사하는 것이다. 즉 간접적 개입은 표적체계에서 변화를 일으키기 위하여 취해지는 사회복지사의 활동이다. 사회복지사는 목표 달성에 필요하다고 믿을 때만이 이러한 행동을 수행한다.

사회복지실천은 사회복지사가 클라이언트에 대한 직접적인 활동에 관여할 뿐만 아니라 개인 및 가족을 대신하여 다른 개인, 집단, 조직, 지역사회 등에 간접적으로 개입하기도 한다. 간접적 개입은 사회복지사들에게 가장 매력적이고 어려운 형태의 개입방법이다. 간접적인 개입활동은 다음과 같다.

① 영향력 있는 사람들을 관련시키는 활동

이는 지역사회나 조직 내에서 권력과 권위를 갖고 있는 사람들을 관여시키는 것이다. 사회복지사는 영향력 있는 사람들을 조직과 지역사회의 변화에 영향을 행사하는 수단으로 활용하고 그들과 함께 일하는 방법에 능해야 한다. 그들은 특정 방식으로 행동하도록 다른 사람들을 설득할 수 있으며, 바람직하지 못한 행동을 효과적으로 차단할 수도 있고, 필요한 자원에 대한 통제력을 갖기도 한다. 이들을 관여시키는 활동을 위해 먼저 사회복지사는 체계를 잘 아는 사람에게 질문함으로써 영향력 있는 사람을 확인할 수 있다. 사회복지사는 이들과 함께 활동하게 될 때 발생할 바람직한 변화와 그 이유에 관해 설득력 있고 논리적인 태도로써 매우 확실히 설명할 필요가 있다.

중요한 기술은 개방적인 유연한 태도를 지니고 적절한 투입을 이끌어 내는 것이다. 특히 기회를 포착하는 기술은 영향력 있는 사람이 바람직한 행동에 관여하도록 할 때와 사회복지사의 도움과 전문 기술을 사용할 때 등을 인지하는 능력과 관련된다(전재일 외, 2003).

② 서비스 조정 활동

조정 활동은 둘 이상의 서비스 제공자들과 공동으로 일하는 것이다. 조정이 효과적으로 진행되기 위해서는 바람직한 목적을 위해 함께 일하려는 정신이 있어야 한다. 이 목적은 상이한 기관에 의해 제공되는 상이한 서비스를 요구하는 공동의 목표일 수도 있다. 공공서비스 기관, 정신건강센터, 직업재활기관, 그 외 다른 기관들이 모두 관여될 필요가 있다.

서비스 조정을 비효과적으로 만드는 요인은 관련된 다른 원조자들에 대한 존중과 신뢰의 결여, 원조자들 사이의 적절한 정보 공유의 결여, 클라이언트에 대해 무엇을 해야 할 것인가에 대한 상이한 관점이나 가치, 함께 공유하고 일한 능력의 결여, 협력관계를 발달시킬 시간의 부족, 조정을 위한 기관의 인가 및 지지 부족 등이 있다. 이러한 모든 요소들은 생산적이고 만족할 만한 조정을 저해한다. 따라서 사회복지사들이 다른 전문가와 공동으로 일하려 할 때 조정 활동에 들어가기에 앞서 다른 전문직의 관점을 이해하는 것이 중요하다.

③ 프로그램 계획 및 자원 개발

사회복지사는 새로운 자원을 개발 또는 동원하기 위해 프로그램을 계획할 필요가 있다. 프로그램의 계획은 기존의 사회복지기관의 구조 내에서 일어나기도 하지만 지역사회 기반에서 나오기도 한다. 따라서 가능한 프로그램 계획과정 초기부터 관여하는 것이 필요하다.

로스만(Rothman, 1995)은 새로운 자원 개발 혹은 동원 프로그램을 계획할 때 유용한 세 가지 지침을 다음과 같이 제시하였다.

첫째, 좋은 관계를 발달시키고 그 관계에 의존한다.

둘째, 프로그램을 개발하는 목표와 계획을 명료화한다.

셋째, 프로그램에 이용되는 자원은 현실적이어야 한다.

④ 옹호

옹호(advocacy)는 기존 제도로부터 클라이언트가 불이익을 받을 때 그 집단을 위해 정보를 수집하고 요구사항을 분명히 하여 제도에 도전하도록 지도력을 발휘하는 역할이다. 옹호는 특정 제도를 비난하거나 비판하는 것이 아니라 정책의 개선, 변화시키려는 것이다(양옥경 외, 2005). 따라서 정치과정에 영향력을 행사하거나 또는 사람들을 조직하여 사회행동을 일으키는 것이다.

옹호활동 시 다음과 같은 방법들을 활용한다(Johnson & Yanca, 2002).

- 현실의 사회복지 문제들에 대한 정책 진술을 사려 깊게 준비한다.
- 현안에 대해 신중히 분석한다.
- 주요 입법가와 개별적인 협의를 한다.
- 현안을 지지 혹은 거부하기 위해 복지 분야 외의 영향력 있는 조직들을 설득한다.
- 영향력이 큰 대표자들로 시민위원회를 구성한다.
- 사회적 욕구에 대한 해석을 계속한다.

3) 평가 및 종결 단계

(1) 평가

평가(evaluation)란 사회복지실천에서 사용되는 중재 또는 개입의 결과를 사정하기 위한 기술이다. 넓은 의미에서 평가과정은 개입이 효과적이고, 효율적이었는가를 사정한다. 이상적인 개입은 효과적이면서 효율적이어야 한다.

평가는 변화가 일어났는지 아닐지, 변화가 얼마나 일어났는지를 설명할 수 있는 측정 도구로 측정 절차를 선택하고 설계하는 것이 필요하다. 또한, 평가는 종결과 관련된다. 변화를 위한 활동을 끝내는 시점에서 원만하고 만족스러운 원조과정을 종결할 수 있는 능력은 효과적인 실천의 핵심적인 요인이다(김충식 외, 2009).

① 평가의 목적

첫째, 프로그램의 실천과정에서 수립된 정보를 입수해서 실천에 반영하여 실천과정을 수정하는 경우이다. 이때의 평가는 문제해결과정의 마지막 단계라 볼 수 없고 문제 설정 · 목표 수립 · 프로그램의 개발 · 프로그램의 실천이라는 전 과정에 영향을 주는 계속적 활동이라고 보는 것이 타당하다. 이를 위해서 흔히 사용하는 방법은 행동 체계를 구성하는 사람들의 대표로 위원회를 조직해서 정기 또는 비정기적인 평가회의를 개최해 프로그램의 추진 상황을 면밀히 검토하는 일이다. 또한 모니터를 설정해 클라이언트로부터 프로그램에 대한 반응을 수집할 수도 있으며, 어떤 경우에는 간단한 중간 평가 조사(internal evaluation survey)를 실시해 사업의 추진 효과를 좀 더 객관적으로 평가할 수도 있다.

둘째, 문제해결 전 과정의 결과와 최종 산출을 평가하는 것이다. 이러한 평가는 일반적으로 프로그램을 통해 성취하고자 하는 목표가 어느 정도 달성되었는지, 즉 프로그램의 효과성과 영향을 측정하는 것이다. 프로그램의 효과를 측정하는 데 흔히 쓰이는 방법으로는 실험조사 방법(experimental survey)이 있다. 이 방법은 후 측정 실험방법(after-only experiments)과 전후측정 실험방법(before-after experiments)으로 나눌 수 있는데, 전자는 프로그램을 실시한 연후에 변화를 측정하는 것이고, 후자는 먼저 기초 조사를 하고 프로그램을 실시한 후에 다시 조사를 하여 두 조사의 결과를 비교하는 것이다. 프로그램의 결과와 효과에 관해 수집된 자료는 문제해결을 위해 수립된 정책이나 프로그램을 계속 또는 중단할 것인지 혹은 수정할 것인지를 결정하는 데 쓰인다(최항순, 2007).

② 평가의 종류

사회복지실천에서 평가는 일반적으로 형성평가(formative evaluation)와 총괄평가(summative evaluation)가 있다. 이 두 가지 형태의 평가는 모두 중요하며 따라서 평가과정은 이 두 형태 간의 균형을 잘 유지해야만 한다.

형성평가는 목표 달성을 지속적으로 모니터하기 위해 수행된다. 이러한 평가는 클라이언트의 문제해결을 지향하는 제반 노력의 적절성과 투입량을 평가한다. 이러한 평가에서 자료 수집은 실제 개입과정동안 일어난다. 형성 평가는 궁극적인 결과보다는 도움이 제공되는 과정에 초점을 둔다. 이는 계획된 목표가 달성될지 여부를 평가할 수 있게 한다.

총괄평가는 사회복지실천과정이 종결 시 설정했던 목표 및 하위 목표들이 얼마나 달성되었는지를 평가하는 것이다. 이처럼 결과를 평가하려면 그 결과가 개입으로 인해 일어났다는 것을 검증해야 한다(남기민, 2004).

다음으로 평가에는 기관 내에서 이루어지는 자체 평가와, 외부의 전문기관에 의뢰하는 외부 평가도 있다. 또한 질적 평가와 양적 평가도 있다. 지금까지 개인대상 사회복지실천에서는 양적 평가에 많이 의존해 왔으나 인간의 감정과 정서 등을 평가하는 데는 질적 평가가 더 타당하다. 그렇다고 해서 이러한 평가가 개인대상 사회복지실천의 최종 완결을 의미하는 것은 아니다. 이것은 사회복지실천에서 반성적 성찰의 기회를 제공해 주며, 따라서 차후 단계를 위한 준비가 되어야 하기 때문이다. 그러므로 사회복지사에게는 '처음부터 다시 시작한다'라는 자세가 항상 일상적인 태도로서 실천 원리의 가장 근저에 깔려 있어야만 하는 것이다.

(2) 종결

종결 단계는 사회복지실천과정의 최종 단계이다. 종결작업은 클라이언트의 사회적 기능을 강화시키는 동시에 사회복지사와 클라이언트가 개입의 전 과정을 통해 같이 발전시켜 온 성과를 이해시키는 과정이기도 하다. 사회복지사는 클라이언트가 종결을 준비할 수 있도록 개입의 후반에서부터 종결 준비를 해야 한다. 클라이언트는 안정적이고 우호적인 관계가 끝난다는 데에 기쁨과 서운함, 두려움, 불안 등 다양한 감정을 경험하게 된다. 사회복지사는 이러한 클라이언트의 정서적 반응을 이해해야 하며 잘 감지하여 적절한 케어를 해 주어야 한다(남일재 외, 2007).

① 종결 유형

가. 일방적인 조기 종결(계획되지 않은 종결)

- 클라이언트의 일방적 종결 : 클라이언트가 약속을 어기거나 자기 문제를 노출시키지 않으면서 종결을 원하는 경우
- 사회복지사의 일방적인 종결
  - 클라이언트가 사회복지사에게 물리적 위험을 주거나 지속적으로 욕설을 퍼붓는 경우
  - 클라이언트가 사회복지사에 대해 소송을 일으키거나 공식적인 불만을 표명했을 때
  - 클라이언트가 적절한 이유 없이 서비스에 대한 요금 지급과 관련한 재정적 동의를 위반했을 때

나. 시간 제한에 의한 종결(계획된 종결)

종결을 미리 알고 있으므로 이별에 대한 감정을 처리할 수 있는 시간을 줄 수 있다. 사회복지사는 필요한 경우 추가 서비스를 위해 적절한 기관에 의뢰를 해야 하는 이중 과제를 수행해야 한다. 문제점으로는 시간 제한 때문에 서비스 제공이 완료되지 못할 수도 있다는 것이다.

다. 시간 제한이 있는 양식(modalities)과 관련된 종결(계획된 종결)

종결 시기는 처음부터 클라이언트와 함께 정한다. 개입 초기부터 종결시간을 알게 되는 경우 정서적인 집착과 의존성의 정도를 제한함으로써 클라이언트의 상실 정도를 제한할 수 있다. 이때 사회복지사는 과업 성취에 초점을 두고 적극적으로 역할을 수행할 수 있다.

라. 시간 제한이 없는(open ended) 양식을 포함한 종결(계획적 종결)

대부분 만성적인 장애나 정신장애·인격장애가 있는 장기적인 서비스가 필요한 클라

이언트를 대상으로 할 때 이루어진다. 장기간의 개입과정에서 클라이언트의 의존심이 증가되고 원조관계에서 만족감을 포기하지 못하도록 만들 수 있다(백은령 외, 2009).

- 전형적으로 나타나는 종결의 반응
- 사회복지사에게 매달리는 반응
- 과거의 문제가 재발했음을 보고하는 경우
- 새로운 문제를 가지고 오는 경우
- 사회복지사를 대치할 대상을 찾는 경우

마. 사회복지사의 이동으로 인한 종결

사회복지사가 이동함으로써 이루어진 종결을 다루는 것은 클라이언트와 사회복지사 모두에게 어렵다. 이전의 중요한 관계에서 거부당한 적이 있는 클라이언트는 특히 상처받기 쉽고 자존심이 약해지게 된다. 사회복지사 또한 떠나는 죄책감을 보상하기 위해 지나치게 잘 대해 주는데 이로 인해 클라이언트는 그들의 부정적 감정을 표현하기가 더 어려워진다. 따라서 이럴 경우 사회복지사는 시간이 허락하는 한 감정 표현을 허용하고 다른 사회복지사로의 의뢰를 수용하도록 도와야 한다.

② 변화의 지속 및 강화 전략

긍정적 결과를 지속시키는 것은 종결에서 다루어야 할 중요한 사항이다. 변화를 안정화시킴으로써 사회복지사는 클라이언트에게 사회복지사의 도움 없이 기능할 수 있다는 현실적 희망을 심어주며 클라이언트에게 클라이언트 자신이 성취감과 능력 있는 존재라는 사실을 인지시켜 줄 수 있는 것이다. 긍정적인 결과를 지속시키기 위한 방법은 다음과 같다.

- 중요한 타인들을 관여시킴 : 클라이언트의 긍정적 효과의 유지에 이들이 바람직한 역할을 하도록 한다.
- 행동 변화의 중요성을 인식시킴 : 새로운 기술의 지속은 클라이언트의 지각과 관련이 있다.
- 인위적 보강물의 제거 : 토큰과 같은 인위적 보강물이 변화를 가져오기 위하여 사용되었다면 점차적으로 줄여야 한다.

- 자신에게 적절한 개입을 선정할 것 : 접촉을 종결한 후에 독자적으로 수행할 수 있는 기술을 배워야 한다.
- 접촉을 점차적으로 줄일 것 : 접촉은 일주일에 두 번에서 한 번, 격주, 월별, 전화 접촉 등의 순으로 한다.
- 환경적 자원의 제공 : 이득을 지속시키는 데 도움이 되는 지역사회 자원을 제공한다.
- 예보적 가이던스를 한다. 클라이언트가 스트레스와 부정적인 상황을 미리 예측하고 적절히 대처하도록 하는 것이다.

③ 의뢰

종결 과정에서 클라이언트가 다른 자원으로부터 계속적으로 서비스를 받도록 돕는 의뢰를 할 필요가 있을 경우가 있다. 더욱이 시간 제한적인 서비스의 경우에는 현재 기관이나 사회복지사에 의해 제공되지 않는 자원을 클라이언트와 연결시켜 주는 것이 강조된다.

개인의 미해결된 물리적, 정서적 혹은 사회적 욕구 해결을 위해 다른 기관의 서비스가 요청될 때 의뢰를 할 필요가 있다. 다음과 같은 경우에 의뢰가 이루어진다.

- 클라이언트는 도움이 더 필요하거나 원하지만 현재의 사회복지사가 계속 담당할 수가 없을 때
- 클라이언트는 현재의 기관에서 용이하지 않은 특정한 서비스를 필요로 하고 원할 때
- 클라이언트와 사회복지사가 함께 문제를 해결함에 있어 막다른 상황에 처하게 될 때

이때 사회복지사는 의뢰에 대한 설명을 하고 어떤 자원이 클라이언트에게 가장 유용한가를 추천하되 클라이언트의 자기결정을 존중해야 한다.

④ 사후관리

개입이 종료된 이후 성취된 바람직한 행동을 계속 유지하는 것은 많은 클라이언트들에게 쉽지 않다. 이러한 변화 유지상의 문제들을 효과적으로 다루기 위해 사후관리가 이루어져야 한다. 사후관리는 개입이 실제로 종결한 이후 사회복지사가 클라이언트와 갖는 접촉이다. 사후관리의 장점은 다음과 같다.

- 클라이언트가 개입 없이도 기능을 하고 있는가의 여부를 알게 함

- 클라이언트가 종결 이후 문제를 겪고 있을 경우 필요한 어떤 도움이라도 제공
- 개입의 효과성 여부를 결정하는 데 도움
- 이전 개입의 효과성을 증대시켜 주는 촉진적 역할
- 클라이언트가 일시적 곤란을 극복하도록 도움을 주거나 부가적 개입의 필요성 제기

종결이 원만하게 이루어지지 않으면 지금까지 성취되었던 좋은 결과들이 상실되거나 감소될 수 있으며, 장차 좋지 않은 결과를 가져올 수도 있다. 그러나 성공적 종결은 클라이언트들에게 보다 나은 적응과 성장의 기회가 될 수도 있기 때문에 사회복지사는 원조를 시작할 때부터 종결을 염두에 두고 전체적인 원조과정을 구성해야 한다.

요점정리

개인대상 사회복지실천기술은 개인의 인격 존중을 전제로 한 전문적인 대인관계의 기반 위에서 클라이언트가 직면하고 있는 문제 상황을 분석하고 검토하여 클라이언트의 생활상의 욕구를 조직적이고 체계적으로 충족시켜 나가는 전문적인 방법이다.

개인대상 사회복지실천의 개입 목표는, 주변 환경이 좀 더 클라이언트의 욕구에 반응하도록 변화시키는 것, 자신과 타인에게 혹은 환경에 부정적인 행동을 변화시키는 것 등이다. 또한 개인대상 사회복지실천의 특징으로는, 클라이언트체계가 1인의 클라이언트라는 점과 클라이언트의 문제를 해결하기 위해 사회복지사와의 전문적인 관계를 도구로 활용한다는 점 등이다.

개인대상 사회복지실천기술의 개입과정은 초기 단계, 개입 단계, 평가 및 종결 단계로 구분할 수 있다. 초기 단계에는 접수, 자료 수집, 사정, 계획, 계약 등이 포함된다. 접수는 클라이언트가 직면하고 있는 문제를 기관의 도움을 이용하여 해결해 나갈 수 있는가의 적격성 여부를 결정하는 데 있다. 자료 수집은 클라이언트의 문제를 이해, 분석, 해결하는 데 필요한 자료를 모으는 것이다. 사정은 클라이언트의 문제와 원인이 무엇인지, 문제를 완화·해소하기 위하여 무엇이 변화될 수 있는지를 탐사하는 핵심적 단계이다. 계획은 수집된 자료를 근거로 사회복지사와 클라이언트가 상호 협의하여 다루어야 할 문제를 정의하고 목표를 설정하는 단계이다. 계약은 목표를 달성하기 위한 구체적인 계획에 대해 사회복지사와 클라이언트가 서로 동의하는 것을 말한다.

개입 단계는 직접적 개입과 간접적 개입이 있다. 직접적 개입은 클라이언트의 심리적 · 내적 측면의 욕구나 문제 등에 초점을 두며 중재를 통하여 클라이언트가 생활에 필요한 대처능력을 향상시키는 데 목적이 있으며, 간접적 개입은 사회복지사가 목표 달성을 위하여 사회복지사와 상호작용할 계획에 합의하지 않은 체계에서 변화를 일으키는 행동에 종사하는 것이다.

평가 및 종결 단계에서 평가는 사회복지실천에서 사용되는 중재 또는 개입의 결과를 사정하기 위한 기술이며, 종결은 변화의 지속 및 강화 전략, 의뢰, 사후관리 등이 있다.

토의문제

1. 개인대상 사회복지실천기술을 개발하기 위한 효과적인 방법에 관해 토의해 보시오.
2. 개인대상 사회복지실천기술의 특성을 집단, 가족, 지역사회대상의 사회복지실천과 비교해 보시오.
3. 개인대상 사회복지실천기술의 개입과정에서 각 단계별 주의사항과 가장 중요하게 고려할 점에 대해 토의해 보시오.
4. 개인과 가족에 대한 가계도, 생태도, 사회적 관계망 그리드, 생활력 도표를 작성하고 분석해 보시오.
5. 본인과 가족에 대해 사정틀을 적용하여 사정하는 연습을 해 보시오.

Chapter

06 개인대상 사회복지실천기술 2

학습목표

1. 개인대상 사회복지실천기술의 특징과 내용을 이해하여 설명할 수 있다.
2. 개인대상 사회복지실천의 기본기술과 기타 개입기술을 이해하여 설명할 수 있다.
3. 개인대상 사회복지실천기술의 적용 및 연습을 통한 이론 지식과 경험을 향상시킬 수 있다.

1. 개인대상 사회복지실천의 개입기술

사회복지사는 전문적인 대인관계를 통하여 클라이언트의 문제를 파악하고 해결하는 데 이용 가능한 지식과 기술을 적용하고 응용한다. 개인대상 사회복지실천과정에서 클라이언트의 감정, 문제, 변화과정 등을 사실적이고 객관적으로 이해하는 것은 실천의 밑거름이 된다.

클라이언트의 문제나 고통, 어려움을 해결하기 위해 필요한 기술은 ① 문제해결능력이나 적응능력을 향상시키기 위한 기술, ② 클라이언트의 성장과 발달을 위해 클라이언트의 능력을 향상시키고 회복시키는 기술, ③ 사회적 기능을 향상시킬 수 있는 자원, 서비스, 기회 등을 제공할 수 있는 지역사회체계로의 연결기술, ④ 사회적 정의 및 권익 회복을 위해 그리고 소외된 자들이 기회를 가질 수 있도록 돕는 기술, ⑤ 자원과 서비스, 기회 등을 제공할 수 있도록 지역사회체계의 효과적 기능을 향상시킬 수 있는 기술, ⑥ 클라이언트의 요구에 반응하여 새로운 서비스를 개발하거나 기존의 서비스 및 자원체계를 개선·향상할 수 있도록 개입하는 기술 등을 포함한다(김혜란 외, 2001).

이러한 다양한 기술 중에서 관계기술, 면접기술, 의사소통기술, 관찰기술 등은 클라이언트에 대한 이해와 문제 상황을 파악하는 데 필요한 실천기술이라 할 수 있다. 본 장에서는 개인대상 사회복지실천의 도움을 주는 네 가지 기본 실천기술과 기타 개입기술을 중심으로 살펴보고자 한다.

1) 관계기술

학자들마다 원조과정에서 사회복지사들이 전문적 관계를 형성하기 위해 갖추어야 할 요소들이 약간의 차이는 있으나 기본적으로 주장하는 공통적 기반이 되는 기술들이 있다. 전문적 관계의 기술을 살펴보면 다음과 같다(Compton & Galaway, 1994).

(1) 타인에 대한 관심

클라이언트에게 일어난 일에 대해 진실된 관심을 가지며, 이들의 감정과 교류할 수 있어야 함을 의미한다. 사회복지사는 목적 의식을 가지고 클라이언트와의 관계를 유지해 나가는 민감성과 책임성이 있어야 한다. 책임감, 배려, 존중, 타인에 대한 이해는 필수적인 요소이다. 하지만 다른 사람을 도우려고 할 때 깊이 있는 관계를 맺어야 하는 것이 사실이지만, 정서적으로 유대가 가까워지면 질수록 해결해야 할 문제에 대해 과도하게 관여하게 될 위험이 있다. 전문적 관계에서 타인에 대한 진정한 관심은 자신의 기술과 지식, 그리고 자기 자신을 이용하여 목표를 달성하는 방향으로 나아가는 것을 의미한다. 따라서 항상 도움 받는 사람을 주체로서 존중하고, 봉사하며, 클라이언트가 자유로울 수 있도록 도와야 한다.

(2) 헌신과 의무

헌신(commitment)과 의무(obligation)는 돕는 과정에서의 책임감을 의미하는 것으로 일관성을 포함하는 개념이다. 전문적 관계에서 관계의 목적을 달성하기 위해서는 사회복지사뿐만 아니라 클라이언트도 관계에 대한 헌신과 의무를 가져야 한다.

사회복지사의 헌신과 의무는 관계를 맺을 때 필수적인 절차상의 조건들로써 시간 약속, 클라이언트의 문제에 대한 초점을 유지하는 것, 성장과 변화를 가져오는 관계 유지를 지키는 것을 말한다. 클라이언트의 헌신과 의무는 자신의 문제에 대해서 정직하고 개방적으로 제시하고 전문적 관계에서 요구되는 시간 약속 등을 지키는 것 등이 있다.

(3) 수용

수용(acceptance)이란 클라이언트를 자신의 감정과 사고에 대한 권리를 가진 독특한 개인으로서 배려하고 클라이언트에 대한 관심과 인식, 경청하는 태도, 그들의 행동에 대한 주의 집중, 돕고자 하는 열망의 전달, 클라이언트에 대한 진실된 염려를 의미한다(Northen, 1995). 또한 클라이언트를 수용한다는 것은 클라이언트의 문화적 전통에 적절한 인사를 나누는 것, 편안하게 대하는 것, 이용 가능한 자원의 안내, 적절한 방식으로 호칭하는 것과 같은 소소한 행동까지도 포함한다(Schulman, 1992).

수용은 단순히 클라이언트의 행동에 대해 인정해 주는 것과는 의미가 다르다. 수용은 사회복지사가 그 사람이 한 행동에 대한 것이 아니라 그 사람 자신에 대한 수용을 전달하는 것을 의미한다. 수용된다는 느낌은 클라이언트로 하여금 사회복지사가 인정해 주지 않는다 해도 안전하고 존중받고 있다는 가치감을 느끼게 해준다. 수용을 통해 클라이언트는 자기존중감을 회복하고 자기패배적 행동에서 자신의 잠재능력을 깨닫는 방향으로 움직일 수 있도록 희망을 갖게 되는 것이다.

(4) 감정이입

감정이입(empathy)은 수용과 매우 밀접한 관계가 있다. 감정이입은 타인이 경험한 것을 이해하기 위하여 타인의 감정과 생각에 자신을 투사시키는 능력이다. 감정이입은 지적인 것이 아니라 직관적인 것이다. 감정이입의 가장 뚜렷한 특징은 동료들에게서 갖는 감정과는 다른 것이며 동정심이나 통찰과는 다른 개념이다. 그것은 사회복지사가 클라이언트의 상황에 동정을 하면서도 그 짐의 무게에 눌리지 않도록 하면서 그들의 정서적 상태를 경험하도록 놓아두는 것을 말한다.

객관적으로 감정이입에 있어 필수적인 것은 편견 없이 그들을 있는 상태 그대로 바라보는 능력이다. 이럴 때 자기 인식은 타인에 대한 그릇된 판단을 할 가능성을 감소시켜 주는 데 도움이 된다. 감정이입을 통하여 클라이언트는 사회복지사라는 중요한 타인으로부터 충분히 이해받고 있다고 느끼면서 자기 인식이 확장됨과 동시에 자신의 문제를 탐색하고 정체성을 발견하며 자신에 대한 현실적 목표를 세우고 이를 달성하기 위해 나아가게 된다(양정남 · 최선령, 2006).

(5) 권위와 권한

권위(authority)는 클라이언트와 기관에 의해 사회복지사에게 위임된 권한(power)으로 정의된다. 사회복지사는 일정한 지식과 일정한 경험을 보유함으로써, 또한 일정한 지위에 있음으로써, 영향력을 미칠 수 있는 권한을 가진다.

전문적 관계에서의 권위는 제도적 측면에서 사회복지기관 내에서 사회복지사의 위치와 기능으로부터 나오는 것을 말한다. 심리적 측면에서의 권위는 전문가인 사회복지사에게 정보와 조언을 구함으로써 클라이언트가 사회복지사에게 부여하는 것을 말한다.

권위와 권한이 잘못 사용될 경우 클라이언트는 사회복지사에 대한 반감과 불신을 나타낼 수 있고, 이로 인해 관계 자체에 저항을 표출하게 되고 관계 형성이 어려워진다. 사회복지사는 그들이 갖는 권위와 권한의 범위 및 사용방법 등을 클라이언트에게 설명해야 한다.

(6) 진실성

진실성(genuineness, authenticity)은 솔직성과 관련된 개념으로 정직성, 믿음직함, 가장되지 않은 것, 신뢰감 그리고 진실함과 같은 뜻을 함축하고 있다(Northen, 1995). 진실된 태도는 신뢰감 발달에 필수적이다. 신뢰는 클라이언트가 자신의 문제를 돕는 사회복지사의 정직성과 성실성을 시험하여 성공적인 경험을 함으로써 발달된다.

대부분의 정서적 어려움을 겪는 클라이언트들은 신뢰와 불신감이라는 기본적 문제에 대하여 성공적인 경험을 가질 기회를 갖지 못한 경우가 많다. 즉, 새로운 관계를 가질 기회가 생겼을 때 클라이언트는 신뢰보다는 불신의 태도를 가지고 대하게 된다. 그리고 신뢰의 능력이 적을수록 클라이언트는 사회복지사와의 관계에서, 또는 가족과 집단의 다른 성원들과의 관계에서 치료적 동맹관계로 들어가는 데 어려움이 많다. 따라서 사회복지사가 클라이언트와 관계를 맺을 때 일관성이 있고 정직한 개방성을 유지하며, 대화의 내용과 행동이 항상 일치하면서도 전문가로서의 자아와 가치체계에 부합하여야 함을 의미한다.

(7) 그 밖에 요구되는 전문가의 기술

사회복지사에게 요구되는 그 밖의 관계기술로는 창조성도 요구된다. 창조성은 클라이언트의 문제 상황에 대한 해결책에 대해 개방성을 유지하며, 최선의 해결책을 찾기 위해 자신을 개방하는 것을 말한다. 또 사회복지사는 자기를 관찰하는 기술이 요구된다. 이는 자신의 목표에 관해 신중히 생각하고, 자신을 신뢰하며, 자신을 복잡한 개입활동의 한 부분으로 관찰할 수 있는 기술을 말한다. 또한 사회복지사는 도우려는 열망이 요구되는데, 이는 클라이언트로 하여금 스스로 자신의 삶을 선택하고 통제하는 능력을 향상시키도록 도우려는 헌신적인 자세라고 할 수 있다.

용기는 실패, 어려운 상황에 휘말리는 일, 통제할 수 없는 상황에 감정적으로 비난 또는 학대 받는 일, 예측할 수 없는 상황에 계속적으로 연관되는 일, 신체적으로 위협받는 일 등을 받아들일 수 있는 용기를 필요로 한다. 민감성 또한 필요한 전문가적 기술이다. 민감성은 특정한 단서 없이도 클라이언트의 내면세계를 느끼고 감지할 수 있는 능력으로, 사회복지사가 새로운 상황에 대한 개방성과 변화에 대한 준비 자세를 갖추고 있는지와 밀접하게 관련되어 있다.

2) 면접기술

면접기술이라 함은 상담의 과정에서 내담자의 의도를 올바르게 파악을 하고 상담을 성공적으로 이끌어 줄 수 있는 방법, 즉 상담자가 내담자의 관계 속에서 지니고 있어야 할 의사소통기술이다.

면접기술은 초기면접(intake)에서부터 실천의 전 과정에 걸쳐 요구된다. 면접을 통해 사회복지사는 실천에서 클라이언트와의 신뢰관계를 유지하고 정보를 획득한다. 클라이언트는 면접을 통해 수용과 지지적인 경험, 억제되고 복잡한 감정의 표출과 정리가 가능해지므로 면접 그 자체가 클라이언트에게 치유의 효과를 가져다준다. 또한 면접은 실천의 진행 단계에 따라 면접의 초점을 달리하는데, 예를 들어 초기 단계에서는 신뢰 형성에, 사정 단계에서는 정보 수집에, 개입 단계에서는 치료적 효과 등에 면접의 비중을 둔다. 면접기술을 구체적으로 살펴보면 다음과 같다.

(1) 경청기술

경청기술은 면접에서 가장 중요한 기술이다. 경청이란 사회복지사가 클라이언트의 말에 선택적으로 주목하는 것을 말한다. 즉, 클라이언트가 무엇을 말하는지, 면접자의 질문에 어떻게 반응하는지를 듣는 것이다. 이때 경청은 클라이언트의 어려움에 공감하고 그에게 필요한 반응을 해가면서 적극적으로 잘 듣는 것이다. 경험 없는 사회복지사의 공통된 실수는 자신이 이야기를 많이 하고 클라이언트가 말할 기회를 적게 주는 것이다. 이러한 태도는 전문적 관계 형성을 방해할 뿐 아니라 클라이언트로 하여금 사회복지사의 신뢰감을 떨어뜨리게 한다. 사회복지사가 효과적인 의사소통을 위한 중요한 관건은 상대적으로 더 비중을 두어야 할 내담자의 말과 행동을 선택하여 주목하는 것이다. 경청을 잘하기 위한 방법은 다음과 같다.

① 클라이언트가 말을 할 때에 적절한 반응을 보여 준다. 예를 들어 고개를 끄덕거린다든지, 단순한 "아", "예" 등과 같은 음성적 반응 등을 보여 준다.

② 사회복지사가 궁금하거나 내용을 잘 이해하기 위하여 적절한 질문을 하면, 클라이언트는 자신의 말을 경청하고 있다는 느낌을 받게 된다.

③ 클라이언트가 한 말에 대하여 반복과 환언을 실시한다. 이를 통해 클라이언트의 말을 충분히 경청하고 있음을 표현할 수 있다.

(2) 요약기술

요약기술은 지금까지 클라이언트가 한 말의 내용과 그 속에 담겨 전해진 감정들을 전체적으로 묶어 정리하는 것을 의미한다. 요약은 면접 동안에 줄곧 사용할 수 있는 기술이며 각각의 내담자를 개별화하고 특별하게 다루는 데 필수적 기술이다. 요약은 클라이언트의 생각, 행동, 감정들을 사회복지사의 언어로 정리해 줌으로써 사회복지사가 클라이언트의 말을 주의 깊게 듣고 있다는 확신을 주고 또한 클라이언트의 말을 정확히 이해했음을 확인시켜 준다.

대개 클라이언트의 이야기는 많은 사고와 느낌이 혼합되어 있으므로 그동안 나눈 대화의 느낌과 사고들을 하나의 문장으로 정리해 주는 것이다. 일반적으로 감정 요약보다는 내용 요약을 더 자주 사용한다.

사회복지사는 지금까지 행한 면접 내용이나 지난번 면접 내용을 요약한다. 사회복지사가 토의를 해 온 것과 면접의 방향을 제시한 것을 간략히 반복한다. 요약은 토의해 온 항목의 주제를 명확히 해 주게 되며 또 사회복지사가 계속된 토의의 내용을 알고 주의 깊게 들었다는 것을 확인해 주는 데 의미가 있다.

트레비식(Trevithick, 2000)은 요약기술의 유용한 점을 다음과 같이 지적하고 있다.

① 사회복지사는 지난 면담시간 내용을 요약함으로써 새로운 면담기술을 시작할 수 있다.

② 이제까지 논의된 핵심적인 내용을 간략하고 정확하게 부분적으로 혹은 상세하게 정리해 준다.

③ 클라이언트와의 면담에서 방향을 잃었을 때 혹은 주제에서 벗어났을 때 한 주제를 정리하고 새로운 주제로 옮겨 갈 수 있도록 해 준다.

④ 면담시간을 만족스럽게 마감할 수 있도록 돕는다.

(3) 해석기술

해석기술은 클라이언트가 말한 내용을 명확하게 설명하는 것이다. 즉 클라이언트가 말한 내용을 확인하거나 명료화하거나 부연 설명하는 것과는 달리 이 기술은 사회복지사의 이론적 지식과 직관력, 사고적 유추가 통합되어 클라이언트의 상황, 특히 산재해 있는 행동과 사고, 감정 등의 유형을 클라이언트에게 설명하는 것으로 충분한 타당성을 확보한 상태에서 이루어져야 한다.

해석기술은 사회복지사가 클라이언트에게 그의 어떤 행동이나 사고, 감정이나 생각 등을 지적해 주는 것이기도 하지만, 거기에 대해서 그런 생각이나 감정이 본인에게 어떤 의미를 지니는지 그 의미에 관한 사회복지사 나름의 추리를 제시해 주는 것을 말하기도 한다.

해석은 면접자가 클라이언트의 현존 상태에 대해 이해하도록 인식시키는 데 있다. 면접자는 클라이언트가 직면한 문제 상황에 대해 해석을 내리는 것이 중요하다. 해석을 사용하는 전형적 목적은 클라이언트의 통찰을 촉진시키고자 하는 것이다. 해석을 통하여 새로운 대안, 좀 더 기능적인 행동, 깊은 책임감을 갖도록 하는 데 도움을 준다. 즉 클라이언트의 표현과 행동 상황 저변의 단서를 발견하고 그 요인들을 이해하여 클라이언트 스스로 자신의 문제를 해석하고 직면할 수 있도록 해 주는 방법이다.

사회복지실천현장에서 사회복지사는 수시로 하나의 사건과 다른 사건을 서로 연관지으려 한다. 또한 비슷한 유형을 보이는 행동에 대해서도 클라이언트에 따라서는 그 의미와 경험이 다르기 때문에 똑같은 해석이 내려질 수 없으며, 클라이언트도 사회복지사의 해석을 자신의 관점에서 독특한 방식으로 받아들이게 된다. 이러한 점에서 사회복지사는 해석을 제공하기 위한 정보와 이론적 근거를 충분히 검토한 후 언제, 어떤 방법으로 해석을 제공할 것인지 결정하는 것이 중요하다. 이를 위해 클라이언트의 문제 상황을 임시적인 가설로 설정하고 보다 덜 위협적이거나 불안을 덜 야기시키는 해석을 먼저 제공함으로써 클라이언트의 반응을 살펴볼 수 있다.

(4) 명료화기술

명료화기술은 클라이언트가 말하는 것을 반영하는 것인데 이해하기 쉽도록 보다 유사한 말로 바꾸어서 표현하는 것이다. 즉, 클라이언트가 표현을 분명하게 할 수 있도록 격려함과 동시에 클라이언트가 말한 내용을 사회복지사가 잘 이해하고 있는가를 확인하기 위한 질문을 말한다. 클라이언트가 한 말을 사회복지사가 보다 이해하기 쉬운 말과 생각으로 정리를 하는 것으로 특히 클라이언트가 겪고 있는 가장 중요한 문제나 어려움을 파악하고, 확인하고, 순위를 정할 때 사용된다. 명료화는 가끔 주관적 현실을 객관적 현실과 구별하고 고려하기 위하여 여러 가지 선택을 제시하고 상이한 선택의 결과에 관한 서술을 하는 데 관심을 가진다.

명료화기술의 장점은 사회복지사가 클라이언트의 이야기를 주의 깊게 경청하고 있으며 한편으로는 이야기에 중요성을 부여하고 있음을 보여주는 것이다. 하지만 면담의 흐름을 방해할 수도 있다는 점에서 그리고 클라이언트가 혹시 잘못 설명하고 있을 수 있다는 점을 암시할 수 있다는 측면에서 주의해서 활용해야 할 필요가 있다. 명료화기술은 우선 내담자의 말이 모호하고 이해가 잘 되지 않는다는 것을 밝히고, 클라이언트에게 자신의 말을 재음미하거나 구체적 예를 들어 명확히 해 줄 것을 요청하는 것이다(백은령 외, 2009).

(5) 초점유지기술

초점(focus)유지기술은 현재 다루고 있는 주제에 주의를 집중하고 유지하기 위해 사용되는 것이다. 초점이란 주의나 고려해야 할 어떤 핵심의 선택을 의미한다. 즉 이 기술은 유용한 기술이지만 때로 강압적인 면을 갖고 있다.

면접이 본질을 이탈하였을 때 사회복지사는 논의했던 주제로 되돌아가거나 필요한 다른 주제를 논의하면서 초점을 다시 맞추게 된다. 비록 면접의 초점을 다시 맞추는 동안이라도 사회복지사는 면접 내용의 본질이 이탈하게 된 이유와 한 주제에서 다른 주제로 바꾼 이유를 이해하려고 노력한다(Brown, 1992).

라포 및 신뢰관계에 방해를 주지 않으면서 주제와 면담의 목적을 유지하는 데 활용된다. 초점 및 면담의 목적 유지 이유를 살펴보면 다음과 같다(Trevithick, 2000).

① 이제까지의 논의가 특정 문제에 지나치게 초점을 둔 나머지 다른 문제에 대해서는

다루지 못하였을 수 있다.

② 논의 내용이 소진되어 같은 내용이 반복적이다.

③ 논의 내용이 주변적이거나 관련성이 없어 핵심에서 벗어나 있다.

④ 어려운 주제에서 벗어나 이 주제에 다시 초점을 맞출 필요가 있다.

⑤ 논의 내용으로 인해 격한 정서적 감정을 불러일으켜서 진정하고 균형을 유지할 필요가 있다.

(6) 탐색기술

탐색기술은 보다 자세하고 구체적인 정보 혹은 특정 정보에 대해 자세하게 알고자 할 때 활용하며 특히 의사소통 과정에서 종종 주제에서 벗어나는 말을 하는 클라이언트를 대상으로 정확한 정보를 수집할 때 활용할 수 있다. 카두신 등의 탐색기술 구분은 다음과 같다(Kadushin & Kadushin, 1997).

① 명료화 탐색 : 보다 자세한 설명을 위한 탐색

② 완결을 위한 탐색 : 빠트리거나 다루지 못한 혹은 지나쳐 버린 내용을 탐색

③ 반응적 탐색 : 클라이언트의 생각과 감정에 초점을 두면서 클라이언트의 정서적 깊이를 향상시키기 위한 탐색

클라이언트가 자칫 방어적이거나 숨기려는 태도를 보일 수 있으며 이 기술을 잘못 사용하면 마치 클라이언트를 심문(혹은 반대심문)하는 느낌을 줄 수 있기 때문에 주의를 요하며 또한 사회복지사는 적극적이지만 클라이언트는 수동이 되는 단점도 가지고 있다.

(7) 분위기 조성 기술

분위기 조성 기술은 면접을 위해 심리적으로 편안한 분위기를 만드는 기술이다. 이를 위해 서로에 대한 이해와 개방성을 촉진시킬 수 있는 방향으로 분위기를 조성해야 한다. 면접 분위기를 조성하기 위해서는 일단 자연스럽게 자신의 관심사에 대해 이야기할 수 있도록 가벼운 일상 대화로부터 시작하여 클라이언트의 관심사와 문제에 초점을 두어 진행하도록 한다.

분위기 조성의 중요한 요건은 공감, 진심, 온화함 등이 있다.

공감(empathy)은 동정과는 달리 클라이언트를 이해하면서 클라이언트가 느끼는 정서도 함께 느끼는 것을 말하며, 이는 클라이언트의 눈과 귀, 또한 심정을 느낄 수 있어야 한다. 공감은 클라이언트가 말하는 말 속에서 주요한 감정·태도·신념·가치 기준을 포착하는 것과 내면적인 메시지도 이해하고 있다는 것을 클라이언트에게 전달해 주는 의사소통의 과정도 포함한다. 이러한 공감적 이해를 하게 되면 클라이언트는 편안한 분위기 속에서 이해받고 있다고 생각할 수 있으며, 관계 형성에도 많은 도움을 얻을 수 있다.

진심(genuineness)은 클라이언트에게 사회복지사가 믿을 만한 사람임을 전달하는 것이다. 이는 사회복지사의 언어적 표현과 비언어적 표현이 일치함으로써 전달된다.

온화함(warmth)은 친밀하고자 하는 욕구를 전달하는 것으로 이러한 친밀감 속에서 클라이언트는 긍정적 또는 부정적 감정을 표현할 수 있고 가치 있는 존재로 느낄 수 있게 된다. 이러한 온화함은 클라이언트에게 긍정적 존경과 친절을 보여줌으로써 그리고 클라이언트의 성장과 발전을 진심으로 기뻐함으로써 표현된다(양옥경 외, 2005).

3) 의사소통기술

의사소통이란 면접의 실질적인 내용을 구성하는 것으로 사회복지사와 클라이언트 간의 면접을 매개한다. 의사소통기술에는 언어적인 것과 비언어적인 것 두 가지로 대별된다.

(1) 비언어적 의사소통

의사소통은 언어를 통해서 성립되는 것만 아니라 서로의 태도, 시선, 자세 등이 언어를 보강하기도, 파괴하기도 한다. 원조관계의 기본은 클라이언트가 그것을 받아들여야만 시작되는 것이기 때문에 비언어적인 것에도 주의와 배려가 필요하다. 비언어적 의사소통을 살펴보면 다음과 같다.

① 표정

따뜻하고 온유한 표정으로 공감적인 태도를 느낄 수 있도록 표현되어야 한다. 얼굴 표정은 일반적으로 그 나름대로의 의미를 가감 없이 전달하게 된다. 따라서 사회복지사는 언어적 표현과 표정이 전달하는 내용과 서로 상반되는 일이 없도록 주의해야 한다.

② 시선

특히 눈을 맞추는 일은 문화에 따라 차이는 있지만, 대개 시선을 맞추는 것은 적극적인 표현을, 시선을 피하는 것은 소극적인 자세를 나타내게 된다. 특히 두려워하거나 불안할 경우, 또는 솔직하지 못한 의사소통을 할 때에는 시선을 피하게 된다.

③ 태도 및 자세

클라이언트에게 따뜻하고 수용적인 느낌을 가지게 하는 것이 기본이므로, 딱딱하고 권위적인 태도보다는 편안하고 자연스러운 태도와 자세로 대하는 것이 좋다. 클라이언트의 감정에 반응하며 열심히 들으려는 경청의 태도는 신뢰관계를 촉진시킨다. 하지만 미처 라포가 형성되지 않는 상태에서의 친밀한 태도와 스킨십, 우위와 오만이 비치는 자세, 사회복지사의 불안·긴장을 나타내는 자세 등은 클라이언트에게 불쾌감과 위화감, 불안감을 조성하므로 주의해야 한다.

(2) 언어적 의사소통

언어적 의사소통의 대표적인 기술을 몇 가지 소개하면 다음과 같다.

① 촉진기술

클라이언트가 적극적으로 말할 수 있게 하는 기술로, '끄덕임', '맞장구', '적절한 질문' 등이 있다. 촉진기술은 클라이언트로 하여금 자신의 말을 진지하게 잘 들어주고 있다는 기분을 갖게 하여 자유롭게 이야기할 수 있도록 한다. 하지만 필요 이상으로 많이 사용하면 클라이언트로 하여금 자신의 말을 가벼이 건성으로 넘겨버리는 것 같은 기분이 들게 하므로 내용의 요소에 주의해 가면서 사용해야 한다.

② 경청기술

의사소통의 기본은 경청하는 것으로 경청이란 단순한 듣기가 아니라 상대방의 사고와 감정을 이해하기 위한 적극적인 청취활동이다. 그러므로 경청이 되기 위해서는 클라이언트가 말한 내용과 감정을 사회복지사가 잘 듣고 이해했다는 것을 클라이언트에게 다시금 전달하고 증명하여 안도감을 주는 것이다. 클라이언트 역시 사회복지사가 자기 말을 얼마나 성의 있게 열심히 경청하는가를 평가하며 그 정도에 따라 마음을 열게 된다. 경청의 방법에는 클라이언트가 한 말을 일부분 또는 전부를 다시 말해 주는 '되풀이기술', 말하고 싶은 것을 명확하게 언어로써 되돌려 말해 주는 '명료화기술', 말한 내용의 인과관계를 생각하여 해석하여 되돌려주는 '요약기술' 등이 있다.

③ 침묵

클라이언트가 말을 하지 않을 때, 어떤 이유에 의해 말을 멈추었을 때, 다시 시작할 때까지 조용히 기다리는 것이 침묵이다. 침묵을 이어줌으로써 클라이언트로 하여금 자신의 생각이나 감정을 정리할 수 있도록 하며, 쉬게 하거나 적절한 표현을 끌어낼 수 있도록 하는 기술이다. 클라이언트는 곤란한 상황이나 일찍이 경험하지 못한 감정에 직면했을 때 쉽사리 그것을 말로 표현하기 힘들 것이다. 이때 사회복지사는 침착히 의도적으로 침묵을 지키며 기다리는 것이 보다 심도 있는 의사소통을 촉진하기에 효과적임을 잘 이해해야 한다.

④ 질문기술

대부분의 의사소통은 질문을 하지 않고는 대화가 이루어지지 않는다. 질문은 면접의 중심이 되는 기술이다. 면접자는 몇 마디의 질문으로 클라이언트에게 많은 이야기를 하도록 해야 한다. 특히 클라이언트의 보조에 맞춰서 질문을 해야 하고, 우회적이며 도움을 주기 위한 질문을 해야 한다. 질문을 하는 목적은 필요한 정보를 얻기 위해, 그리고 클라이언트의 마음을 탐색하기 위해, 클라이언트의 말을 정확하게 이해하기 위해, 대화의 실마리를 풀기 위해 질문을 한다. 그리고 치료의 개입수단으로 질문을 하게 된다. 질문에는 여러 가지 기술이 있다. 질문의 형태를 살펴보면 다음과 같다(백은령 외, 2009).

가. 개방형 질문과 폐쇄형 질문

개방형 질문이란 자유로운 응답이 나올 수 있는 질문형태를 말한다. 반면 폐쇄형 질문이란 비교적 제한된 답이 나올 수 있는 질문의 형태를 말한다. 어떠한 질문의 형태가 좋다고 말할 수는 없지만, 클라이언트의 생각이나 감정이 어떠한지 폭넓게 들어보고 싶은 경우에는 개방형 질문이 좋다고 할 수 있겠다. 특히 폐쇄형 질문을 많이 할 경우에 클라이언트는 조사당한다는 느낌이 들 수 있으며, 불쾌할 수 있다.

- 개방형 질문 : "오늘 기분이 어떠니?", "오늘 무엇을 느꼈니?"
- 폐쇄형 질문 : "오늘 기분 좋으니?", "오늘 약속의 중요성을 느꼈지?"

나. 간접 질문과 직접 질문

직접 질문은 문장의 형태가 의문문이고, 간접 질문은 서술문의 형태로 이루어진다. 간접 질문은 클라이언트 자신이 질문을 받는다는 느낌을 덜 받으며, 질문 공세를 받는다는 느낌을 주지 않는다.

- 직접 질문 : "이것, 네가 했지?"
- 간접 질문 : "이것, 누가 했는지 모르겠네."

다. '왜' 질문

대부분 '왜'라는 질문은 면접의 과정에서 논란이 되고 있는 질문의 형태이다. 왜냐하면 책임 추궁이나 비난 · 비판의 의미로 느껴지기 때문에 그 사용에 주의를 기울여야 한다. 그러나 클라이언트 행동의 이유 · 배경 · 원인 등을 알아보고자 할 때에는 '왜' 질문을 사용할 수 있다. 다만 책임 추궁 · 비난의 의미로 받아들여지지 않을 수 있도록 주의해야 한다.

사회복지사가 너무 '왜'라는 질문을 억지로 피하려다 보면 대화가 자연스럽지 못할 수 있으므로 강박적으로 이것을 피하려고 할 필요는 없다. 중요한 것은 클라이언트가 어떻게 받아들이느냐 하는 것이다. '왜'라는 말을 피할 수 있는 방법은 '왜'라는 말 대신 '이유'라는 말을 사용하는 것이다. 예를 들어 "왜 그런 행동을 했지요?"보다는 "그러한 행동을 한 이유를 말해 줄래요?"로 사용하는 것이다.

출처: 백은령 외(2009: 228)

[그림 6-1] 의사소통의 과정

4) 관찰기술

면접과 의사소통에서 기본적으로 선행되어야 하는 것이 관찰기술이다. 특히 비언어적 의사소통에 있어 표정, 시선, 태도 및 자세 등을 포착하는 것은 관찰의 결과이므로 기본적인 실천기술이라 할 수 있다. 관찰기술은 클라이언트가 말하고 행동하는 것에 주의를 기울여 그를 이해하는 것이다. 관찰은 초기면접 이전에 클라이언트가 대기실에서 기다리고 있는 상황에서부터 시작된다. 클라이언트의 대기실에서의 태도는 개입에 대한 태도와 평소 불안함과 두려움을 어떻게 다루어 왔는지를 알 수 있게 한다.

면접 중에는 클라이언트의 언어적 표현뿐 아니라 비언어적 표현에도 민감해야 한다. 일반적으로 의사소통은 언어적 표현보다는 비언어적 표현을 더 적극적으로 활용하여 이루어진다. 신체적 행동, 얼굴 표정, 몸의 자세, 손놀림, 눈맞춤, 얼굴 붉힘, 손과 발의 움직임, 옷차림 등으로 쉴 새 없이 의사소통을 한다. 사회복지사의 말에 웃거나, 눈동자를 굴리거나, 시선을 돌리거나, 의자에 푹 늘어져 있거나, 한숨을 쉬거나, 팔짱을 끼거나, 다리를 꼬거나, 어조를 바꾸거나 하는 비언어적 표현을 통해 마치 말을 하는 것과 같은 의사소통을 하고 있는 것이다. 그러므로 클라이언트의 비언어적 표현을 관찰하는 것은 면접에서 매우 중요한 정보의 근원이 되므로 사회복지사의 주의가 필요하다(한국전문대학사회복지교육협의회, 2005).

비언어적 표현은 언어적 표현과 상반된 메시지를 전달하기도 하고 더 많이 진실된 정보를 주는 기능을 갖고 있어 클라이언트의 감정과 표현의 차이를 분명히 하고 클라이언트를 이해하는 데 비언어적 표현을 관찰하는 것이 매우 중요하다.

비언어적 표현을 관찰한 결과에 대한 판단은 사람에 따라 다를 수 있으므로 항상 신중해야 한다. 예를 들어 클라이언트가 고개를 숙이고 손가락을 만지작거리는 모습이 사람에 따라서는 불안한 것으로 보이기도 하고 혹은 면담에 대한 거부반응으로 보일 수도 있기 때문이다. 따라서 사회복지사는 항상 자신의 관찰이 완벽하다고 생각해서는 안 되며 쉽게 속단하지 않도록 관찰기술을 통해 얻은 정보나 다른 정보와 일치되는지를 판단하여 사용해야 한다(양옥경 외, 2005). 구체적인 관찰기술을 살펴보면 다음과 같다.

(1) 클라이언트의 신체적 상황

먼저 클라이언트의 신체적 상황에 대한 관찰은 신체 기능의 이상이나 장애 정도에 주의하여 언어 기능, 시각 기능, 청각 기능, 운동능력 등에 주시한다. 예를 들어 클라이언트가 고령자인 경우 청각장애, 시각장애 등을 고려하여 의사소통의 정도를 확인한다. 또한 체형을 관찰할 필요가 있는데, 과도의 체중 초과나 미달일 경우, 심리적인 문제나 스트레스의 유무, 섭취장애 등의 신호가 될 수 있다. 그 외 얼굴 상태, 복장, 헤어스타일, 화장 상태 등은 본인의 성격, 사회적 지위, 생활 배경에 대한 정보를 제공해 준다.

(2) 클라이언트의 타인과의 관계 양상

클라이언트의 대인관계 양상을 관찰할 경우, 클라이언트의 다른 사람에 대한 말씨, 태도, 매너, 예의, 표정 등을 관찰하여 클라이언트가 대인관계에서 어떻게 행동하고 있는가를 관찰한다. 또한 클라이언트가 특정 인물들과 가지는 대인관계의 깊이, 넓이, 친밀감, 거리감 등이 현실에서 어떻게 나타나고 있는지 관찰할 필요가 있다.

(3) 클라이언트의 생활 · 문제 상황

문제 상황의 정확한 파악은 원조활동에 있어 중요하다. 클라이언트가 면접에서 이야기하는 문제나 상황의 설명이 반드시 객관적이고 정확하다고만은 할 수 없기 때문이다. 그러므로 사회복지사는 필요에 따라 문제나 상황 속에 들어가 관찰하여 사실 여부를 파악해야 한다. 관찰은 문제 발생이 생활에 미친 영향, 어려움 정도, 문제를 둘러싼 주변 사람들의 협력관계 등에 중점을 둔다.

(4) 클라이언트의 생활환경

클라이언트의 생활 장소와 문제가 발생하고 있는 거주공간에 관심을 두고 관찰을 한다. 클라이언트가 미처 생각지도 못한 곳에 생활환경조건이 스트레스나 피로를 악화시킬 수도 있다. 관찰 결과로 알게 된 불량한 주거환경이 문제의 발생에 직접적으로 영향을 미치지 않았다고 하더라도 문제가 환경 속에서 어떤 형태로 발생하게 되었는가라는 주거환경에 대한 방문과 관찰은 케이스에 대해 사실적이고 객관적인 이해를 추구한다는 점에서 중요하다 할 것이다(남일재 외, 2007).

5) 기타 개입기술

(1) 계약기술

클라이언트와 사회복지사가 각자의 역할, 책임, 기대 및 수행할 업무의 목적을 공식화하고 구조화하는 것이다(양옥경 외, 2005). 계약은 클라이언트의 욕구에 기반하기 때문에 말로써 혹은 문서로써 합의되며 때로는 편지의 형식을 띠기도 한다. 합의사항은 가급적 문서로 보관하는 것이 중요하며 계약서에는 충분한 정보를 담고 있어야 한다. 예를 들어 상담시간 및 기간, 장소, 기본적인 수칙, 비밀 보장 및 사례기록 절차, 상담시간에 누가 참여하는지, 주요 염려 사항이나 문제의 요약, 응급 시 연락해야 할 사람, 업무의 목적과 목표 및 성취방법 그리고 계약 파기 요건 등을 명시할 필요가 있다.

필요하다면 계약서가 재작성될 수 있음을 표기하는 것도 좋다. 계약서를 작성하는 데 익숙하지 않은 클라이언트에게는 계약서가 하나의 사슬처럼 느껴질 수 있기 때문에 계약서 작성과 관련된 클라이언트의 반응을 잘 살펴보고 클라이언트의 참여를 촉구할 필요가 있다.

(2) 지지기술

사회복지사는 클라이언트의 감정, 내적 강점이나 반응방식, 혹은 의사결정 사항이나 행동, 그리고 관계 등과 같은 다양한 영역으로 어떤 면을 지지할 것인지 결정해야 한다. 여기에서는 지지기술이 정서적 지지, 격려하기, 인정하기, 재보증하기 기술을 포괄한다고 가정하고 이들을 차례로 살펴보면 다음과 같다.

① 정서적 지지

심리적 고통이나 스트레스 혹은 위기를 경험할 때 누군가에게 의지하려는 욕구에 반응하는 것이다. 이를 통해 클라이언트는 문제나 상황에 대처할 수 있는 것이다. 정서적 지지를 제공할 때 사회복지사는 클라이언트에게 어떠한 도움이 얼마 동안 그리고 어떤 목적으로 제공될 것인지에 대해 분명하게 설명할 필요가 있다. 또한 그러한 지지가 실제로 의도한 바대로 제공받고 있는지 그리고 도움이 되는지 확인할 필요가 있다.

② 격려하기

초기 단계에서는 면담을 활성화하기 위해 사용된다. 클라이언트에게 말을 하도록 격려하기 위해서는 사회복지사는 클라이언트를 수용하는 자세를 보여주고 클라이언트가 판단되지 않을 것이라는 관점을 나타내야 한다. 이에 비해 중간 단계에서는 클라이언트가 특정한 행동이나 경험 혹은 생각으로부터 벗어나도록 하거나 그런 쪽으로 행동을 취할 수 있도록 도움을 주는 것을 의미한다. 이 기술의 장점은 사회복지사로부터 자신의 행동이나 사고, 감정에 대해 인정받으면서 자신감을 가질 뿐 아니라 일부 위험한 행동을 중단하거나 긍정적인 행동을 취하는 계기가 되기도 한다. 반면 단점은 클라이언트의 의존감을 지속하거나 자기결정권을 침해할 것이라는 우려 때문에 사회복지사가 활용을 꺼려할 수도 있다.

③ 인정하기

클라이언트가 어떤 행동을 취하거나 벗어난 이후에 이에 대해 긍정적인 평가를 내려주는 것을 의미한다. 이 기술은 클라이언트가 자신의 결정이나 독자적인 행동을 취하는데 자신감이 결여되어 있을 때 도움이 되고 사회복지사가 이 기술을 사용할 때는 과장된 표현이 아닌 진실하고 솔직한 표현이 될 수 있도록 해야 한다.

④ 재보증하기

자신의 능력이나 자질에 대해 회의적인 클라이언트를 대상으로 이들의 자신감을 향상시키기 위해 활용하는 기술이다. 또한 클라이언트의 불안감이나 불확실한 감정을 줄이고 편안한 감정을 가질 수 있도록 돕기 위해 사용하는 기술이다. 특히 클라이언트가 자신의 삶에서 경험하는 사건이나 문제들로 인해 자신의 문제를 객관적으로 바라보지 못하거나 판단이 흐려질 때 매우 유용하게 활용될 수 있다. 나아가 적시에 재보증기술을 사용하면 사회복지사는 클라이언트에게 희망과 지지를 갖도록 도울 수 있다.

우즈와 홀리스(Woods & Hollis, 1990)는 재보증을 "섬세하게 차별화하여 사용하여야만 한다"고 경고한다. 관계를 형성하기 위하여 또는 사회복지사가 클라이언트의 불안감을 견딜 수 없기 때문에 재보증을 지나치게 사용하는 것은 클라이언트로 하여금 사회복지사가 불안감이나 죄책감의 원인을 제대로 이해하지 못하였거나 도덕적인 분별력이 부족하여 사물을 판단할 능력이 없는 사람이라는 느낌을 갖게 할 뿐이다. 따라서 이 기술은 사회복지사가 클라이언트의 판단에 확신을 갖고 확인해 주는 것으로 사회복지사가 클라이언트의 상황 판단에 확신이 없으면 이 기술을 사용해서는 안 된다.

(3) 정보제공기술

정보 제공은 사회복지사가 클라이언트에게 의사결정이나 과업 수행에 필요한 정보를 제공하는 것으로 실천의 효과와 업무량의 효율을 증가시키기 위해 다양한 형태의 정보기술을 사용한다. 사회복지사는 클라이언트가 필요한 정보 제공을 위해 이들 정보를 제공하는 기관의 위치와 연락처 그리고 담당자에 대해 알고 있어야 하며, 최신 정보를 갖고 있어야 한다. 정보 제공은 문제해결과 의사결정과정에 있어 매우 중요한 기술이다. 특히 타 기관으로 의뢰할 경우, 클라이언트의 동의하에 의뢰되는 기관과 사전 조율을 할 필요도 있다. 그리고 사람들의 개인차가 있기 때문에 클라이언트에게 정확하게 정보를 제공하고 이를 충분히 이해했는지 확인할 필요가 있다. 쉐퍼 등(Sheafor et al., 1997)은 정보 제공에 있어 다음과 같은 지침을 제공하고 있다.

① 클라이언트의 현재 심리상태를 주의 깊게 고려해야 한다.

② 정보나 지시를 논리적, 체계적, 단계적으로 제공한다.

③ 복잡하고 다단계적인 지시사항은 서면으로 한다.

④ 대명사의 사용에 조심하고, 분명하고 명확하게 이해할 수 있도록 한다.

(4) 조언기술

조언은 클라이언트가 해야 할 것을 추천하거나 제안하는 사회복지사의 진술을 의미한다. 쉐퍼 등(Sheafor et al., 1997)과 트레비식(Trevithick, 2000)은 조언기술이 초기 단계에서 사회복지사가 클라이언트를 대상으로 클라이언트의 문제를 명확하게 파악할 수 있도록 돕거나 문제해결을 위한 해결책을 파악할 수 있도록 돕는 데 활용된다고 주장하였다. 나아가 이 기술은 더 이상 다른 선택이나 개입의 여지가 없을 때 최후의 수단으로 활용될 것을 권하고 있다. 특히 단순하게 조언을 해 주는 것으로 끝나는 것이 아니라 사회복지사가 조언을 하게 되는 배경이나 논리적 근거를 분명하게 제시할 것을 요구하고 있다. 조언하기에 대한 지침은 다음과 같다.

① 조언하기 전에 누군가가 당신에게 조언을 해 주었을 때 당신이 어떻게 느끼는지를 생각해 봐야 한다.

② 조언이 적절한가의 여부는 클라이언트와 사회복지사가 상호작용하는 목적에 주로 달려 있다.

③ 클라이언트가 당신의 조언을 원한다고 판단되지 않으면, 조언을 제공하지 않는다.

④ 조언을 해 줄 때 "나는 이렇게 했는데" 또는 "다른 사람은 이렇게 했었는데"와 같이 표현한다.

⑤ 당신이 클라이언트에게 조언을 했고 이후에 당신이 추천한 결과 때문에 클라이언트가 개인적 · 재정적으로 불리한 고통을 겪게 된다면 법적 책임성의 문제를 고려해야 한다.

⑥ 일이 잘 되지 않을 때 당신에게 책임을 지우는 조종적인 클라이언트에게 조언을 하는 경우에 주의를 해야 한다.

조언기술은 많은 한계점을 가지고 있어 매우 신중하고 제한적으로 활용할 필요가 있다. 이는 사회복지사의 조언으로 인해 클라이언트의 행동에 부정적인 결과가 발생했을 때 이에 따른 책임이 사회복지사에게 있을 수 있기 때문이다. 그리고 클라이언트의 사회복지사에 대한 의존성을 높일 수 있고 이미 문제를 경험하고 있는 클라이언트가 스스로 문제를 해결하기보다는 사회복지사에게 더욱 의존하게 되므로 클라이언트 자신에 대해 비관적이게 된다. 또한 사회복지사도 조언기술을 활용하는 데 혹시 잘못된 조언을 하지 않을까 불안할 수 있기 때문에 클라이언트에게 아는 것과 모르는 것을 솔직하게 말하고, 특정 상황의 구체적인 조언을 위해 관련 법과 규정 · 자원을 정확하게 이해 · 활용할 수 있는 전문능력을 갖추어야 한다.

(5) 설명기술

설명기술은 사회복지실천기술의 핵심 기술 가운데 하나이면서 잘못 활용되기 쉽다. 설명기술은 클라이언트에게 특정 사건이나 상황에 대해 분명하게 이해할 수 있도록 돕거나 상황을 해석해 주는 것을 포함하고 있다. 특히 클라이언트가 잘 이해할 수 있도록 새로운 시각을 제시해 주지만 사회복지사가 자신의 가치관, 전문 지식, 기술에 근거해 클라이언트의 문제나 상황을 설명하는 것은 잘못 활용되는 하나의 예이다.

트레비식(Trevithick, 2000)은 설명기술을 ① 예를 들어 설명하는 방법, ② 실제 시범을 보이는 방법, ③ 말로써 설명하는 방법을 들었다. 또한 그는 클라이언트의 문제 상황에 대한 이해를 돕기 위해 사회복지사는 ① 클라이언트의 생각과 감정을 민감하게 고려, ② 흥미롭게 그리고 분명하게 잘 구조화된 방식으로 설명, ③ 학습과 이해를 최대한 향상할 수 있는 방법으로 설명하는 것이 좋다고 주장한다. 특히 클라이언트가 이해한 바를 사회복지사에게 다시 설명할 수 있도록 함으로써 이해 여부를 확인하는 것도 좋은 방법이다(엄명용 외, 2005).

(6) 재구성기술

특정 문제에 대해 클라이언트가 부여하는 의미를 수정해 줌으로써 클라이언트의 시각을 긍정적인 방향으로 변화시키는 기술이다. 이는 인지행동접근법에서 많이 활용되는 기술로써 인지 및 사고과정과 행동의 변화에 목표를 두고 있다. 장점은 문제 상황이나 행동을 보다 긍정적이면서 다른 각도에서 조명해 볼 수 있는 기회를 제공한다는 것이다. 이 기술은 클라이언트의 자아존중감이 낮거나 자신감이 결여되어 있을 때 혹은 자기 비판적이면서 자책할 때 매우 유용하게 활용될 수 있다. 사용할 때는 매우 구체적인 사실을 가지고 재구성하되 새로운 시각의 해석이 신뢰성 있고 클라이언트가 이해할 수 있는 것이어야 한다.

(7) 환기기술

클라이언트의 억압된 감정, 특히 부정적인 감정인 분노, 증오, 슬픔, 죄의식, 불안 등이 문제해결을 방해하거나 감정 자체가 문제가 되는 경우, 이를 표출하도록 함으로써 감정의 강도를 약화시키거나 해소시키는 기술이다. 나아가 해소되어야 할 감정이 표면으로 표출될 수 있도록 하는 방법이며, 이러한 감정을 탐색하고 고려해 볼 수 있는 기회를 제공한다.

우리나라의 문화적 특성상 감정보다는 행동이 앞서 종종 문제를 악화시키는 경우가 많은데 사회복지사는 클라이언트가 갖고 있는 특히 억압된 감정이 적절한 언어로 표현될 수 있도록 도움으로써 문제해결능력 및 대처능력을 강화할 수 있도록 도울 필요가 있다.

(8) 도전과 직면기술

면담과정이 항상 순조로운 것은 아니다. 사회복지사는 종종 클라이언트의 특정 행동에 대해 직면해야 할 때가 있다. 한편 사회복지사는 때로 기관의 잘못된 정책이나 실천방법에 문제가 있을 때는 이에 대해 도전하고 직면하여 클라이언트에게 보다 나은 서비스를 제공해 줄 수 있도록 노력해야 한다.

클라이언트에게서 보이는 불일치나 왜곡, 문제의 부인, 비합리성 등에 대해 사회복지사는 자신의 반응을 먼저 인식하고 다룰 수 있어야 한다. 나아가 이러한 자신의 반응이 전문적 관계에 손상을 주지 않으면서 클라이언트의 문제 상황을 다룰 수 있어야 한다.

① 도전기술

종종 클라이언트가 자신의 문제해결에 있어 상충되거나 왜곡된 것 혹은 불일치하는 상황을 다룰 때 혹은 클라이언트가 문제를 부정하거나 회피하고 합리화할 때 활용되는 기술이다. 클라이언트가 상충되는 상황을 충분히 인식하고 있지 못할 때 이 기술을 사용하면 때로 사회복지사의 개입은 강압적이고 미숙한 개입방법이 되어 전문적 관계를 훼손할 수 있지만, 적시에 적절한 방법으로 활용되면 사회복지사와 클라이언트의 전문적 관계는 강화된다.

도전의 사용이 정당화되는 여러 행동들을 제시하면 다음과 같다.

- 문제를 인정하지 못함
- 문제를 해결 가능한 용어로 정의하지 못함
- 결정적인 경험, 행동 및 감정에 대한 잘못된 해석
- 회피, 왜곡 및 게임하기
- 행동의 결과를 확인하거나 이해하지 못함
- 새로운 관점에 따라 행동하는 데에 대한 주저나 거부

② 직면기술

직면기술은 쉐퍼 등(Sheafor et al., 1997)은 주로 클라이언트의 행동이 자기에게도 도움이 되지 않으면서 타인에게 위협이 될 때 이를 재인식하도록 돕기 위해 쓰인다고 하였다. 카두신 등(Kadushin et al., 1997)은 일시적으로 클라이언트에게 불안정을 유발한다고 지적하였다. 브릴(Brill, 1997)은 상담가와 클라이언트는 동의하는 문제 영역만을 해결하려고 하기 때문에 직면기술은 이러한 합의점을 찾는 데 중요한 기술이라고 지적한다. 또한 양옥경 등(2005)은 변화를 방해하는 부정적인 감정, 생각, 행동들을 클라이언트가 인식하도록 돕는 매우 직접적인 방법이라고 지적하였다.

클라이언트가 방어적이면서 숨기지 않도록 직면하는 것은 고도의 기술을 요하면서 한편으로는 인내와 수용이 필요하다. 나아가 사회복지사는 직면기술을 자신의 분노나 화, 초조함을 표현하는 방법으로 사용해서는 안 된다.

직면기술은 다음과 같은 단계를 거쳐 활용될 수 있다.

- 클라이언트가 직면하고자 하는 문제나 상황을 클라이언트가 의식할 수 있도록 돕는다.
- 클라이언트가 문제나 상황에서 어떻게 불일치하거나 일관성이 없는지 사회복지사의 입장에서 설명하도록 한다.
- 클라이언트가 왜 이 시점에서 이 문제를 고려해 보아야 하는지 그리고 이것이 클라이언트의 문제나 상황과 어떤 관련이 있는지 분명하게 설명한다.
- 사회복지사가 말한 내용에 대해서 클라이언트가 반응할 수 있는 시간을 충분히 주도록 한다.
- 후속 조치를 취한다.

직면은 정서적 부담이 크므로 사회복지사는 상황을 정확히 평가하여 성원에게 거부되지 않으리라는 확신이 있을 때 이를 사용해야 한다. 그리고 직면했다고 해서 클라이언트의 행동에 즉각적인 변화가 있으리라고 예측하는 것은 잘못된 생각이다. 오히려 직면하기는 클라이언트가 자신의 행동에 변화가 필요하다는 점을 인식하는 계기를 마련해 주며, 자신을 점검해 보는 기회를 제공해 주는 것이다.

(9) 자기주장기술

자기주장이란 자신과 타인의 권리를 동등하게 존중하면서 자신의 사고, 감정, 원하는 것, 성취하고자 하는 것, 의견 등을 단호하게 요구하거나 표현하는 것을 의미한다. 자기주장은 사람들이 '아니요'라고 말할 수 있고, 자신을 방어하며, 결과적으로 더 이득이 되고 성공적인 방법으로 불평하는 것을 학습하도록 도와준다. 주장기술과 관련된 일련의 기술과 과제는 다음과 같다.

① 문제의 범위에 대한 이해를 얻기 위한 사정
② 클라이언트가 주장, 거짓이나 강제적 동조 및 공격 간의 차이를 학습하도록 원조하는 구별 훈련 절차
③ 단계적이고, 서로 다른 환경에 적합한 주장의 정도를 클라이언트에게 보여주고, 격려와 확신을 제공하면서 그 기술들을 연습하도록 격려하는 모델링과 연습 요소
④ 당황스러운 상황에 클라이언트를 노출시켜 공포를 제거하도록 원조하는 둔감화 요소
⑤ 학습된 기술을 실제 상황에 연관시킴으로써 매일 매일의 경험과 문제에 일반화될 수 있도록 보증하는 일반화 등

사람들이 자신의 생각, 감정, 선택 혹은 욕구를 공개적으로 직접적으로 주장할 수 있는 능력의 중요성은 강조되어 지나침이 없겠지만, 이는 비단 서비스 이용자들에게만 한정되는 것은 아니다. 사회복지사 또한 본인의 견해와 관점, 개인적 · 전문적 욕구를 주장하고 대변할 수 있어야 한다(엄명용 외, 2005).

2. 개인대상 사회복지실천기술의 적용 및 연습

앞에서 다양한 개인대상 사회복지실천기술에 대해 살펴보았다. 본 단원에서는 개인대상 사회복지실천기술의 일부분을 활용하여 사회복지실천에 적용하는 사례와 연습을 통해 사회복지실천기술을 향상시키고자 한다. 본 기술의 적용 및 연습은 Barry Cournoyer 저, 김인숙 · 김용석 공역(2002)의 책을 수정 보완하였다.

1) 수용

사회복지실천에서 타인에 대한 수용은 절대적으로 중요하다. 타인을 수용할 수 있는 능력은 그 사람이 갖고 있는 편견이 어떠한가에 달려 있다. 편견은 우호적일 수도 있으나 그보다는 비우호적인 경우가 더 많다. 그리고 편견은 사회의 법이나 관습의 형태로 제도화될 수도 있다. 차별은 편견과 밀접히 연관되어 있다. 편견과 차별을 초월하고 타인을 진정으로 수용하기 위해 다음에 제시한 연습을 실행해 보라.

연 습

여러분이 개인적으로 편견적 태도를 경험했거나, 차별적 행동을 한 경우, 아니면 여러분의 생각을 정리해서 상대방과 이야기해 본다.

① 자신과 다른 성(性)을 가진 사람들에 대해
② 다른 민족 집단에 속한 사람들에 대해
③ 자신보다 나이 든(나이 어린) 사람들에 대해
④ 동성애적 경향을 가진 사람들에 대해
⑤ 자신보다 경제적으로 부유한(어려운) 사람들에 대해
⑥ 교육을 많이(적게) 받은 사람들에 대해
⑦ 키, 몸무게, 피부색, 얼굴 모습, 매력이 자신과 다른 사람들에 대해
⑧ 자신보다 신체적으로 유능한(유능하지 못한) 사람들에 대해
⑨ 다른 신념체계(예 : 종교적, 철학적, 정치적)를 가진 사람들에 대해

2) 경청기술

경청(listening)은 다른 사람의 말을 주의 깊게 듣고(hearing), 그들의 비언어적 제스처와 자세를 관찰(observing)하고, 그들 자신을 충분히 표현하게 격려하고, 그들이 전달하려는 것을 기억하는 과정을 의미한다. 경청에는 두 가지 행동이 요구된다. 하나는 자신의 경험(예 : 여러분의 생각, 느낌, 감각 등)에 기울이는 관심을 최소화하는 것이고, 다른 하나는 클라이언트가 경험하고 표현하는 것을 명료하게 이해하기 위해 클라이언트에 집중하는 것이다.

경청은 상대방을 가치 있게 여기고 그들이 말하는 것에 관심을 갖고 있음을 보여준다. 사려 깊은 경청이야말로 진정한 의미에서 사랑의 제스처이다. 경청을 잘하기 위해서는 자

신의 충동을 관리할 수 있어야 한다. 자신을 억제하는 것은 자제, 자기통제, 자기훈련의 문제이다.

연 습

경청에 대해 함께 연습할 파트너를 정한다. 그리고 연습의 목적이 상대방이 말한 것을 얼마나 잘 이해할 수 있으며 기억할 수 있는가를 파악하는 데 있다. 파트너와의 대화 내용을 녹음하고 기록한다. 파트너와 어떤 주제에 대해 약 10분 정도 이야기를 한다. 상대방의 파트너가 이야기한 내용을 기억해서 기록하도록 한다. 그리고 녹음한 내용을 들어보고 기록한 내용과 얼마나 일치하는지를 비교해 본다.

3) 명료화기술

면접 중 클라이언트는 가끔 이해하기 힘든 이야기를 하기도 한다. 클라이언트는 모순된 방법으로 의사를 전달할 수도 있고, 관계되는 일에 대해 대충 이야기할 수도 있으며 또한 그들 자신, 문제, 상황의 중요한 측면을 완전히 무시할 수도 있다. 이러한 간접적이고 명확하지 않은 메시지는 클라이언트가 경험한 바의 중요한 측면을 포함할 수 있기 때문에 클라이언트의 반응하는 방식은 사회복지사와 클라이언트 간의 관계, 개입의 방향, 원조 결과에 중요한 영향을 미칠 수 있다. 이 경우 사회복지사는 명료화기술로 클라이언트에게 반응하는 것이 좋다. 이것은 언급된 단어나 행동의 의미에 대해 더욱 정확한 표현을 이끌어 내기 위한 시도를 말한다. 실질적으로 사회복지사는 클라이언트가 언급한 것에 대해 더 자세하게 말해 달라고 요청한다. 면접 초기에 사회복지사는 사람–문제–상황의 특정 측면에 대한 정보를 얻기 위해 명료화기술을 사용할 수 있다. 예를 들어 클라이언트와의 첫 번째 만남에서 "나는 젊은 사회복지사와 일해서 잘된 적이 없어요. 당신들은 순진해서 아직 아무 것도 몰라요"라고 50세의 클라이언트가 25세의 사회복지사에게 말했다고 가정하자. 이때 사회복지사는 "젊은 사회복지사와 일해서 잘된 적이 없다는 말은 그 당시 어떤 문제가 있었다는 것 같은데, 젊은 사회복지사와 일하면서 과거에 어떤 어려움이 있었습니까?"와 같은 질문으로 클라이언트에게 반응할 수 있다.

사 례

- 클라이언트 : 내 아내와 나는 사이가 좋지 않습니다. 오랫동안 그래 왔지요. 나는 이러한 관계가 정말 싫습니다.
- 사회복지사 : '이러한 관계가 정말 싫다고' 할 때 구체적으로 어떠한 것을 의미합니까?

연 습

가족 간의 긴장과 충돌로 사회복지사의 도움을 받고자 하는 식구가 7명인 S가족과 첫 번째 면접을 시작했다. 가족이 가진 문제의 본질과 발달단계를 탐색하는 중에 한 10대 아들(아버지의 친아들)이 아버지의 아내(아이들의 계모)를 '가정 파탄자'라고 화내며 부른다. 이에 S부인은 책상 아래를 쳐다보며 아주 조용해진다.

➡ 명료화하기 위해 이 10대 아이에게 할 말들을 적어 본다. 그렇게 말한 아이는 사회복지사의 질문에 어떻게 반응할 것이라고 생각하는가? S부인, S씨 그리고 다른 식구들은 어떠한가? S부인이 '가정 파탄자'라는 말에 보일 비언어적 반응을 명료화하기 위해 할 말을 적어 본다.

4) 초점유지기술

상담 중에 클라이언트와 합의한 목적과 관계되는 이슈들로부터 이탈하는 경우가 있다. 이탈은 이해의 폭을 넓히고 효과적 변화의 기회를 만들어 때로 생산적인 경우도 있으나 비생산적일 수도 있다. 초점유지기술을 통해 다시 관련 있는 주제로 방향을 되돌릴 수 있다. 또한 클라이언트가 인식하지 못한 중요한 일이 발생하는 경우 이에 클라이언트의 주의를 기울이도록 함으로써 클라이언트의 인식과 이해를 높일 수 있다.

예를 들어 가족과의 면접에서 갑자기 가족 구성원 중 한 명이 다른 가족 성원이 과거에 저지른 실수에 대한 불만을 표시하면서 방해하고 있다. 사회복지사는 이러한 방해를 자기 방어적 행동, 변화에 대한 저항 또는 가족체계의 균형을 유지하려 하는 시도로 생각할 수 있다. 이런 상황에서 사회복지사는 초점유지기술을 사용하여 그 가족 성원의 방해 행동에 반응함으로써 그 행동을 이론적으로 생각해 볼 수 있다.

사회복지사는 상담을 방해하는 가족 성원에게 "그 주제를 잠시 보류하고 나중에 다루기로 할까요? 우선 지금하고 있는 우리의 상담을 계속하기로 해요"라고 말할 수 있을 것이다. 이와 같이 초점유지기술을 통해 사회복지사는 현재 다루고 있는 주제로 가족을 되돌릴 수 있을 것이다.

연 습

부모와 3명의 10대 자녀들과 면접을 하고 있다. 면접 주제는 사춘기 자녀의 성에 대한 것이다. 그러나 부모님들은 좀 편안한 문제로 주제를 바꾸려고 시도하는 것을 사회복지사가 관찰했다. 그러나 청소년의 성에 대한 주제를 이야기하는 것이 가족의 가치관과 문화적 배경과 일치되고 가족에게 도움이 되며 목표 달성을 위한 단계를 의미하는 것으로 사회복지사는 초점유지기술을 사용하기로 결정했다.

➡ 이 가족과 함께 할 수 있는 초점유지기술의 두 가지 형식을 보여주기 위해 자신이 할 말을 적어 본다. 첫째, 주제를 청소년의 성으로 다시 이끌어가기 위해 자신이 어떻게 할 것인지를 설명하도록 한다. 둘째, 주제로부터 벗어나려는 패턴에 대한 가족의 인식을 높이기 위해 어떻게 초점을 유지할 것인지 나타내 본다. 그리고 부모의 반응에 대해 예상해 보라.

5) 의사소통기술

(1) 언어적 의사소통

사회복지사들이 선택하는 말, 발음과 목소리의 어감과 높이, 속도와 말투는 클라이언트를 포함하여 상호작용하는 다른 사람들에게 많은 것을 전달한다. 사회복지사는 대부분 사람들이 쉽게 이해할 수 있는 말과 언어를 사용해야 한다. 간단명료한 말들을 사용하는 것이 좋다. 또 평가하는 듯한 용어도 사용하지 않는 것이 좋다. 지지와 격려를 주려고 사용한 좋은 말이나 옳은 말도 클라이언트에게는 자신을 평가하고 판단하는 듯한 말로 들릴 수 있다.

클라이언트는 다음과 같이 생각할 수도 있다. "나에 대해서 잘 알지도 못하면서 나를 긍정적으로 판단하는데 당신이 과연 객관적이라고 할 수 있는가?", "당신이 나를 인정하는 바로 그때 나는 당신이 나를 부정하게 될지도 모를 그 어떤 말도 하고 싶지 않다. 내 진짜 문제는 나만이 알고 있다."

목소리의 색조 또한 다른 사람에게 영향을 미친다. 만일 사회복지사가 단조롭거나 극적이거나 목청이 높거나 시끄럽거나 처진 목소리로 의사소통을 한다면, 상대방에게 전하려는 메시지를 벗어날 수 있다. 너무 빨리 말하거나 너무 천천히 말하거나 혹은 '에'나 '음'을 너무 자주 사용해서 말을 끊으면, 이 역시 이해에 방해가 될 수 있다. 따라서 목소리의 색조나 강도, 전달 속도를 알맞게 하여 말하는 스타일을 갖도록 노력하라.

연 습

하루를 4번으로 나누어(잠자리에서 깨었을 때, 정오경, 늦은 오후, 취침 전) 여러분의 목소리를 5분간 테이프에 녹음한다. 녹음은 여러분이 혼자 있을 때 한다. 또한 녹음할 때마다 같은 내용으로 말한다. 예를 들어 새로 온 클라이언트에게 자신을 소개하는 장면을 상상하여 말해 본다.

➡ 각 시점에서 여러분의 목소리는 어떠한가? 비슷한가 아니면 서로 다른가? 여러분의 목소리의 특징은 어떻다고 말할 수 있는가? 여러분은 자신의 목소리가 좋은가? 여러분의 발음은 얼마나 명료한가? 여러분의 말투는 조절된 말투인가 아니면 단조로운 말투인가? 여러분 말투의 높이나 색조의 특징은 어떠한가?(높은가, 낮은가?) 여러분의 말의 속도는 어떠한가?(빠른가, 느린가?) 여러분이 자신의 목소리를 들을 때 어떻게 느끼는가? 등에 대해 서로 이야기를 나누어 본다.

(2) 비언어적 의사소통

대부분의 의사소통은 비언어적인 것에 의해 이루어진다. 자세, 얼굴 표정, 눈맞춤 등을 비롯한 신체의 포지션은 강력한 의사소통의 형태들이다. 사회복지실천에서 신체언어는 말로 하는 언어와 일치해야 한다.

일반적으로 클라이언트와 초기 상담 시 사회복지사는 개방적이거나 접근 가능한 신체적 자세를 취해야 한다. 예를 들어 서 있을 때라면 팔과 손을 옆구리 쪽을 따라 느슨하게 늘어뜨리는 자세, 앉아있을 때라면 손을 무릎에 얹어 놓는 자세 등이 그것이다. 팔짱을 끼고 있거나 팔을 머리 뒤로 하거나 혹은 근처의 의자에 팔을 늘어뜨리고 있는 자세는 상대방에 대한 무관심이나 몰이해를 나타낸다. 두 손을 꽉 움켜쥐는 것, 다리나 발을 흔드는 것, 왔다 갔다 하는 것, 시계를 쳐다보는 것, 손가락을 통통 치는 것 등은 신경질적이거나 참을 수 없다는 의사를 전달하는 것이다.

또한 눈을 맞추는 빈도와 강도는 상대방이 누구인가, 만남의 목적이 무엇인가, 논의해야 할 주제가 무엇인가 등에 따라 다양하다. 사회복지사는 참가자들 간에 눈맞춤이 일어나도록 해야 하지만 강제하지 않는 분위기의 앉거나 서 있는 자세를 취해야 한다. 그러나 어떤 경우에든 빤히 쳐다보는 듯 응시해서는 안 된다.

연 습

① 서로 두 명이 파트너가 되어 상대방의 눈을 정면으로 바라본다. 서로 불편할 때까지 그렇게 하고 불편하다고 느낄 때 눈을 다른 곳으로 돌린다.
② 파트너의 눈을 정면으로 보지 말고 광대뼈나 입을 쳐다본다.
③ 다시 몇 초 동안 파트너의 눈을 쳐다본 다음 다시 시선을 약간 바꿔 광대뼈나 입을 쳐다본다.
④ 그런 다음 다시 시선을 눈으로 돌린다.
⑤ 다음 몇 초 동안 파트너의 입을 쳐다보고 다시 눈으로 시선을 돌린다.

➡ 이와 같은 눈맞춤의 방식을 연습해 보고 서로의 반응과 느낌을 이야기한다. 파트너가 싫어하거나 선호하는 눈 맞춤의 형태에 대해 이야기해 본다.

① 의자 두 개를 서로 정면으로 마주 보게끔 배치하고, 파트너의 얼굴과 얼굴, 무릎과 무릎을 맞대고 앉았을 때 서로의 생각과 느낌을 나눈다.
② 다음 의자를 정면으로 마주보게 하지 말고, 서로 거리를 두고 옆으로 나란히 배치하고 이야기를 나누어 본다.

➡ 두 경우 다 편안했는가, 한 경우만 편안했는가? 아니면 두 경우 모두 불편했는가?
편안하지 못했다면 편안함을 느낄 때까지 거리를 조정하도록 한다.

6) 질문하기기술

질문하기기술은 클라이언트가 자신에 대하여 최대한 완전하고 자유롭게 표현할 수 있도록 하는 것이다. 예를 들어 사회복지사는 다음과 같은 질문을 할 수 있다. “어르신께서 전에 전화했을 때는 가족 문제에 대해 얘기했었는데요, 어르신을 걱정하게 만드는 어떤 일이 가족에서 또 일어나고 있는 건가요?” 또는 “이번에는 어떤 일 때문에 저희를 만나게 되었습니까?”

질문하기기술은 요청의 형식으로 표현되기도 한다. 예를 들어 “아주머님께서 겪고 있는 어려움에 대해서 말씀해 주십시오”라고 말할 수도 있다. 비자발적인 클라이언트의 경우, 사회복지사는 “H씨가 판사의 지시로 상담을 위해 이 자리에 온 것을 알고 있습니다. 저는 H씨의 상황에 대해 상당 부분을 알고 있지만 H씨로부터 모든 이야기를 듣고 싶습니다. 이 모든 일이 어떻게 일어났습니까?”라고 질문할 수 있다.

연 습

사회복지사가 만날 클라이언트는 작은 아파트에 혼자 살고 있는 77살의 미망인 할머니이다. 할머니와의 면접을 시작했다. 이미 자신에 대한 소개를 했으며, 할머니가 관심을 가질 만한 서비스(교통편, 집에서 받을 수 있는 의료서비스)를 설명하였고 시작 단계의 다른 절차들에 대해서도 이야기했다.

➡ 이제 첫 번째 탐색적 질문을 하기 위해 사회복지사들이 할 말을 적어본다. 준비한 질문을 적은 후에 그것이 개방형인지 아니면 폐쇄형인지 알아본다. 특정 질문을 택한 이유를 토론해 보고 할머니가 어떻게 반응할 것인지 이야기해 본다.

7) 조언하기기술

클라이언트와 일을 하면서 사회복지사는 가끔 조언을 해 주는 것이 필요하며 제안이나 추천이 적절한 행동일 수 있다. 조언하기기술을 사용할 때, 사회복지사는 클라이언트가 자유롭게 조언을 받아들이거나 거절할 수 있다는 것을 항상 전달해야 한다. 어느 정도의 조언은 적절하고 도움이 된다. 중요한 것은 언제 조언을 할 것인지, 언제 하지 말아야 할 것인지를 그리고 특히 어떻게 조언을 할 것인지에 대해 아는 것이 중요하다.

조언하기기술은 개인대상 사회복지실천에서 자주 사용된다. 예를 들어 아버지가 자주 술에 취하고 학대를 가했던 가정환경에서 자라온 클라이언트에게 알코올중독자 자녀에 관한 책을 읽도록 조언해 줄 수 있다. 사회복지사는 자신과의 개입행동과 더불어 알코올중독자 자녀 또는 알코올중독자 가족을 위한 모임에 참석하도록 클라이언트에게 제안할 수 있다.

사회복지사는 취업 원서를 작성하는 방법이나 어떻게 월급 인상을 요청하는지에 대해 클라이언트에게 조언할 수 있다. 클라이언트에게 의료적 원조를 구하라고 조언할 수도 있다. 그러나 권위적 상사가 하급의 직원에게 혹은 화가 난 부모가 복종하지 않는 자녀에게 이야기하는 것과 같이 조언을 명령이나 지시 형태로 전달하는 것을 피해야 한다.

연 습

○○할머니에게 자신의 지역사회에서 활용 가능한 도시락 서비스 프로그램에 대한 정보를 제공했다. 그러나 ○○할머니는 프로그램에 대해 불확실한 태도를 보인다.

➡ ○○할머니가 도시락서비스 프로그램을 활용할 수 있도록 조언하기 위해 자신이 할 말을 적어본다.

8) 재구성기술

재구성은 클라이언트에게 그들 자신과 문제, 상황에 대한 새로운 관점을 소개하기 위해 사회복지사가 하는 말과 취하는 행동을 말한다. 일반적으로 재구성은 클라이언트가 이전에 받아들인 관점과 다른 관점을 공유하는 것을 의미한다. 어떤 클라이언트는 목표 달성에 방해가 되는 관점을 가지고 있기도 하다. 물론 고정된 관점이 언제나 문제시되는 것은 아니다. 클라이언트의 고정된 태도가 문제의 근본적인 부분을 차지하는 경우라면 재구성기술을 적용할 수 있다. 재구성에는 몇 가지 형태가 있는데, 일반적으로 부정적인 것을 긍정적인 것으로 재구성하는 것이다.

사례_ 부정적 관점을 긍정적 관점으로 재구성하기

저는 당신이 어떤 것을 선택하는 데 있어 어려움을 느끼기 때문에 자신이 '어리석고', '우유부단하다고' 말할 때 좀 혼란스러움을 느낍니다. 저는 당신이 우유부단하다고 말하는 것은 다른 관점을 볼 수 있는 능력이라고 생각합니다. 그것은 당신이 개방적이며 다양한 관점과 의견을 고려할 용의가 있다는 것으로 생각됩니다. 저에게 그것은 우유부단함이 아니라 융통성 같이 들립니다. 그리고 당신이 어리석음이라고 하는 것이 저에게는 조심성, 철저함 그리고 인내와 같은 것으로 들립니다. 이런 것들은 사람의 마음을 끌며, 긍정적인 기능을 한다고 생각합니다. 그것이 정말 그렇게 나쁘다고 생각하십니까?

➡ 이처럼 클라이언트가 책임의 소재를 다른 사람, 다른 조직 혹은 외적 요인으로부터 자기 자신에게 옮길 수 있도록 권유하는 것을 들 수 있다.

연 습

S가족의 10대 소녀와 면접 중이다. 그녀는 "우리 엄마는 내 일에 대해 언제나 간섭합니다. 엄마는 성격이 거칠고 나를 통제하려고 하지요. 제가 원하는 것을 할 수가 없습니다. 엄마는 제가 5살인 줄 알아요."

➡ 그녀의 말을 부정적인 것에서 긍정적인 것으로 재구성하는 데 자신이 할 말을 적어보고 그녀의 반응을 예상해 기록해 본다. 그녀의 말이 개인화된 의미를 갖도록 그녀의 말을 재구성해 본다.

9) 직면하기기술

클라이언트와 직면할 때 사회복지사는 클라이언트의 말, 감정, 행동에서 나타나는 모순과 불일치를 직접적으로 지적하되 비판하지 않으면서 해야 한다. 클라이언트가 직면하면서 자기 자신을 모순 없이 되돌아보도록 해야 한다. 예를 들어 성인 남성 클라이언트가 자신의 부부 문제에 대해 사회복지사에게 도움을 요청했다고 가정하자. 클라이언트는 "이 관계를 발전시키기 위해 필요한 것은 무엇이든지 할 의향이 있습니다"라고 말한다. 클라이언트의 아내와 면접을 한 후, 클라이언트는 아내와 이번 주에 데이트를 하기로 약속하였다. 그러나 그는 직장에서 초과 근무를 하고 데이트하기엔 너무나 늦은 시간에 도착했다. 클라이언트가 계획된 데이트를 또 다시 지키지 못하자 사회복지사는 "당신은 아내와의 관계를 발전시키고 싶어 하고 아내와 두 번의 데이트를 하기로 했습니다. 하지만 당신은 아내와 데이트를 하기로 한 그날 밤늦게까지 일했습니다. 이것이 무엇을 뜻하는 것 같습니까?"라고 말하면서 클라이언트와 직면할 수 있다.

직면하는 것은 클라이언트에게 강력한 영향을 줄 수 있다. 즉 직면은 스트레스를 많이 받거나 효과적인 대처기술을 갖고 있지 못한 사람에게는 불균형을 초래하는 잠재요인이 될 수 있다. 따라서 특정 클라이언트에게 직면하기기술을 사용하기 전에 클라이언트가 충격을 견딜 만한 심리적 · 사회적 자원을 가지고 있는가를 확인해야 한다.

연 습

도시락 서비스 프로그램을 통해 ○○할머니가 매일 따뜻한 식사를 받기 시작한 지 약 2주 후에 ○○할머니와 면접 중이다. 이전에도 ○○할머니는 더 균형 잡힌 식사를 원하며 음식이 오면 먹겠다고 이야기했다. 이 면접에서 사회복지사는 ○○할머니가 배달된 음식을 먹지 않은 것을 발견했다. ○○할머니가 지난 이틀 동안 배달된 음식을 먹지 않은 것을 나타내는 증거도 있다.

➡ 먹지 않은 음식에 대해 ○○할머니를 직면하게 하기 위한 말을 기록해 본다. ○○할머니가 어떻게 반응할 것으로 생각하는가?

요점정리

개인대상 사회복지실천기술의 개입기술에는 관계기술, 면접기술, 의사소통기술, 관찰기술 등이 있으며, 이는 클라이언트에 대한 이해와 문제 상황을 파악하는 데 필요한 실천기술이다.

관계기술에는 타인에 대한 관심, 헌신과 의무, 수용, 감정이입, 권위와 권한, 진실성 등이 있다. 면접기술에는 경청기술, 요약기술, 해석기술, 명료화기술, 초점유지기술, 탐색기술, 분위기 조성 기술 등이 있다.

의사소통기술에는 비언어적인 것과 언어적인 것이 있다. 비언어적 의사소통에는 서로의 얼굴 표정, 시선, 태도 및 자세 등이 있으며, 언어적 의사소통에는 촉진기술, 경청기술, 침묵, 질문기술 등이 있다.

관찰기술에는 클라이언트의 신체적 상황, 클라이언트의 타인과의 관계 양상, 클라이언트의 생활·문제 상황, 클라이언트의 생활환경을 파악하는 기술이 있다. 또한 기타 개입기술에는 계약기술, 지지기술, 정보제공기술, 조언기술, 설명기술, 재구성기술, 환기기술, 도전과 직면기술, 자기주장기술 등이 있다.

개인대상 사회복지실천기술의 적용 및 연습으로 수용, 경청기술, 명료화기술, 초점유지기술, 의사소통기술, 질문하기기술, 조언하기기술, 재구성기술, 직면하기기술 등을 적용해보고 연습해 본다.

토의문제

1. 개인대상 사회복지실천기술을 연습해보고 그 경험(느낀 점)을 나누어 보시오.
2. 개인대상 사회복지실천기술을 각 영역별 · 단계별로 가장 많이 활용되는 기술은 무엇인지 토의해 보시오.
3. 개인대상 사회복지실천기술을 적용할 때 어려운 점은 무엇인지 토의해 보시오.
4. 책에 기재되어 있는 개인대상 사회복지실천기술 외에 필요한 기술로는 어떤 것들이 있는지 토의해 보시오.

Chapter

07 집단대상 사회복지실천기술 1

학습목표

1. 집단의 다양한 유형과 유형별 특징을 이해하여 설명할 수 있다.
2. 집단이론과 관련된 모델과 이론을 이해하여 설명할 수 있다.
3. 집단 역동에 대한 이해를 바탕으로 집단 역동과 관련된 주요 요소들을 이해하여 설명할 수 있다.
4. 집단의 치료적 효과에 대해 이해하여 설명할 수 있다.
5. 집단 사정에 대한 이해를 바탕으로 집단과정 사정과 집단 성원에 대한 개인적 사정에 대해 이해하여 설명할 수 있다.

집단사회복지사는 의도적 집단의 경험을 통하여 개인의 욕구를 충족시키고 사회심리적 기능을 향상하도록 하며, 개인이나 집단의 당면 문제를 해결할 수 있도록 하는 사회복지실천방법 중의 하나이다. 집단은 집단 구성원의 개별 목표와 집단 공동의 목표 성취를 위해 집단 구성원을 지지하고 격려하는 역동적 힘을 가지고 성장을 촉진하는 환경을 만들어 간다. 초기 집단사회복지실천의 장으로 인보관을 들 수 있는데 여기서는 집단의 힘을 활용하여 도시 빈민과 이민 온 사람들을 교육, 계몽하고 이웃으로 만들어 종교적·문화적 정체감을 가질 수 있도록 돕고 정서적 지지와 원조를 제공하였다(Zastrow, 1987). 집단대상 사회복지실천은 사회복지의 중요한 방법으로 지속적으로 그 중요성과 활용이 증대되어 왔고, 현재에는 다양한 사회복지현장에서 적용되고 있다. 사회복지사는 사회복지실천현장에서 다양한 형태의 집단과 대상을 만나기 때문에 집단사회복지에 대한 충분한 이해와 집단 운영에 필요한 기술을 갖추어야 한다.

1. 집단사회복지실천의 정의

집단사회복지실천은 의도적인 집단경험을 통해 개인이 사회경험을 할 수 있는 능력을 높여주고 개인·집단·지역사회의 여러 문제에 보다 효과적으로 대처할 수 있도록 사회자원을 동원하여 특별한 문제를 해결하거나 바람직한 변화를 도모하는 사회복지의 한 방법이다. 또한 집단사회복지실천은 건강하지 못한 개인들뿐 아니라 건강한 개인들로 구성된 집단에 대한 지도까지를 포함하는 개념이다.

코놉카(Konopka, 1983)는 집단사회복지실천은 사회복지사가 집단 활동을 통해서 개인의 정서적·인지적·사회적 발달을 향상시키는 것으로서 집단 성원들이 의도적인 집단경험을 통해 개인이 사회경험을 할 수 있는 능력을 높여주고 개인·집단·지역사회의 여러 문제에 보다 효과적으로 대처할 수 있도록 사회자원을 동원하여 원조하는 사회복지의 한 방법이라고 하였다. 토스랜드와 리바스(Toseland & Rivas, 1988)는 집단사회사업은 "사회·정서적인 욕구를 충족시키고 과업 달성을 목적으로 하며, 소집단을 대상으로 한 목표 지향의 활동으로 규정된다. 이 활동은 집단의 개별 구성원과 집단 전체를 목적으로 지향하는 것이다"라고 정의했다. 그러므로 집단에 참여한 개인은 전문가의 도움을 받아 그들의 욕구와 능력에 따라 타인과의 관계 형성을 통해 성장의 기회를 경험하고 개인, 집단, 지역사회의 당면 문제들에 대해 보다 효과적으로 대처해 나갈 수 있도록 도움을 받을 수 있다.

집단사회복지실천이 포함하고 있는 실천의 범위, 정의 및 정체성에 대한 논란은 계속되어 왔다. 특히 집단사회복지실천의 목적에 대한 논의는 집단사회복지실천이 집단치료와는 달리 사회적 기능의 향상과 문제 예방에 강조를 두는 것에 있어 왔다.

골드버그(Ted Goldberg)는 'treatment' 혹은 'therapy'라는 단어가 사용된 방대한 분량의 학술지를 검토하면서 많은 저자들이 치료집단을 사회복지실천의 한 영역으로 받아들이고 있는 반면 오직 극소수의 사람들은 그러한 관점에 반대하고 있는 것으로 조사했다. 지금도 이러한 갈등과 논의는 계속되고 있으며, 아마도 집단사회사업의 연속선은 교육에서 출발하여 사회화로 그리고 치료로 이어져야 할 것이다(Northen & Kurland 저 · 노충래 역, 2006).

2. 집단의 유형

집단은 구성원들의 성격, 집단의 목적, 집단의 크기, 집단 상호작용의 성격에 따라 집단의 유형을 다양한 형태로 나누어 볼 수 있다. 토스랜드와 리바스(Toseland & Rivas, 1995)는 치료집단, 교육집단, 성장집단, 감수성훈련집단 등으로 분류했으며, 재스트로우(Zastrow, 2006)는 좀 더 다양하게, 사교적 대화집단, 레크리에이션 · 기술증진집단, 교육집단, 과업집단, 문제해결 및 의사결정집단, 초점집단, 자조집단, 사회화집단, 치료집단, 감수성훈련집단 등으로 분류하기도 했다. 여기에서는 집단사회복지실천과 관련된 지지집단, 교육집단, 성장집단, 치료집단 및 사회화집단에 대해 살펴보고자 한다.

1) 지지집단

지지집단은 집단 구성원이 스트레스를 주는 생활상의 사건을 잘 대처하고 효과적으로 적응할 수 있도록 원조하는 데 목적을 둔다. 이 집단의 참여자들은 서로 도우면서 스스로를 가치 있는 존재로 여기게 되며 미래에 대한 희망을 갖게 된다. 지지집단은 서로 유사한 경험을 갖고 있어 자기표출의 정도가 매우 높다. 자조집단은 지지집단의 일종으로 볼 수 있으며, 현대 사회에서 가족 기능이 약화되면서 개인의 힘으로는 대처하기 어려운 사회문제를 해결하고자 하는 공동체의 형태로서 단주친목모임을 효시로 볼 수 있다. 사회복지사는 지지집단을 직접 지도하지 않으면서 비전문가가 이끄는 자조집단에 자문을 주는 형태의 간접적 원조를 제공할 수 있다.

지지집단의 예를 들면 이혼한 부부의 자녀집단, 암환자나 그 가족으로 구성되어 질병의 영향과 대처방법을 논하는 집단, 아동 양육의 어려움을 함께 나누는 한부모집단, 정신병원에서 퇴원하여 지역사회에서 적응을 다루는 집단 등을 들 수 있다(김혜란 외, 2006).

2) 교육집단

교육집단은 주로 강의를 중심으로 정보를 제공하며 지식을 습득할 수 있도록 돕는 데 있다. 집단 구성원은 학습에 대한 공통의 관심사를 가진 사람들로 구성한다. 지도자는 일반적으로 특정 분야의 전문가이거나 상당한 훈련 능력을 가진 전문가이다. 예를 들어 아동 양육의 실습, 주장훈련, 효과적인 부모가 되는 훈련, 양부모가 되기 위한 준비집단, 사회복지기관의 특수한 과제 수행을 위한 자원봉사자 교육집단과 같은 것들이 있을 수 있다. 이들 집단의 지도자는 교사와 같은 기능을 많이 하고 이들 집단은 집단 상호작용이나 토론이 장려되면서 수업과 비슷하게 운영된다(Zastrow, 2006: 4).

교육집단은 대체로 소수집단이며, 성원 간의 의사소통이나 집단 토의를 가지는 기회가 있지만 일반적으로 초빙 강사, 전문가 또는 집단 지도자가 교육하는 형태를 취하는 경우가 많기 때문에 자기개방 정도는 낮은 편이다.

3) 성장집단

성장집단은 사회심리적 병리를 치료하기보다는 사회심리적 건강을 향상시키는 데 초점을 두어 성원들의 자기 인식을 증진시키고, 자신의 사고를 변화시킨다. 개인적인 자각을 일깨우고 대인관계에 있어 자신의 잠재력을 탐색하고 실현할 수 있는 건강한 사람에게 기회를 제공하는 것이다.

성장집단을 구성하고자 할 때에는 서로 다양한 속성을 지닌 성원들로 구성하는 것이 바람직하기는 하나 성원 상호 간의 감정 이입과 상호 원조 기능을 증진시키기 위해서 유사한 특성을 지닌 성원들로 집단을 구성하기도 한다. 대부분의 성장집단에서는 자기개방의 정도가 높은 편이다. 예를 들면 참만남집단, 감수성훈련집단, 여성을 위한 의식고양집단 및 퇴직준비집단 등이 여기에 속한다.

4) 치료집단

치료집단은 일반적으로 다소 심한 정서적 · 개인적 문제를 가진 성원들로 구성된다. 치료집단은 스스로 자신의 행동을 변화시키고, 개인적 문제를 해결 · 대처하게 하도록 돕는 집단이다. 치료집단은 성원들의 행동 변화 개입을 통한 교정, 재활, 대처, 문제해결능력 향상을 목적으로 둔다. 치료집단은 성장집단과는 달리 집중적인 심리적 치료를 필요로 하며 대부분 '정상적으로' 기능할 수 없는 사람들을 대상으로 하여 다른 집단보다 장기간을 요하며 더 많은 훈련된 전문적 기술을 지닌 지도자를 필요로 한다(이현림, 2008). 그러므로 사회복지사는 인간 행동에 대한 지식을 기반으로 집단 역동, 집단상담능력과 행동 변화를 가져올 수 있도록 집단을 활용할 수 있는 능력, 높은 인지능력과 통찰능력, 집단 내 건설적 분위기 유지 및 발달시키는 능력 등이 요구된다.

치료집단의 예로 김혜란 등(2006)은 지역정신건강센터에서 심리치료를 받는 외래환자 집단, 건강협회에서 지원하는 금연을 원하는 사람들의 집단, 초범자로 보호관찰 처분을 받은 청소년집단, 약물중독으로 치료를 받는 집단을 치료집단을 제시하였다.

5) 사회화집단

사회화집단의 주요 목적은 성원들이 사회적 기술을 습득하여 사회적으로 수용할 만한 행동이나 태도를 학습함으로써 지역사회의 생활에서 효과적으로 기능할 수 있도록 원조하는 데 일차적 목적이 있다. 사회화집단에서는 단순히 토론만을 하기보다는 게임, 역할극, 야외활동 등과 같은 프로그램을 통해 개인의 목적을 성취하도록 돕는다. 사회화집단은 크게 사회기술훈련집단, 자치집단, 여가집단으로 나눌 수 있다(Toseland & Rivas, 1995).

사회기술훈련집단은 효과적으로 의사소통을 하지 못하거나 만족할 만한 사회적 관계를 맺지 못하는 사람에게 매우 유용하다. 역할극, 심리극과 같은 비언어적 프로그램과 언어적 의사소통을 요구하는 프로그램을 활용하여 성원들의 의사소통능력을 증진시키는 집단 활동이다. 전형적 예로는 자기주장훈련집단을 들 수 있다. 자치집단은 정신병동이나 시설에서 생활하는 사람들이 치료적 공동체에서 자신들의 역할과 책임, 권리 등을 분명히 할 수 있도록 하는 집단이며, 여가집단은 레크리에이션 활동, 스카우트 활동, 캠핑, 스포츠 활동 등이 있다.

〈표 7-1〉 집단 구성원의 상호작용 정도

집단의 종류	목표	자기노출	집단의 예	사회복지사의 역할
지지집단	스트레스 대처방법을 알려는 집단, 대처능력 향상	대체로 높음	한부모집단, 이혼자녀집단, 암환자나 가족이 질병의 대처방법을 논의하는 집단	지지적 역할, 대처기술을 향상하도록 동기화시킴
교육집단	교육을 통해 집단 토론 기회 제공	가장 낮음	성교육 집단, 예비부모 교육집단	교육자 역할
성장집단	성원들의 잠재능력 향상을 위한 집단	아주 높음	여성을 위한 의식고양집단, 퇴직 후의 고령자집단, 부부 참만남집단	조력자 역할
치료집단	성원들의 문제를 행동으로 변화, 상실된 기능 회복을 원조	지지집단보다 낮지만 비교적 높은 편	본드 흡입 청소년집단, 금연집단, 약물중독 치료집단	치료자(변화매개자) 역할
사회화집단	사회적 기술, 사회적 행동형태 습득을 위한 집단	보통	클럽, 여가집단, 공격적 성격의 아동집단, 레크리에이션 집단	조력자 역할, 교육자 역할, 시범자 역할

출처: 전남련 외(2007)

3. 집단이론

지금까지 잘 알려진 집단에 대한 연구접근방법은 1930년대부터 발달해 온 것으로 장이론, 소시오메트리, 집단 상호작용이 있다(Northen & Kurland, 2001; 노충래 역, 2006).

1) 장이론

소집단에 대한 이론적 접근방법으로 가장 잘 알려진 것은 레윈(Kurt Lewin)과 그의 동료들이 연구한 장이론(field theory)이다. 장이론의 기본 전제는 인간의 행동은 생활공간 혹은 장의 기능으로서, 생활공간은 주어진 시간에 상호 의존적인 요인들의 총합체로 여겨지는 인간과 환경으로 구성되어 왔다. 이 이론의 초점은 주어진 상황 속에서 상호 연결된 요인들의 총합인 형태에 있다. 행동은 한 개인의 성격과 환경 간의 상호작용 기능이다. 성격은 심리적 · 신체적 체계를 포함한다. 환경은 주변의 사회집단, 가족, 개인, 개인의 민족성과 인종, 종교 그리고 타 준거집단의 전통과 규범으로 구성된 문화체계를 포함한다. 이는 행동이 개인–환경의 지속적인 상호작용의 기능임을 나타낸 것이다. 그는 "행동을 이해하거나 예측하기 위해서는 개인과 환경의 상호 의존적인 요인들을 총체적으로 고려해야 한다"고 강조하였다. 하나의 체계로서 집단은 성원들 간의 '역동적 상호작용'이라 불리는 지속적인 적응과 과정에 있다. 사실 레빈의 개념은 오늘날 사회복지의 직접적인 서비스에 널리 팽배해 있는 체계 간의 조화, 생태학적 · 생물심리사회학적 관점과 일치하는 것이다.

2) 소시오메트리

각각의 개인이 집단에 함께 모이게 되면 복잡한 대인관계망이 점차 발달하게 된다. 각 성원은 다른 성원에게 정서적인 반응을 보이게 되는데, 어떤 성원에게는 매력을 느끼는가 하면 어떤 성원은 거부하기도 한다. 이러한 감정들은 성원들 간에 교환될 수도 있지만 그렇지 않을 수도 있다. 모레노와 제닝스(Moreno & Jennings)는 집단 내 대인 간의 관계에 대한 매력을 기술하고 측정하는 방법으로 소시오메트리(sociometry)를 개발하였다. 소시오메트리는 장이론을 기반으로 하면서 소집단 내에서의 정서적 관계망을 특히 강조하고 있다. 이러한 정서적 관계는 주어진 환경 속에서 성원들이 누구와 함께 어울리고 싶은가를 선택하는 것으로써 파악할 수 있다. 이 이론은 집단의 성원들을 하나로 묶어주는 긍정적인 선택의 상호성을 다루면서, 동시에 한 성원에 의해 수용되고 거부되는 것을 고려한 개인차를 다루고 있다. 이 이론의 핵심은 개인의 성격과 사회집단의 효과적인 행동에 달려 있다는 것이다. 집단 내에서 성원들 간의 질적인 관계를 파악하기 위한 수단으로 모레노와 제닝스가 개발한 소시오그램은 집단 성원들의 수용-거부 과정을 평사(平射)하는 방법으로 사용된다.

3) 집단 상호작용

집단 상호작용은 베일즈(Robert Bales, 1950/1953)에 의해 개발되었다. 이 이론에서의 집단은 문제해결의 목적을 위해 상호작용하는 개인들의 체계로 설명된다. 따라서 관심의 초점은 구성원들의 의사소통행위 양상과 결과에 있다. 집단 과업을 달성하기 위해 집단 성원들은 서로 탐색, 제안 혹은 의견 교환을 한다. 또한 집단 성원들은 집단 내의 긴장을 관리·통합된 집단을 유지하기 위해 사회·정서적인 문제를 다룬다. 이때 집단은 균형을 이룬 안정된 상태가 아니며, 감정과 과업 사이에서 혼돈을 겪을 수 있다. 따라서 집단의 문제해결과정은 각각의 명확하고 규칙적인 방법에 따라 확실하고 순차적인 단계로 이루어지며, 집단은 주변 환경 안에서 사회체계에 적응하고 생존하고 발전한다.

4. 집단사회복지실천의 모델

파펠과 로스만(Papell & Rothman, 1966)은 집단사회복지실천의 세 가지 모델을 사회적 목표모델(social goals model), 치료모델(remedial model) 및 상호작용모델(reciprocal model)로 분

류하였다(남세진 & 조흥식, 2001; 김혜란 외, 2006; 이윤로, 2007).

1) 사회적 목표 모델

사회적 목표 모델은 초기 집단사회사업이 실천될 때부터 존재한 전통적인 모델이다. 장기적인 목적은 더 나은 민주사회 건설이기 때문에 민주적 집단과정을 중요시하며 사회복지사는 소집단 내에서 민주적 절차를 개발·발전시키는 것이다. 이 모델은 지역사회 내의 범죄, 빈곤과 같은 문제를 다루기 위해서 지역복지관이나 시민조직에서 활용된다. 집단 활동은 성원들의 사회화를 조장할 수 있는 토론, 캠핑 및 교육 프로그램을 활용한다. 사회복지사의 역할은 성원들에게 '영향력을 끼치는 자', '가능케 하는 자'로서 성원들이 합심하여 결정을 내려 일하도록 도와 그들의 권한을 강화시켜 사회가 그들의 욕구에 좀 더 반응적이 되도록 하는 것이다.

2) 치료모델

치료모델은 임상지향적인 치료모델로서 집단 성원들 간에 상호작용을 촉진하여 변화를 이끌어 내는 것이다. 개입의 초점은 집단 상호작용을 활용하여 성원들의 역기능적인 행동과 문제를 치료하고 재활을 돕는 것이다. 사회복지사는 전문적 기술을 적용하여 개인들이 자기 인식을 하도록 돕고 사회적 기능을 향상시키도록 돕는 '변화매개인'의 역할을 한다. 집단은 개인들이 좀 더 새롭게 적합한 기능을 하도록 고무하고 지지한다. 집단 활동은 성원의 행동 변화를 일으키기 위해 구조화된 개입을 하거나 직·간접적 영향력을 끼친다. 이 모델은 임상기관, 교정시설, 정신병원, 기타 치료 중심 프로그램에서 가장 자주 활용된다.

3) 상호작용모델

상호작용모델은 앞의 두 모델의 조합으로서 개인과 집단의 상호 관계를 중요하게 여긴다. 이 모델에서 개인은 많은 여러 체계와 연결되어 있어 그 체계의 관련성에서 이해되고 다루어질 수 있는 실체로 이해하였다. 일반적으로 지지집단이나 자조집단이 상호작용모델의 개념에 속한다. 사회복지사는 집단 성원 간의 상호 원조체계가 되도록 중재하는 역할을 한다.

5. 집단의 역동성

집단과정에서 집단에 영향을 미치는 독특한 힘을 집단 역동이라고 한다. 집단 성원 간 또는 집단 성원과 지도자가 함께 만들어 내는 역동적 상호작용을 의미한다. 집단 역동을 잘 이해하고 활용하면 전체 집단과 성원 모두에게 긍정적 결과를 가져올 수 있으나 집단 역동이 집단 발전에 역기능적인 영향을 미치기도 한다. 예를 들면 집단의 영향력이 무시될 경우, 성급한 개인 공개 및 평가 압력과 같은 부정적 영향이 발생할 수도 있다. 따라서 사회복지사는 집단의 발달단계에 따라 나타나는 집단의 역동을 잘 이해하고 활용하는 것이 중요하다. 다음에는 집단 역동과 관련된 주요 요소들을 설명하겠다(Northen & Kurland, 노충래 역, 2006; 이미선 외, 2009).

1) 집단 상호작용

집단 성원들은 언어적·비언어적인 의사소통으로 집단 내의 상호작용을 하게 된다. 집단 내에서 이루어지는 성원 간의 상호작용을 통해 사고, 감정, 행동 그리고 태도를 변화시키는 결과를 가져오게 된다. 즉 집단 성원의 정보, 태도, 감정 그리고 메시지가 전달되고 받아들여지며 해석되고 반응하는 사회적 과정인 집단 내 의사소통의 유형과 결과에 있다.

집단 상호작용은 집단중심 유형과 지도자중심 유형이 있다. 집단중심 상호작용 유형에서는 성원 간의 사회적 상호작용이 증가하고 집단 사기가 높고, 성원들의 목표 성취를 위한 노력이 증진된다. 그러나 집단중심 유형은 의사소통의 내용이 피상적일 수 있으며 효과적 의사소통을 정착시키기 위해서는 많은 시간이 소요된다. 반면, 지도자중심 유형에서는 지도자를 통해서 성원들이 서로 의사소통하거나 아니면 지도자가 한 사람과 이야기한다는 것을 다른 사람들이 지켜보는 것인데 이것은 성원들 간의 자유로운 상호작용을 방해한다는 점에서 바람직하지 못하다. 그러므로 집단의 의사소통을 통한 상호작용은 시간의 제약이나 집단의 목적, 특성에 따라 상호작용 유형을 선택하여야 한다(신성자 외, 2007; 설진화, 2008).

2) 집단 목적

집단의 목적은 집단 성원의 선별과 발달, 집단의 규범, 집단 활동, 그리고 의사소통유형 및 집단 성원의 평가 기준에 영향을 미친다. 집단의 참여하는 성원들은 집단에 참여하고자 하는 자신의 목적을 분명히 가지고 있는 경우가 많다. 집단의 지도자인 사회복지사도 집단 운영을 준비할 때 집단 운영을 통해 성취하고자 하는 집단의 목표를 가지고 있다. 그러므로 사회복지사는 집단 성원의 개개인의 목표를 잘 파악하여 성원들의 목적과 집단의 목적이 조화를 이룰 수 있도록 노력할 필요가 있다. 또한 사회복지사는 집단의 성원들이 자신들의 다양한 목적을 파악하고 이를 명백히 규정하며 개개인의 특정한 목적 안에서 공통의 목적과 참여동기를 찾을 수 있도록 도와야 한다. 콜리 등(Corey & Corey, 1977)은 집단의 목표를 구체적으로 다음과 같이 설명하였다(이현림, 2008 재인용).

① 선정된 다른 구성원과 더불어 더 개방적으로 솔직하게 되는 것
② 친밀성을 저해하는 책략이나 조작을 줄이는 것
③ 자신과 타인을 신뢰하는 법을 배우는 것
④ 좀 더 진실하고 진지하게 되는 것
⑤ 외부 압력에서 해방되어 지배를 덜 받게 되는 것
⑥ 자기를 수용할 수 있게 되고 자신에게 완전 무결함을 요구하지 않게 되는 것
⑦ 자신의 양극성을 인식하고 수용하는 것
⑧ 친밀감을 표현하는 것에 대한 공포를 줄이고 가까워지고 싶은 사람과 친해지는 방법을 배우는 것
⑨ 단순히 다른 사람의 기대에 맞추려는 데서 탈피하여 자신의 기준으로 결정하는 것

⑩ 다른 사람을 배려하고 관심을 가지고 정직·솔직하게 대하는 방법을 배우는 것
⑪ 자기가 원하는 것을 직접 요구할 수 있도록 배우는 것
⑫ 자기 인식을 증대시켜 선택과 행동에 대한 가능성을 증가시키는 것
⑬ 느낌과 그 느낌을 행동으로 옮기는 것과의 차이를 배우는 것
⑭ 자신이 할 수 있거나 하고 싶은 만큼 하지 못하게 하는 부적합한 초기 결정을 하지 않도록 하는 것
⑮ 다른 사람들도 문제를 가지고 있음을 인식하는 것
⑯ 자신의 가치관을 명료화하고 이러한 가치관을 변경할 것인가, 또 어떻게 변화시킬 것인가를 결정하는 것
⑰ 애매모호한 것을 감당할 수 있게 되는 것, 즉 확실한 것은 아무 것도 없는 세계에서 선택하는 방법을 배우는 것
⑱ 개인적인 문제를 해결하는 방법을 찾는 것
⑲ 내재한 잠재력과 창의성을 탐색하는 것
⑳ 다른 사람을 배려하는 개인의 역량을 증대시키는 것
㉑ 다른 사람에게 베푸는 방법을 배우는 것

3) 집단응집력

집단응집력은 집단 소속감과 정서적 유대를 말한다. 집단응집력은 집단 내에서 각자의 개성을 표현할 수 있고 충분한 친밀감을 느껴 서로에 대한 매력으로 집단이 함께 행동이나 활동하도록 묶어 준다. 집단응집력이 강하면, 집단의 목표를 달성하는 데 있어서 훨씬 더 효과적이고 친밀감, 만족감을 말로 표현하게 되고 상호 의존과 의사소통이 향상되며, 자기개방에 대한 저항감이 줄어든다. 그러므로 집단응집력이 강할수록 성원들이 서로에게 미치는 영향력 또한 커져 목표를 달성하는 데도 훨씬 더 효과적이다. 그러나 지나친 소속감과 응집력은 비효과적 의사소통을 유발할 수 있는 집단사고를 야기할 수 있다. 집단사고가 우세한 상황에서는 개인의 다양한 의견들이 무시됨으로써 의사결정의 잘못이나 역기능적 의사소통을 야기한다.

(1) 집단응집력을 결정하는 요인(Cartwright, 1968; 손광훈, 2009 재인용)

① 집단 구성원이 집단의 참여를 소중하게 느끼고 그들이 사랑받는다고 느끼게 될 때, 집단 성원을 안전하게 보호한다고 느낄 때 집단응집력이 높아진다.

② 새로운 사람과의 만남, 수준 높은 사람과의 교류, 집단의 참여를 통해서만 얻게 되는 자원과 이득 등은 집단응집력을 높이는 자극제가 될 수 있다.

③ 집단 성원이 집단에 대해서 높은 기대를 갖게 될 때 집단응집력은 증가한다.

④ 이전과 비교했을 때 현재 참여하고 있는 집단에 더 만족할 경우 집단에 매력을 더 갖는다.

(2) 집단응집력 향상을 위한 원칙(엄명용 외, 2006; 손광훈, 2009 재인용)

① 집단 토의와 프로그램 활동을 적극적으로 활용하여 집단 구성원 간의 공개적이고 활발한 상호작용을 촉진시켜 집단응집력을 향상시킨다.

② 사회복지사는 집단 성원이 집단과정에 적극적으로 참여하고 그들이 목표를 달성하고 변화를 이루어 낼 수 있는 유능한 존재라는 것을 인식할 수 있도록 돕는다. 집단 성원 개개인이 스스로를 가치 있고 능력 있는 존재라고 믿게 되면 집단 성원은 집단에 보다 적극적으로 참여하게 된다.

③ 집단 성원의 욕구가 집단 내에서 충족된 방법을 파악할 수 있도록 돕는다.

④ 목표 달성과 집단응집력은 밀접한 관계가 있기 때문에 집단 구성원이 목표에 초점을 두고 목표를 달성할 수 있도록 원조한다.

⑤ 집단 성원의 상이한 인식과 관점을 인정하면서 성원이 비경쟁적인 관계를 형성하면 집단응집력을 높이기 때문에 집단 구성원이 협력하는 관계를 형성하도록 원조한다.

⑥ 모든 집단 성원이 집단과정에 완전히 참여할 수 있는 규모의 집단을 형성하도록 한다.

⑦ 집단 성원이 기대하는 바를 명확히 하고, 집단 성원의 기대와 집단의 목적을 일치시키도록 한다.

⑧ 집단에 참여함으로써 얻을 수 있는 보상을 성원에게 제공한다.

⑨ 집단 성원이 현재 참여하고 있는 집단에 자부심을 느끼도록 돕는다.

⑩ 집단에 대한 집단 성원의 책임성을 강조하도록 한다.

4) 집단 문화

집단 문화는 집단 성원들이 동질적일수록 빠르게 형성되고 이질적일수록 늦게 형성된다. 집단 성원들이 각자 가지고 있는 가치, 관습, 전통 및 규범 등으로부터 집단 고유의 문화가 형성하게 되고 이것은 의사소통과 상호작용하는 과정에도 영향을 미치어 새로운 집단의 독특한 일련의 집단 문화를 형성하게 된다. 집단 문화는 집단응집력과도 관련이 있어 집단 내의 상호 지지적 분위기, 집단의 목적 달성에 상당한 영향을 미친다. 집단 문화는 일반적으로 서서히 발전하지만, 일단 형성되고 나면 바꾸기가 어렵다. 따라서 사회복지사는 긍정적 집단 문화를 형성할 수 있도록 개입하여 집단의 목적 달성에 방해가 될 수 있는 집단이 가지고 있는 신념체계에 대해서는 도전하여야 한다.

5) 집단지도력

집단지도력은 의사소통을 통하여 집단 목표를 달성하고자 영향을 주는 제반 힘과 과정을 의미한다. 집단지도력은 집단의 모든 성원이 가능한 한 최대의 만족감을 가지고 효과적인 목표 달성을 위해 행동하도록 작용하여 그 집단이 추구해야 할 목표와 그 목표의 달성방법을 최종적으로 결정하고 한 집단의 규범이 특정한 사회적 규범을 창출해 내는 행동이라고 할 수 있다. 집단지도자는 집단 활동을 효율적으로 지도하기 위해서는 다음과 같은 전문적인 능력이 요구된다.

① 상호관계수립기술이다. 확고한 전문가의 입장에서 집단 성원들과 관계를 수립해 나가 집단 성원들이 서로를 받아들이고 서로 힘을 모아 집단 활동을 수행할 수 있도록 지도해야 한다.

② 집단상황분석기술이다. 집단지도자는 성원들의 활동에 대한 관찰 및 경청을 통하여 집단 활동의 발달단계, 집단 성원들의 욕구, 집단의 구조 등을 파악·분석해야 한다. 집단지도력에 영향을 주는 요인으로는 집단 성원들이 가지는 기대와 집단 지도력을 획득하는 방법, 계획된 지도자와 집단이 발달하면서 출현하게 되는 지도자 사이의 경쟁 여부, 전체로서의 집단이 가지는 목표, 욕구, 과업, 집단 성원의 사회·정서적

기술 및 과업, 집단 내·외부에 있는 권위의 속성, 집단과 집단 지도력이 놓인 환경적 요구 등이 있다.

③ 집단감정처리기술이다. 집단지도자는 자신의 감정을 억제할 줄 알아야 하고 위기 상황에서도 객관성을 유지해야 한다. 긍정적 또는 부정적 감정 표현을 돕고 집단 간 갈등이 생겼을 때에도 집단 성원들이 스스로 이를 분석·해결할 수 있도록 이끌어야 한다.

6) 하위 집단

하위 집단은 집단 성원의 일부가 정서적 결속이나 흥미 동맹을 맺게 되는 경우에 형성되며 집단의 존립과 상호작용에 중요한 영향을 미친다. 또한 하위 집단은 거의 모든 집단에서 형성될 수 있으며 집단을 이끌어가는 데 효과적으로 활용할 수 있다. 그러나 하위 집단의 결속력이 너무 강할 경우에 역효과가 나타날 수 있는데 이러한 현상은 목적전치 현상과 의사소통의 방해, 의견 대립, 집단 유지의 어려움 등을 들 수 있다. 하위 집단이 여러 개가 존재할 경우 각자에게 역할과 지위를 부여하여 집단 내 결속에 도움을 가져올 수 있다.

7) 대인관계

개별 성원은 다른 성원들과의 상호작용에서 흥미를 느낄 수 있으며, 서로 관심을 가질 수 있어야 한다. 집단과의 상호작용을 통해 성원들은 자신에 대한 통찰을 얻고 자신이 가지기 원하는 관계 형성에 대한 아이디어를 찾을 수 있다. 때로 대인관계에 어려움을 겪는 성원들은 이타적이지 못하면서 자기애적인 대인관계를 갖는 성원으로 다른 성원을 인격적으로 대하거나 타인의 관심사에 적절하게 반응하는 능력이 부족할 수도 있다. 사회복지사는 집단이 활성화되거나 생존하기 위해서는 개별 성원들이 개별적이면서 자기중심적이기보다는 집단중심적이고 집단에 통합된 행동과 생각을 보일 수 있도록 도울 필요가 있다.

8) 규범과 역할

규범은 집단 내에서 주요한 통제수단이며, 적합한 행동을 하도록 압력을 가한다. 집단 성원이 규범을 준수했을 때 보상이 있고, 따라서 집단통제의 필요성이 감소한다. 규범을 통해 집단 성원은 집단이 중요하게 생각하는 것과 무의미한 것, 좋아하는 것과 싫어하는 것, 기대 등을 알 수 있다. 집단에서는 개별 성원의 의지와 상관없이 집단 성원 간에 서로 등급 혹은 위계질서가 매겨진다. 개별 성원들은 자신들에게 부여된 다양한 사회적 역할에 따라 행동하려는 경향이 있다. 한 성원이 자신에게 주어진 역할을 집단 내에서 충실히 수행하지 못할 때 집단에 따라서는 그 성원에게 제재를 가하는 경우도 발생할 수 있다.

6. 집단의 치료적 효과

집단에 참여한 개인은 전문가의 도움을 받아 그들의 욕구와 능력에 따라 타인과의 관계 형성을 통해 성장의 기회를 경험하고 개인, 집단, 지역사회의 당면 문제들에 대해 보다 효과적으로 대처해 나갈 수 있도록 도움을 받을 수 있다. 조지와 더스틴(Gorge & Dustin, 1988; 이현림 외, 2009)은 집단 결과에서 치료적 효과를 낼 수 있는 필수적인 요소들을 희망 주기, 안전과 지지를 받고 있다는 느낌, 응집력, 보편성, 대리학습, 인간관계상의 학습으로 보았으며 그 외의 과정에 관련된 요소로는 카타르시스, 정보 제공, 유머와 같은 것들도 중요하다고 하였다. 야롬(Yalom, 1985; 이윤로, 2007 재인용)은 집단을 통한 치료적 요인 11가지를 구체적으로 제시하였다.

① 희망 : 집단은 클라이언트에게 그들이 변할 수 있다는 희망을 심어주어 커다란 치료적 가치를 갖는다.

② 보편성 : 클라이언트는 종종 자신의 불행한 측면은 남들과 달리 매우 독특하다고 믿으며 집단에 임한다. 즉 그 어느 누구도 자신처럼 고통스럽고 두려운 감정을 갖고 있지 않을 것이라 생각한다. 집단을 통해 자신의 문제가 꽤 보편적으로 일어나고 있다는 것을 발견하고 위로를 얻게 된다.

③ 정보 : 집단지도자로부터 클라이언트는 일반적 심리장애 및 자신들의 문제에 대한 정보를 얻을 수 있다. 또한 다른 클라이언트로부터 대처 방안 등 각종 귀중한 정보를 얻게 된다.

④ 사회적 지지 : 집단 성원은 조언과 격려와 동정을 통해 서로를 돕는다. 도움을 주는 자는 자신이 누군가에게 도움을 제공할 수 있다는 것을 배우게 된다. 도움을 받는 자는 자신이 혼자가 아니라는 것을 배우게 된다.

⑤ 가족집단으로의 재현 : 집단은 마치 가족의 성격을 재현할 수 있다. 집단지도자는 부모를 나타내고 다른 성원들은 형제가 되는 것이다. 이렇게 일종의 새로운 가족으로서의 집단은 클라이언트들이 원래 가족으로부터 받은 상처를 치료하는 데 도움이 된다.

⑥ 사회기술의 개발 : 집단 성원들로부터 받는 피드백을 통해 대인관계적 행동에서의 단점(예 : 비웃는 듯한 목소리, 경멸적 행동 등)을 수정할 수 있다.

⑦ 모방행동 : 집단의 리더와 성원들은 새로운 행동을 배우는 데 유용한 모델이 될 수 있다.

⑧ 대인관계학습 : 집단과의 상호작용을 통해 클라이언트는 자신에 대한 통찰을 얻고 자신이 가지길 원하는 관계 형성에 대한 아이디어를 찾을 수 있다. 더 나아가 집단은 클라이언트의 새로운 관계 형성 방식을 시험해 보는 장이 될 수 있다.

⑨ 집단응집력 : 집단 내에서 발달하는 소속감이나 친밀감은 클라이언트에게 위로와 용기를 제공한다.

⑩ 카타르시스 : 집단 내의 보호적 분위기 속에서 성원들은 자신의 행동에 장애까지 초래해 왔던 억눌려 있던 감정을 자유로이 표현할 수 있다.

⑪ 실존적 요인 : 클라이언트들은 자신들의 경험을 공유함으로써 인생은 종종 공정치 못하다는 것과 비록 다른 사람들의 지지가 매우 도움이 될지라도 그들은 자기 스스로 결정을 내려야 한다는 것을 배운다.

7. 집단의 유형

집단의 사정은 성원들의 강점과 문제점을 평가하려는 노력과 함께 진행된다. 어떤 시점에서 집단을 평가하든 사회복지사는 다음과 같은 질문을 고려해야 한다(Northern & Kurland, 2001; 노충래 역, 2006).

① 집단 성원들은 집단의 목적과 자신들의 목표 간의 연관성에 대해 어느 정도 명확하게 이해하고 있는가?

② 집단이 역동적 상태인가, 위기 상태인가, 아니면 지나치게 정적이어서 변화에 대처할 수 없는가?

③ 성원들과 사회복지사 간의 갈등, 성원들 간의 관계, 집단의 다른 체계와의 관계 측면에서 성원들 간 그리고 성원들과 사회복지사 간의 대인관계의 특성과 질은 어떠한가?

④ 성원들 간에 가치와 기대는 어느 정도 일치하는가, 아니면 차이가 있는가?

⑤ 집단의 구조와 구성, 집단의 상호작용에서 발생하는 성원들의 역할과 지위는 개별 성원과 집단의 발달에 어떤 의미를 갖는가?

⑥ 의사소통이 개방적인가, 폐쇄적인가? 효과적인 의사소통을 하는 데 있어 방해물은 무엇인가?

⑦ 차이점과 갈등에 대처하는 데 있어 집단은 어느 정도 효과적으로 문제해결을 활용하는가?

⑧ 집단 내에서 인간적·비인간적 통제방법은 무엇인가? 그리고 그런 방법들이 어느 정도 효과적인가?

⑨ 집단은 주변 환경 체계와의 관계, 특히 지역사회의 규범에 순응하거나 이탈하는 측면에서 이들 체계와 어떤 관계를 갖고 있는가?

집단은 계속 변하므로 사정 역시 시기적절한 집단지도를 위해 지속적으로 이루어져야 한다. 사회복지사는 반드시 집단을 성원의 개별적 차원과 전체로서의 집단을 두 초점에서 사정할 필요가 있다. 그리므로 집단 사정은 개인에 대한 사정보다 복잡할 수 있다. 햅워드(Hepworth)는 집단과정에 대한 사정방법을 제시하였다(Hepworth, Rooney, & Larsen, 1997; 김혜란 외, 2006 재인용).

1) 개별 성원에 대한 사정

집단에 참여하는 성원들의 상당수는 대인관계에서 그들 자신과 타인에게 스트레스를 야기하는 행동상의 비기능적인 측면을 가지고 있다. 개인은 자신의 행동패턴을 잘 인식하지 못할 수도 있으며 그것으로 대인관계에 문제가 생기는지를 잘 알지 못한다. 개별 성원에 대한 사회복지사의 사정 내용은 다음과 같다.

- 개별 성원들이 자신의 행동패턴에 대한 인식 정도
- 집단 성원과의 상호작용하는 방식
- 집단 내에서의 역할
- 집단의 기능을 유지 · 변경 · 강화시키는 데 관련된 역할
- 개별 성원의 기능적인 행동과 비기능적인 행동(표 7-2 참고)
- 개별 성원들의 자신과 다른 사람에 대한 인식 패턴

사회복지사는 각 집단회기에서 나타난 개별 성원의 행동과 인식상의 특성을 기록하여

〈표 7-2〉 개별 성원 행동의 예

기능적 행동	비기능적 행동
• 집단 성원이나 중요한 타인에 대하여 관심을 표명	• 타인의 말을 중단시키거나 타인의 생각을 무시
• 지도력을 보여줌	• 회유하기, 생색내기
• 자신을 분명하게 표현	• 경시, 비판, 빈정대기
• 타인을 지지하고 타인과 협동	• 논쟁, 공격, 비난
• 초점을 유지하고 집단의 목적을 달성하는 데 원조	• 섣부른 조언
• 감정을 솔직하게 표현	• 반감을 언어적 · 비언어적으로 표현
• 타인의 말을 정확히 인식하고 이해한 바를 전달	• 말을 너무 많이 하거나 속삭이기
• 건설적인 피드백에 대해 솔직하고 긍정적으로 반응	• 무관심하거나 움츠려들고 관람객의 역할을 취함
• 집단에 의해 정해진 지침 내에서 일함	• 주제에 관계없거나 옆길로 새는 이야기
• 행동에 대한 책임을 짐	• 타인을 놀리거나 흉내를 냄
• 타인의 의견을 고려하고 그들을 의사결정에 포함	• 야단법석을 떨거나 육체적으로 공격적임
• 토론에 참가하고 타인도 참가하도록 원조	• 해로운 하위 집단을 형성
• 타인의 장점과 성장에 대한 긍정적인 피드백을 줌	• 타인을 분석하거나 판단
• 자신의 장점과 성장을 인정	• 자신에 초점을 맞추는 것을 회피하거나 개인적 문제와 연관된 감정이나 근심을 억제
• 유머를 적절히 사용	

출처: 김혜란 외(2006: 243)

개인별 프로파일을 만드는 것이 좋다. 이를 통해 개인별 장단점을 한눈에 알아볼 수 있고 얼마나 긍정적으로 변화 또는 성장하고 있는지 쉽게 확인할 수 있다.

2) 전체 집단에 대한 사정

전체 집단에 대한 사정 영역은 집단행동양식, 집단 내 하위 집단, 그리고 집단의 규범이나 가치 등을 포함한다. 집단행동양식에 대한 사정 내용은 다음과 같다.

- 집단 전체의 상호작용이 성원들 간에 지지적인가?
- 집단은 목표를 달성하는 데 건설적인 방향으로 나가고 있는가?
- 집단 내 권력이나 자원은 일부 성원이 독점하고 있는가 아니면 공유되고 있는가?
- 집단 내 의사결정은 민주주의적인 방식으로 이루어지는가?

집단 내 하위 집단은 집단 내 다른 성원과 밀접한 관계이거나 배타적인 집단이 되어 전체 집단의 목표에 방해가 되어 해가 될 수 있다. 하위 집단의 형성과 역동을 알기 위해서는 소시오그램을 이용할 수 있고 집단의 특징적 상호작용을 알게 되어 집단 내의 소외자, 결탁 또는 경쟁관계 등을 발견하는 데 활용될 수 있다.

집단 규범이란 성원들이 집단 내외에서 행동할 때 성원들 간의 공유된 신념이나 무언의 기대라고 할 수 있다. 경우에 따라서 사회복지사는 집단 규범에 변화를 꾀하여 긍정적인 분위기를 만들어야 하는 경우가 발생할 수 있다. 그러기 위해서는 집단 규범에 대해 적절히 파악하는 것이 중요하다. 집단 규범을 알기 위해서는 다음과 같은 질문이 있다.

- 집단 내에서 이야기될 수 있는 주제와 이야기될 수 없는 주제가 있는가?
- 어떤 조율의 감정적 표현이 허용되는가?
- 문제해결이나 집단의 과업 달성을 위해 집단은 어떤 태도를 취하는가?
- 성공적인 집단경험을 위한 책임이 성원들에게 있다고 여기는가 아니면 사회복지사에게 있다고 여기는가?
- 집단사회복지사의 위상에 대한 집단의 입장은 어떠한가?
- 피드백에 대한 집단의 태도는 어떠한가?
- 개별 성원의 기여에 대해서 어떻게 여기고 있는가?

요점정리

이 장에서는 집단사회복지실천에 대한 정의를 설명하였다. 집단사회복지실천은 의도적 집단의 경험을 통하여 개인의 욕구를 충족시키고 사회심리적 기능을 향상하도록 하며, 개인이나 집단의 당면 문제를 해결할 수 있도록 하는 사회복지실천방법 중의 하나이다. 집단사회복지실천과 관련된 집단의 유형은 지지집단, 교육집단, 성장집단, 치료집단 및 사회화집단으로 나누어 설명할 수 있다.

집단이론과 관련하여 집단에 대한 연구접근방법은 장이론, 소시오메트리, 상호작용분석이 있고 집단사회복지실천의 3가지 모델로는 사회적 목표모델(social goals model), 치료모델(remedial model), 상호작용모델(reciprocal model)로 나누어 설명하였다.

집단과정에서 집단에 영향을 미치는 독특한 힘인 집단 역동에 대해 설명하였다. 집단 역동은 집단 상호작용, 집단 목적, 집단응집력, 집단 문화, 집단지도력, 하위 집단, 대인관계 및 규범과 역할로 나누어 설명하였다.

집단의 치료적 목적은 집단에 참여한 개인은 전문가의 도움을 받아 그들의 욕구와 능력에 따라 타인과의 관계 형성을 통해 성장의 기회를 경험하고 개인, 집단, 지역사회의 당면 문제들에 대해 보다 효과적으로 대처해 나갈 수 있도록 도움을 받을 수 있다. 집단 결과에서 치료적 효과를 낼 수 있는 필수적인 요소들을 희망 주기, 안전과 지지를 받고 있다는 느낌, 응집력, 보편성, 대리학습, 인간관계상의 학습으로 보았으며 그 외의 과정에 관련된 요소로는 카타르시스, 정보제공, 유머와 같은 것들도 중요하다고 하였다. 야롬(Yalom)은 11가지로 집단을 통한 치료적 요인을 구체적으로 제시하였다.

집단은 계속 변하므로 사정 역시 시기적절한 집단지도를 위해 지속적으로 이루어져야 한다. 사회복지사는 반드시 집단을 성원의 개별적 차원과 전체로서의 집단을 두 초점에서 사정할 필요가 있다. 집단 사정은 개별 성원에 대한 사정과 전체 집단에 대한 사정으로 사정방법을 제시하였다.

토의문제

1. 집단과정에 영향을 미치는 집단 역동에 대해 토의해 보시오.
2. 자신이 참여해 보았던 집단경험을 활용하여 집단유형, 집단 역동 및 집단의 치료적 요인에 대해 토의해 보시오.

Chapter

08 집단대상 사회복지실천기술 2

학습목표

1. 집단발달단계인 준비 단계, 초기 단계, 중간 단계 및 종결 단계의 특징들을 구체적으로 이해하여 설명할 수 있다.
2. 집단발달단계와 관련된 사회복지사의 집단실천기술을 이해하고 활용할 수 있다.
3. 다양한 대상에게 활용할 수 있는 구체적인 집단 프로그램을 학습하여 적용할 수 있다.

집단의 발달단계는 학자에 따라 다소 차이가 있지만 준비 단계, 초기 단계, 개입 단계, 종결 단계로 나누어 볼 수 있다. 집단발달단계의 변화에 따라 집단의 특성, 사회복지사의 역할, 실천기술들은 다르게 나타난다. 집단은 시간의 흐름에 따라 변화와 성장의 과정을 갖게 되며, 집단의 내부 구조, 의사소통과 상호작용의 형태, 집단의 과제와 집단 운영의 절차, 집단응집력, 집단 문화 등이 형성·변화되어 간다. 이 장에서는 집단발달단계에 따른 사회복지실천기술에 대해 살펴보고자 한다.

1. 집단발달단계의 준비 단계와 사회복지실천기술

집단의 시작 단계인 준비 단계는 집단을 효과적으로 활용하기 위해서는 매우 중요한 단계이며 집단의 형성과 탐색이 이루어지는 단계이다. 집단이 실패하는 원인을 분석해 보면 집단의 준비 단계에서 철저히 준비하지 못한 데에 기인하기도 한다. 사회복지사는 준비과정을 통해 집단에 대한 전반적인 방향을 잡을 수 있어 사전 준비를 잘하는 경우 집단 운영에 대해 자신감을 가질 수 있다(엄명용 외, 2009).

1) 집단계획안

세부적인 집단계획안은 집단의 예비 성원, 전체 집단, 후원조직, 사회복지사의 활동, 모임환경 등을 고려하여 집단의 근거를 명확하게 할 수 있는 수단이다. 사전계획은 집단이 취할 방향과 집단을 위한 지도자의 목표에 도달하는 합리적인 구성을 선별하는 것이므로, 집단계획은 명확할수록 더 좋다.

집단계획안에는 일반적으로 다음과 같은 점들이 설명되어야 한다(박세정 외, 2008).

① 집단의 일차적 초점은 무엇인가? 교육, 성장, 상호 공유인가 아니면 행동상의 변화인가?

② 집단의 목적은 무엇인가? 사회복지사가 달성하고자 하는 희망은 무엇인가?

③ 집단은 어떤 사람들을 대상으로 하는가? 그 대상의 충족되지 않은 욕구는 무엇인가?

④ 집단은 한 사람의 사회복지사 또는 두 사람의 사회복지사에 의하여 지도될 것인가? 누가 집단을 지도할 것인가?
⑤ 집단에는 누가 참여할 것인가? 성원들은 어떻게 선발할 것인가?
⑥ 집단이 그 목적을 달성하기 위해서는 집단 성원의 수는 어느 정도가 가장 적절한가?
⑦ 성원들은 집단에 대하여 어떻게 준비해야 할 것인가?
⑧ 집단에서 어떤 문제 또는 논제가 다루어질 것인가?
⑨ 어디에서 집단모임을 가질 것인가?
⑩ 최초 모임에 들어가면서 어떤 사람(지도감독자, 이사장, 기관장, 수위)을 점검하여야 하는가?
⑪ 집단 초기에 어떤 기본적 규칙들이 정해져야 하는가?
⑫ 사회복지사의 역할은 무엇인가?

2) 집단 성원 모집 및 선별

집단 참여를 원하는 사람들에게 집단을 알릴 수 있는 실질적인 방법을 찾는 것은 중요하다. 사회복지사가 직접 클라이언트들을 홍보하거나 접촉할 수 있는 방법을 찾는 것도 좋은 방법이다. 예를 들어 청소년집단을 계획하고 있는 경우 사회복지사가 직접 학교 당국과의 접촉을 통해 프로그램을 설명함으로써 홍보할 수 있다. 또한 동료 사회복지사 등에게 집단을 알리고 집단 성원을 모집하는 방법도 있다. 포스터를 활용하는 경우 홍보포스터에는 집단 프로그램의 목표, 프로그램의 대상, 프로그램의 기간, 프로그램의 장소 등의 내용을 담은 홍보물을 잠재적 대상자들이 많이 왕래하는 곳에 부착할 수 있다.

3) 집단 크기

집단 성원의 상호작용과 만족도에 영향을 미치는 것으로 목적과 성원의 성숙도에 의해 결정된다. 일반적으로 5~12명이 선호되며 사회복지사는 성원들이 중간에 낙오자가 발생할 것을 감안하여 최소한 8명을 제안한다. 초등학교 학생들로 구성된 집단은 3명 혹은 4명으로 유지될 수 있으나 청소년 집단은 6~8명으로 구성될 수 있다.

4) 모임의 횟수 및 시간

집단의 기간은 집단 목적 및 대상에 따라 달라질 수 있지만 성장집단의 경우 통상적인 집단은 15~16주의 기간 동안 이루어진다. 집단의 기간은 집단을 시작할 때 미리 알려주는 것이 좋다. 집단의 연령을 고려하여 집단의 기간과 모임의 횟수를 정할 수 있다. 아동이나 청소년의 경우에 시간은 짧게 하면서 모임은 자주 갖는 것이 좋고 성인의 경우 1주일에 1회 모임을 갖는 것이 적당하다. 성인의 경우 1시간 30분~2시간 정도, 아동이나 청소년 집단은 60~90분 정도가 좋다.

비록 한 명이 출석하더라도 정한 시간에 시작하여 제 시간에 마쳐야 한다. 보통의 집단 활동이 끝부분에 가서 무르익는 경향을 보이기 때문에 경험이 적은 사회복지사는 시간을 연장하게 된다. 그러나 특수한 경우를 제외하고는 제때에 시작하고 종료를 하는 것이 바람직하다(임은희, 2004).

5) 모임장소

집단 모임이 이루어지는 공간은 성원들에게 중요한 영향을 미친다. 구성원이 편안함과 비밀을 보장받을 수 있는 공간이어야 한다. 의자와 테이블은 성원 모두가 서로를 볼 수 있는 원으로 앉는 것을 선호한다. 주의집중을 방해할 수 있는 소음은 없어야 하고 방의 온도는 적정 수준으로 유지되어야 한다. 녹화하거나 일방경을 통해 관찰할 예정이면 반드시 집단 성원의 허락을 구해야 한다.

6) 집단 성원의 동질성과 이질성

집단이 유지되기 위해서는 집단은 동질적이면서 또한 이질적이어야 하며 집단사회복지사는 다양성과 공통성 사이에 균형을 이루도록 노력해야 한다. 동질성의 경우 성원 간의 관계 증진, 집단결속력은 높으나 서로를 너무 잘 안다고 생각하여 서로 자극하거나 반론을 제기하지 않아 침체되고 현실 검증의 기회가 적을 수 있다.

반면 집단 성원의 이질성은 집단 성원에게 다양한 관점과 견해를 제공해 개인의 문제를 해결하는 데 자극이 될 수 있으나, 너무 이질적인 경우 집단 성원들은 서로의 공통점이 적어 자신의 문제를 표출하고 유대를 형성하는 데 시간이 오래 걸리고 특히 초기에는 방어와 저항이 있을 수 있어 집단 성원이 탈락할 수도 있다. 사회복지사는 집단을 구성하는 데 있어 집단 성원의 특성들을 잘 고려하여 집단의 동질성과 이질성을 결정하여야 한다.

7) 개방집단과 폐쇄집단

집단이 진행되는 동안 새로운 집단 성원이 참여할 수 있는 집단으로 개방집단이 있고, 집단이 진행되는 동안 새로운 성원을 받아들이지 않은 집단으로 폐쇄집단이 있다. 개방집단이 적합한 경우는 거주시설, 병원 등에서 운영하는 치료집단, 자조집단, 위기 상황에 처해 있는 사람 등이다. 폐쇄집단이 적합한 경우는 교육집단, 10대 미혼모집단, 심리치료집단 등이 있다. 사회복지사는 집단이 집단 성원에게 폐쇄적일지 개방적일지를 정해야 한다.

〈표 8-1〉 준비 단계에서 사회복지사가 고려해야 할 집단 구성의 요소

① 욕구로서 집단에 참여할 가능성이 있는 집단 성원의 문제나 어려움, 염려하는 부분은 무엇인가?
② 목적으로서 집단 전체가 추구하는 목적과 목표는 무엇인가? 개별 성원의 공통점과 차이점은 무엇인가? 집단 전체의 목적과 목표 그리고 개별 성원의 목표는 어떤 상관성이 있는가?
③ 구성으로서 집단에 참여할 집단 성원의 수는 몇 명인가? 집단 성원의 공통점과 차이점은 무엇인가? 집단을 이끌 사회복지사는 누구인가?
④ 구조로서 집단의 공통점과 차이점은 무엇인가? 특히 집단의 모임 시간 및 장소와 관련해서 고려해야 할 것은 무엇인가?
⑤ 내용으로서 집단의 목적을 성취하기 위해 활용될 도구는 무엇인가? 집단 내에서 실제로 어떤 일이 벌어질 것인가?
⑥ 사전 접촉으로서 집단 참여에 필요한 인원은 몇 명을 확보할 것인가? 집단의 참여를 위해 집단 성원을 어떻게 준비시킬 것인가? 집단의 참여를 위해 집단 성원을 어떻게 준비시킬 것인가?

출처: Northern & Kurland(2001); 노충래 역(2006)

2. 집단발달단계의 초기 단계와 사회복지실천기술

1) 첫 모임의 준비

(1) 사회복지사의 역할 (Northern & Kurland, 2001; 노충래 역, 2006)

① 집단에 대한 계획을 검토한다.

② 성원들에 대해 예비사정을 한다.

③ 집단 성원들이 집단의 초기 시점에 필수적인 과업에 적극적으로 참여할 수 있도록 돕는 것이다.

④ 성원들이 어떤 사람들인가를 알기 위해 사회복지사는 그들의 특성과 욕구 및 상황에 관련된 지식을 점검한다.

⑤ 첫 모임의 활동 장소를 마련해야 한다.

⑥ 필요한 도구나 물품을 준비하는 것도 포함한다.

(2) 첫 모임 전 사회복지사가 가장 많이 느끼는 불안감 (Northern & Kurland, 2001; 노충래 역, 2006)

사회복지사는 스스로에게 묻는 질문과 걱정거리에는 여러 가지가 있을 수 있다. 이는 ① 성원들이 매우 저항적이면 어떻게 하나, ② 집단에 대한 통제력을 상실하면 어떻게 하나, ③ 적대감이 표출되면 어떻게 하나, ④ 아무도 말을 안 하면 어떻게 하나, ⑤ 나에게 지나치게 의존적인 것을 요구하면 어떻게 하나, ⑥ 나를 싫어하면 어떻게 하나, ⑦ 아무도 오지 않으면 어떻게 하나 등과 같은 것들이다.

이러한 의구심과 불안을 인식함으로써 사회복지사는 자신에 대한 생각에 사로잡혀 있는 것에서 벗어나 집단 성원들의 욕구와 능력, 불안에 대해 심사숙고할 수 있게 된다. 사회복지사가 집단 성원들의 상황 속에 있는 것과 같은 느낌을 생각해 본다면 그들과 공감할 수 있는 능력이 향상될 것이다.

(3) 첫 번째 모임의 구조 (Shulman, 1984; 설진화, 2008 재인용)

① 집단 성원들이 서로 소개하기

② 집단 성원들이 느끼는 이슈와 관심사, 사회복지기관과 시설에 대한 이해관계를 명확하게 하기 위하여 간단하고 단순한 개방적인 진술하기
③ 집단 성원들의 욕구와 그들에게 제공될 수 있는 기관의 관점에 관해 집단 성원들로부터 피드백 얻기
④ 집단 성원들의 활동을 돕기 위해 집단사회복지사의 역할과 수행방법을 명확하게 하기
⑤ 효과적으로 기능하기 위해서 집단의 발전을 방해할 수 있는 특정 장애물들을 직접적으로 다루기
⑥ 집단사회복지사와 집단 성원 간의 개별적 토의가 아니라 집단 성원 간의 의사소통 및 상호작용 격려하기
⑦ 집단 성원들이 안전하다고 느낄 수 있는 지지적 분위기 발달시키기
⑧ 집단 성원들의 활동과 앞으로의 집단 활동계획을 수립하도록 도와주기
⑨ 기관과 집단 성원들의 상호 기대를 명확하게 하기
⑩ 다음의 세션에서 다루고자 하는 주제나 문제를 결정하여, 다음 구체적인 단계들에 대한 집단 성원들의 합의를 끌어내기
⑪ 집단 성원들의 효과에 관한 솔직한 피드백 격려하기

2) 집단 적응(오리엔테이션)

이 단계에서는 집단 성원들이 서로를 알지 못하는 상황에 대해 불안감을 갖는다. 이 단계에서 성원들은 불확실함, 불안, 긴장감과 같은 감정과 행동 및 자기의식 그리고 비헌신적인 행동을 가지고 집단에 들어선다. 사회복지사는 성원들에게 사회복지사와 다른 성원들 그리고 집단의 활용계획에 대해 오리엔테이션을 해 줌으로써 불확실감과 불안을 어느 정도 감소시킬 필요가 있다.

(1) 집단 성원의 소개

첫 모임에서의 소개는 집단 성원 간의 상호 관심사와 흥미를 공유하게 하고 상호 신뢰

〈표 8-2〉 개별 목표계획서

_______________ (기관명)

개 별 목 표 계 획 서

나(집단 성원의 이름)　○　○　○　(는/은)

집단 프로그램명_______________에 참여함에 있어 다음과 같은 목표를 (성취예정일) 20△△년 ㅁ월 ㅁ일까지 성취하고자 한다.

목표 1 : _______________

하위 목표:

1.1. _______________

1.2. _______________

1.3. _______________

목표 2 : _______________

하위 목표:

2.1. _______________

2.2. _______________

2.3. _______________

참가자 : _______________ (이름) _______________ (서명)

년　월　일

사회복지사 : _______________ (이름) _______________ (서명)

년　월　일

출처: 엄명용 외(2009)

를 발전시키는 계기가 된다. 집단사회복지사는 집단 성원의 소개에서 동질성을 부여시켜 집단에 대한 관심을 증대시켜야 한다.

집단 성원을 소개하는 가장 일반적인 방법은 순번대로 차례로 돌아가면서 자신을 소개하는 것(사발통문, round robin)이다. 이때 사회복지사가 먼저 자기소개를 하여 성원들에게 자신들이 어떻게 행동하고 어느 정도까지 자신을 소개하는지에 대한 실마리를 제공할 수 있다. round robin의 변형방법으로 집단 성원 간에 상호작용을 촉진하기 위하여 계획적 짝 짓기로 소개하는 방법이 있다. 짝을 지어서 5~10분간 미리 준비한 질문을 가지고 상대방을 면접하고 자신이 면접한 상대방에 대해서 집단에 소개하는 방법이다.

이러한 방법은 집단 성원이 집단 전체를 상대하는 경우보다 개인적 관계 속에서 자신을 소개하고 개방하는 것으로, 불안하지도 않고 더 쉽기 때문에 첫째 방법보다 더욱 효과적일 수 있다. 그러므로 사회복지사는 첫 모임에서 집단 성원의 긴장감과 불안, 불신을 감소시킬 수 있는 다양한 방법과 활동을 준비해 주어야 할 필요가 있다(Reid, 1997; Toseland & Rivas, 1995: 김혜란 외, 2006 재인용).

(2) 목표 설정

집단이 성원들에게 최적의 이익을 제공해 주기 위해서는 집단의 목적이 명확할 필요가 있다. 집단의 성원들은 자신들의 목표와 기대가 사회복지사의 목적과 기대에 비슷하게 통합되었을 때 안도감을 가지고 변화를 가장 쉽게 받아들일 수 있다. 사회복지사는 집단 목표와 더불어 집단 성원 각자의 개별 목표를 확인하고 적절하게 개인 목표를 설정하도록 돕는 것도 필요하다. 초기 단계에서 집단 성원들은 집단으로부터 얻고자 하는 것 또는 집단경험을 통해서 변화를 이루고자 하는 것에 대해 모호한 생각을 가지는 경우가 대부분이다. 따라서 사회복지사는 집단 성원들을 원조하여 집단 성원들의 개별 목표와 개별 목표의 달성을 위한 단계들이 구체화될 수 있도록 해야 한다.

(3) 집단 규칙과 규범

초기 단계에 적용할 수 있는 사회복지실천기술 중의 하나는 집단규칙을 세우는 것이다. 일반적인 집단 규칙은 비밀 보장을 기본으로 하고 사회복지사와 집단 성원들이 협의하여 규칙을 결정할 수 있다. 이러한 집단규칙들은 집단에 규범을 형성하는 데 영향을 미친다. 집단 내에서 역동적인 힘이 작동하려면 집단의 구체적인 목적과 성원들의 특성에 적절한 일련의 규범체계가 만들어져야 한다. 성원들 모두에게 공통적으로 수용되는 규범은 이들에게 지지와 안정감을 제공해 주고 집단의 응집력 발달에 기여한다. 집단발달을 촉진할 수 있는 규범을 노던과 쿨랜드(Northern & Kurland, 2001; 노충래 역, 2006: 354)는 다음과 같이 제시하였다.

① 상호 원조와 상호 지지가 있어야 한다.

② 유연성과 실험성이 필요하다. 이것은 새로운 것들을 새로운 방식으로 시도해 볼 수 있다는 생각을 촉진한다.

③ 차이점이 있는 것은 정상이고 수용 가능한 것이라는 생각으로 성원들이 서로에게서 배울 수 있고 갈등은 긍정적일 수 있다.

④ 준비된 정도와 능력에 따라 참여가 집단발달에 기여할 수 있다.

⑤ 자기를 노출하는 것이 위험한 것이 아니며 사생활이 존중된다는 것을 깨달아야 한다.

⑥ 시간이 흐름에 따라 성원들이 자신의 기능에 점차 더 많은 책임을 감안해야 한다.

⑦ 성원들 간의 교류를 강조하는 의사소통망이 필요하다.

⑧ 집단이 성원들의 삶에 중요한 부분이라는 점을 감안하여 집단에 헌신해야 한다.

⑨ 집단에 대한 참석, 상담료, 비밀 보장, 공간 및 좌석 배치, 특정 집단에 적합한 여러 가지 절차적인 규범 등을 들 수 있다.

이 규범들은 사회복지사가 성원들이 지키도록 만들어 놓는 것도 아니고 사회복지사가 이를 강요할 수도 없다. 그러나 이 규범들은 집단이 성원들의 성장과 개발을 촉진할 수 있도록 하기 위해서 가치에 근거해 집단의 고유한 특징들을 만들어낸다.

3) 관계 형성

사회복지사는 새로운 경험이 집단 성원들에게 주는 의미를 이해하고 이를 초기 단계에서 불확실하고 불안해하는 성원들을 관리할 수 있는 작업관계를 발달시키는 데 활용하며,

성원들 간의 관계 형성을 향상시키는 촉진제로 활용한다. 성원들은 이미 집단을 한 번 시도해 보기로 결정하였지만 집단이 자신들의 욕구를 충족시켜줄 수 있을지와 같은 집단의 적절성에 대해서는 많은 의구심을 갖고 있다. 성원들은 염려와 더불어 겉으로 나타내지는 않지만 속으로 갖고 있는 질문들은 다음과 같은 경향이 있다.

① 사회복지사가 나를 좋아할까?
② 나에게 관심이 있을까?
③ 다른 사람과 비교해서 나를 호의적으로 생각할까?
④ 나를 집단의 한 성원으로 받아들일까?
⑤ 내가 여기에 있는 이유가 뭘까?
⑥ 나에게 기대하는 것이 뭔가?
⑦ 다른 성원들은 어떤 사람들인가?
⑧ 나는 다른 사람들을 어떻게 평가하는가?
⑨ 나는 다른 사람들과 진정으로 친해지기를 원하는가?
⑩ 나는 집단에서 나만의 공간을 찾을 수 있을까?

(1) 신뢰

집단의 목적과 내용에 대해 정확하게 정보를 제공하면서 돌봄의 관계를 보여주는 것은 지지를 제공해 준다. 기본적인 신뢰를 갖고 있는 집단 성원들은 필요한 만큼의 지지를 받게 됨에 따라 집단경험이 제공해 줄 수 있는 잠재력과 요구사항 등을 보다 재빠르게 심층적으로 탐색해 보려고 한다. 보호적이고 허용적인 환경 속에서 성원들은 점차 자신들의 감정과 생각, 목표를 표현할 수 있게 된다. 사회복지사에 대한 신뢰 및 서로에 대한 신뢰가 형성되는 데는 몇 주가 걸릴 수도 있다.

(2) 자기 인식

사회복지사는 자신의 태도와 행동을 통해 수용과 공감 그리고 진솔성을 전달하려고 노력한다. 집단 성원들과 효과적인 관계를 형성하기 위한 중요한 단계 가운데 하나는 자신의 어려움을 인식하고 자기 인식에서 자기통제의 단계로 넘어가는 것이다. 사회복지사는 자신의 어려움을 인식하고 통제할 수 있게 되면서 집단의 응집력이나 유대감 형성을 향상시킬 수 있게 된다. 이러한 응집력 혹은 유대감은 성원들이 서로 간에 심리사회적 친밀성을 형성하는 정도를 나타낸다.

선입견은 효과적인 관계를 형성하고 유지하는 데 있어 중요한 방해물이다. 차별을 경험한 사람들은 종종 첫 번째 접촉에서 사회복지사의 태도에 민감하게 반응한다. 집단과 효과적으로 일을 하기 위해 사회복지사는 성원들에 대한 존경심을 분명하게 표현할 수 있는 공식적인 방법을 지킬 필요가 있는데, 이에는 적절히 소개하는 방법, 직함과 성의 활용, 악수하는 것 등이 있다.

(3) 사회계층

사회계층은 집단 과정에서 한 사람이 어울릴 수 있는 사람과 편안하게 느낄 수 있는 사람을 결정하게 된다. 사회·경제적으로 혜택을 받지 못하는 계층의 집단 성원은 사회복지사가 보다 지시적이고 지지적이며 적극적이기를 바라는 경향이 있다. 빈곤문화에 대한 편견이나 빈곤층이 갖고 있는 잠재력에 대한 편견은 강점과 보다 나은 미래에 대한 희망을 바탕으로 한 진정한 원조관계의 형성을 방해한다.

(4) 저항감 감소

① 저항의 단서들

저항감은 불안을 없애는 하나의 수단이며, 상처로부터 성격을 보호하고, 미숙한 만족감과 특정 관계나 문제에 수반하는 이차적인 이익을 보존하게 한다. 오히려 저항적인 행동은 경험의 전의식 혹은 무의식 수준에 있다. 집단의 성원들은 저항감이 있다는 것을 보여주는 단서를 제공한다. 그 단서 가운데 하나는 시간이 활용되는 방법에 있다. 즉 늦게 오는 것, 일찍 떠나는 것 혹은 결석하는 것이다. 또 다른 단서는 상황을 통제하려는 전략으로 문제 직면하기를 회피하는 것이다. 예를 들면 불평하는 것, 말을 많이 하는 것, 대화를 독점하는 것, 해답을 찾기보다는 다른 사람이 틀렸다는 것을 입증하기 위해 논쟁하는 것, 농담이나 웃음을 오래 끄는 것 등이 있다.

문제 직면하기를 회피하는 행동으로는 주제를 바꾸는 것, 문제를 최소화하는 것, 부인하는 것, 잊어버리는 것, 사실을 숨기는 것, 현재를 다루는 것을 회피하기 위해 과거에 대해 얘기하는 것, 상황을 탐색할 필요성을 없애기 위해 쉽게 자백하거나 잘못을 인정하는 것, 사회복지사나 다른 성원들의 제안을 고려해 보지 않으려는 의지 등이 있다. 대부분의 대인관계적 반응은 상당 부분 전이적 반응으로 의존감, 아부, 유혹, 타인 꾸짖기, 다른 사람의 능력을 의심하는 것, 은밀하게 욕하는 것, 상황에 맞지 않는 분노, 명백한 혹은 은밀한 적개심 등이 해당된다.

② 사회복지사의 기술

사회복지사는 저항을 다루기 위해 수용적인 관계 속에서 민감한 경청과 재확인 그리고 희망을 통해 지지를 제공해 주어야 한다. 집단 초기 집단 성원이 보이는 저항은 사회복지사의 태도와도 관계가 있다. 예를 들어 사회복지사가 집단을 위한 준비를 소홀히 하였거나 혹은 집단 성원들을 대하는 태도가 공격적이고 심판적이라면 대부분의 성원들은 사회복지사를 신뢰하지 못할 뿐만 아니라 저항할 수도 있다. 따라서 사회복지사가 세션을 철저하게 준비하고 집단 내에서의 자신의 행동에 관해 주의하는 것이 집단 성원의 저항을 줄이는 좋은 방법 중의 하나다. 에델위치와 브로드스키(Edelwich & Brodsky, 1992; 엄명용, 2009 재인용)는 집단상담에서 경험이 없는 상담가가 저항을 다룰 때 보이는 실수를 소개하였다. 이를 구체적으로 살펴보면 다음과 같다.

- 상담가가 성원들의 감정에 너무 집중하여 탐색하는 경우(예 : 불쾌하셨다는 말씀을 하셨는데, 무엇이 불쾌하게 만드나요?)
- 집단에 참여하여 얻을 수 있는 혜택을 설명함으로써 저항감을 줄이려는 경우(이는 상담가가 방어적 입장에서 집단 참여의 중요성을 설명하게 되어 역효과를 가져온다.)
- 집단 성원에게 죄책감을 유발하여 집단 참여를 종용하는 경우(예 : 당신은 당신만 생각하지 당신의 문제로 인해 고통 받고 있는 가족에 대해서는 관심이 없군요.)
- 한 성원의 저항감을 집단 전체의 저항감인 것처럼 다루는 경우(예 : 지금 A씨가 불쾌한 감정을 표현하셨는데 다른 사람들도 그렇게 느끼나요? – 집단의 상황을 더욱 악화시키는 결과를 가져올 수 있다.)

3. 집단발달단계의 중간 단계와 사회복지실천기술

이 단계에서는 성원들이 기본적으로 서로를 수용하고 돕는 집단이 출현한다. 성원들은 이제 자신들의 목표가 집단의 일반적인 목적과 관련이 있음을 알게 되어 자신들의 목표에 대해 상당히 명확하게 이해한다. 그리고 대부분의 성원들은 집단에서 수용 가능한 지위를 차지한다. 나아가 성원들 간의 차이점들이 파악되고 이런 점들이 상호 협의한 개인 및 집단의 목표를 성취하기 위한 협력적인 과업을 위해 활용된다. 노던과 쿠클랜드(Northern & Kurland, 2001; 노충래 역, 2006)가 제시한 내용을 중심으로 살펴보겠다.

1) 집단 내 관계의 유지와 강화

집단 성원들과 사회복지사의 관계는 대체로 긍정적이며, 사회복지사에게는 덜 의존하고 성원들 서로에 대한 의존이 많아지며 권위에 대해서도 싸움이 적게 된다. 친밀성의 발달은 이전의 집단발달 단계에서 시작되어 이제는 성원들이 서로에 대해 보다 잘 알게 되고 갈등을 해결할 수 있으며 사회복지사와 성원들을 서로 신뢰할 수 있게 된다. 친밀성에서는 상호 수용과 자기노출을 통한 공유가 핵심적인 요소다.

사회복지사와의 동일시 및 신뢰감 그리고 상호 수용은 집단을 계속하려는 강한 동기를 제공한다. 이러한 분위기에서는 불안과 두려움이 줄어들며 희망이 증가한다. 성원들이 자신이나 자신의 상황에서 긍정적인 변화가 일어날 가능성이 없다고 생각하면 집단에 머무를 가능성은 적어진다.

또한 특정 성원이 중도 탈락하였을 때 새로운 성원을 받아들이는 것이 필요할 수도 있다. 이는 집단에 충분한 수의 성원을 유지하기 위한 것이다. 새로운 성원들을 추가하는 시기는 매우 중요하다. 이들은 바람직하면서도 새로운 자극을 집단에 가져올 수 있다. 경우에 따라서는 집단의 안정성을 심각하게 붕괴할 수도 있다. 새로운 성원을 받아들이는 가장 좋은 시기에 대해 명백한 규칙이 있는 것은 아니지만 가장 좋은 시기는 집단이 갈등을 해결한 다음이거나 특정 과업 또는 과제를 완수한 후에 새로운 주제나 활동으로 전환할 준비가 되었을 때다.

2) 집단 규범들

집단발달의 두 번째 단계에서는 집단 문화가 형성되고 규범이 만들어져 대체로 성원들이 이를 인식하고 이해하며 수용하게 된다. 사회복지사는 이러한 것에 영향을 주는데 집중한다.

집단의 규범에서 벗어나는 행동은 집단의 안정에 위협을 준다. 다른 성원들은 이러한 일탈자를 통제하려는 방법으로 반응한다. 집단의 기대에 일치하지 못하는 일탈자는 모든 관련된 사람들을 힘들게 한다. 이 단계에서 집단 규범과 관련된 사회복지사의 기술은 다음과 같다.

① 성원들이 집단의 규범에 맞게 그리고 그 규범 밑에 깔려 있는 가치를 염두에 두고 행동할 수 있도록 계속해서 돕는다.

② 목표 성취에 긍정적인 규범을 인정하고 지지해 주며 집단에 영향을 미치는 부정적인 변화에 대해 공개적으로 질문한다.

③ 현존하는 규범을 점검하고 대안을 모색해 볼 수 있도록 격려한다.

④ 집단이 행동과 감정의 통제와 자유 간에 적절한 균형을 유지할 수 있도록 돕는다.

3) 의사소통과 갈등

집단의 목적에 적절한 의사소통 유형은 이미 이전 단계에서 형성되었다. 이제 이 단계에서는 감정이나 문제, 의견에 대한 의사소통이 보다 쉬워지고 성원들 간의 의사소통도 보편적이다. 하지만 갈등은 계속해서 존재하면서 변화를 위한 역동적인 힘으로 작용한다. 권력이나 수용과 관련된 많은 개인 및 집단 내적 갈등이 이전 단계에서 해결된다.

갈등의 원인은 다양하다. 갈등의 원인은 종종 성원들의 개인 내적인 충동 및 욕구와 관련이 있을 수 있으며, 성원들의 통제나 애정 혹은 소속에 대한 상이한 욕구일 수도 있다. 이러한 욕구들은 다른 성원들의 욕구와 상호작용하게 된다. 갈등의 원인은 이러한 여러 요인들 가운데 하나가 아니라 이들 요인들 간의 상호작용에 의해 발생한다. 일반적으로 집단은 이러한 갈등을 해결하고 관리할 수 있는 수단을 개발하는데 이 수단은 성원들의 능력에 적절한 것들이다.

4) 목표 성취

이 단계에서 집단 내용의 두드러진 초점은 성원들의 욕구에 집중되어 있는데 이는 이들 욕구가 다른 성원들의 욕구 및 집단의 일반적인 목적과 연관이 있기 때문이다. 성원들이 염려하는 일반적인 주제가 논의되면서 종종 구체적인 문제로 진행되어 논의되거나, 역으로 구체적인 염려사항에서 일반적인 주제로 옮겨가기도 한다. 이들 주제는 성원들의 특정 목표와 주어진 시점에서의 성원들의 강점 및 한계에 따라 다르다. 성공적인 결과가 도출되는 경우는 대체로 다음과 같다.

① 행동과 상황 그리고 문제에 대한 기본적인 지식이 습득된 경우

② 타인과의 관계에서 자신에 대한 정서적 · 인지적 이해, 즉 대인관계에 대한 이해가 향상된 경우

③ 생활 전환과 위기를 포함하여 스트레스에 대처하는 능력이 발달된 경우

④ 사회적 역할의 수행능력이 발달하고 부적응적인 관계와 대화방식을 변화시키는 능력이 발달된 경우

⑤ 사회적 자원을 활용하고 환경적 장애물을 제거한 경우

(1) 지식 습득(정보 획득)

이 단계에서의 주요 주제 가운데 하나는 문제 상황에 대한 일반적인 이해와 그 상황이 개별 성원 및 가족들의 기능에 주는 의미에 대한 이해를 향상시킬 수 있도록 교육하는 것이다. 성원들은 종종 특정 문제에 대한 정보를 즉각적으로 필요로 한다. 사회복지사는 성원들에게 단순히 정보를 제공하는 것을 넘어서 그들의 강점을 인식하고 강조해 주며, 그들이 집단에서 제공되는 지지 이외에 추가적인 지지원을 파악할 수 있도록 돕는 것이 중요하다.

(2) 대인관계의 이해

개인–집단–상황에 대해 적절히 탐색하는 것은 다양한 상황과 상호작용을 하는 자신에 대한 이해를 향상시키는 데 활용될 수 있는, 반영적인 논의를 할 수 있는 핵심 기반이 된다. 성원들 간에 비슷하거나 상이한 느낌이 있었는지를 알기 위해 감정을 적절하게 표현하고 공유하는 것이 핵심적이다. 집단과정은 관계에서의 감정과 문제를 성원들이 인정할 수 있도록 돕는 데 매우 효과적이다.

감정의 공유는 종종 두려움, 죄책감, 좌절감 혹은 다른 강한 감정을 완화시킨다. 성원들은 종종 자신들의 감정을 표현할 수 없었던 상황들에 대해 자주 이야기하곤 한다. 이는 성원들이 감정을 상징화할 수 있는 단어를 알고 있지 못하거나 다른 사람에게 해를 끼치는 것을 두려워하거나 자신의 감정에 대해 죄책감을 느끼거나 혹은 자신의 감정을 표현했을 때 돌아올 수 있는 결과들을 두려워하는 것일 수도 있다. 성원들이 개인적·대인관계적 문제를 다루려는 동기 및 능력에 따라 사회복지사는 성원들이 자신들에게 도움이 되거나 해가 되는 행동 유형을 명료화하는 데 초점을 둘 수 있도록 돕는다.

집단발달단계 가운데 이 단계에서는 지지, 탐색, 안내, 교육 등이 중요한 기술이기는 하지만, 명료화와 해석 또한 성원들이 타인과의 관계를 이해할 수 있도록 돕는 데 매우 주요한 핵심 기술이다. 설명과 해석은 성원들과의 특별한 과정에 맞게 조정될 필요가 있으며, 성원들의 준비도와 일치하게 적시에 제공되어야 한다. 집단의 주요 목적이 무엇이든 간에 자신 및 타인 그리고 사회적 상황에 대한 이해를 향상시키는 작업이 요구된다.

(3) 스트레스의 대처

어떤 집단의 일차적인 목적은 개인이나 가족이 삶의 위기에 효과적으로 대처할 수 있도록 도움으로써 참을 수 없는 스트레스를 줄여 주는 것이다. 집단은 일시적인 지지체계다. 하지만 사람들이 위기 상황에 처하면 그들을 비난하지 않을 보다 큰 외부체계의 사람들을 필요로 한다. 외부체계의 사람들은 그들의 이야기를 들어주며 끊어진 관계를 새로 형성할 기회를 제공할 사람들이다. 집단에서는 사회복지사뿐 아니라 성원들도 지지를 제공해 주고 민감하게 경청하며 문제해결을 위한 대안적인 수단을 제안하며, 다른 사람들이 새로운 대처방식과 변화방식으로 위험을 감수해 본 경험을 통해 희망을 가질 수 있도록 도울 수 있다. 이러한 수단을 통해 스트레스가 감소될 수 있으며 사회적 기능이 회복될 수 있다.

(4) 역할 수행의 능력

이 단계에서는 성원들이 사회적 역할을 수행하는 데 있어 적응적인 행동을 배울 수 있도록 돕는 여러 가지 기회가 생긴다. 집단 내용에서 상당 부분을 차지하는 것은 역할 수행능력을 향상시키기 위해 필요한 기술 개발이다. 의사소통기술의 활용, 정보 획득, 행동 시연, 예산 준비, 친구를 사귀는 방법의 연습, 해당 연령과 성에 기대되는 학습 활동 등이 그러한 예에 해당한다.

사회복지사의 초점은 특정 역할의 내용뿐 아니라 감정적이고 인지적인 양식을 개발하거나 자신 및 환경에 대한 통제력을 습득하는 것도 포함한다. 이해하는 것만으로는 충분하지 않다. 행동이 필요하며, 그것도 성공적인 행동이 필요하다. 효과적인 의사소통은 가장 중요한 사회기술의 하나다. 집단이 형성되기 위해서는 초기 모임에서 어느 정도 만족스러운 의사소통 방식이 만들어져야 하며, 성원들 간의 의사소통이 이들 단계에 일반적인 과업들을 성취하기에 적합한 것이어야 한다.

(5) 의사결정

능력의 유형 가운데 하나는 성공적인 의사결정이다. 성원들은 종종 의사를 결정하고 평가하며 수행하는 데 어려움을 경험한다. 집단사회복지실천에서 사회복지사는 성원들이 문제해결과정을 통해 의사결정을 할 수 있는 방법을 배울 수 있도록 돕는다. 의사결정은 한 성원의 문제해결에 초점을 두거나 집단구조와 상호작용에서의 문제에 초점을 두기도 한다. 사회복지사는 집단이 성원들의 생활 상황에 적용할 수 있는 의사결정을 할 수 있도록 돕는다. 하지만 성원이 집단생활에 대한 의사결정방법을 배웠다고 해서 그것을 자동적으로 다른 상황에 전환시킬 수 있다고 바라는 것은 현실적이지 않다. 성원들이 특정 역할을 수행할 때 발생하는 문제를 돕기 위해 문제해결과정을 활용할 수도 있다.

〈사회복지사의 기술〉

① 성원들에게 문제 상황이 되는 사건들을 보고하도록 요청
② 성원들에게 상황을 탐색해 보고하도록 요청
③ 상황을 보다 효과적으로 다룰 수 있는 대안적인 수단을 고려해 보도록 격려
④ 비슷한 상황에 처했거나 관찰해 보는 경험이 있는 다른 성원들의 상황을 활용
⑤ 성원들이 서로의 잘못된 인식이나 행동을 교정해 주도록 격려
⑥ 대안적인 대처방법을 제안
⑦ 역할극의 활용 : 스트레스를 유발하는 상황을 재창조하는 데 활용될 수 있고 이를 통해 대안적인 해결책을 시험해 볼 수 있는 기회 제공
⑧ 새로운 역할을 탐색 : 성원들은 다양한 태도를 경험하는 이익을 얻을 수 있으며 다른 사람들이 인식하는 것과 행동하는 것의 뒤에 깔려 있는 역동성을 보다 분명하게 인식

(6) 사회복지사의 과제

성원들의 목표를 성취할 수 있도록 돕기 위해 사회복지사는 집단이 개인과 집단의 목표를 추구하는 성장지향적인 체계가 될 수 있도록 집단을 돕는다. 사회복지사의 과업에는 다음과 같은 것들이 있다.

① 사회복지사는 집단과정동안 자신의 영역에 대해 지속적으로 숙고하며, 자신의 감정, 의견이 개인과 집단을 대상으로 효과적으로 일하는 데 어떻게 도움이 되고 방해가 되는지를 이해한다.
② 사회복지사는 각 성원의 집단 참여를 계속해서 사정하고, 성원들이 획득한 지위, 새로운 지식과 기술을 배우거나 문제에 대처하려는 동기와 능력을 사정하며, 집단이 욕구를 충족시켜 주는 체계로 발달하는지, 환경에서의 기회나 장애가 되는지를 계속해서 사정한다.
③ 지지적인 관계를 강화하며, 적절한 형태의 지지를 제공하며, 욕구를 파악하고 역할에 영향을 주며, 역기능적인 행동을 다루기 위해 직면을 활용한다.
④ 필요한 경우 개별 성원들과 면접을 하여 그들이 집단에 보다 효과적으로 참여할

수 있도록 도우며, 시기적으로 집단의 내용에서 벗어난 문제에 대처할 수 있도록 돕거나 그들을 집단 외부의 자원에 의뢰한다.

⑤ 집단의 목적에 적합한 내용에 집중할 수 있도록 돕는다. 전형적인 집단 내용의 주제로는 (가) 행동, 문제, 환경에 대한 핵심적인 지식을 습득하는 것, (나) 대인관계의 이해를 향상하는 것, (다) 생애전환기 및 위기를 포함한 스트레스에 대처하는 방법을 배우는 것, (라) 사회적 역할 수행에 있어 능력을 개발하는 것, (마) 사회관계망을 확장하거나 변화시키는 것, (바) 환경적인 장애물을 줄이도록 노력하는 것 등이 있다.

사회복지사는 클라이언트를 돌보면서 수용하며 공감적인 관계에서 모든 가능한 개입방법을 활용한다. 직면, 명료화, 해석 등은 이전 단계보다 이 단계에서 많이 활용되는 기술들이다. 집단의 내용이 논의든 활동이든 간에 개입기술은 특정 결과를 성취하기 위해 선택적으로 활용된다.

4. 집단발달단계의 종결 단계와 사회복지실천기술

종결은 사회복지에서 역동적이면서 매우 중요한 과정이다. 집단과정의 마지막 발달단계에서 사회복지사의 주요한 과제는 집단을 성공적으로 종결하는 것이다. 그러나 현실적으로 집단이 목표를 달성하지 못한 채 조기에 종결하는 경우도 있다. 집단의 종결 단계에서 사회복지사가 사용하는 기술은 이전까지의 집단경험을 포함하여 모든 집단경험의 성패를 좌우할 정도로 중요하다.

1) 집단의 과제(Reid, 1997; Toseland & Rivas, 1995; 김혜란 외, 2006, 재인용)

(1) 사회정서적 과제

집단발달단계의 마지막 단계에서 성원들의 사회정서적 과제는 사회복지사와 다른 성원들로부터 헤어지는 것과 집단으로부터 도움을 받는 것과 관련된 상실감이다. 이러한 상실감에 대처하기 위해 성원들은 집단경험의 종결과 관련된 다양한 감정들을 표현한다. 종결 단계는 이별 단계라고도 하는데 집단에 매우 깊이 관여했던 집단 성원에게는 특히 힘든 시간이다. 집단 성원은 불안감과 노여움을 표시하기도 하고, 종결을 부정하기도 한다. 사회복지사에 대한 의존성이 나타나기도 하고 투쟁을 벌이기도 한다. 집단경험의 긍정적 의미를 부정하기도 하며, 예전의 버림받은 감정, 거절당한 감정 등을 다시 경험할 수도 있다.

(2) 조기 종결에 대한 이해

어떤 집단은 계획에 없이 조기 종결하는 경우가 발생되고는 한다. 집단 성원은 중간에 탈락하는 집단 성원과 그들의 목적을 달성하지 못한 채 집단이 조기에 종료되는 경우에 대해 납득할 만한 이유를 알기를 원한다. 이에 사회복지사는 그 원인을 확인하여 집단 성원들에게 적절히 설명하는 것이 매우 중요하며 이러한 탈락이 발생된 이유를 파악하여 탈락을 방지하는 것이 중요하다. 또한 집단이 조기에 종결되는 경우, 집단사회복지사는 어떤 요인이 집단의 해체에 영향을 미치는지를 검토하여 집단 성원들에게 설명하고 집단 지도에 반영해야 한다.

(3) 변화 노력의 유지 및 일반화

집단 성원이 집단 참여를 통하여 성취한 변화를 유지하고, 구체적 변화를 집단 성원의 주요한 생활 영역으로까지 일반화할 수 있도록 도와야 한다. 집단 성원은 개입 직후에 상당한 변화를 유지하더라도 시간이 지나면서 긍정적 변화를 유지하는 것이 어려워지며 개입으로 나타나는 특정한 행동을 다른 장면이나 맥락에서는 제대로 실행하지 못하는 경향이 있다.

변화의 유지와 일반화를 위해서는 다음과 같은 방법이 도움이 된다.

① 집단 성원의 일상생활과 밀접한 관련이 있는 현실적 사례를 집단에서 다룬다.

② 집단 성원의 문제에만 초점을 맞추지 말고 능력을 확인할 수 있게 하여 자신감을 갖도록 한다.

③ 변화 유지능력을 방해하는 어려운 상황에도 집단 성원이 대비할 수 있도록 다양한

상황과 환경을 활용한다.

④ 변화를 통해 일어나는 긍정적 결과에 초점을 맞추도록 한다.

⑤ 공식적 집단을 마치고 난 후에 추후 모임을 할 수 있는 기회를 제공하여 변화를 유지하기 위한 집단 성원의 노력을 재검토할 수 있게 한다.

⑥ 집단 성원이 집단 외부에서 부딪힐 수 있는 비우호적 환경에 대해 어떻게 대응해야 할지 미리 준비시킨다.

⑦ 집단 성원에게 그동안 배운 것을 요약해 주거나, 대처기술을 이용하는 데 자신감을 갖게 하여 스스로 자신의 문제를 해결할 수 있도록 한다.

(4) 집단에 대한 의존성 감소

집단 성원의 집단의존성을 줄이기 위하여 집단 성원이 집단 외부의 지지와 집단 성원 자신의 기술 및 자원을 활용하도록 원조해야 하며 집단이 끝나기 몇 주 전부터 집단의 종결에 대해서 논의한다. 집단의 매력을 감소시키기 위하여 집단 성원이 집단에서 성취한 것을 요약하게 하거나 더 이상 집단이 필요하지 않음을 주제로 토론하게 한다. 집단 성원에게 외부활동에 참여하도록 격려하여 집단의 중요성을 감소시킬 수 있다.

(5) 미래에 대한 계획

집단이 종결된 후에 집단 성원의 욕구가 충족되지 않거나 성취하고 싶은 다른 목적이 있어서 부가적인 서비스가 필요한 경우가 있다. 집단 성원들이 부가적으로 모임 갖기를 희망할 경우 재계약을 할 수 있으며, 사회복지사의 지도 없이 집단 성원들끼리 만나는 자조집단을 만들도록 격려할 수도 있다. 또한 집단 성원들이 새로운 위기 상황 또는 문제의 재발 등으로 서비스가 필요할 때 부가적 서비스를 받을 수 있는 방법에 대해서 확실하게 설명을 해 주어야 한다. 사회복지사는 조기에 종결한 집단 성원에 대해서도 필요한 서비스를 받도록 배려해야 한다.

(6) 의뢰

부가적 서비스나 자원이 필요한 경우 사회복지사는 같은 기관 내 타 사회복지사에게 이전(transfer)하거나, 타 기관으로 집단 성원을 연결시켜 주는 의뢰(referral)를 해 주는 것이 필요하다. 의뢰는 집단 성원과 사회복지사가 모두 동의한 경우에만 이루어져야 한다.

(7) 평가

평가는 개별 성원과 집단의 목적 달성 정도를 통해 개입의 효과성을 판단할 수 있는 근거를 제공한다. 뿐만 아니라 집단 성원은 집단에서의 만족과 불만족을 표현할 수 있는 기회를 가지며, 사회복지사는 평가를 통해 얻은 정보를 활용하여 집단지도기술을 발전시킬 수 있다.

2) 사회복지사의 과제(Northern & Kurland, 2001; 노충래 역, 2006)

사회복지사의 자기 인식과 감정의 반응을 통제할 수 있는 능력은 매우 중요하다. 사회복지사도 집단 성원들과의 종결에 대한 감정으로부터 자유로울 수 없다. 성공적으로 종결하는 것은 복잡한 과정으로 인간 행동과 집단 및 환경에 대한 지식을 필요로 함과 동시에 성원들의 삶에서 많은 종결을 어떻게 성공적으로 대처할 수 있도록 도울 것인가에 대한 지식도 필요로 한다. 이 단계에 사회복지사가 성공적으로 종결하기 위해서는 다음과 같은 과제를 가진다.

① 이별과 관련된 자신의 감정을 인식하고 대처하도록 노력하며, 성원들이 보이는 다양한 감정을 이해하고 수용한다.

② 성원들이 상실감과 실패 혹은 성공과 관련된 다양한 감정들을 경험할 때 수용과 공감 그리고 진실성을 모범적으로 계속해서 보여 준다.

③ 각 성원이 집단의 종결에 대해 준비된 정도를 평가하며 개인 정도에서의 차이점을 인식하며, 집단에서 배운 것을 다른 상황으로 전환하는 데 영향을 줄 수 있는 외적 상황에서의 차이점도 인식한다.

④ 집단의 종결에 대해 성원들을 준비시키고, 집단이 계속되는 경우 개인의 종결을 직시하여 준비시킨다. 핵심적인 과업을 성취하기 위해 충분한 시간을 안배한다.

⑤ 종결에 대한 다양한 정서적 반응을 탐색하고 지지하며 명료화한다. 그리고 집단이 종결과 관련된 양가감정을 해결할 수 있도록 돕는다.

⑥ 집단 성원들이 성취한 것들을 점검, 평가하고 지지하며, 나아가 이들이 얻은 것을 인정하고 아직 존재하고 있는 욕구를 파악한다. 그리고 해결되지 않은 과업이나 활동 혹은 문제에 대한 작업의 우선순위를 설정한다.

⑦ 성원들이 얻은 것을 안정화시키고 집단에서 배운 것을 주변 환경으로 일반화시킨다. 성원들이 새로운 관계를 형성하려는 노력을 지지하며 파괴적인 관계를 끊으려는 노력을 지지해 준다.

⑧ 성원들의 삶을 풍부하게 해 줄 기관이나 지역사회의 자원과 서비스를 성원들이 활용할 수 있도록 돕는다.

⑨ 성원의 종결이나 집단의 종결에 대해서 가족과 같은 중요한 타인들과 대화를 한다. 그리고 필요하다면 이들이 성원들을 위해 추가적으로 제공될 수 있는 서비스에 대한 의사결정과정에 참여할 수 있도록 한다.

5. 적용대상에 따른 집단 프로그램

1) 아동을 위한 집단 프로그램(이현림 외, 2009)

아동을 대상으로 한 집단상담은 특별히 가치가 있다. 집단은 아동들에게 새로운 기술을 배우거나 실습할 수 있는 장(長)을 제공하므로 개인상담보다 더 효과적일 수 있다. 또한 집단은 알코올중독자와 함께 사는 아동, 부모와 이혼한 아동, 계부모 가족과 함께 살기 시작한 아동, 다른 어려운 상황에 직면한 아동들에게 좋은 정보, 지지, 상담을 제공할 수 있다.

(1) 집단상담의 목표

아동을 위한 집단상담의 일반적인 목표는 다음과 같다.

① 개개인의 존재에 대한 가치를 이해하여 자신과 타인을 신뢰하고 사랑할 수 있다.

② 감정이입의 기술을 배움으로써 서로를 더 잘 이해할 수 있다.

③ 문화적, 인종적, 그리고 종교적인 다양성을 이해하는 법을 배운다.

④ 집단 상황에서 협동을 경험하며, 이러한 경험은 집단 밖에서 서로 공유될 수 있다.
⑤ 자아성장훈련을 통하여 아동들의 가치, 신념, 태도 등을 탐색하여 긍정적인 발달을 도울 수 있다.

(2) 집단의 종류

아동을 위한 집단들이 많이 있다. 그 집단은 다양한 주제와 기술의 발달을 다룬다. 다음은 학교에서 지도하고 있는 집단의 목록이다.

① 자아개념이나 자아존중감
② 학교 적응하기
③ 분노 조절
④ 괴롭힘 다루기
⑤ 형제와 잘 지내기
⑥ 욕설 다루기
⑦ 소극적 성격 개선하기
⑧ 슬픔 지원하기
⑨ 원만한 대인관계 훈련하기
⑩ 학습기술 형성하기
⑪ 시간관리 능력 키우기
⑫ 사회적 기술 조성하기
⑬ ADHD 아동 다루기
⑭ 생활지도

학교가 거의 대부분의 아동 문제를 다루기 때문에 공공기관에서는 아동을 위한 몇몇 집단만을 지도하고 있다. 공공기관이 지도하는 아동집단들의 주제를 살펴보면 다음과 같다.

① 중증 행동문제
② 이혼
③ 알코올중독 부모
④ 학대받은 아동

(3) 집단의 구조

아동집단은 아동의 주의집중 시간을 고려해야 하기 때문에, 일반적으로 청소년이나 성인집단보다 규모가 작다. 집단원이 6명 이상이면 상담자는 다수의 아동에게 초점을 두기가 어렵다. 그렇기 때문에 4명이 가장 좋은 집단 인원수이다. 그러나 종종 1~2명이 결석하게 되면 집단은 더 작아질 수 있다. 집단원이 주의 집중하거나 서로 상호작용하는 데 문제를 가지는 집단인 경우에, 상담자는 최대 4명의 아동을 구성할 수 있다. ADHD 집단이나 중증 행동문제아 집단에서는 흔히 3명의 아동으로 집단이 구성되는 것을 볼 수 있다.

회기의 길이는 대부분의 아동집단은 길게는 40분, 짧게는 20분 동안 집행될 수도 있지만, 대략 30분 정도 지속된다. 집단상담자는 집단에 주어진 주제와 집단원 수를 충분히 고려하여 어느 정도의 시간이 가장 적절한지를 결정해야 한다.

회기의 수는 아동을 위한 집단들은 대부분 교육적이거나 2회기 정도에서 다룰 수 있는 특정 주제를 다루기 때문에 1회기나 2회기 동안 지속된다. 그러나 이혼, 친구 사귀기, 계부모가족과 사는 문제를 다루는 집단은 8회기나 그 이상의 회기 동안 지속되어야 할 것이다.

(4) 주요 기술

아동집단을 이끄는 데 필수적이고 중요한 기술을 살펴보면 다음과 같다.

① 촉진자 모델에 반하는 상담자 중심모델

아동집단은 사회복지사가 성인으로 구성된 집단보다 더 많은 책임감을 가진다는 것이 주된 차이점 중의 하나이다. 아동은 집단상담 과정에 필요한 준비가 되지 않은 채 집단에 오기 때문에 사회복지사는 아동을 위해 좋은 책과 활동을 꼭 선정해 놓아야 한다.

② 형식의 다양화와 다감각적 접근의 이용

활동, 짧은 이야기, 가벼운 농담, 그림, 다른 소품들은 모두 사회복지사에게 도움이 되는 도구이다. 집단 프로그램에서 적절한 분위기가 조성된다면 일반적으로 아동들은 더 많은 이야기를 하고 싶어질 것이다.

③ 중단하기와 초점 유지하기

아동집단을 이끄는 데 있어서 주요한 기술은 주제에 대해 충분히 오랫동안 초점을 유지하여 긍정적인 효과를 얻어내는 것이다. 실제로 상담자는 다른 집단원과 공유하기 위해서 집단원의 이야기를 중단시킬 필요가 있다. 종종 주제를 바꾸는 아동이 있는데, 이때 상담자는 부드럽게 주제를 다시 제자리로 되돌려 놓을 준비를 해야 하고, 어떤 집단원이 첫 번째 토론이 끝나기 전에 다른 주제로 옮겨가도록 해서는 안 된다.

④ 열정적인 목소리 사용

아동을 대상으로 하는 집단상담에서 사회복지사의 목소리 사용은 효과적인 도구가 될 수 있다. 논의되는 주제에 대해 열정과 흥미를 보여주는 것은 매우 중요하다. 이것은 아동이 흥미를 가지고 초점을 두도록 한다. 활기 없는 목소리를 가진 상담자는 좀처럼 성공적인 아동집단을 지도할 수 없다.

2) 청소년을 위한 집단 프로그램 (이현림 외, 2009)

청소년 집단상담에서는 자아정체성 문제, 성문제, 친구문제, 부모와의 문제, 학교문제를 가진 사람들을 도울 수 있다. 특히 십대 임신, 이성교제, 십대 부모, 학교 중퇴, 약물중독 청소년을 위한 집단은 매우 도움이 될 수 있다.

(1) 집단상담의 목표

청소년의 발달욕구에 초점을 둔 집단상담의 일반적인 목표는 다음과 같다.

① 다양한 생활 장면에서 의미 있는 활동목표를 정의해 줌으로써 자아정체감을 정립하거나 회복되도록 한다.

② 자기의 관심, 능력 및 적성에 대한 이해를 증진시킨다.

③ 자신을 이해하여 생활의 기회를 포착하고, 행동결과를 평가할 수 있는 능력과 기술을 증진시킨다.

④ 자기가 당면한 문제를 인식하고 해결할 수 있는 사회적 태도와 대인관계에서의 자신감을 증진시킨다.

⑤ 타인에게 자신의 솔직한 느낌을 직접 전달하면서도 상대방의 감정을 고려하여 원만한 의사소통할 수 있는 능력을 향상시킨다.

⑥ 중대한 의사결정 상황에서 스스로 결정을 내리고, 필요한 위험 부담을 감수하고, 자기의 실수로부터 스스로 배우는 독립심을 키운다.

⑦ 부모 및 스승뿐만 아니라 사업주, 경찰, 정부 관리 등 사회의 권위적 인물들을 대할 때 성숙한 방식으로 행동하는 대인기술을 향상시킨다.

⑧ 자기 행동 문제를 인정하고 개선하는 데 필요한 활동에 적극적으로 참여할 수 있도록 한다.

⑨ 성장과정에서 일어나는 신체적 · 정서적 변화에 대처하는 지식과 기술을 증진시킨다.

(2) 집단의 종류

청소년을 위한 집단에서는 자발적인 집단과 비자발적인 집단이 있다. 자발적인 집단은 일반적으로 학교, 교회, 정신건강센터에서 이루어지는 반면에, 비자발적인 집단은 기본적으로 치료센터, 시설거주치료센터, 정신건강센터에서 실시된다. 자발적인 성장집단, 토론집단, 교육집단, 상담집단, 치료집단은 청소년 시기에 매우 가치가 있을 수 있다. 다음은 중학교나 고등학교에서 실시할 수 있는 집단의 목록이다. 이들 집단의 대부분은 몇몇 강제적인 집단도 있지만, 대부분은 자발적인 집단이다.

① 자아존중감이나 자아개념
② 중퇴 예방
③ 주장성
④ 우정
⑤ 분노 조절
⑥ 변화한 가족
⑦ 학습기술
⑧ 슬픔과 상실
⑨ 약물교육
⑩ 성교육
⑪ 약물중독
⑫ 이성교제
⑬ 약물중독자와 사는 것
⑭ 동성애 문제
⑮ 십대 임신
⑯ 미래에 초점을 두는 것
⑰ 십대 엄마
⑱ 십대 아빠

다음은 정신건강센터, 치료센터, 구치소에서 형성되는 집단들을 살펴보면 다음과 같다.

① 약물중독
② 부모됨
③ 성학대의 피해자
④ 십대모
⑤ 약물중독자와 사는 것
⑥ 십대부
⑦ 보호관찰이나 석방
⑧ 자아존중감
⑨ 동성애 문제
⑩ 협동하는 삶

(3) 집단의 구조

청소년의 성장집단, 지지집단, 상담집단, 치료집단의 크기는 6명이 이상적이고, 8명을 넘지 않아야 한다. 만약 심리교육적 집단이라면 10명이나 그 이하의 집단원 수를 유지하는 것이 가장 좋지만 12명의 집단원도 적절할 수 있다.

청소년과 함께 하는 집단의 회기는 보통 40~90분 동안 진행된다. 학교에서의 집단은 일반적으로 한 회기에 대략 40~50분 정도 걸린다. 시설 거주의 환경에서는 특히 시간이 '집안일'에 쓰인다면 회기는 더 길게 지속될 수 있다. 정신건강센터에서 집단의 회기는 일반적으로 적어도 90분 정도 걸린다.

회기의 수는 집단의 종류와 집단원에 달려 있다. 어떤 집단은 1~2회 진행할 수 있고, 약물중독, 동성애 문제, 보호관찰 집단과 같은 집단은 10주나 6개월 정도 진행할 수 있다.

(4) 주요 기술

청소년과 함께 작업하는 집단상담자는 십대들을 좋아해야 하고, 존중해야 하며, 그들의 세계에 대해 알기를 원하고, 그들이 성장하는 동안 경험하게 되는 갈등의 종류들을 이해해야만 한다. 청소년들은 상담자가 그들을 이해해 주는 사람인지 또는 '어른들이 더 많이 알아'라는 고자세를 취하는 어리석은 시도를 하는 사람인지를 잘 알아차린다. 청소년들은 종종 상담자가 어느 정도 그들의 가치를 수용하는지를 시험한다. 즉, 세 가지 중요한 기술은 책임지기, 구조를 이용하기, 흥미롭게 만들기가 있다.

① 책임지기

상담자가 주도권을 잡고 집단을 이끌 것이라는 점을 먼저 확실히 하는 것이 청소년과의 작업에서 매우 중요하다. 만약 상담자가 주도권을 잡지 않는다면, 십대들 중 1~2명 또는 전체가 비생산적인 방향으로 이끌려 갈 수 있다. 상담자가 주도적으로 집단을 흥미있게 이끈다면, 청소년들은 꺼리지 않고 따라올 것이다. 상담자들은 그들이 좋은 지도를 받게 되면 지도를 꺼리지 않는다는 것을 기억해야 한다.

② 구조를 이용하기

청소년들은 종종 주제에 대해 토론할 준비를 하지 않고 오기 때문에, 활동과 주제를 계획하는 것은 일반적으로 집단을 구조화하는 가장 좋은 방법이다. 집단원이 부적절하고 피상적으로 토론을 이끌어가려 한다면 그것을 그만두게 해야 한다.

③ 흥미롭게 만들기

상담자의 책임은 흥미를 유발할 수 있는 주제를 선택하고, 주제와 관련된 재미있는 활

〈표 8-3〉 집단대상 사회복지실천의 주요 프로그램 예시

결식아동의 사회성 향상을 위한 집단 프로그램
또래관계 증진을 위한 사회기술훈련
치매가족의 가족 기능 강화를 위한 가족집단 프로그램
미취학 발달장애아동의 사회성 향상 프로그램
징계 청소년 사회봉사명령 집단 프로그램
청소년 사랑나누미 집단 프로그램
외국인 가족의 가족 기능 강화를 위한 집단 프로그램
행복한 노후를 보내기 위한 집단 프로그램
결식아동 방과 후 심리지원 집단 프로그램
장애여성의 임파워먼트를 위한 집단 프로그램
저소득 이혼여성가장을 위한 집단 프로그램
이혼여성 자조집단 프로그램
징계 중학생의 강점 강화 집단 프로그램
시설 청소년의 자립 강화 프로그램
미혼모의 성적 자기결정권 강화 집단 프로그램
이혼여성가장의 임파워먼트 프로그램
여성 지체장애인 문제해결능력 향상
여성 장애인 peer leadership 집단 프로그램
알코올중독자 주간 재활집단 프로그램
도박중독자 가정 위기 극복 프로그램
한부모가족 자조집단 프로그램
조직화를 위한 영구임대아파트 주민 자조집단 프로그램
정신장애인 과제중심 사회기술훈련집단 프로그램
그룹홈 청소년들의 집단 프로그램
보호관찰 청소년의 사회적응 프로그램
학교생활 부적응 청소년의 중도 탈락 예방 집단 프로그램
투석 중인 신장장애인의 재활 의지 강화 집단 프로그램
뇌졸중 환자 집단 프로그램

출처 : 신성자 외(2007: 224-225)

동을 이용하고, 집단원들의 참여를 유지할 수 있는 다감각적 접근을 이용하여 집단을 흥미롭게 이끄는 것이다. 이것은 특히 비자발적인 집단인 경우에 해당하는데, 이는 비자발적인 집단을 지도하는 것이 매우 힘들기 때문이다. 상담자는 부정적인 에너지의 방향을 창조적이고 혁신적으로 돌려놓을 수 있어야 한다. 특히 청소년들과 함께 하는 초기 회기에서 상담자는 흥미로운 것들과 관련되는 활동들을 계획해야만 한다. 역할놀이, 도덕적 딜레마 활동, 문장 완성, 공동 도서를 이용하는 활동들은 모든 집단원이 흥미를 가지고 참여하는 데 도움이 된다. 규칙을 형식적인 제시와 함께 시작하는 것은 비자발적인 집단을 시작하는 방법이 아니다. 이것은 이미 부정적인 집단원에게 부정적인 분위기를 조성할 뿐이다.[1)]

요점정리

이 장에서는 집단의 발달단계를 준비 단계, 초기 단계, 개입 단계, 종결 단계로 나누어 설명하였고 집단발달단계에 따른 집단의 특성, 사회복지사의 역할, 실천기술에 대해 살펴보았다.

집단의 시작 단계인 준비 단계는 집단을 효과적으로 활용하기 위해서는 매우 중요한 단계이며 집단의 형성과 탐색이 이루어지는 단계이다. 준비 단계에서 고려해야 할 사항 중에서 집단계획안, 집단 성원 모집 및 선별, 집단 크기, 모임의 횟수 및 시간, 모임장소, 집단 성원의 동질성과 이질성 및 개방집단과 폐쇄집단에 대해 설명하였다.

초기 단계는 첫 모임을 시작하는 단계다. 초기 단계와 관련 집단 성원의 소개, 목표 설정, 집단 규칙과 규범 및 관계 형성에 대해 설명하였다. 관계 형성과 관련된 신뢰관계 형성과 저항감 감소에 대한 내용과 사회복지사의 기술에 대해 설명하였다.

중간 단계에서는 성원들이 기본적으로 서로를 수용하고 돕는 집단이 출현한다. 집단 성원들 간의 차이점들을 파악하고 상호 협의한 개인 및 집단의 목표를 성취하기 위한 협력적인 과업이 활용된다. 개인 및 집단의 목표를 성취하기 위한 과업과 사회복지사의 기술에 대해 설명하였다.

종결 단계는 집단과정의 마지막 발달단계이다. 성공적인 종결을 위한 집단의 과제로 사회·정서적 과제에 대해서 제시하였고 조기 종결에 대한 문제를 다루었다. 집단 성원이 집단 참여를 통하여 성취한 변화를 유지와 일반화할 수 있는 방법에 대해서 제시하였다. 또한 집단에 대한 의존성 감소, 미래에 대한 계획, 의뢰 및 평가에 대하여 설명하였다. 마지막으로 종결과 관련하여 사회복지사의 과제를 설명하였다.

1) 최근 5년 이내 각 사회복지기관이 공동모금회 등 민간재단으로부터 지원받은 프로그램 중 집단사회복지실천 프로그램을 정리한 것이다. 삼성복지재단, 사회복지공동모금회, 서울복지재단 참고.

토의문제

1. 집단발달단계에 따른 사회복지사의 기술에 대해 토의해 보시오.
2. 조별로 집단발달단계 중에서 한 단계를 선택하여 한 사람은 집단지도자인 사회복지사 역할을 하고 다른 조원들은 집단 성원을 하며 서로 역할을 바꾸어 역할연습을 해 보시오.
3. 조별로 구체적인 집단 프로그램을 준비하여 발표해 보시오.

Chapter 09

가족대상 사회복지실천기술 1

학습목표

1. 가족에 대한 올바른 이해와 사회 변화에 따른 가족의 변화와 다양성, 가족문제의 변화를 학습하여 설명할 수 있다.
2. 가족문제 사정을 위한 방법들과 다양한 가족문제 사정도구에 대해 학습하여 설명할 수 있다.
3. 가족대상 사회복지실천과정의 단계를 학습하고, 각 단계별 목표와 실천기술에 대해 학습하여 설명할 수 있다.

가족대상 사회복지실천이란 가족이나 가족 구성원을 대상으로 서비스를 제공하는 사회복지실천 활동을 의미한다. 가족단위의 문제가 주요 실천대상이 되며, 경우에 따라서는 개인의 문제를 해결하기 위해 가족단위의 개입이 이루어지기도 한다(설진화, 2009). 현대 사회에서는 다양한 형태의 가족의 등장과 함께 가족 기능이 바뀌어 감에 따라 가족 형태의 다양화로 복잡한 문제들이 발생한다. 본 장에서는 이러한 사회의 가족 문제를 해결하기 위해 가족에 대한 이해와 더불어 가족대상 사회복지실천에 적용되는 사회복지적 접근에서의 실천기술에 대해서 설명하고자 한다.

1. 가족에 대한 이해

가족은 인간과 사회가 존재할 수 있게 하는 가장 기본적인 사회단위로 급변하고 불안정한 현대 사회에서 날이 갈수록 그 중요성이 강조되고 있다. 가족 성원들 간에 친밀한 관계를 갖는 가족체계는 유기체와 같은 성격을 가지고 있어서 개인의 문제를 해결하기 위해 가족의 문제가 먼저 해결되어야 한다는 점이 밝혀지게 되었다.

가족을 대상으로 사회복지실천을 하기 위해서 가족을 하나의 체계로 보는 관점은 가족 구성원들 간의 상호작용뿐 아니라 가족과 주변 환경과의 상호작용까지 관찰하고 개입할 수 있다는 점에서 가족대상 사회복지실천에 있어 매우 유용한 관점을 제시한다.

1) 가족의 개념

가족은 인간의 성장과 발달은 물론, 문화 전달에 필요한 모든 것을 전수·양육하는 일차적인 집단이며, 이 사회를 구성하는 기본적인 단위이다. 가족의 정의는 "혈연, 입양, 혼인을 기반으로 하는 전통적인 가족 구조"에서 현대사회가 되면서 가족의 개념이 변하고 있다. 즉, 가족이란 동일한 가구에 거주하고, 가족생활을 유지하기 위한 특정한 역할과 지위를 가진 자들이라고 할 수 있다.

가족은 생물학적 요인과 문화적 요인을 연결하는 기본적 사회제도이며 동시에 인간은 가족 내에서 적응하고 성숙하는 데 필요한 기본적인 수단, 제도, 역할 등을 학습하게 된다. 또한 가족은 친밀한 대인관계 경험의 토대를 제공해 주는 사회적 환경으로서 개인의 행동과 성격 형성에 지대한 영향을 미친다.

하나의 체계로서 가족의 구조나 기능을 이해하고자 할 때 가족은 인간과 사회가 상호작용하는 사회체계의 한 유형으로 가족 구성은 상호 의존하는 관계에 있다. 따라서 한 사람의 행동이 다른 가족에게 영향을 미치며 이는 반복적인 상호작용 행동으로 유형화된다. 가족의 상위체계로는 지역사회, 확대가족 등이 있고 하위체계로는 부부체계, 부모자녀체계, 형제체계 등이 있어 상호작용을 통해 서로 에너지를 주고받게 된다.

가족체계에 대한 기본 개념들로서 가족 구조, 가족생태학, 경계와 하위체계, 순환적 인과성, 가족항상성, 가족 삼각관계, 가족규칙과 가족신화, 가족 역할, 가족 권력구조, 가족생활주기 등이 있다.

(1) 가족 구조

가족 구조란 가족 구성원들이 상호작용 유형과 관계조직을 조직화하는 기능적인 측면을 말한다. 이것은 구성원들의 사고방식과 정서적 차원, 가족 구성원들 간에 이루어지는 교류의 내용과 관계 등에 의해 결정된다.

(2) 가족생태학(family ecology)

가족은 주변 사회환경과 끊임없이 상호작용하며, 사회환경과의 상호작용을 통해 가족의 기본 욕구를 충족하기 위한 필수 자원과 지지를 확보한다(구혜영, 2009). 대부분의 가족은 주변 환경과 상호작용하는 가운데 적응적 균형(adaptive balance)을 이루지만, 적응적 균형을 이루지 못하는 가족은 결핍되거나 혹은 고립되거나 지나친 환경적 스트레스로 인해 지치게 된다(최경화 외, 2010).

(3) 경계와 하위체계

가족의 경계(boundary)는 가족 내 체계들 간의 구분이나 가족체계와 외부 환경체계를 구분해 주는 보이지 않는 선으로, 기능적인 가족은 환경체계들과 분명히 구분되는 동시에 개방적이고 융통성이 있는 적응적인 경계를 가진다. 하지만 가족이 환경체계들과 지나치게 밀착되거나 혹은 지나치게 유리된 경계를 가지는 경우에는 체계가 상호작용이 이루어지기 어렵기 때문에 폐쇄적이고 고정적이 되어 가족 내 문제가 발생할 가능성이 높고 주변 환경과 많은 갈등을 초래한다. 예를 들어 확대가족체계와의 경계가 불분명하고 일부 가족 성원이 확대가족과 지나치게 밀착되어 있는 경우 가족의 기능에 문제가 생길 수 있다. 남편이 자신의 어머니와 지나치게 밀착되어 아내를 배제하는 경우에 남편과 아내의 부부로서의 기능뿐 아니라 자녀들의 부모로서의 기능에도 문제가 있을 수 있다.

체계로서의 가족은 그 자체가 하나의 체계가 되지만 체계가 분화되어 세대, 성(gender), 관심 등으로 구분되는 다양한 하위체계를 가진다. 대표적인 가족 내 하위체계는 부부하위체계, 부모하위체계, 부모-자녀하위체계, 형제자매하위체계 등이다. 이러한 하위체계들은 가족규칙에 의거해서 서로의 경계선을 가지고 상호작용을 하게 된다. 가족은 내부적 하위체계들 간의 경계선뿐만 아니라 다양한 외부적·환경적 체계들과도 교류하면서 경계선을 가진다.

(4) 순환적 인과성

가족 내 한 성원의 변화는 다른 성원들과 가족 전체에 영향을 미치며, 이런 영향은 처음 변화를 유발한 성원에게 다시 순환적으로 영향을 미친다. 따라서 가족 성원의 행동을 단선적(linear)이 아닌 순환적 반응으로 이해해야 하며, 작용(action)이 아닌 반작용(reaction)으로 이해해야 한다. 순환적 인과성에 따르면, 가족이 가진 문제를 해결하기 위해서는 문제의 원인 혹은 근원보다는 문제를 유지하는 가족의 상호작용에 초점을 둘 필요가 있다. 또한 가족의 변화를 위해 반드시 문제의 근원이 되는 성원이 변화하기보다는 다른 성원들이 변화함에 따라 문제의 근원이 되는 성원과 가족 전체가 변화할 수 있다.

(5) 가족항상성

가족항상성(homeostasis)은 가족의 구조와 기능에 있어 균형을 지켜 나가려는 속성을 뜻하며, 가족항상성 유지는 가족 구성원들 모두가 한정적 범위의 규칙이나 묵시적으로 이루어진 동의 등을 얼마나 잘 고수하는가에 달려 있다. 가족항상성은 위기이론과 밀접한 관련이 있으며, 가족은 위기 상황 이후에 정상적인 기능 수행으로 되돌아가려는 경향이 있다.

(6) 가족 삼각관계

가족 성원이 정서적 관계를 맺을 때 두 사람만으로 구성된 2인 체계는 불안이나 긴장이 유발되는 경우가 많기에 안정을 유지하기 어려운 경우가 자주 발생한다. 이때 2인 체계는 긴장을 줄이려는 의도에서 제3의 인물이나 새로운 문제를 끌어들여 삼각관계를 형성한다. 이 경우 심리적·정서적으로 건강한 구성원은 아무런 문제가 없으나 그렇지 못한 경우에 삼각관계를 형성하게 되는 것이다.

(7) 가족규칙과 가족신화

가족규칙은 가족의 항상성을 유지하는 역할을 하며 가족 내에서 지켜야 할 권리와 의무, 적절한 행동을 규정해 놓은 계약이다. 기능적 규칙은 가족 성원의 능력과 적응력, 그리고 건강의 발달에 기여를 한다. 가족규칙은 표면화되기보다는 내재적이고 은연중에 정해진 불문율의 성격을 갖는 경우가 많다. 사회복지사는 가족의 상호작용 및 의사소통의 관찰을 통해 이러한 내재된 가족규칙들을 유추해야 한다.

가족치료에서는 가족 성원이 아무런 의심 없이 공유하는 믿음과 기대 등의 인지적 양성을 가족신화라 한다. 가족신화는 때로는 가족의 항상성을 유지하는 데 기여하기도 하지만, 또 때로는 가족관계를 파괴할 정도로 위협적인 긴장을 유발시키기도 한다.

(8) 가족 역할

가족 역할은 가족의 기대와 규범에 의해 개인에게 강화되고 규정된 반복적인 행동패턴이다. 가족의 이러한 역할은 보통 가족 전체의 이득을 위해 형성·성장되며, 협상되고 수용되거나 혹은 거부된다. 이 역할들은 고정적이기보다는 가족이 성장하고 변화함에 따라 그 역할도 변화한다. 가족의 역할은 어떤 것이 좋은 역할이고 이상적인 역할인지 한마디로 정의하기 힘들기 때문에 사회복지사는 가족들의 역할이 어떻게 수행되는지 그러한 역할들이 가족의 욕구에 맞는지를 검토해야 한다.

(9) 가족 권력구조

가족 내에서의 권력은 다른 가족원의 행동을 변화시킬 수 있는 능력이다. 즉, 가족 내에서의 권력구조에 따라 주도적인 수직관계와 의사참여방식이 결정되고 개인의 행동범위가 결정된다는 것이다. 따라서 가족을 사정함에 있어 가족 내에서 주도적인 위치는 누구이고 권력의 균형이 가족 내에서 어떻게 분배되고 있는가를 파악하는 것은 매우 중요하다.

(10) 가족생활주기

가족생활주기가 사정과정에서 중요한 이유는 모든 가족이 가족생활주기의 모든 단계를 거치고 이 단계에 대한 적응과정에서 많은 스트레스를 경험할 수 있으며, 이러한 스트레스가 심한 경우 가족문제의 근원이 될 수 있기 때문이다.

2) 가족의 변화

인간은 누구나 가족의 일원으로 생을 시작한다. 그리고 대부분의 경우 가족의 사랑과 보호를 받으면서 성장하며, 가족 속에서 삶의 기쁨과 어려움을 나누다가 또한 가족의 애도 속에서 삶을 마감하게 된다. 이렇듯 인간의 삶에서 가족이 차지하는 비중은 매우 크며, 삶에서 필요한 많은 것들을 가족 속에서 충족시켜 왔다.

그러나 가족을 중심으로 이루어져 왔던 삶의 여정에서 변화가 생기고, 그에 따라 여러 가지 어려움이 발생하기 시작한 것은 산업화가 시작된 이후부터라고 볼 수 있다. 왜냐하면 산업화에 따라 생산과 소비가 분리되고, 이에 따라 자연스럽게 주거와 직장이 분리되었으며, 동시에 가족의식이 점점 낮아졌기 때문이다. 이러한 사회적 변화는 그 가족들이 원하는 생활방식을 향유하게 하는 순기능을 도모하였지만, 다른 한편으로는 가족의 불안정을 야기시키는 역기능을 초래하기도 하였다.

(1) 가족 형태의 변화

우리 사회에서 지난 40여 년에 걸쳐 나타나고 있는 가족 형태의 중요한 변화는 가족 형태의 탈대중화 현상이 도래하고, 가족 형태의 선택이라는 현상으로 변모하고 있다. 결혼하지 않은 독신가구는 증가하는 반면, 결혼한 가족의 경우 무자녀이거나 자녀 수가 감소하는가 하면, 여성의 경제활동 참여 증가로 맞벌이가구가 증가하고 있다.

초혼연령의 상승, 결혼율의 감소, 이혼율과 재혼율의 증가와 함께 이러한 결과가 나타나는 가족의 형태로 핵가족을 위시하여 맞벌이가족, 한부모가족, 조손가족, 계부모가족, 소년소녀가정가족, 무자녀가족, 독신가구의 증가, 동거남녀의 증가 등의 다양한 가족 및 유사 가족을 들 수 있다(이소희 외, 2004).

(2) 가족 기능의 변화

가족의 기능도 시대와 문화권에 따라 다르며, 동일한 시대와 문화권 및 동일한 사회라 하더라도 각각의 가족에 따라서도 다르다. 따라서 가족의 기능을 일반화하기란 어렵다. 또한 사회가 급속도로 변화해서 어떠한 기능이 과연 가족의 고유 기능인가에 대해서도 명확한 대답을 하기 어렵다. 그렇지만 전통적으로 가족이 수행해 왔던 기능은 부부의 성적 기능, 자녀 출산의 기능, 생산과 소비를 함께 하는 경제적 기능, 양육(보호)의 기능, 교육(사회화)의 기능, 부양의 기능, 휴식과 오락의 기능, 종교적 기능 등이 있다. 그러나 고도 산업사회로 이양되면서 사회 구조의 변화로 이러한 생활방식을 유지하기가 점점 어려워졌다. 따라서 가족생활에 필요한 여러 가지 기능을 분담하는 분업적 기능집단들이 출현하게 되었고, 이러한 집단의 수행은 자연스럽게 가족의 복지적 기능을 담당하게 되었다(이소희 외, 2004).

특히 가족의 기능적 측면에서 나타난 변화의 특성은 보호(care) 기능의 약화이다. 여성의 경제활동 참여, 맞벌이가구의 증가, 노인인구의 증가로 인해 가족 내 보호노동의 수요는 꾸준히 증가하고 있으나 가족원의 감소와 가족 안정성의 약화 등으로 인해 가족 내 보호기능은 약화되고 있다(권진숙 외, 2006).

(3) 가족관의 변화

가족관은 가족관계에 대한 관념으로 정의될 수 있으며, 가족의 형태나 가족원의 행위를 의미하는 것보다는 부부 또는 부모-자녀관계에 대한 선호적인 태도의 성격이 짙다. 가족관의 하위 영역으로 결혼관, 부부관계관, 주부관, 자녀 교육관, 노인부양관, 가족형태관, 재산상속관 및 전반적인 가족관계관이 포함된다.

오늘날 우리나라의 가족관은 예전에 비해 많이 달라졌다고 볼 수 있다. 전체가족중심의 전통적인 가족관에서 부부·자녀중심 또는 한 세대를 중심으로 한부모·자녀중심 및 가족 구성원 개인중심으로 가족관이 변모하였다고 볼 수 있다. 근대적 가족관에는 이기주의가 다분히 내재되어 있어서 노부모의 부양 기피, 부모의 가출, 이혼, 별거, 자녀의 방임과 유기, 존속에 대한 폭행, 십대임신 등을 빈번하게 발생시키는 한 원인이 된다(이소희 외, 2004).

3) 가족문제

(1) 가족문제의 개념

가족문제란 가족생활에 관계되는 여러 가지 문제로 결혼, 교육, 보육, 의료, 주택, 빈곤, 맞벌이, 노후문제 등과 같이 사회문제와 연계되는 광범위한 개념의 가족문제와 가족 내부의 가족관계적인 개별적 문제를 포함한다(한국임상사회사업학회, 2008). 가족문제는 어떤 한 가족 구성원의 문제가 가족 구성원 전체에게 영향을 미쳐 가족 전체가 고통을 받는 경우이다. 가족문제에는 부부 갈등, 부모-자녀 갈등, 확대가족 내 세대 갈등, 빈곤문제, 이혼문제, 가정폭력문제, 미진학자녀의 문제, 비행청소년문제, 맞벌이가족의 자녀양육문제, 노부모의 부양문제 등이 있으며, 현대 사회에서는 가정 형태의 다양화로 복잡한 문제들이 발생한다. 특히 가족문제 중에는 주변 체계와의 상호작용 과정을 통해 해결되어야만 하는 문제들도 있다. 예를 들어 알코올 문제는 아버지, 자녀, 학교 교사, 경찰서 등과 같은 가족 주변체계의 맥락 속에서 개입될 필요가 있다. 이때 사회복지사는 가족문제를 해결하기 위해 가족이 위치한 주변체계의 여러 사람들과 협력하여 노력해야 한다.

가족문제는 가족 기능상의 장애를 의미하기도 하며, 극심한 변화 때문에 가족체계가 무너지고 가족의 평형이 깨져버린 상태를 의미한다. 또한 가족과 관련된 다양한 현상으로서, 사회에서 중요한 일단(一團)의 사람들이 자신들이 가지고 있는 가치와 양립할 수 없는 상황이라고 단정하고 그 상황을 변경시키기 위해 어떤 조치가 취해져야 한다고 동의하는 사회적 상황이라고 규정할 수 있다.

(2) 가족문제의 유형

① 배우자 문제

자녀양육과 관련된 부부의 의견 불일치, 가정폭력, 배우자의 실업으로 인한 경제적인 궁핍, 한쪽 배우자의 부정, 성격 차이, 의사소통의 부족이나 대화방식상의 문제, 상호 또는 일방적인 무관심 등으로 인한 부부갈등 등이 포함된다. 배우자 문제 중 가장 주된 요인은 의사소통이다. 부부와 확대가족을 중재하는 목적 중의 하나는 개인의 의사소통하는 의도와 영향의 일치성을 향상시키는 것으로 사회복지사는 말하는 사람의 의도를 명확하게 하는 단어들을 사용하는 방법을 제시해 줌으로써 더욱 효과적으로 의사소통을 할 수 있도록 도와줄 수 있다.

② 부모 - 자녀 간의 문제

구체적으로는 자녀통제의 어려움, 청소년 자녀와의 의사소통 문제, 과잉보호, 자녀의 사생활에 대한 지나친 간섭이나 학대 등을 들 수 있는데, 이러한 문제의 해결을 위해서는 PET(부모 효율성 훈련) 등의 방법을 제시할 수 있다.

③ 가족 성원의 개인문제

한 가족 성원이 전체 가족 내에서 제대로 기능하지 못하고 희생양이 되는 경우가 있는데, 이럴 경우에는 가족의 문제를 개인적이 아닌 가족 전체의 체계 문제로 받아들이도록 한다. 이때에는 주로 가족관계의 재구조화를 활동목표로 설정해야 한다.

④ 확대가족 내 세대 간 갈등

핵가족화와 고령화사회 등으로 인한 노부모의 부양을 둘러싼 갈등문제, 출가한 성인자녀와 노부모의 상호 기대 차이, 또한 결혼으로 인한 독립가족이 원가족으로부터 분리되는 과정에서의 갈등 등이 가족문제로서 또 다른 사회문제를 초래하고 있다.

⑤ 외부환경의 문제

저임금과 실업, 열악한 주거실태와 교통, 여가를 즐길만한 환경의 부족, 부적절한 지역사회환경이나 학교환경 등의 외부적 요인이 가족 간의 갈등을 초래할 수 있다. 이러한 문제에는 사회복지사는 중재자로서의 역할을 해야 하는데, 이를 위해서는 지역의 자원들을 파악하고 연계할 수 있는 능력을 가져야 한다.

4) 가족생활주기

(1) 가족생활주기의 개념

가족은 결혼을 통하여 가족이 결성된 순간부터 자녀의 출생 · 성장과 더불어 발전 · 확대되고 자녀가 독립하거나 결혼함으로써 축소되어 최후에는 부부의 사망으로 소멸한다. 이와 같이 결혼 · 임신 · 출산 · 육아 · 자녀 교육 · 자녀 독립 · 은퇴 · 배우자 사망 등에 이르기까지 가정생활의 변화과정, 즉 가족 구조와 관계상의 발달 및 변화를 가족생활주기(family life cycle)라고 한다. 가족을 사정할 때 가족이 생활주기를 어떻게 경험하였고, 현재 어느 생활주기에 처해 있으며 이에 대해 각 구성원들이 어떻게 반응하는지 등의 적응상태와 평가 등을 사정한다. 가족의 생활주기에서는 각 단계에 따라 일정한 과업이 수반되며, 새로운 단계로 전환할 때는 일종의 위기를 경험하게 된다.

(2) 가족생활주기의 단계

인간이 태어나 각 시기에 이루어야 할 발달과업이 있듯이 가족도 형성됨과 동시에 원만한 가정생활을 위하여 성취해야 할 단계별 발달과업이 있다. 이러한 과업은 가족생활주기에 따라서 단계적으로 적절히 수행되어야 가족들이 안정되고 충족감을 느끼며 살아갈 수 있다. 발달과업은 특정한 시기에 반드시 이루어져야 할 결정적인 때가 있기 때문에 가정생활의 각 단계에 따른 발달과업은 신중히 계획되어야 한다(구혜영, 2010). 가족생활주기의 대표적인 학자는 듀발(Duval, 1977)로 이는 2세대 핵가족을 중심으로 가족생활주기를 8단계로 나누었다.

〈표 9-1〉 듀발의 가족생활주기 단계 및 발달적 과업

가족생활주기 단계	발달적 과업
1. 가족 형성기 (신혼가족, 자녀가 없는 부부)	• 상호 만족스러운 결혼생활을 확립 • 임신과 부모역할에 대한 적응 • 친족망과 조화 • 미래 부모역할 결정하기

가족생활주기 단계	발달적 과업
2. 자녀 출산 양육기 (첫 자녀의 출생부터 30개월까지)	• 의사소통 효율화하기 • 유아의 발달에 적응, 격려 • 부모와 유아가 만족하는 가정의 확립
3. 취학 전 자녀 가족 (첫 자녀가 2세 반부터 6세까지)	• 취학 전 자녀의 주요 욕구와 관심을 격려하고 성장을 증진하도록 적응 • 에너지 고갈과 프라이버시 부족에 대처 • 가족욕구 충족하기 • 가족 구성원과의 의사소통 적응
4. 학령기 아동 가족 (첫 자녀가 6세부터 13세까지)	• 학령기 가족을 지역사회에 조화시키기 • 자녀의 교육 성취에 대한 격려 • 재정적 지급능력 유지하기 • 아동 발달을 위한 학교와 보조 맞추기
5. 십대 자녀 가족(청소년 가족) (첫 자녀가 13세부터 20세까지)	• 자유와 책임의 조화 • 부모역할을 마친 후의 관심과 진로 확립 • 가족 구성원들의 다양한 요구에 대비하기 • 청소년과 성인 사이의 의사소통 중재하기 • 청소년과 성인의 변화하는 욕구에 맞춰 변화하기
6. 성인자녀를 가진 가족(진수기) (첫 자녀의 독립부터 막내자녀의 독립까지)	• 적절한 의례와 지원으로 초기 성인 독립 • 지지적 가정기반의 유지 • 자녀가 가정을 떠날 때 책임을 재조정하기 • 부부관계 재조정 • 자녀의 결혼을 통하여 새로운 가족 구성원들을 받아들여 가족범위 확대시키기 등
7. 중년기 가족 (빈 둥지부터 은퇴까지)	• 결혼관계의 재확립 • 노인 세대, 젊은 세대와의 친족관계 유지 • 텅 빈 보금자리에 적응하기 • 조부모 생활에 적응하기 • 쇠퇴하는 신체적 · 정신적 기술에 적응하기 등
8. 노년기 가족 (은퇴부터 양쪽 배우자의 사망까지)	• 사별과 혼자 사는 것에 대한 대처 • 노년에 대한 적응 • 은퇴에 대한 적응 • 배우자의 죽음에 적응하기 • 노화과정에 적응하기 • 임박한 죽음에 대처하기

출처: Nichols & Schwqrtz(2001: 130); 김혜란 외(2006: 160) 재구성

2. 가족문제 사정

가족 사정은 가족이 어떻게 적응할지에 대한 정보와 가족 안에서 나타난 문제들에 대한 정보를 주기 위해서 사회복지사에 의해 설계된 연속적인 행위이다.

가족을 사정하는 목적은 가족의 욕구와 문제를 파악하고 가족의 장점과 자원을 활용함으로써 가족의 목표를 달성하도록 지원하기 위함에 있으며, 가족체계를 구성하는 사람들의 상호작용적 특성과 구조를 파악하는 것이 중요하다.

가족문제의 사정에 있어서는 가족이 호소하는 문제, 가족문제에 대한 가족 구성원의 인식, 가족문제 기간, 가족문제를 해결하고자 시도한 노력이나 경험 등이 포함되어야 하며, 이와 관련된 과거의 기록이나 2차 자료를 참조하는 것도 도움이 될 수 있다. 이 과정에서 사회복지사는 가족문제의 본질이 무엇이며 얼마나 경과되었는가를 파악하여야 하며, 학교나 직장 등 환경체계들이 가족문제를 무엇으로 보는지에 대해서도 탐색할 필요가 있다. 이를 위해 최근의 스트레스 유발요인에서부터 지속요인에 이르기까지 다각적인 분석이 병행되어야 한다(최덕경 외, 2010).

다음 사정 영역은 가족문제 이외의 영역에 대한 것이다. 즉, 가족 구조와 기능, 가족 의사소통, 가족 역할, 가족권력, 가족 강점, 가족생활주기, 의사결정과정, 가족신화 등이 포함되기도 한다.

가족 사정에서 고려해야 할 네 가지 차원은 가족의 욕구와 문제, 생태학적 사정(공간 속의 가족 : 기본 욕구, 환경과의 관계, 기관 및 사회복지사의 관점, 가족과 환경과의 경계), 세대 간 사정(시간 속의 가족 : 가족유형, 가족 패러다임, 개별 구성원의 동일시 정도, 문제의 출처, 가족관계), 가족 내부에 대한 사정(가족 구조, 하위체계, 가족응집력, 가족들의 환경), 가족 기능(의사소통방식, 의사결정, 역할 수행, 가족발달사), 관심과 욕구, 욕구 충족을 위한 강점과 도전 등을 들 수 있다(김혜란 외, 2006).

1) 가족의 구조와 기능

(1) 가족의 주변 배경

기족의 주변 배경(family context)에는 가족의 식생활, 의료, 주거, 재정 지원, 직업교육 등 기본적 자원에의 접근력과 확보능력을 포함한다. 가족이라는 정의는 문화마다 다르므로 사회복지사의 사정과업에 많은 혼란을 준다. 따라서 가족의 현실성, 문화, 출신, 사회계층, 관습, 역사, 성적 배경 등 가족에 대한 지식을 갖는 것이 필수이다(박영숙 외, 2008).

(2) 가족체계의 외부 경계선

가족은 주변 환경과 다양한 상호작용을 하는데, 다른 체계에 대한 개방성의 수준과 외부경계선에 대한 유연성에 따라 광범위한 차이가 있다.

① 폐쇄형 가족체계

가족 내의 권위자가 가족 공간을 이웃과 지역사회와 떨어지게 만드는 것을 말한다. 폐쇄형 가족체계의 특징은 외부와의 상호작용과 사람, 물건, 정보, 생각의 출입을 엄격히 제한한다.

② 개방형 가족체계

개방형 체계에서 구성원들의 행위를 제한하는 규칙은 집단의 합의과정에서 도출된다. 이러한 가족의 경계는 유동적이다. 가족 공간은 더 큰 지역사회의 공간으로 확대되는 동시에 외부 문화도 가족 공간으로 유입된다.

③ 임의형 가족체계

가족 구성원은 각자 자신의 영역과 가족의 영역을 확보하면서 개별적인 패턴을 만들어 간다. 이러한 가족체계는 가족경계선의 방어를 중요치 않게 생각하므로 외부와의 교류에 제한이 없다.

(3) 내부 경계선과 가족의 하위체계

가족 구성원은 여러 하위체계에 동시에 속해 있으며, 같은 하위체계에 공통적으로 속해 있는 다른 구성원과 개별적인 관계를 맺는다. 가족의 구조와 기능과 관련하여 가족 내 하위체계가 적절한 기능을 수행하고 있는지 평가한다. 부부체계, 부모－자녀체계, 형제체계의 3가지 주요 하위체계는 정상적인 경우 오래 지속된다. 주요 하위체계의 안정적인 형성은 가족 전체의 건강과 안녕에 결정적인 작용을 한다.

2) 가족원의 의사소통

가족의 의사소통방식이 문화적인 영향을 받았느냐에 상관없이 그것은 심각한 문제를 유발하고, 가족 구성원에게 고통을 안겨 줄 수 있다. 그러므로 가족의 의사소통방식이 가족 구성원들의 문제에 미치는 영향은 사정에 있어 중요한 요인이다. 역기능적인 의사소통양식은 심각한 문제를 유발하고 가족 구성원에게 고통을 안겨줄 수 있다.

가족의 의사소통양식을 관찰할 때는 의사소통의 일치성과 명확성, 정형화된 부정적 의사소통의 존재, 습관화된 의사소통의 양식을 수정하기 위한 개별 구성원들의 상대적인 능력 등을 사정하도록 한다.

가족 의사소통의 장애물로서 의사소통과 진실한 접촉을 방해하는 반응들로는 성급히 주제 바꾸기, 과잉일반화, 지나친 질문, 동정·용서하기, 거짓안심, 마음 읽기, 진단하기, 해석하기, 이해와 수용의 뜻을 전달하기 쉬운 반응 형태, 단언적인 말하기, 빈번한 조언, 부정적 평가, 지시, 명령, 비꼬는 유머 등이 있다.

3) 가족규범과 역할

가족 역할은 가족의 기대와 규범에 의해 개인에게 강화되고 규정된 반복적인 행동패턴이다. 가족 구성원의 많은 역할은 가족 구조로 통합되며, 허용되거나 금지된 특정한 행동으로 나타난다. 가족문제의 원인이 되는 역할규정과 수행에 대한 정확한 사정을 위해서는 성역할 변화의 요인을 포함하여 많은 원인들을 고려해야 한다. 어떤 가족을 사정하든 가족의 역할 규정과 노동 분배에 미치는 문화적 영향도 반드시 고려하여야 한다. 왜냐하면 각각의 문화적 가치는 남녀의 역할에 있어 서로 다른 역할기대나 기준을 갖고 있기 때문이다.

가족 역할 사정과 관계 있는 다음의 질문 항목들을 제시한다(박영숙 외, 2008).

- 가족 역할을 분배할 때 능력, 관심, 구성원들의 수행가능시간 등의 요인보다 성에 기초해서 결정하는 것은 어느 정도인가?
- 가족 역할은 얼마나 명확하게 규정되어 있는가?
- 부부가 규정된 역할에 얼마나 만족하는가?
- 부부가 배우자와 부모로서 주어진 역할을 얼마나 적절히 수행하는가?
- 부부가 가진 시간과 에너지를 집안일과 직장일에 너무 많이 사용할 때 역할의 과부하로 인한 압력과 스트레스는 얼마나 발생하는가?

4) 가족의 권력구조

권력은 한 구성원이 다른 구성원의 행동 변화를 지시할 수 있는 힘을 말한다. 모든 가족은 권력구조, 즉 체계 내에서 각 구성원들이 서로에게 행사하는 상대적 영향력의 크기와 의사결정과정에 누가 어떤 방식으로 참여할 수 있는 정도를 만들어 간다. 이러한 권력구조에 의해 가족체계가 개인들의 행동을 허용할 수 있는 범위 내에서 유지하고, 이러한 유지 기능에 대한 지도력을 가짐으로써 그 가족의 생존 가능성을 최대화할 수 있다.

가족체계의 권력관계의 변천은 가족의 하위체계를 구성하고 연합관계를 형성하는 과정과 밀접한 관계가 있다. 가족의 한 구성원이 다른 구성원들과의 관계에서 차지하는 '욕구 달성'의 자원이 많을수록, 그 구성원은 가족 내에서 더 많은 권력을 행사한다.

가족의 권력구조 사정으로서 권력 기반과 권력 배분 방식의 몇 가지 요인들이 열거되어야 한다. 누가 권력 균형을 유지하는 사람인가, 누가 공식적으로 지정된 권력자인가, 극심한 증후군을 보이는 구성원이 가지는 암시적 권력은 어느 정도인가, 권력 배분을 결정하는 가족의 문화적 맥락도 고려되어야 한다(박영숙 외, 2008).

5) 가족 사정도구

(1) 가계도

① 가계도의 개념과 의의

가계도(genogram)는 가족체계도(family tree)로서 머레이 보웬(Murray Bowen)에 의해 개발되었으며, 2~3세대 이상에 걸쳐 가족 구조를 도식화하여 구성원에 대한 정보를 기록하고 그들 간의 관계를 기술한 것으로써 현재 제시된 문제의 근원을 찾는 일종의 그림기법으로 가족을 평가하는 과정에서 가장 먼저 이루어지는 작업이다. 사회복지사와 가족 성원들이 세대 간 맥락에서 반복되는 정서적, 행동상의 문제 행동 패턴을 확인하고 이해하는데 유용하다.

② 가계도를 통해 알 수 있는 정보

- 가족 구성원에 대한 상세 정보(성별, 나이, 출생 및 사망 시기, 직업, 교육 수준, 결혼관계, 동거, 병력, 종교 등)
- 인종집단, 사회계층, 종교와 같은 사회적 정보
- 각 구성원과의 관계(단절 또는 융합, 밀착)
- 가족관계(자연적 혈연 또는 인위적 혈연)
- 가족의 역할 및 유형

③ 가계도 작성법

- 가족 구성원은 성에 따라 네모 혹은 원으로 표시한다.
- 네모나 동그라미 밖의 이중 테두리는 개인 클라이언트를 표시한다.
- 동일세대의 가족 구성원은 수평선으로 그린다. 즉, 수평선은 결혼이나 관습법적 관계를 표시한다.
- 결혼하여 생긴 자녀는 수평선으로 그린다. 즉 수평선은 결혼이나 관습법적 관계를 표시한다.
- 결혼하여 생긴 자녀는 부모의 수평선 바로 밑에 수직선으로 연결한다.
- 아동은 연장자로부터 연소자로 나이 순서에 따라 왼쪽에서 오른쪽으로 서열한다.

- 각 개인은 현재 그 가정에서 살고 있는지 생존자인지와는 무관하게 가계도상에서 명확히 필요한 지점에 표시되어야 한다.
- 가족 구성원의 이름과 연령은 네모나 원안에 표기한다. 그 바깥쪽에 중요한 정보(예 : '잦은 이동', 혹은 '학교 중퇴')들을 기록한다.
- 가족 구성원이 사망하였다면 사망 연도, 사망 연령과 사망 원인을 기록한다.

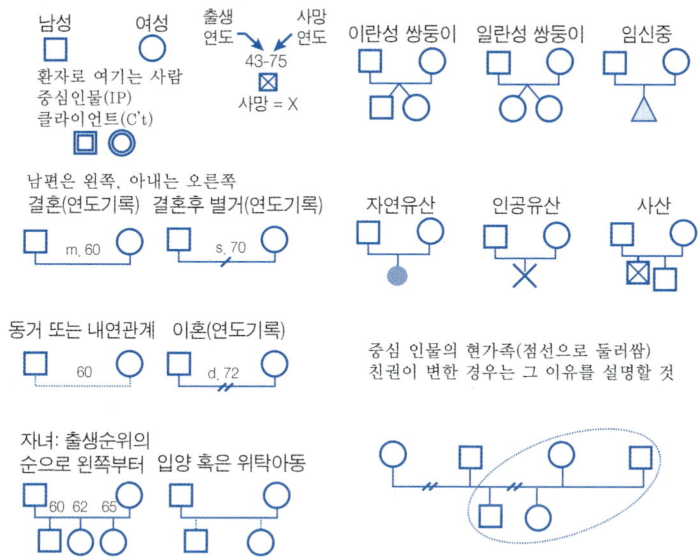

출처: 이준우 · 이화옥 · 임원선(2006: 314) 일부 수정 인용

[그림 9-1] 가계도 기호 예시

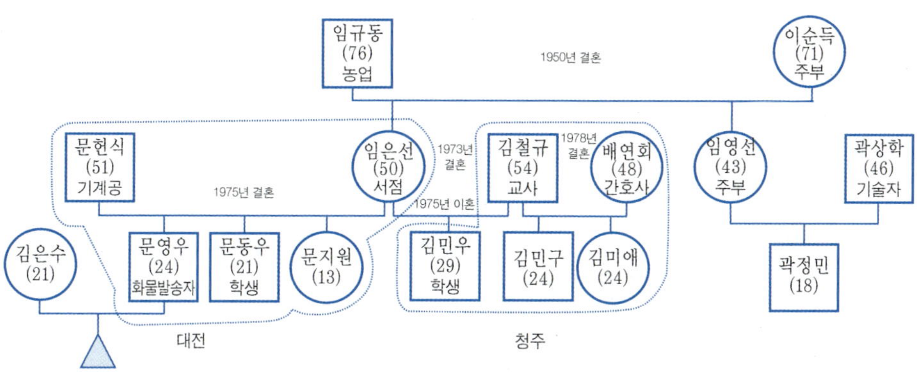

출처: 이준우 · 이화옥 · 임원선(2006: 314) 일부 수정 인용

[그림 9-2] 가계도 예시

(2) 생태도

① 생태도의 개념과 의의

생태도(ecomap)는 앤 하트만(Ann Hartman)에 의해 1975년에 고안된 가족관계에 대한 도식으로, 가족과 가족생활공간에 속해 있는 사람과 기관들 간 역동적 관계를 그림으로 표현함으로써 특정 문제에 대한 개입계획을 세우는 데 유용한 도구이다.

생태도는 '환경 속의 인간'에 초점을 두기 때문에 클라이언트를 생태학적 관점에서 이해하는 데 도움이 된다. 또한 생태도는 개입 초기에 가족을 사정하는 도구로 활용할 뿐 아니라 변화를 확인하는 도구로 반복해서 사용할 수 있다. 이를 연속생태지도라고 하고, 생태도를 분석해서 개입의 방향을 결정할 수 있다.

② 생태도의 기능

생태도는 가족생활 및 가족이 집단과 단체, 조직, 다른 가족, 개인들과 맺는 관계의 본질에 대한 전체적인 시각 또는 생태학적 시각을 가지도록 돕는다. 생태도는 클라이언트의 양육환경과 유지환경의 종류와 관계의 질, 가족과 체계들 간의 자원교환, 스트레스와 관련된 자료, 중재되어야 할 갈등, 그리고 체계 사이의 에너지 흐름을 시각적으로 보여줌으로써, 가족에 대한 현재 지역사회 자원이나 체계들의 영향과 상호작용의 변화를 보여준다. 뿐만 아니라 가족이 지역사회에서 얼마나 많은 외부체계들과 관계를 맺고 있는지, 고립의 정도는 어떠한지, 관계의 질은 어떠한지를 보여줌으로써 가족 내부에 대한 이해와 함께 외부와의 연결과 적응 정도를 파악할 수 있도록 해 준다.

따라서 생태도는 기본적인 사회적 정보를 간편하게 기록하는 방법이므로 전통적인 사회력과 사례기록을 보완하는 역할을 하며, 결혼 및 가족상담, 입양과 위탁가정 연구 등의 다양한 상황에도 활용된다.

③ 생태도 작성방법

- 가족을 표현하는 원을 중앙에 그려 클라이언트와 그 가족을 표시한다.
- 가족이 일상적으로 상호작용하는 관련된 주변 환경체계(직장, 병원, 학교, 친구, 사회복지, 오락, 확대가족원, 보호관찰소 등)는 중심원 주변에 각각의 원으로 표시한다.

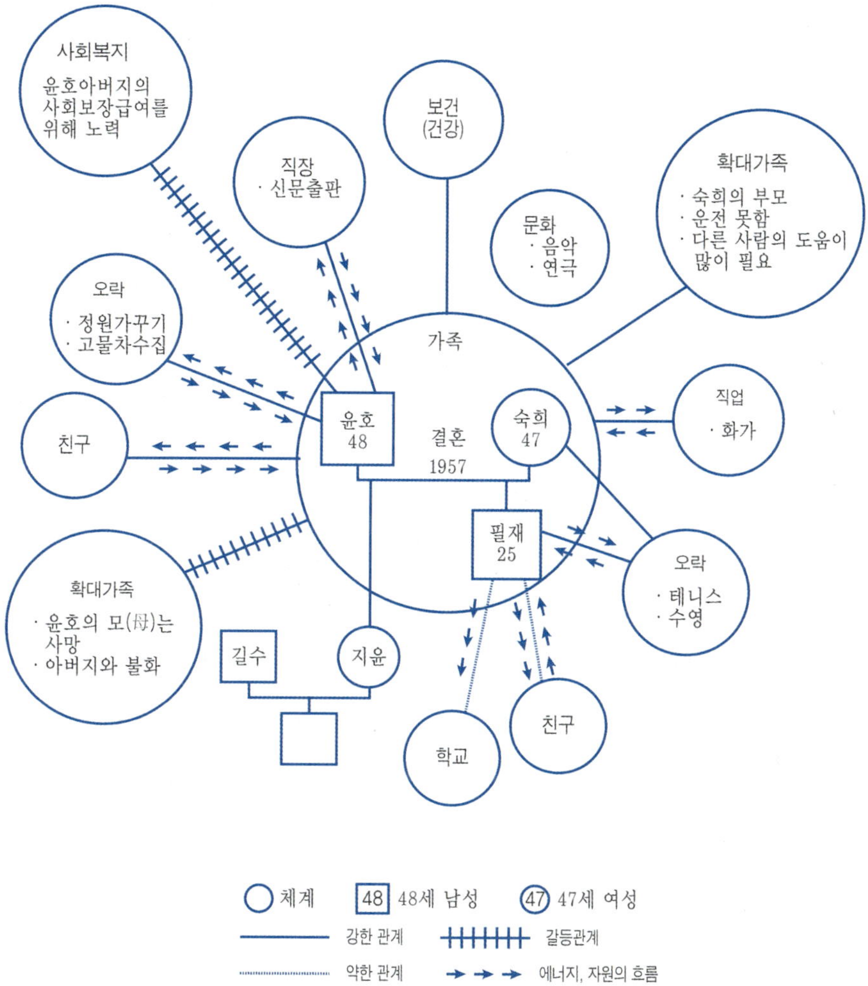

출처: 이준우 · 이화옥 · 임원선(2006: 315) 일부 수정 인용

[그림 9-3] 생태도의 상징들과 예시

- 생태도 사용자는 나름의 약어와 기호를 만들어낼 수 있다.
- 가족과 환경체계와 관계를 다양한 선으로 표현한다.
- 가족, 그리고 관련된 체계 사이의 자원 및 의사소통 교환인 에너지의 직접적인 흐름은 화살표로 나타낸다.
- 직선(——)은 강한 관계, 점선(------)은 미약한 관계, 그리고 사선(//////)은 긴장이 많거나 갈등적인 관계, 화살표(→ →)는 자원이나 에너지의 흐름을 보여준다.

(3) 가족범주도식

가족범주도식(family categories schema)은 엡스타인, 비숍, 레빈(Epstein, Bishop & Levin, 1978)의 연구를 기초로 하며 가족사회복지사가 가족들과 첫 만남 이후 가족의 기능 수행을 사정할 수 있도록 고안한 도구이다.

가족범주 도식의 구성은 60개 항목의 자기보고(self-report) 형식의 설문으로 이루어졌다. 첫째, 문제해결 영역으로 가족이 정서적·육체적 안녕 또는 기능 수행 단위로서 가족의 생존에 대한 위협에 어떻게 대처하고 있는가와 관련된 내용이다. 둘째, 정서적 반응 영역으로 가족 구성원이 가족 내에서 행복한 정서와 위급한 정서 모두를 다양하게 표출할 수 있는가와 관련된다. 셋째, 정서적 관여 영역으로 가족 구성원이 서로의 활동과 관심에 대해 어느 정도 정서적으로 관여하고 있는지와 관련된다. 넷째, 의사소통 영역으로 가족의 언어적·비언어적 의사소통과 관련된 부분이며, 다섯째, 역할행동 영역으로 가족이 매일 접하는 여러 종류의 압력, 과제, 의무에 대한 부분이다. 여섯째, 자주성 영역으로 가족 구성원들이 독립적으로 행동하고 독자적이고 책임 있는 선택을 할 수 있는 능력과 관련된다. 일곱째, 행동통제방식 영역으로 가족이 충격을 이겨내고, 표준 행동을 유지하며, 위협적인 상황에 대처하는 방식과 관련이 있다. 마지막으로, 일반적인 역할 영역으로 통합적인 기술방식과 관련이 있다(구혜영, 2009).

(4) 가족 조각

가족 조각(family sculpting) 기법은 사람과 소품을 사용하여 가족 성원들이 가족에 대해 어떻게 인식하고 있는지를 자세, 거리, 신체적 행동 등을 통해 감정적 체계를 시각적으로 표현함으로써 가족에 대한 이해를 돕기 위한 기법이다. 가족 조각을 통해 가족 구성원 간의 표현되지 않은 정서를 노출하게 해 주고, 가족은 이전에 미처 깨닫지 못했던 부분을 새롭게 이해할 수 있다.

가족 조각은 두 가지 유형으로 구분할 수 있다. 하나는 가족 구성원 간의 거리감을 표현하기 위하여 공간을 주로 사용하는 것으로, 가족 구성원들의 친근감, 거리감, 상하관계, 소외감, 결속감 등의 가족 구조와 감정적인 것을 표현하는 것이다. 다른 하나는 가족 구성원 간의 관계 역동성을 나타내는 좀 더 치료적인 것으로 일반적으로 긴장 시에 나타나는 행동적인 특성을 비언어적인 자세로 표현하도록 함으로써 주관적인 가족 역동성에 대한 인식을 표현하도록 하는 것이다(조휘일, 2005).

3. 가족대상 사회복지실천과정

가족대상 사회복지실천과정은 대체로 사회복지실천의 맥락에서 이루어지므로 사회복지실천과 유사한 과정 또는 단계를 거친다고 해도 과언이 아니다. 다만 사회복지실천과정에 적용되는 단계별 목표, 활동이나 내용면에서 가족에 초점을 둔다는 데 차이가 있으며, 대부분의 가족들이 위기 상황에서 도움을 청하거나 직면하고 있는 가족문제의 해결에 동기화되어 있어서 사회복지실천과정에 비해 비교적 단기간에 종결된다는 점에서 상이하다. 여기에서는 사회복지실천과정의 맥락에 비추어 가족복지실천과정을 초기 과정, 중간 과정, 종결 과정으로 구분하여 살펴보고자 한다(최덕경 외, 2010).

1) 가족 개입의 초기 과정

(1) 초기 과정의 목표

가족대상 사회복지실천에서의 초기 과정은 다음의 세 가지 우선적인 목표들이 필요하다.

첫째, 사회복지사는 가족의 상호작용의 분명한 형태, 문제 자체, 그리고 가족의 상호작용이 그 문제를 초래하는 데 어떻게 영향을 미치고 있는가를 파악해야 할 필요가 있다.

둘째, 사회복지사는 가족과 활동을 시작하기 위해 가족의 동의와 그들이 참여하겠다는 약속을 얻어야만 한다.

셋째, 가족 개입의 초기 목표는 변화를 위한 절차를 설정하는 것이다. 가족 성원들은 초기에 사회복지사로부터 이해를 받고 있고, 무엇인가 새로운 것이 제공되며, 그 결과로서 긍정적인 변화가 일어날 수 있다는 확신을 가질 수 있어야 한다.

개인의 문제는 일반적으로 가족관계에 기인하는 경우가 많다. 즉, 문제는 개인에 속한 것이 아니라 가족 전체의 문제로 보아야 할 것이다. 사회복지사는 가족과의 실천에서 누구를 활동에 참여시키고, 누구에게 초점을 두어 도움을 주어야 하는가를 고려해야 한다.

가족과의 실천은 개인의 정신내적 역동을 다루는데 목표를 두는 개인 수준의 실천과는 달리 클라이언트 개인의 정신 외적인 차원도 중요하므로 사회복지사는 가족문제를 다양한 수준에서 생각하고 접근을 시도해야 할 것이다.

(2) 초기 과정의 실천기술

가족 개입의 초기 단계에는 가족에 대해 다차원적으로 사정하고 개입을 계획한다. 이 단계에 필요한 기술은 가족과의 관계 형성, 면접기술, 생태도와 가계도를 작성·분석하는 기술, 가족의 생애주기에 따라 가족의 욕구와 문제를 분석하는 기술 등으로 구체적으로 살펴보면 다음과 같다(김혜란 외, 2006).

① 관계 형성 기법

치료의 초기 단계에 가족과 관계를 형성하는 기법은 매우 중요하다. 사회복지사는 가족을 수용하고 가족에게 적응함으로써 가족의 신뢰를 얻을 필요가 있다. 이를 위해서는 다음의 사항에 관심을 기울여야 한다.

- 가족 구성원들이 하는 말을 침착하게 잘 들어야 한다.
- 클라이언트의 말에 진정한 관심을 표시하며 진솔한 감정이입적 반응을 해야 한다. 그러나 가족의 정서체계에 편입되지 않도록 적절한 경계선을 유지해야 한다.
- 진행과정 중에 개입대상인 가족과 사회복지사와의 관계에서 무엇인가 잘 맞지 않는다는 생각이 지속적으로 들면, 다른 사회복지사나 다른 기관에 의뢰하는 것이 좋다.
- 개입과정 내내 온화하고 수용적인 자세를 견지하면서 클라이언트에게 안전하고도 믿음이 가는 분위기를 만들기 위해 노력해야 한다.
- 상호 간의 공감대를 형성하는 것이 좋다.

② 면접기술

가족문제의 확인을 위해 사회복지사는 가족 전체의 문제라는 관점에서 가족 구성원이 문제를 어떻게 규정하고 있는지, 문제해결을 위해 어떠한 노력을 시도해 왔으며 어떠한 기대를 하고 있는지에 대해 자유롭게 의사를 표현하도록 하여야 한다. 이를 위해 사회복지사는 가족이 표현한 의미의 경청, 가족 구성원 각각의 소망과 목표에 대한 언어적 · 비언어적 의사소통에 대한 민감성, 효과적 문제해결과 관련된 가족의 어려움 파악, 가족의 효과적 대처에 도움이 될 수 있는 기술, 지식과 태도 및 환경적 조건의 제공 등 실천기술 및 기법 등을 활용할 수 있다(Collins et al., 1999).

③ 가족사정기술

가족 사정은 가족의 욕구를 전반적인 생활 영역에서 파악하는 것은 물론 욕구 충족을 위한 자원을 확인함으로써 향후 이루어질 개입을 합리적으로 수행하기 위한 정보를 확보하는 과정이라고 할 수 있다. 목슬리(Moxley, 1989)는 사정의 내용에 클라이언트의 욕구와 능력, 공식적 및 비공식적 지역사회 자원 체계 등을 포함하고 있다고 하였다.

가족에 대한 사정은 공간적 · 시간적 관점에서 이루어져야 한다. 즉 가족의 전체성을 고려하여 가족을 하나의 사회체계로 간주하여야 하며, 생애주기에 따라 가족이 변화하므로 가족문화, 가치, 규범, 상호작용 유형, 규칙 등이 세대 간에 전승되는 측면을 중요시하여야 한다. 사정을 통해 개입계획이 수립되며 계획은 사회복지사와 가족에게 개입 단계의 방향을 제시하고 개입결과를 평가하는 기준을 제시한다.

가족 사정(family assessment)은 가족문제를 질병의 범주에서 분류하기보다 오히려 가족을 하나의 '단위'로 보고, 가족 내부 요인 및 가족 외부 요인 그리고 이들 양자 간의 상호작용을 파악하기 위해 자료를 수집, 분석, 종합하여 가족에 대한 개입을 계획하는 일련의 과정이다.

2) 가족 개입의 중간 과정

(1) 중간 과정의 목표

개입은 사회복지사가 가족을 변화시키기 위해 직접적 혹은 간접적으로 관여하는 과정이다. 개입에서 가장 효과적인 접근은 상호 보완해 주는 다양한 개입방법의 활용에 달려 있다(Thornton et al., 2000).

사회복지사의 개입은 직접적 개입과 간접적 개입의 두 가지 형태로 구분을 할 수 있다. 직접적 개입은 사회복지사가 한 사람의 임상전문가로서 가족의 기능과 강점을 향상시키거나 가족문제를 경감시키기 위한 직접적인 활동을 의미하며, 간접적 개입은 가족을 둘러싼 주변 체계의 행동이나 가족과 주변 체계 간의 관계를 변화시키는 활동을 의미한다.

개입 단계의 목표는 가족 기능의 향상이다. 아를 위하여 사회복지사는 가족에게 지지, 교육 및 구체적인 도움을 제공한다. 사회복지사는 가족이 위기에 적극적으로 대처하도록 돕거나 문제를 해결하도록 원조함으로써 가족의 기능이 향상되도록 돕는다(최덕경 외, 2010).

(2) 가족대상 개입과정

① 문제 목록의 작성 및 문제해결의 우선순위 결정

사회복지사는 가족들로부터 얻은 정보를 통해 가장 먼저 해결해야 할 문제와 나중에 해결해야 할 문제들의 우선순위를 정하기 위해 가족과 함께 의논하고 그 결과를 바탕으로 목록을 작성한다.

② 초점 문제의 간단한 내력과 과거 및 현재의 노력 검토

우선 개입해야 할 문제의 내용과 그 문제에 대한 간단한 내력을 검토한다. 이때 가족들이 문제를 확인할 수 있도록 적절한 시간을 할당하고, 아울러 초점화된 문제를 해결하기 위해 가족들이 지금까지 어떠한 노력을 해 왔는지 탐색한다.

③ 개입 목적과 목표를 설명

목적은 궁극적으로 추구할 활동의 방향(결과)이다. 목표는 목적을 이루기 위해 어떤 구체적인 문제 행동의 감소와 같이 측정할 수 있고, 명확한 형태로 기술하는 것이다. 처음의 2~3회 상담 기간 중 가족과 충분히 논의하여 개입 목적을 분명히 하고 가족과 다시 확인한다. 이때 목적이나 목표는 무엇보다도 사회복지사가 희망하는 것이 아니라 클라이언트와 가족 모든 구성원이 희망하고 기대하며 동의하는 것이어야 한다.

④ 개입방법의 선택

앞에서 설정한 개입의 목적과 목표들을 성취하는 데 가장 적절하다고 판단되는 이론적 관점이나 방법을 선택한다. 사회복지사가 어느 한 이론이나 치료모델을 선택할 경우 자신이 선호하는 모델을 선택하기보다는 클라이언트나 그 가족이 보여주고 있는 문제를 해결하는 데 가장 도움이 되는 이론이나 모델을 선택해야 한다.

⑤ 개입 기간과 횟수의 결정

개입 활동에 대해 가족이 감당해야 할 비용과 각 개입 회기 참여에 소요되는 시간적 제약 등의 이유로 인해 개입에 소요되는 기간과 횟수를 미리 정하는 것이 바람직하다. 회기가 얼마나 자주 이루어질지 미리 정하고 가족의 동의를 얻어야 한다.

⑥ 외부 자원의 활용 및 의뢰

가족 상담 외에 다른 자원들이 가족에게 필요한지를 살펴보아야 하며, 만약 외부 자원이 필요하다면 지역사회의 자원을 연결해야 하므로 다양한 자원들을 파악하고 있어야 한다.

(3) 가족대상의 개입기술

① 경계만들기 기법

이 기법은 가족 성원 각자가 체계 내에서 적절한 위치에 있도록 하며, 조부모, 부모, 자녀의 가족 내 세대 간 경계를 분명히 유지하도록 원조하는 기법이다. 기능적 가족은 가족 성원들 사이에 분명한 경계와 자율성이 있다. 따라서 가족 내 하위체계 간의 경계선이 모호하거나 너무 경직되어 있는 경우 이를 수정하는 개입이 필요하다.

② 합류하기

합류하기(joining)는 구조적 가족치료 개입기법 중의 하나로서 사회복지사가 개입 장면에서 가족의 분위기를 파악하여 그에 맞추어 행동을 하거나 감정 표현을 하는 것이다(예를 들면, 어떤 가족이 매우 기뻐한다면 사회복지사도 같이 기뻐한다).

③ 재명명 기법

재명명 기법은 가족원 사이에 믿고 있는 부정적인 의미를 긍정적인 의미로 변화시키는 것이다. 자신의 기능에 손상을 주는 역기능적이고 자기파괴적인 사고나 잘못된 생각 등을 인식하도록 돕고, 현실에 입각하여 기능을 강화하는 신념과 행동으로 대체하도록 하는 데 특별히 유용하다.

④ 역할놀이

역할놀이(role play) 또는 역할 수행은 사회복지사가 한 가족 성원에게 다른 가족 성원의 역할을 수행해 보도록 요청함으로써 다른 성원의 느낌과 행동을 다른 성원의 시각에서 경험하도록 돕는다. 또한 역할 수행은 사람들이 자신의 역할을 그대로 수행하지만 이전과는 다르게 행동해 보도록 사회복지사가 요청함으로써 실제 생활에서 겪을 수 있는 위험에 대한 부담이 없는 상황에서 새로운 행동을 학습하도록 돕는 것이다.

⑤ 시연

시연(rehearsal)은 가족의 갈등을 외부에서가 아니라 여기－지금(here and now)으로 가져오는 것으로 치료 장면 이외에서 일어났던 사건을 치료 장면에서 해 보도록 하는 것이다.

⑥ 나 전달법

나 전달법(I-message)은 상대방을 비난하지 않으면서 상대방의 저항을 줄이고 상대방이 한 행동이나 말이 어떻게 나에게 영향을 주는지 전달하는 의사소통의 한 방법이다. 상대방의 특정 행동에 대한 묘사와 그 행동으로 인한 나의 감정을 표현, 그 행동으로 인해 발생한 결과 혹은 영향을 표현한다.

⑦ 탈삼각화 기법

탈삼각화 기법은 가족 내에 형성되어 있는 삼각관계에서 벗어남으로써 가족원의 자아분화를 향상시키는 방법이다. 삼각관계는 두 사람 간의 긴장이 야기될 때, 주위의 또는 가족 내의 취약한 제삼자를 끌어들이는 방법이다(최경화 외, 2010).

3) 가족 개입의 종결 과정

(1) 종결 과정의 목표

종결은 가족대상 실천과정의 최종 단계로서 개입의 종료 후에도 가족으로 하여금 문제해결능력이 유지되도록 하는 데 초점을 둔다. 종결 단계의 주요 목표는 가족 개입을 통한 변화의 확신과 실천과정에서 획득한 긍정적인 변화의 지속성을 유지하는 것이다. 사회복지사는 개입이 종료된 후에도 과연 가족이 독립적으로 기능을 수행할 수 있으며,

가족문제를 해결할 수 있는가를 확인하여야 한다.

(2) 가족대상 종결 과정

① 사회복지사와 가족 구성원이 모여 각각 무엇이 변화되었는지에 대하여 이야기하고 토로할 기회를 가짐으로써 달성하지 못한 목표나 추가적 문제를 발견하는 등 가족대상 실천기간 동안 의미 있었던 경험들을 검토해야 한다.

② 가족대상 실천과정 동안 자신들의 반응을 이야기하고 피드백을 받으면서 가족은 변화를 깨닫게 되며 이를 통해 자존감이 향상되고 종결 후에도 도전과 위기를 잘 해결할 수 있다는 자신감을 갖도록 해야 한다.

③ 성취한 내용을 명확하게 하고 달성한 목표를 어떻게 유지하고 정착시켜 나갈 것인지를 강조하면서 전략을 발전시키도록 한다.

④ 가족으로 하여금 사회복지사에게 피드백을 제공하게 한다. 이 단계에서는 가족과 사회복지사가 직접 만나서 이야기하는 방식을 통해 공식적 종결을 하는 것이 중요하며, 여기에서 성과평가가 이루어지기도 한다.

⑤ 사회복지사가 가족에게 질문을 던짐으로써 종결 후의 문제들을 다룰 수 있도록 가족을 준비시키는 것이다(최덕경 외, 2010).

(3) 가족대상 종결 기술

가족 개입 종결 단계에서는 원조과정의 결과를 평가하고, 개입의 효과성과 효율성을 측정한다. 개입을 통한 가족 또는 성원들의 변화를 확인하고, 가족이 변화를 유지할 수 있도록 지원하며, 필요한 경우 추수면접을 계획한다.

종결 단계에서는 우선 종결 시기를 결정하여야 한다. 개입 목표의 달성 정도, 서비스 시간 내 제공 완료 여부, 클라이언트의 문제 상황의 해결 정도 및 안정화 단계, 사회복지사와 기관의 투자 노력, 이득 체감에 대한 합의, 클라이언트의 의존성, 변화에 대한 자각 등을 고려하여 종결을 판단하게 된다.

종결이 결정되면 종결에 대한 클라이언트와 사회복지사의 정서적 반응을 다룰 필요가 있다. 종결 이후의 문제를 다룰 수 있도록 가족을 준비시켜야 하며, 분리과정 동안 경험하는 정서적 반응을 서로 해결하고, 변화와 진전을 견고히 할 수 있도록 상호 피드백 제공이 필요하다. 개입을 통해 획득한 효과를 유지하고 강화하기 위해 계속 발전할 수 있도록 계획한다. 그리고 가족의 항상성 유지를 위한 자원을 규명하고 가족이 성취한 목표를 재점검하기 위해 변화에 대한 토론, 경험에 대한 평가, 중요한 사건을 재토론하는 기법이 사용되기도 한다(김혜란 외, 2006).

요점정리

• 가족의 개념

가족이란 동일한 가구에 거주하고, 가족생활을 유지하기 위한 특정한 역할과 지위를 가진 자들을 포함한다. 가족체계에 대한 기본 개념들로서 가족 구조, 가족생태학, 경계와 하위체계, 순환적 인과성, 가족항상성, 가족 삼각관계, 가족규칙과 가족신화, 가족 역할, 가족 권력구조, 가족 생활주기 등이 있다.

• 가족의 변화

(1) 가족 형태의 변화 : 가족을 위시하여 맞벌이가족, 한부모가족, 조손가족, 계부모가족, 소년소녀가정가족, 무자녀가족, 독신가구의 증가, 동거남녀의 증가 등 다양한 가족 및 유사 가족

(2) 가족 기능의 변화 : 가족 내 보호 기능은 약화

(3) 가족관의 변화 : 전체가족중심의 전통적인 가족관에서 부부·자녀중심 또는 한 세대를 중심으로 한부모·자녀중심 및 가족 구성원 개인중심으로 가족관의 변모 등이다.

• 가족문제의 유형

배우자 문제, 부모 - 자녀 간의 문제, 가족 성원의 개인문제, 확대가족 내 세대 간 갈등, 외부환경의 문제

• 가족생활주기

가족 형성기 → 자녀 출산 양육기 → 취학 전 자녀 가족 → 학령기 아동 가족 → 십대 자녀 가족(청소년 가족) → 성인자녀를 가진 가족(진수기) → 중년기 가족 → 노년기 가족 등으로 구분한다.

• 가족문제 사정

1) 가족의 구조와 기능 사정 : 가족의 주변 배경, 가족체계의 외부 경계선, 내부 경계선과 가족의 하위체계, 가족원의 의사소통, 가족규범과 역할, 가족의 권력구조
2) 가족 사정도구 : 가계도, 생태도, 가족범주도식, 가족 조각 등이다.

6. 가족대상 사회복지실천과정

가족 개입 초기 과정 → 가족 개입 중간 과정→ 가족 개입의 종결 과정 등이다.

토의문제

1. 자기 자신의 가계도와 생태도를 그려본 후, 가족과 자신과의 관계 양상 및 가족문제와 그 해결방안에 대해 토의해 보시오.
2. 사회복지실천과정과 가족복지실천과정의 공통점과 차이점이 무엇인지 토의해 보시오.
3. 현대사회의 가족 구조, 가족문제, 가족관의 변화 형태와 그에 따른 사회복지적 개입방법에 대해 논의하시오.

Chapter

10 가족대상 사회복지실천기술 2

학습목표

1. 가족문제해결을 위한 가족치료의 개념, 특성, 목적 등을 이해하여 설명할 수 있다.
2. 다양한 가족치료모델에 대해 알아보고, 각 모델의 개념, 치료 기법을 학습하여 설명할 수 있다.

1. 가족치료의 이해

1) 가족치료의 개념

가족치료는 개인의 문제를 그 개인의 내적인 문제로서만이 아니라 개인을 둘러싸고 있는 환경인 가족체계의 맥락 속에서 이해하여 개인과 가족 사이에 존재하는 고정된 상호작용의 양상을 변화시켜 개인의 증상이나 행동에 변화를 가져오도록 추구하는 치료적 접근법이다. 따라서 가족치료자는 문제 행동 자체보다는 문제 행동을 둘러싼 가족 상호작용에 관심을 가진다. 그러므로 가족치료의 정의는 말 그대로 개인을 둘러싼 환경 요소 중에서도 특히 가족을 치료적 매개로 사용하는 기법이다.

가족치료는 개인의 문제가 가족과 밀접하게 연관되어 있어서 가족이 변하지 않고서는 개인의 문제가 해결될 수 없다는 전제에서 출발한다. 가족치료가 한국의 사회복지실천에 적용되고 연구된 시기는 1980년대 중반 이후이며 최근에 가족치료의 활용이 활발해지고 다양한 가족문제를 해결하는 데 있어서 치료의 효과가 입증되면서 가족치료에 대한 관심이 급증하는 추세에 있다. 가족치료는 개인과 가족의 심리적이고 다양한 대상을 치료한다.

가족치료의 정의에서 무엇보다 중요한 것은 개인에게서 문제의 원인을 찾는 개인적인 결함 모형에서 관계와 관계 사이의 역기능을 파악하는 대인관계적인 모형으로 개념을 변화시켜야 한다. 왜냐하면 이러한 변화를 통해서 치료자는 문제 행동이란 개인이 어떤 장애를 가지는 것에서 발생한다는 관점에서 벗어날 수 있기 때문이다. 더 나아가 문제 행동은 가족의 상호작용, 생육사, 그리고 맥락을 반영하고 있다는 점을 가정할 수 있게 된다. 그러므로 가족치료자는 이와 같은 대인관계적 모형으로 문제를 바라보는 것이 무엇보다 중요하며, 이러한 관점은 치료를 용이하게 해 준다.

2) 가족치료의 특징

가족치료는 가족에 초점을 두는 치료방법을 총칭하며, 가족 구성원들 간의 관계나 가족 구성원 중 한 사람의 행동 또는 정서 · 심리상의 문제에 개입하여 문제를 해결 또는 경감시키기 위한 노력을 의미한다.

개인치료와 달리 가족치료는 가족을 하나의 체계로 보며, 그 체계 속의 상호 교류양상에 개입함으로써 개인의 증상이나 행동에 새로운 변화가 일어나도록 추구하는 치료적 접근법이라 할 수 있다.

〈표 10-1〉 개인치료와 가족치료 비교

구분	개인치료	가족치료
병리적인 초점	문제 원인을 개인에게 두며 정신내면의 과정	개인을 둘러싼 환경. 가족이나 사회체계
치료개입 대상	개인, 자신들의 삶에 무엇이 일어났는지에 대한 클라이언트의 지각에 기초한 정보를 가지고 치료하는 것	개인의 내면문제보다는 클라이언트의 가족체계, 대인관계의 양상
치료의 단위	개인	가족 구성원
치료기간	개인이 가진 지난날의 경험에 기초한 내면의 갈등을 해결하고자 하여 많은 시간이 필요한데, 일반적으로 1년 이상	가족과 관련된 문제의 해결을 위하여 단기치료를 추구하는 경향으로 일반적으로 6개월 이내

3) 가족치료의 목적

가족치료의 목적은 치료 초기에 이루어진 진단 및 평가와 많은 관계가 있다. 모든 구체적인 목적까지 치료의 초기에 명확하게 구체화할 필요는 없다. 때때로 목적은 분명하지 않을 수 있는데 시간이 지나면서 점차로 명확해질 수 있다. 목적을 설정하는 데 있어서 우선순위를 결정하는 것과 목적의 특정 영역을 결정하는 것은 매우 중요하며 아주 신중히 결정하여야 한다. 문제의 성격이 단기치료를 필요로 하거나 위기개입을 필요로 할 때는 치료를 진행하면서 목적을 설정하고 점차로 구체화할 수도 있다. 많은 경우 치료의 초기 단계에 주된 목적을 설정하려고 노력하고 가족 성원의 죽음과 같이 변경할 수 없는 문제를 극복하기 위한 목적은 치료의 초기에 설정한다.

가족치료 목적은 행동상의 변화보다는 좀 더 만족스럽게 가족 전체가 각자의 역할과 기능을 수행하도록 하여 각 가족 성원과 가족 전체가 성장하도록 하는 것이다. 구체적인 가족치료의 목적을 요약하면 다음과 같다.

(1) 감정과 생각을 자유롭게 표현하도록 하며 원하는 변화를 설명하도록 한다.
(2) 의사소통능력을 향상시키며 다른 가족 성원들의 문제 행동 원인을 더 이해하도록 한다.
(3) 자기 자신과 견해가 다르고 애매모호하고, 혼돈된 다른 가족 성원들의 욕구를 인정하고 존중하며 수용할 수 있는 개인 능력을 향상시킨다.
(4) 가족 내에서 가족 성원들의 역할과 기능을 수행하도록 한다.
(5) 가족규칙을 명백히 한다.

2. 가족치료의 주요 모델

가족과의 실천은 주로 부부 갈등, 부모·자녀 간 문제, 아동문제, 다세대 간의 갈등을 중재·해결하기 위해 사용된다. 현재 여러 가지 다양한 이론적 토대를 갖고 있는 가족실천모델들이 개발·활용되고 있다. 대표적인 가족실천모델로는 미누친(Minuchin)의 구조적 가족치료, 사티어(Satir)의 경험적 가족치료, 헤일리(Haley)의 전략적 가족치료, 보웬(Bowen)의 다세대가족치료, 김인수와 드 세이저(De Shazer)의 해결중심적 단기가족치료 등이 있다.

1) 구조적 가족치료

미누친(Salvador Minuchin)을 주축으로 개발된 구조적 치료는 체계론적 관점을 근거로 발전된 것이다. 가족 구성원의 문제는 개인 내적인 원인에 의한 것이 아니라 가족 구성원들 간의 상호작용, 가족 구조(예 : 가족 경계, 역할 등) 내의 문제에 의한 것이라고 본다. 따라서 이 접근에서는 가족의 구조적 문제에 대한 개입을 먼저 시도한다. 구조적 가족치료(structural family therapy)에서는 병리적 상호작용은 잘못된 구조에서 나오며 이러한 가족구조가 병리적 상호작용을 지속시킨다고 본다. 그러므로 구조적 문제를 해결해 줌으로써 상호작용이 개선될 수 있다고 본다. 가족의 구조를 변화시키면 체계 내의 성원이 행동을 변화시킬 수 있다고 보고 가족 구조의 변화를 위해 가족의 구조를 재구조화하게 도와줌으로써 역기능적인 유형이 지속되지 못하게 하는 것이다. 구조적 가족치료자들은 가족체계 자체의 역동적 질서에 관심을 두며, 가족체계의 전체성, 가족 위계구조의 영향, 가족 하위체계의 상호 의존적 기능을 강조한다. 가족치료 역사상 가장 영향력이 크며 널리 적용된 접근방법으로 평가되고 있다.

(1) 주요 개념

① 가족 구조 : 가족의 경계, 하위체계, 가족규칙, 힘과 권력 등을 포함한다. 가족체계는 하위체계로 분화되고 하위체계를 통해 가족체계의 기능을 수행한다.

② 경계 : 가족 간의 분리와 융합을 나타내며 투과성으로 열림과 닫힘이 자유롭게 이루어져야 하며, 가족의 적절한 기능 유지를 위해 하위체계의 경계선이 명확해야 한다.

③ 하위체계와 위계 : 가족 내에는 부부, 부모, 자녀, 형제 등과 같은 하위체계가 있다. 위계는 하위체계 간의 규칙이며, 우선순위를 말한다. 상위체계는 전체 가족에 대한 의사결정권을 갖고 전체 가족 구성원들의 행동을 통제하고 지배하는 규칙을 만들고 이를 시행한다.

④ 제휴 : 가족체계의 한 구성원이 다른 구성원과 협력관계를 맺거나 대립적 관계를 가지는 것으로, 두 사람이 제삼자에게 대항하기 위해 제휴하는 연합과 두 사람이 제삼자와 다른 공동의 목적을 위해 제휴하는 동맹이 있다.

⑤ 발달 : 가족생활주기 발달은 형태 유지(가족 기능 보존)와 형태 발생(가족 기능 변화)의 상호 보완적인 과정이며, 가족문제는 변화에 직면한 가족이 이미 형성된 구조를 변화시키지 않고 유지하려 할 때 나타난다.

(2) 구조적 가족치료 개입기술

구조적 가족치료의 목표는 가족 구조의 변화이다. 구조적 가족치료자는 가족 구성원이 그들의 구조를 변화시키도록 돕기 위하여 가족체계에 합류한다. 경계선을 변화시키고 하위체계를 재정렬하며, 치료는 가족 구성원의 행동과 경험을 변화시킨다(Griffin, 2003).

① 재구조화 : 가족의 상호작용을 바꾸는 것으로 하위체계 간의 경계를 조정하고 위계질서를 강화하며, 규칙을 현실적인 것으로 바꾸는 것 등을 포함한다. 재구조화를 위하여 치료자는 지지, 교육, 안내 등의 적극적인 역할을 한다(최선화, 2008).

② 분위기 조작 : 치료자가 가족의 문제 행동을 강화시켜 가족에게 변화가 필요하다는 것을 인식시킴으로써 재구조화하도록 돕는 기법이다. 예를 들면 장애아를 가진 부모의 과잉보호문제를 해결하기 위해서 치료자가 장애아는 아무것도 할 수 없다는 것을 과장해서 강조하고 과잉보호하게 함으로써 부모는 자신의 과잉보호적인 태도에서 벗어나서 변화될 수 있다.

③ 과제 부여 : 가족 상호 교류를 증진시키고 변화를 제시하기 위해서 가족들에게 과제를 부여함으로써 가족 내의 구조를 재구조화할 수 있다.

④ 합류 : 치료자가 그 가족의 분위기를 파악하여 동조하는 것이다. 유지(maintenance)는 치료자가 자신의 행동을 가족의 교류과정에서 맞추는 것이며, 추적(tracking)은 치료자가 가족과 의사소통과 행동의 내용을 추적하고 계속되도록 권장하는 기술이며, 모방(mimicking)은 치료자가 가족의 특징을 흉내 내거나 자신과의 유사점을 강조하는 것이다.

2) 경험적 가족치료

경험적 가족치료(experiential family therapy)는 가족에게 통찰이나 설명을 해 주기보다는 가족의 특유한 갈등과 행동양식에 맞는 경험을 제공하려고 한다. 현상학, 자아심리학, 자기개념, 자기존중 개념을 기초로 인간의 성장 가능성을 신뢰한 사티어(Virginia Satir)의 성장모델과 휘태커(Carl Whitaker)에 의해 발전되었다. 이 모델은 구조적 · 전략적 가족치료 모델처럼 과거보다는 현재에 초점을 두고 있지만 일차적으로 가족의 개인 성원에 초점을 둔다는 점에서는 구조적 · 전략적 가족치료모델과는 다르다. 경험적 가족치료자들은 가족에게 문제를 설명하고 통찰력을 제공하기보다는 가족 성원들이 가족의 특유한 행동양식에 맞는 경험을 행함으로써 문제해결을 도모하고자 한다(한국버지니아, 2000).

경험주의적 가족치료모델에서는 치료자와 가족 사이에 순간순간 발생하는 상황을 중시하는 것이다. 여기－지금의 즉시적 경험과 감정 표현에 초점을 두어, 가족과 가족치료자 사이의 상호작용을 통한 경험이 성장의 계기를 제공할 수 있다고 본다.

경험적 가족치료자들은 정서적으로 메마른 가족들의 깊은 내면에 숨겨진 자신의 감정을 느끼도록 하며 그러한 감정을 솔직히 표현하도록 도와줌으로써 좀 더 성숙한 인간이 되도록 돕는 것으로 경험적 가족치료는 치료적이며 성장지향적인 모델이다.

(1) 주요 개념

① 의사소통 유형 : 일치형 의사소통이란 기능적이며 원만하고 책임감 있고 정직성을 갖춘 현실적인 의사소통을 말한다. 역기능적인 의사소통유형으로는 자신의 진정한 감정을 존중하지 않는 회유형, 상대방의 흠을 발견하고 지적하는 비난형, 자신이나 다른 사람을 과소평가하는 초이성형, 산만형 등이 있으며, 문제의 가정들은 대부분 이중 메시지로 의사소통을 하고 있다고 볼 수 있다.

② 원가족 삼인군 : 부모와 자신과의 관계를 중심으로 전체 가족 구조, 전체적인 가족 생활사, 가족관계를 이해하고 평가하는 데 활용한다. 원가족 삼인군의 치료 목적은 클라이언트가 원가족 삼인군에서 학습한 역기능적 대처방법에 집착하는 것에서 벗어나고 가족규칙과 부모의 규제에서 벗어나 독자적인 개별성을 갖도록 하고 자신의 감정을 잘 관리할 수 있고 말과 행동이 일치하는 의사소통을 할 수 있도록 자존감을 높이는 데 있다(정문자, 2003).

③ 개인의 빙산 : 치료는 경험의 다양한 수준에서 이루어지게 되는데 이를 개인의 빙산에 비유를 해 보면 수면 위에 보이는 것이 사람의 행동이고 수면 밑에 있는 것이 사람의 감정, 지각, 기대, 열망이다. 하부로 내려갈수록 인간에게 중요한 것으로 보았다. 개인의 내적 과정을 이끌어 내는 은유적인 방법으로 사회에는 빙산 기법을 활용한다.

④ 가족규칙 : 가족 성원들의 행동을 규정하는 양상이다. 사티어는 가족의 분명한 규칙보다는 감정의 규칙을 중시하며 가족 성원의 문제 원인을 '나쁜 사람'에게서 찾지 않고 '나쁜 규칙'에서 찾는다.

(2) 경험적 가족치료 개입기술

① 가족 조각(sculpting) : 가족 구성원이 자신이 가진 가족관계나 서로의 상호작용 패턴을 가족들이 활용하여 위치나 자세를 만들어 표현하는 것이다. 가족 조각은 어떠한

주어진 공간에서 구체적으로 관계 유형을 볼 수 있고 경험할 수 있는 진단적이고 치료적인 기술이다.

② 재명명 : 클라이언트나 가족의 세상에 대한 내면의 준거틀을 변화시키는 데 효과가 있는 치료적 전략이다. 부정적인 의미를 긍정적인 의미로 변화시키기 위하여 사용하는 기법이다.

③ 가계도 활용 : 의사소통 유형과 개인의 특성을 포함하는 가계도를 통해서 가족의 문제나 관계, 경험 등을 이해하고 치료해 나가는 데 활용할 수 있다(최선화, 2008).

3) 전략적 가족치료

전략적 가족치료(strategic family therapy) 모델에서는 치료자가 가족 성원의 과거가 아닌 현재의 상호작용에 초점을 두고, '성장'보다는 '변화'에 초점을 두었다는 점에서 '변화'보다는 '성장'에 치료목표를 둔 경험적 가족치료모델과는 치료적 접근법이 전혀 다르다고 볼 수 있다.

해일리(Haley) 등에 의해 발전하였으며, 가족 문제를 '정상'이나 '비정상', '병리'로 구분하는 것에 대해 거부하며, 가족 내 문제 행동이 가족의 역기능적 상호작용에 적응하는 방법으로써 가족 유지의 기능을 하는 측면이 있음을 부각시킨다. 인간의 행동이 왜 일어났는지에는 관심이 없으며 단지 행동의 변화에만 관심을 갖는다. 문제를 야기시키는 행동이 변화될 때 그 문제는 해결된다고 본다.

치료방법은 간접적이며, 직접적 방법이 유효하지 않다고 생각될 때 자주 사용된다. 문제를 유지하는 행동을 변화시키기 위해 가족이 역설적이라고 생각하는 방법을 지시하거나 혹은 증상을 처방한다.

(1) 주요 개념

① 권력 : 근본적으로 권력은 가족의 위계와 관련이 있으며 규칙을 결정하는 자가 권력을 갖는다.

② 삼각관계 : 문제란 두 사람 사이의 권력 투쟁이 제삼자를 포함시키려 할 때 발생한

다고 가정한다. 제삼자는 증상을 갖는 아이가 되거나 정체감을 갖지 못하거나 자기 탓으로 돌리는 사람이 될 수 있다.

③ 역설적인 의사소통 : 메시지 내용보다 메시지의 질(메타커뮤니케이션)에 의해 역기능적인 관계를 형성한다.

(2) 전략적 가족치료 개입기술

① 역설적 개입 : 치료자가 자족의 반발심을 활용하여 변화를 일으키는 치료 기법이다. 가족원들은 변화에 대하여 저항을 하기 때문에 치료자의 지시를 따르는 데 저항이 생긴다. 이러한 저항을 최소화하고 오히려 저항을 활용하여 역으로 가족들이 변화하도록 돕는 방법이다(김용태, 2001). 헤일리(Haley)와 마다네스(Madanes)가 주로 사용하는 역설적 기법은 더 힘든 시련을 체험하도록 과제를 주어 증상을 포기하게 하는 증상 처방, 변화의 속도가 지나치게 빠르다고 지적하여 변화의 속도를 통제하는 제지 기법, 더 힘든 시련을 체험하도록 하여 증상을 포기하게 하는 시련 기법 등이 있다.

② 재명명 : 문제나 상황을 판단하는 관점의 변화로 부정적으로 보는 문제나 상황을 전혀 다르게 해석하여 새로운 의미를 발견하도록 하는 기법이다. 예를 들어 식욕부진의 청소년 문제를 사춘기 자녀의 독립에 대한 의지로 재명명한다. 이것을 증상뿐 아니라 부모 자녀관계에 대해서도 새로운 관점을 제공한다(김유숙, 2003).

③ 긍정적 의미 부여 : 가족의 응집력을 향상시키고 치료에 대한 저항을 줄이기 위해 가족의 문제나 증상을 가족 내에서 긍정적 기능을 하는 것으로 보도록 재해석하는 것이다.

4) 다세대 가족치료

가족을 하나의 체계로 보고 한 부분의 변화는 반드시 다른 부분(구성원)의 변화를 이끌 수 있다는 개념에 근거한다. 보웬(Murray Bowen)의 가족체계이론은 정신역동적인 접근법과 체계론적 관점을 연결시킨 것으로 볼 수 있으며, 이러한 이론적인 근거와 함께 임상으로부터 탄생된 이론이다. 이러한 개념을 기반으로 가족을 '정서적 관계체계'로 본다. 보스조르메나이-나지(Ivan Boszormenyi-Nagy)의 맥락적 가족치료는 다세대적인 관점, 즉 인간 관계맥락을 강조하였다. 치료의 목적은 자아 분화, 자아 강화, 자아존중감에 대한 안정감 등을 증가시키는 것이다.

가족은 항상 우리 안에 남아 있는데, 우리는 해결되지 않은 부모에 대한 정서적 반응을 가지고 있어 새로운 깊은 관계를 형성할 때 과거의 유형을 반복한다. 따라서 건강하고 성숙한 인격을 형성하기 위해서는 가족에 대한 해결되지 않은 정서적 애착을 수동적으로 수용하거나 거부하기보다는 적극적으로 해결하여야 한다.

(1) 주요 개념

① 자아 분화(differentiation of self) : 불안의 정도와 자기 분화의 통합 정도로서 개인의 감정과 지적 과정과의 구분능력으로 자아 분화가 이루어진 사람은 사고와 감정에 있어 균형을 이루고 있고, 자발성이 있으며 정서적 충동에 저항할 수 있는 자제력이 있다. 반면 자아 분화가 이루어지지 않은 사람은 자아의 융합이 심하여 다른 사람의 감정이나 반응에 민감하고 의존적이며 감정에 자율성이 없다. 또한 긴장이나 불안, 스트레스 상황에 적응이 어렵고 타인에게 심한 정서적 애착을 가지며 다른 사람과 융해되려는 경향이 있다.

② 정서적 삼각관계 : 두 사람 간의 정서적 체계가 스트레스를 받을 때 불안을 경감시키고 안정을 얻기 위해 제삼자를 끌어들여 체계를 확대시키려는 경향을 말한다. 가족 내에서 볼 수 있는 전형적인 삼각관계는 아버지-어머니-자녀, 부모-자녀-조부모, 부모-자녀-자녀의 증상(비행, 마약, 범죄 등), 남편-아내-배우자의 역기능(중독, 외도, 우울증 등)이다.

③ 가족 투사과정 : 부부가 불안이 증가될 때 자신의 미분화된 정서문제를 자녀에게 투사하는 과정을 말한다. 가족 투사과정에서 부모의 불안 투사 대상이 된 자녀는 부모의 영향을 가장 많이 받게 되고 진정한 자기로서 기능하는 능력을 키울 수 없게 된다(이영분 외, 2008). 가족 투사과정은 부모의 미성숙과 미분화 정도, 그리고 가족이 경험하는 스트레스와 불안의 수준과 관계가 있다.

④ 다세대 전수과정 : 확대가족에서의 불안과 미분화된 가족체계는 다음 세대의 핵가족

에게 투사되는 과정을 거쳐 가족의 증상이나 관계 패턴이 세대 간에 반복되게 된다. 어느 세대에서나 가족과 가장 심한 융합을 이룬 자녀는 만성적 불안이 심하고, 자아 분화 수준이 낮아지는 반면 융합이 덜한 자녀는 불안이 적고 자아 분화 수준이 높다.

⑤ 형제 순위 : 가족 내 형제 순위가 개인의 독특한 성격과 관계 유형을 형성하는 데 영향을 주며, 자녀들의 출생 순위는 다세대 과정에서 가족 투사과정이나 삼각관계 형성, 다세대 전수과정 등에 영향을 미치고 다양한 가족 역동을 만들어낸다(Toman, 1995).

(2) 다세대 가족치료 개입기술

① 가계도(genogram) : 3대에 걸쳐 내려오는 가족체계의 스트레스를 나타내는 것으로 갈등관계, 단절, 주요 삼각관계 등을 추측하는 데 사용된다.

② 과정 질문 : 감정을 가라앉히고 정서적 반응에 의해 유발된 불안을 경감시키며 사고를 촉진하기 위한 질문으로, 가족들의 문제에 대한 지각과 관계 유형에 어떤 방식으로 참여하였는지에 대해 질문하는 것이다.

③ 치료적 삼각관계 : 삼각관계를 해결하기 위해서 치료사는 가족이 가지고 있는 삼각관계와는 다른 종류의 치료적 삼각관계를 만든다. 치료사의 중립적 위치와 치료사 자신의 자기 위치 지키기는 치료적 삼각관계를 맺는 데 매우 중요한 기법이다(Guerin et al., 1996, 최선령 · 이인수 역, 2005).

④ 코치하기 : 코칭(coaching)은 내담자들이 직접 가족문제를 해결하도록 뒤에서 지지하고 조언하는 역할을 말한다. 치료자는 행동을 때때로 지시하기도 하지만 상호작용을 자율적으로 할 수 있도록 돕는 진행자의 역할을 한다. 이와 같이 코치하기의 목표는 이해를 증진시키고 자신에게 초점을 맞추고 주요 가족원에게 보다 기능적으로 애착하도록 돕는 것이다.

⑤ 나의 입장(the I-position) : 타인이 행동하는 것에 관하여 말하는 것 대신에 자신이 느끼는 것을 말하므로 자기 유형을 취하는 것은 정서적인 반응의 악순환을 깨는 가장 직접적인 방법이다. 나의 입장 지키기는 핵가족 내에서 융해된 고정된 삼각관계에서 자신의 위치를 변경시켜 상대방을 비난하거나 자신을 억압 또는 회피하지 않고 자신의 견해를 표현하는 진술이다.

5) 해결중심적 단기가족치료

해결중심 단기가족치료는 인간에 대한 긍정적인 철학을 가지고 있으며, 인간의 잠재적인 변화 요구를 중시하고 스스로 문제를 해결할 수 있는 능력을 갖고 있다고 믿고 바람직한 변화를 촉진시킨다. 치료자와 내담자는 상호 협력적인 관계이며, 치료자는 상황을 제시하고 자신감을 심어주는 역할을 한다. 해결중심치료자들은 문제보다는 해결에 관심을 두고 있기 때문에 문제가 어떻게 발생하였는지에 관하여는 거의 질문하지 않으며, 문제가 해결될 수 있는 미래에 초점을 둔다. 클라이어언트의 장점과 자원을 활용하여 작은 변화부터 시도하는 손쉬운 해결책과 성공적 경험을 중심으로 가족 사정을 하고 개입한다(구혜영, 2010).

해결중심적 가족치료는 1978년 설립된 밀워키의 단기가족치료센터(Mental Research Institute; MRI)를 중심으로 시작되었다. 핵심적인 인물은 드 세이저(Steve De Shazer)와 김인수(Insoo Kim Berg) 부부이다. 해결중심적 단기가족치료의 목표는 도움을 받으러 온 가족으로 하여금 그들 자신의 생활을 보다 만족스럽게 하기 위해서 현재 하고 있는 것과는 다른 것을 하거나 생각해 내도록 하여 현재 가족이 가지고 있는 문제를 해결하고자 하는데 있다.

(1) 기본 원리

① 정신건강에 대한 강조 : 내담자가 자신의 문제를 다루는 데 있어 잘못된 것에 관심을 두기보다는 성공한 것과 성공하게 된 구체적인 방법에 대해 관심을 둔다. 내담자의 강점과 자원 그리고 능력들에 초점을 두며, 무엇이 잘 되었고 그것을 어떻게 활용할 것인가를 강조한다.

② 내담자의 강점과 자원 활용 : 내담자가 원하는 결과를 성취하기 위해 내담자가 이미 가지고 있는 자원, 기술, 지식, 믿음, 동기, 행동, 증상, 사회관계망, 환경, 개인적인 특성 등을 끌어내고 확인하고 지지함으로써 문제해결에 활용한다.

③ 탈규범적, 비규범적 내담자의 견해 존중 : 인간 행동에 대한 이론의 가설적 틀에 맞추어 사정, 평가하지 않는다. 치료자는 문제에 관한 것보다는 해결책을 구축할 수

있도록 질문을 던지고 해답을 찾아 나가도록 도우며 내담자가 결정한 것을 수용한다(최선화, 2008).

④ 간략화 : 치료 목적을 달성하기 위해 치료방법의 경제성을 추구한다. 작고 간단한 성공적 경험이 누적되면 큰 변화도 가능하며, 한 가지 변화는 연쇄작용을 일으켜 다른 변화까지도 가져오게 한다.

⑤ 변화의 지속성과 불가피성 : 변화는 삶의 일부이고 자연스러운 현상이다. 치료자는 변화를 발견하고 그 변화를 해결방법으로 활용한다. 해결중심치료에서는 문제가 발생하지 않는 예외적인 상황을 알아보고 그 상황을 증가시킨다.

⑥ 현재와 미래 지향 : 해결중심 단기가족치료의 원리는 현재와 미래를 강조하며, 과거와 문제에 대해서 깊이 탐색하기보다는 현재와 미래에 적응하는 것을 돕는 데 일차적인 초점을 둔다.

⑦ 내담자와 자율적인 협력 중시 : 협력이란 다른 사람과 함께 일하는 것이다. 따라서 협력적인 치료관계란 내담자가 치료자에게 협력하여야 할 뿐만 아니라 치료자도 내담자에게 협력하여야 하는 것이다.

(2) 해결중심적 단기가족치료의 개입기술

① 면담 이전의 변화를 알아보는 질문 : 내담자에게 계속적으로 변화가 일어난다는 것을 전제로 내담자가 면담을 예약한 후 지금까지 발생한 변화를 파악할 수 있도록 질문을 하며, 의식 · 무의식적으로 실시한 방법에 대하여 칭찬을 해 줌으로써 가족의 잠재능력을 찾아내고 가족들이 발견하지 못한 해결방안을 찾도록 격려한다.

② 예외 질문 : 문제해결을 위해 우연이지만 성공적이었던 방법을 찾아내어 의도적으로 질문하여, 성공 경험과 잘 기능하고 있는 점을 찾아내어 그것을 의도적으로 계속 실시하여 성공적인 행동을 의식적으로 강화시키는 기법이다.

③ 기적 질문 : 문제가 해결된 상태를 상상해 보고, 내담자가 정말 해결하기를 원하는 것들을 확인하여 치료목표를 현실적이며 구체적으로 설정하기 위한 기법이다.

④ 척도 질문 : 내담자에게 가족문제의 심각성 정도나 치료목표, 변화 정도, 성취 정도, 변화에 대한 의지, 정서적 친밀도, 자아존중감, 치료에 대한 확신, 진행에 관한 평

가, 종결의 시점 등을 수치로 표현하게 하는 질문 기법이다.

⑤ 대처/극복 질문 : 대처 질문은 만성적인 어려움과 위기에 관련된 질문 기법으로 문제해결을 위한 내담자의 노력에 대한 질문을 통해 더 나빠지지 않고 어려움을 견디어 낼 수 있다는 것을 강조하고 격려함으로써 새로운 힘을 갖게 하며 자신의 자원과 강점을 발견하도록 하는 데 도움이 된다.

〈표 10-2〉 가족치료 주요 이론의 비교

모델 유형	주 제	주요 개념	치료목표	개입의 주요 기법	치료자의 역할
구조적 가족치료 모델 (Minuchin)	개인의 증상은 가족교류 패턴의 맥락에 근원이 있으며, 증상이 제거되기 전에 가족의 재구조화가 발생되어야 한다.	경계선, 하위체계, 가족권력, 동맹, 밀착된 관계, 경직된 관계, 순환적 인과성	• 재구조화된 가족조직 • 역기능적인 교류 패턴에서의 변화	재구조화, 경계만들기, 합류, 실연, 과제 부여, 가족도 그리기	• 지지, 교육, 안내자 • 능동적 개입자 • 가족 구조 조작자
경험적 가족치료 모델 (Satir)	자유 선택, 자기 결정, 자아 성장, 개인 성취를 얻는 과정에서 곤경을 극복함으로써 성숙된다.	자아존중감, 가족규칙, 가족 역할, 의사소통 유형(일치형, 회유형, 초이성형, 비난형, 산만형)	• 성장 경험 • 적합한 의사소통 체계 발달 • 명확한 가족규칙 • 행동에 대한 책임	가족 조각, 가족그림기법, 역할극, 재정의, 은유, 직면	• 분명한 커뮤니케이션의 교사 및 모델, 촉진자
전략적 가족치료 (Haley)	개인의 문제는 가족문제의 발현이며, 문제 행동들을 발견하고 수정해야 한다.	세력과 조정, 관계규정, 위계질서, 역설과 반대역설	• 현재의 문제, 증상을 제거하기 위한 행동의 변화 • 가족에 의해 선택된 체계 변화	증상처방, 제 기법, 시련 기법, 순환적 질문, 재명명, 행동시연	• 지시자 • 변화 조성의 책임 • 조작적, 역설의 작용
다세대 가족치료 모델 (Bowen)	원가족과의 정서적인 애착이 해결될 필요가 있다.	자아 분화, 삼각관계, 가족투사과정., 다세대 전수과정, 형제순위	• 불안 감소 • 증상 제거 • 자아 분화 • 신뢰, 공평성, 윤리적 책임감 회복	탈삼각화, 코칭, 과정질문, 치료 삼각관계	• 코치 • 탈삼각관계를 시도 • 조력자
해결중심적 단기가족 치료모델 (Berg & De Shazer)	내담자의 건강하고 긍정적인 면에 초점을 두고 바람직한 변화를 촉진시킨다.	인간에 대한 신뢰, 해결중심적 방안, 한 구성원의 변화가 가족 전체에 긍정적인 변화	• 긍정적, 구체적, 행동적 해결책 제시 • 잘 형성된 목표 발전시키기	치료면담 전 질문, 예외 질문, 기적 질문, 척도 질문, 대처/극복 질문	• 알고자 하는 자세를 가진 질문자 • 강점의 발견자 • 지지자

요점정리

• 가족치료의 이해

1) 가족치료의 정의 : 개인을 둘러싼 환경 요소 중에서도 특히 가족을 치료적 매개로 사용하는 기법
2) 가족치료의 특징 : 가족치료는 가족을 하나의 체계로 보며, 그 체계 속의 상호 교류 양상에 개입함으로써 개인의 증상이나 행동에 새로운 변화가 일어나도록 추구하는 치료적 접근법이다.
3) 가족치료의 목적 : 행동상의 변화보다는 좀 더 만족스럽게 가족 전체가 각자의 역할과 기능을 수행하도록 하여 각 가족 성원과 가족 전체가 성장하도록 하는 것이다.

• 가족치료의 주요 모델

1) 구조적 가족치료(structural family therapy)
   - 개념 : 가족 구조, 경계, 하위체계와 위계, 제휴, 발달
   - 개입기술 : 재구조화, 분위기 조작, 과제 부여, 합류
2) 경험적 가족치료(experiential family therapy)
   - 개념 : 의사소통 유형(회유형, 비난형, 초이성형, 산만형), 원가족 삼인군, 개인의 빙산, 가족규칙
   - 개입기술 : 가족 조각, 재명명, 가계도 활용
3) 전략적 가족치료(strategic family therapy)
   - 개념 : 권력, 삼각관계, 역설적인 의사소통
   - 개입기술 : 역설적 개입, 재명명, 긍정적 의미 부여
4) 다세대 가족치료
   - 개념 : 자아 분화, 정서적 삼각관계, 가족 투사과정, 다세대 전수과정, 형제 순위
   - 개입기술 : 가계도, 과정 질문, 치료적 삼각관계, 코치하기, 나의 입장
5) 해결중심적 단기가족치료
   - 개입기술 : 면담 이전의 변화를 알아보는 질문, 예외 질문, 기적 질문, 척도 질문, 대처/극복 질문

토의문제

1. 가족치료모델을 다양한 사례에 적용해 보고 그 효과 및 한계성에 대해 토의해 보시오.
2. 가족치료 기법을 활용하여 자기 자신의 가족에 대해 분석해 보시오. 가족의 특성에 대한 이해와 가족의 문제에 관해 토의해 보시오.

Chapter

11 지역사회대상 사회복지실천기술

학습목표

1. 지역사회대상 사회복지실천기술의 개념 및 특징을 이해하여 설명할 수 있다.
2. 지역사회대상 사회복지실천모델의 유형을 이해하여 설명할 수 있다.
3. 지역사회대상 사회복지실천기술의 개입과정을 이해하여 설명할 수 있다.
4. 지역사회대상 사회복지실천기술을 이해하고 적용하는 방법을 습득할 수 있다.

1. 지역사회대상 사회복지실천기술의 정의

1) 지역사회의 개념

사회학에서는 인간의 지역사회는 한 지역적 테두리에 같이 모여 사회조직을 이룩하고 문화를 공유하며 그 공동체에 대한 일체감(the sense of identity)을 지니는 삶의 터전이라고 풀이하고 있다. 심리적인 면에서 지역사회는 공동의 이익, 특성 혹은 연합을 의미하고(Warren, 1978; 박태영, 2003), 지리적인 면에서는 사람들이 함께 모여 사는 특정 지역을 의미하며, 사회적으로는 이 두 가지 면을 결합시키는 것이라고 풀이하였다. 사회복지학에서의 지역사회개념은 첫째, 어떤 단일성 또는 분리성을 지적하는 물리적·지리적·지방적 경계선, 둘째, 사회적·문화적 동질성, 합의, 자조 또는 다른 공동 행위와 상호작용 관계성의 형태를 말한다.

2) 지역사회복지의 개념

지역사회(community)란 공통의 정서와 관심을 가지고 비슷한 문화를 공유하며 지리적으로 근접한 거리에서 생활하고 있는 집단이다. 즉, 지역사회는 지역주민을 구성원으로 하여 동일한 법과 제도권 내에서 감정과 정서로 뭉쳐져 상호작용하는 사람들의 집단으로서 공통의 욕구와 관심들이 존재하게 된다(서상철, 2006).

이처럼 지역사회복지는 어느 한 전문분야에 한정되는 것이 아니라 지역사회 주민의 복지를 증진시키기 위한 매우 광범위한 개념으로 전문적인 분야 또는 비전문적인 분야, 공식적인 분야 또는 비공식적인 분야 등이 지역사회 차원에서 지역사회 문제를 해결하기 위해 지역사회 내외의 자원을 동원하여 문제를 예방하고 해결하고자 하는 총체적인 노력이라 할 수 있다.

3) 지역사회대상 사회복지실천기술의 개념

지역사회를 대상으로 하는 사회복지실천기술은 사회복지사가 지역사회를 클라이언트 체계(대상체계)로 보고 지역사회의 욕구(needs), 문제(problem) 그리고 위험(risk)에 대해 지역주민의 조직화를 통하여 해결하도록 원조하는 전문적 활동을 말한다. 다시 말해서 지역사회를 대상으로 하는 사회복지실천기술은 지역주민 또는 집단의 욕구와 문제를 해결함으로써 지역주민의 삶의 질을 향상시키려는 모든 노력을 포함한다.

지역사회를 대상으로 하는 사회복지실천기술은 지역사회 내의 집단, 조직, 제도 그리고 사람들 관계의 행동적 유형과 이들 간의 상호작용을 바꾸기 위해서 실천기술을 적용하는 활동이다(Hardcastle, 1997). 또한 전문 혹은 비전문 인력이 지역사회 수준에 개입하여 지역사회에 존재하는 각종 제도에 영향을 주고, 지역사회의 문제를 예방하고 해결하고자 하는 일체의 사회적 노력을 의미한다. 따라서 지역사회복지는 개인복지나 가족복지보다 넓은 차원의 개념이며 아동복지, 청소년복지, 노인복지라는 대상층 중심의 복지활동보다 지역성이 뚜렷하다는 점에서 그 차이를 발견할 수 있다(최일섭 · 류진석, 2003).

따라서 지역사회를 대상으로 하는 사회복지실천기술은 지역주민들과 그 지역의 역량 강화를 통하여 삶의 질을 개선하고 지역의 문제를 효과적으로 대처하고 해결하기 위한 사회복지의 전문적 개입방법이다. 또한 지역사회를 대상으로 하는 사회복지실천기술은 실천 활동의 지침이나 기술로써의 실천 모델들을 가지는데 지역개발, 사회계획, 사회행동 등이 있다(이미선 외, 2008).

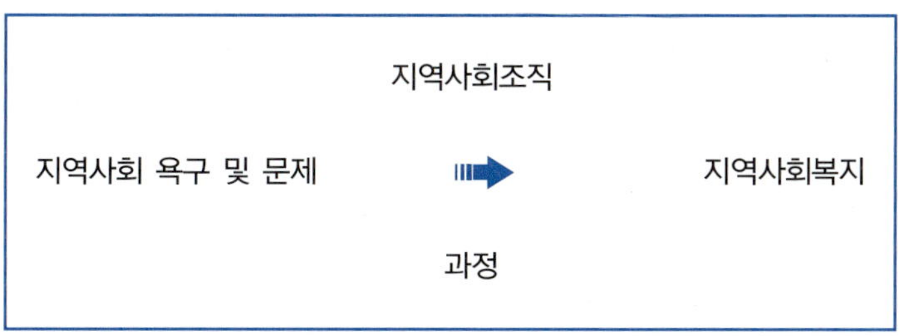

출처: 이미선 · 강우진 · 권향임(2008: 173)

[그림 11-1] 지역사회복지실천기술의 도표

2. 지역사회분석 및 지역사회 사회복지실천기술의 특징

1) 지역사회분석

사회복지사는 자신이 속한 기관이나 지역사회에 대해서 잘 파악하고 있어야 한다. 특히 지역사회 전체를 개입대상으로 하는 경우에는 지역주민의 삶에 영향을 미치는 정치, 경제, 사회, 문화적 특성과 지역사회 주민의 욕구나 문제에 대한 파악이 매우 중요하다.

지역사회분석은 사회복지사로 하여금 지역사회 내부의 행동과 의사결정에 영향을 미치는 사회 · 경제 · 정치적 구조와 지역사회의 역사를 알게 함으로써 사회복지실천의 맥락을 이해할 수 있으며, 지역사회 주민이나 클라이언트를 돕기 위해서 또는 지역사회에 필요한 새로운 프로그램을 개발하는 데 필요한 정보와 현존하는 자원에 대한 정보를 알게 한다. 지역사회분석은 새로운 정보가 나타날 때마다 이루어져야 하지만, 특히 새로운 지역사회에서 일을 시작할 때에는 해당 지역사회에 대한 조사와 분석을 실시하는 것이 바람직하다(설진화, 2009).

웨런(Warren, 1978)은 4단계로 지역사회분석틀을 설정하였다. 분석틀은 다음과 같다.

① 1단계 : 목표집단 파악

- 목표집단의 특성과 그들의 지역사회에 대한 인식을 이해한다.

② 2단계 : 지역사회 규모의 결정

- 개입을 통하여 변화시켜야 할 지역사회의 지리적 경계를 파악한다.
- 목표집단에 영향을 주는 문제에 대한 자료를 수집하여 프로파일을 만든다.
- 목표집단에 영향을 주는 가치, 전통, 신념, 가치 갈등 등을 관찰하고 이해한다.

③ 3단계 : 차이점 인식

- 목표집단이 다른 집단과 어떠한 차이점이 있는지, 그 차이점으로 억압받았는지 등 공식적 · 비공식적으로 억압받아온 방식을 파악하고 이해한다.
- 목표집단이 지역사회에 적응하지 못하는 이유는 무엇인지, 목표집단이 차별받고 억압받아 온 증거를 수집한다.

④ **4단계 : 구조 파악**

- 목표집단의 욕구를 충족시키기 위한 권한이 어디에 있는지 파악한다.
- 목표집단의 목표를 충족시킬 수 있는 자원을 파악한다.
- 목표집단에 대해서 어느 단체가 도움을 주고 옹호하는가, 자원의 분배과정과 유형은 어떠하며, 외부의 힘에 영향을 받는가 등 목표집단에 대한 서비스 전달체계와 유형, 자원의 분배과정과 유형을 파악한다.

2) 지역사회대상 사회복지실천기술의 특징

지역사회를 대상으로 하는 사회복지실천기술 체계는 주로 서비스 이용자(user) 또는 클라이언트 상황의 사회적 측면에 초점을 두고 적용된다. 즉 기술체계는 서비스 이용자들을 새롭고 보다 기능적인 상태로 움직이기 위해 변화되어야 할 필요가 있는 지역사회 및 환경적 요소들을 주된 표적으로 하여 적용되어야 한다. 따라서 지역사회 주민 개개인의 행복에 초점을 두기 위한 실천기술 체계의 특징을 살펴보면 다음과 같다.

첫째, 지역사회 주민의 공통 욕구와 문제이다. 사회복지사는 전체 지역사회 주민이 갖는 공통된 욕구와 문제, 즉 주민의 공동 관심사를 해결하기 위해 개입한다. 그러므로 사회복지사는 지역사회의 여러 욕구·문제와 동원 가능한 자원을 파악하여 욕구와 문제의 우선순위에 따라 개입계획을 세워 활동한다.

둘째, 지역사회 주민의 조직화이다. 지역사회의 욕구와 문제는 대체로 초기에 사회복지사가, 이후에는 주민이 주도하는 지역사회 주민의 조직화에 의해 해결된다. 이는 지역사회의 욕구를 지역사회 주민 스스로의 힘으로 해결하도록 사회복지사가 돕는다는 점을 의미한다.

셋째, 지역사회 자원이다. 개인 및 집단을 대상으로 하는 사회복지실천기술에서도 지역사회 자원을 동원하여 활용하지만 특히 지역사회를 대상으로 하는 사회복지실천기술 체계는 대규모의 지역사회 자원을 동원해야 한다. 대표적인 지역사회 자원으로 사회복지 관련기관, 언론기관, 학교, 병원, 시민단체 등을 들 수 있다. 이들 지역사회 자원은 되도록 지역사회 안에서나 바로 인접한 지역사회에서 동원하는 것이 바람직하다(최옥채, 2007).

3. 지역사회대상 사회복지실천모델의 유형

지역주민들의 삶의 질 향상이라는 중요한 과제를 안고 있는 지역사회복지의 실천에 있어서 그동안 제시된 실천모델을 현장에서 활용하는 것은 사회문제를 적절하게 해결·예방하는 효과를 가져올 수 있기 때문에 매우 중요하다.

지역사회복지실천모델을 검토하는 것은 각 모델 간의 유용성과 문제점들을 파악할 수 있으며, 그 유용성을 보다 잘 활용하여 발전시키고 각 모델의 실천 지침이나 기술을 보다 정교하게 하여 지역사회복지실천을 보다 다양하고 풍성하게 하는 데 그 의의가 있다. 또한 지역사회복지에서 해결해야 할 다양한 생활문제에 대한 접근을 가능하게 한다.

선행연구에서 제시하고 있는 지역사회복지실천모델은 로스만(Rothman), 테일러(Taylor)와 로버츠(Roberts), 와일(Weil)과 갬블(Gamble) 등의 모델들이 있다. 이 모델의 유형들을 간단히 살펴보면 다음과 같다.

1) 로스만의 모델

로스만은 지역사회의 문제에 개입하는 방식을 세 가지로 나누고, 이들의 특징을 몇 가지 기준에 따라 정리하여 제시하고 있는데, 이는 지역사회복지실천모델의 가장 전형적인 것이다. 이러한 세 가지의 모델, 즉 지역사회개발모델(모델 A)은 지역 수준에서 광범위한 주민들의 참여를 통해 지역의 변화를 시도하는 데 중점이 주어지고, 사회계획모델(모델 B)은 전문가에 의한 사회환경의 변화를 강조하며, 사회행동모델(모델 C)은 사회적으로 소외받는 특정 집단을 위한 사회행동을 강조한다(남진열 외, 2009).

(1) 지역사회개발모델

지역사회개발모델(community development)은 자조 기반에 근거하여 지역사회 문제해결을 위한 지역사회능력과 사회통합이라는 과정목표를 통해 지역사회를 새롭게 만드는 데 초점을 두고 있으며, 지역사회의 문제나 욕구를 다룰 때 주민들의 자조(self-help) 정신을 강조하는 형태이다. 따라서 주민들이 문제를 스스로 해결할 수 있는 능력을 강화시켜 주는 데 역점을 두고, 문제의 파악 및 해결과정에 있어 지역사회 수준에서 광범위한 지역주민들의 참여를 통하여 지역사회의 변화를 시도해 보려는 것이다.

(2) 사회계획모델

사회계획모델(social planning)은 지역사회 내의 사회문제, 즉 보건, 주택, 고용, 오락, 비행과 같은 제 문제를 해결하고자 하는 기술적 과정과 합리적인 면을 강조한다. 이러한 지역사회의 문제들은 그 규모나 복잡성 때문에 문제해결을 지역사회의 주민에 의한 민주적 과정에만 맡길 수 없다. 이러한 문제들은 일반 대중에게는 얻을 수 없는 전문적 지식을 갖춘 활동가에 의해 연구되고 해결이 시도된다.

(3) 사회행동모델

사회행동모델(social action)은 지역사회의 불우한 처지에 처한 주민들이 사회정의와 민주주의에 입각해 보다 많은 자원과 향상된 처우를 그 지역사회에 요구하는 행동을 말한다. 이에 참여하는 사회복지사들은 지역사회의 기존 제도(복지 · 보건 · 교육 · 취업 · 문화 · 가치관 등)와 현실에 대한 근본적 변화를 추구하여야 한다. 지역사회 조직가들은 권력 · 자원 · 지역사회 정책결정의 역할 등에서 재분배를 추구하며, 공공기관의 기본 정책에 대한 변화를 추구한다(Rubin & Rubin, 2001).

2) 테일러와 로버츠의 모델

테일러(Taylor)와 로버츠(Roberts)는 로스만의 기본 3가지 모델을 기본으로 하고 2가지 모델을 새로 추가하여 후원자와 대상자가 어느 정도의 결정권한이 있는지에 따라 지역사회개발모델, 프로그램 개발 및 조정모델, 계획모델, 지역사회연계모델, 정치적 권력강화모델의 5가지 모델을 제시하였다.

(1) 지역사회개발모델

지역사회개발모델(community development model)은 시민 참여에 기반을 두고 지역사회개발을 추구하는 것으로 대상자에게 거의 대부분 결정권한이 있는 대상자 중심모델이다. 이 모델의 핵심은 지역사회 주민과 지역사회를 성장하게 하는 것이기 때문에 사회복지사의 역할은 주로 조력자의 역할로 지역사회 주민으로 하여금 문제해결과정에 참여하도록 하는 것이다.

(2) 프로그램 개발 및 조정모델

프로그램 개발 및 조정모델(program development and coordination model)은 어떤 특정 목적을 이끌어 내는 과정에서 변화를 위한 실질적 힘을 발현시킬 수 있는 모델로 변화과정에서 대상자의 직접적 참여를 허용하기보다는 후견인이 완전히 100%의 영향력을 행사할 수 있는 후원자 중심의 모델이라고 할 수 있다. 각 지역의 사회복지협의회 및 사회복지공동모금회 등이 대표적이다.

(3) 계획모델

계획모델(planning model)은 로스만의 사회계획모델을 인간지향적인 측면을 강조하도록 수정한 것으로, 지역사회 문제해결에 있어서 전문적 지식과 기술을 가진 전문가가 합리성과 전문성에 기초하여 효율적이고 효과적으로 변화를 유도하는 모델이다. 특히, 계획에 있어 사람들과의 상호 교류적인 노력을 강조하고 보다 옹호적이며 진보적인 정치적 접근을 포함하고 있다.

(4) 지역사회연계모델

지역사회연계모델(community liaison model)은 로스만의 모델에는 포함되어 있지 않는 것으로 사회복지기관의 일선 스태프나 행정가들에 의해 수행되는 기능을 중심으로 설명된다. 지역사회의 문제해결을 위해 지역사회에서 다양한 연계노력을 전개해 나가는 모델로 대상자의 요구와 후원자의 영향력이 동등하게 반반씩 적용될 수 있는 모델이다.

(5) 정치적 권력강화모델

정치적 권력강화모델(political empowerment model)은 로스만의 사회행동모델과 밀접히 관련된 것으로, 갈등이론과 다원주의 사회에서의 다양한 이익집단의 경쟁원리에 기초하고 있다. 의도된 시민 참여에 의한 정치적 권력강화에 초점을 두고 지역사회에서 자기 권리를 인정받지 못하는 구성원을 지지하여 그들 스스로가 자기 권리를 찾고 확대시켜 나가도록 하는 모델이다.

3) 와일과 갬블의 모델

와일과 갬블(Weil & Gamble)은 로스만의 모델 및 테일러와 로버츠의 모델을 토대로 하면서, 최근의 변화를 적극적으로 반영하여 근린지역의 지역사회조직, 기능적 지역사회조직, 지역사회의 사회·경제개발, 사회계획, 프로그램 개발과 지역사회 연계, 정치·사회 행동, 연합, 사회운동의 8가지 모델로 구분하고 있다. 구체적으로 살펴보면 다음과 같다.

(1) 근린지역의 지역사회조직

근린지역의 지역사회조직(neighborhood and community organizing) 모델에서 지역사회조직 실천은 지리적인 의미의 근접성과 그 지역사회에서 해결하고자 하는 현안 문제에 초점을 둔다. 비록 하나의 특정 이슈와 사건을 계기로 지리적인 의미의 지역사회조직이 만들어지더라도, 대부분 지역사회의 사회적·정치적·환경적인 이슈를 취급하게 된다.

(2) 기능적 지역사회조직

기능적 지역사회조직(functional community organizing) 모델에서는 지리적인 접근성보다는 특정 집단의 권익을 추구하는 공동체를 의미한다. 이 조직의 구성원은 지리적으로 가까운 거리에 거주할 수도 있고 그렇지 않을 수도 있다. 중요한 것은 각 조직이 선택한 현안 이슈에 대한 옹호, 정책, 사람들의 태도를 변화시키는 데 초점을 두고 활동한다.

(3) 지역사회의 사회·경제개발

지역사회의 사회·경제개발(community social and economic development) 모델은 저소득과 불이익 계층의 효과성을 제고시키기 위해서는 경제 개발과 사회 개발이 동시에 이루어져야 한다는 인식을 전제하고 있다.

(4) 사회계획

사회계획(social planning) 모델은 객관성과 합리성에 기반을 두고 지역사회의 문제를 해결하려고 한다. 이 모델은 전문가의 지식 및 기술 그리고 객관적 조사와 자료 분석 등을 기초로 하여 합리적으로 지역사회문제를 해결하고자 하는 노력을 중심으로 한다.

(5) 프로그램 개발과 지역사회 연계

프로그램 개발과 지역사회 연계(program development and community liaison) 모델은 지역사회의 욕구에 신속히 대처하기 위한 신규 서비스의 창출, 기관 프로그램의 확대 또는 방향 재설정을 주목적으로 한다. 즉 지역의 욕구에 맞춰 보다 나은 서비스 또는 새로운 서비스를 디자인하고 실행하면서 지역사회 욕구를 보다 효과적으로 충족시키는 것이다.

(6) 정치 · 사회행동

정치 · 사회행동(political and social action) 모델은 기회가 제한되는 불평등에 도전하고 지역사회 욕구를 무시하는 정책 결정에 대응하며 부당한 결정에 맞서 싸우고 지역주민들로 하여금 자신의 능력에 대한 믿음을 강화시켜 부당한 조건을 변화시키는 것이 목적이다.

(7) 연합

연합(coalitions) 모델은 독립된 조직들로 하여금 공동의 목표로 설정한 사회 변화를 위해 함께 일하도록 만드는 것이다. 이 모델의 목적은 사회복지 프로그램의 방향에 영향을 미칠 정도로 거대하고 필요한 자원을 동원할 수 있는 잠재력을 가진 다중조직적인 힘의 기반을 구축하여 지역사회에서 집합적으로 문제를 해결하는 것이다.

(8) 사회운동

사회운동(social movements) 모델은 지역사회의 특정 인구집단이나 복지 관련 현안 문제 등과 관련하여 지역사회 구성원들과 다양한 형태의 지역사회 조직체에서 새로운 패러다임을 제공함으로써 사회 변화를 이루고자 한다(강철희 · 정무성, 2006).

〈표 11-1〉 지역사회복지실천모델 비교

학자 \ 구분	개발모델	조직화모델	계획모델	사회변화모델
로스만	• 지역사회개발	-	• 사회계획	• 사회행동
테일러, 로버츠	• 지역사회개발 • 프로그램개발 · 조정	-	• 계획 • 지역사회연계	• 정치적 권력강화
와일, 갬블	• 지역사회의 사회 · 경제개발	• 근린지역의 지역사회 조직 • 기능적인 지역사회 조직	• 프로그램 개발과 지역사회연계 • 사회계획	• 정치 · 사회행동 • 연합 • 사회운동

출처: 저자가 재구성

4. 지역사회대상 사회복지실천 개입과정

지역사회대상 사회복지실천 개입과정은 지역사회 욕구 및 문제해결을 위한 목적 및 목표 달성을 위해 과학적인 지식과 기술을 토대로 합리적 · 체계적이고 의도적인 접근과정이며 그 지역의 실정과 특성에 맞는 적합한 개입과정이 필요하다. 학자들마다 지역사회복지의 문제해결과정이 다르지만 공통적인 내용을 보면 문제 발견 및 분석, 정책 및 프로그램 개발, 프로그램의 실천, 평가의 4단계로 제시할 수 있다.

1) 문제 발견 및 분석

지역사회의 충족되지 않은 욕구나 문제를 찾아내는 일이다. 문제를 어떻게 이해하고 개념화하는가에 따라 이를 해결하기 위한 정책 수립의 구상이 달라지며, 구체적인 해결방안과 실천 전략에 영향을 미치게 된다. 따라서 실천과정에서 과거의 노력과 문제에 대한 외부인 및 기관들의 견해를 파악하고, 문제의 성격 · 소재 · 범위 · 정도 등에 관한 분명한 규정이 있어야 한다. 이를 기반으로 문제해결과 관련된 목표를 설정하고 목표의 우선순위를 결정하게 된다.

전문 사회복지사의 문제분석에 따른 작업은 오로지 가치관에 의해서만 결정될 수는 없고, 사회문제와 관련된 객관적인 자료를 수집·분석하는 것이 필요하다. 이때 사회복지사가 고려해야 할 점은 문제와 관련된 특수집단과 지역에 대한 특성을 기술한 통계 자료, 실태조사보고서 등을 분석하고, 특정 사회문제와 관련된 사회과학의 이론을 활용해야 한다.

여기서 우리는 사회문제라는 것이 본래 '가치 판단'(value judgement)에 의해 지배되며, 집단에 따라 그 규정이 다르다는 사실에 주목할 필요가 있다. 따라서 사회복지사는 문제를 규정하고 분석할 때 다음과 같이 면밀한 배려를 하지 않으면 안 된다(최일섭·이현주, 2006).

첫째, 누가 주어진 문제를 '문제'(problem)로 보며 누가 그렇지 않은가이다. 특정 사회문제의 존속으로 이익을 보는 집단과 계층이 있기 때문이다.

둘째, 사회의 어떤 가치관과 제도가 문제를 파생시키며 존속시키고 있는가이다. 기능주의 학자들의 관점에 따르면, 모든 사회문제는 해당 사회가 바람직한 가치관과 제도로서 소중히 여기는 바로 그 가치관과 제도로서 파생된다.

셋째, 특정 사회문제에 대해 사회의 지배계층이 어떻게 생각하고 있는가이다. 여기서 지배계층이란 정치인·기업인 등 문제해결에 필요한 자원을 통제할 수 있고, 정책을 결정할 힘을 가지고 있는 계층을 말한다.

넷째, 사회문제에 대해서 사회복지사가 속해 있는 기관이나 단체가 갖고 있는 견해를 분석할 필요가 있다. 왜냐하면 사회복지사가 공적기관 또는 민간단체에 속해 있느냐, 그리고 민간단체의 경우에도 대표자나 이사회의 구성에 따라 상당한 차이가 있을 수 있기 때문이다.

다섯째, 사회문제에 관해 전문 분야에서 갖는 견해와 가치에 대해서 분석할 필요가 있다. 동일한 사회문제에 대해서도 전문 분야에 따라 견해가 상이하며, 동일 전문 분야의 경우에도 그 분야가 활동하고 있는 사회적 상황과 시대에 따라서 차이가 있을 수 있기 때문이다.

또한 사회문제는 구체적인 해결방안을 찾기 위한 실제적인 조치를 취하기 위한 것이므로 좀 더 구체적으로 조작화(operationalization)될 필요가 있다. 사회문제를 조작화한다는 것은 그 개념을 측정할 수 있고 실천할 수 있으며 평가할 수 있도록 구체화하는 것을 말한다.

2) 정책 및 프로그램 개발

지역사회 주민의 욕구와 지역사회문제를 분석하여 문제해결에 필요한 정책을 수립하고 이를 실천하기 위한 프로그램을 개발하는 단계이다. 정책을 수립하는 것은 여러 가지 해결방안 중에서 가장 효과적이고 효율적인 정책을 선택하는 것이다.

정책을 수립하는 과정은 다양한 해결대안들 가운데 가장 효과적이고 효율적인 방안을 찾아내는 과정이다. 정책을 수립할 때 고려해야 할 요건으로 이념(ideology), 실현 가능성(feasibility), 합리성(rationality) 등을 강조하고 있다. 그러나 그것만으로는 정책과 계획의 구체적인 내용이 드러나지 않는다. 기본 계획에는 사업의 목적, 프로그램, 서비스, 활동 및 조치, 조직구조와 요원, 시행지역, 수행의 시간적 절차, 방법, 예산, 기준 등이 포괄적으로 적시되어야 한다. 특히 프로그램의 개발과 관련해서는 보다 구체적으로 사용한 자원을 효과적이며 효율적으로 동원해야 할 방법이 전략적으로 그리고 전술적으로 모색되어야 한다.

정책 수립이 목표 지향적인 광범위한 내용을 설정하는 것이라면, 프로그램 개발은 정책을 실천하기 위한 구체적 조치들을 명시하는 것이다. 프로그램 개발과정에서는 업무의 내용(활동내용, 순서, 전달체계 등), 자원(활동을 전개하는 데 필요한 자원의 내용과 동원방법 등), 가능성(목표 달성을 위해 필요한 변화, 변화 전략 등)을 고려한다(김상균 외, 2002).

3) 프로그램의 실천

프로그램의 실천은 정책 목표를 달성하기 위해서 행하게 되는 일련의 활동을 말한다. 활동의 내용과 형태는 문제의 성격에 따라 무한정한 것이기 때문에 일률적으로 논할 수 없으나 크게 두 가지 범주, 즉 '체제유지적(과정중심) 활동'과 '과업중심적 활동'으로 나눌 수 있다. 체제유지적 활동이란 대상자 집단이 문제를 스스로 해결할 수 있도록 능력을 배양해 주는 활동을 말하며, 과업중심적 활동이란 대상자 집단이 필요로 하는 서비스를 직접적으로 제공해 주는 활동을 말한다.

지역사회의 욕구는 고정불변의 것이 아니므로, 프로그램을 실천하는 과정에서 새로운 문제가 발생될 수 있으며, 이 경우 원래의 계획을 수정해야 할 필요가 생긴다. 이러한 문제는 사업 외부적인 요인(홍수 · 가뭄 등 천재 발생 등)에서 발생할 수도 있고, 사업의 행동체계 내의 변화(관계기관의 비협조 등) 등에서 비롯될 수도 있다. 극단적인 상황에서는 사업계획 자체가 백지화할 경우도 있고, 계획에 대폭적인 수정을 가해야 할 경우도 발생할 수 있다. 따라서 사회복지사는 계획의 단계에서 변화를 예측할 수 있는 통찰력이 있어야 하고, 변화가 발생했을 때 즉각적으로 대처할 수 있는 능력과 기술이 있어야 한다(최일섭 · 이현주, 2006).

4) 평가

문제해결과정의 마지막 단계인 평가는 두 가지 목적을 갖는다. 하나는 프로그램의 실천과정에서 수집된 정보를 입수해서 실천에 반영하여 실천궤도를 수정하는 경우이다. 이 때의 평가는 문제해결과정의 마지막 단계라 볼 수 없고 문제 설정 · 목표 수립 · 프로그램의 개발 · 프로그램의 실천이라는 전 과정에 영향을 주는 계속적 활동이라고 보는 것이 타당하다.

평가의 두 번째 목적은 문제해결 전 과정의 결과와 최종 산출을 평가하는 것이다. 이러한 평가는 일반적으로 프로그램을 통해 성취하고자 하는 목표가 어느 정도 달성되었는지, 전략과 전술의 효과는 어떠했는지 등 프로그램의 효과성과 영향을 측정하게 된다(최일섭 · 류진석, 2003). 이처럼 평가는 결과와 효과에 따라 프로그램을 계속할 것인가, 중단할 것인가, 수정 · 보완할 것인가를 결정하는 중요한 요인이 된다.

5. 지역사회대상 사회복지실천 개입기술

지역사회대상 사회복지실천의 개입기술은 매우 다양하다. 본 장에서는 다양한 개입기술 중에서 공통적으로 활용할 수 있는 개입기술로 조직화, 자원 동원과 개발, 임파워먼트, 사회행동, 옹호, 네트워크 및 서비스 통합 등을 살펴보고자 한다.

1) 조직화

조직화(organizing)는 지역사회복지실천에서 가장 기본적인 기술로서 지역사회의 문제를 해결하기 위해 지역주민들의 역량을 결집시켜 문제해결능력을 향상시킴으로써 사회변화를 추구하는 것이다. 지역사회 조직화는 지역사회 문제를 해결하는 실천 활동으로 주민들은 이 과정에 참여함으로써, 잠재력 발휘와 공동체의식을 고양하고 자신들이 직면한 문제를 해결할 수 있는 힘을 길러 나가는 것이다. 즉 지역사회 조직화는 지역주민들을 세력화하고 주민조직을 만들어 지역사회 발전에 지속적으로 함께 일할 수 있도록 하는 것이라고 정의할 수 있다.

효과적인 조직화를 이루기 위해서는 다음과 같은 원칙들에 유의할 필요가 있다(김종일, 2006).

① 사적 이익에 대한 관심을 조직화에 활용한다.

② 조직화는 동적인 과정이다.

③ 갈등과 대결에 익숙해지는 법을 배워야 한다.

④ 이슈는 명확해야 한다.

조직화의 주요 내용은 사람과 자원을 끌어모으고(동원), 모인 사람이 조직의 목표와 방법을 논의하여 조직을 이끌 사람들을 찾아내는 일 등을 말한다.

(1) 동원

조직에 헌신적인 소수의 인물을 찾아내는 것은 쉽지 않지만 우선 동원 작업은 지역사회에서 활동하고 있는 기존 조직의 구성원을 접촉하는 것으로부터 시작된다. 어떠한 형태의 조직이든 상관없이 조직활동을 이미 하고 있는 사람들일수록 사회운동에 적극적일 가능성이 높기 때문이다. 동원을 위해 사람을 접촉할 때에는 그 접촉이 개별적(personal)이고 직접적인 것이 되도록 노력해야 한다.

(2) 회의

조직의 일상적인 운영은 회의를 통해 이루어진다. 조금 단순하게 표현할 때 조직은 결국 회의라고 할 수 있을 정도로 회의는 조직의 성패에 중대한 영향을 미친다. 그렇다면 조직을 성공으로 이끄는 양질의 회의는 과연 어떠한 것일까? 좋은 회의는 철저한 준비와 계획이 있어야 하며, 원활한 회의 진행과 관리, 합리적 의사결정, 회의 참가자 모두에게 공정한 참여기회의 실제적 보장, 부득이한 경우를 제외한 정시 회의마감 등의 특색을 지닌다. 다시 말해서 좋은 회의는 민주적이면서도 생산적이어야 한다.

(3) 리더십 개발

리더십이란 특정 집단으로 하여금 리더와 추종자가 공유하는 목적을 추구하도록 설득하고 모범을 보이는 과정이라고 정의할 수 있다. 그리고 조직의 성패는 바로 이 리더십에 의해 결정된다고 해도 지나치지 않다. 여기서 간과해서 안 될 점은 특정인의 리더십에 의존하는 조직은 '지속 가능한' 조직이 되기 어렵다는 사실이다. 특히 지역사회복지실천처럼 다양한 사람과 문제를 다루는 상황에서는 특히 더욱 그러하다. 리더십 개발이 중요한 것은 바로 이런 이유 때문이다(김종일, 2006).

2) 자원 동원과 개발

자원(resources)이란 사회복지실천활동에서 대상자의 변화나 그들의 생활을 향상시키는 데 유용하게 사용할 수 있는 인력, 물질, 조직, 정보 등으로, 지역사회 문제의 성격이나 개입방법과 상관없이 필수적인 기술이라고 할 수 있다.

지역사회에서 동원할 수 있는 자원은 인적 자원, 물적 자원, 제도자원, 정보자원 등 다양하다(김수진 외, 2006). 인적 자원은 사회복지 전문인력 등 공공 인적 자원과 민간 복지시설에 종사하는 사회복지사, 자원봉사자 등 민간자원으로 구분되며, 물적 자원은 설비, 건물, 기자재, 후원금품 등을 뜻한다. 그리고 제도자원에는 사회복지와 관련된 정책, 법, 행정체계 등이, 정보자원에는 국내와 국외에서 제공되는 정보들이 있다. 구체적으로 살펴보면 다음과 같다.

(1) 인적 자원

인적 자원은 전문인력과 비전문인력으로 나눌 수 있다. 전문인력은 사회복지전담공무원과 사회복지사 등을 의미하며, 최근 들어 사회복지 분야에서 고도의 전문화가 요청되면서 전문인력의 동원과 관리가 중요해지고 있다. 비전문인력은 주로 자원봉사자들을 의미하는데, 외적 자원을 활성화시켜 다양한 분야의 자원봉사활동에 주민을 참여시켜야 한다. 생활시설에서 대상자들의 서비스 제공, 기금 모집을 위한 캠페인 참여, 기관에서 실시하는 프로그램의 보조 등 많은 자원봉사 조직과 단체들의 활동이 있으나 단순한 수혜성 주민참여에서 벗어나 효율적인 자원봉사 인력의 동원과 관리를 위한 유기적인 협조체계를 이루는 것이 필요하다(최옥채, 2005).

(2) 물적 자원

대부분의 사회복지기관은 비영리기관이기 때문에 조직의 운영이나 대상자에게 전달되어야 할 서비스 경비에 필요한 현금 및 물품을 자체적으로 생산하거나 조달하는 것은 매우 어렵다. 이러한 자원들은 사회복지사의 모금 또는 후원을 통해 혹은 사업제안서(proposal) 제출에 의해 자원을 확보하는 경우가 많다.

이러한 물적 자원을 효과적으로 확보하기 위해서 사회복지사의 물적 자원 확보를 위한 능력과 노력이 필요하다. 기부능력이 있는 잠재적 기부자를 발굴하고, 명분이 있는 목적에 기부할 수 있도록 동기를 부여하고 기부자에게 기부 제공의 기회를 만들어 주어야 한다. 따라서 마케팅 전략이 필요하다. 마케팅 기술은 전략적인 계획과 시장조사, 욕구분석, 그리고 목표 설정 등의 과정을 포함한다. 또한 매스매디어로 홍보하여 기관의 목적과 사업을 적극적으로 알리고 기관의 신뢰성을 높여 필요한 자원의 확보를 촉진할 수 있다.

3) 임파워먼트(역량강화)

임파워먼트(empowerment)는 지역사회복지실천에서 개인의 내외적 변화뿐만 아니라 집단경험을 통한 지역사회의 소속감 및 관심 증대, 정의롭고 균등한 사회를 구축하기 위한 지역사회 변화 및 정책 변화, 균등분배와 정책결정에서의 참여 등을 포괄하는 개념으로 정의할 수 있다. 특히 임파워먼트는 불평등하고 형평성이 결여된 사회와 억압받고 짓눌린 개인의 변화를 도모하기 위해 박탈당했거나 상실한 권리, 기회, 자원, 서비스를 되찾고 자신과 환경에 대한 통제력을 회복하는 것이라고 할 수 있다. 결과적으로 사회복지에서의 임파워먼트란 서비스 주체가 되는 대상자의 삶의 질이나 능력을 향상시키는 데에서 억압요소나 방해요소를 제거하기 위한 과정이며, 대상자의 잠재적 능력과 권한을 강화시켜 주는 과정이라고 할 수 있다.

지역사회의 임파워먼트를 높이기 위한 구체적인 방법은 다음과 같다(김종일, 2006).

(1) 의식제고

의식제고(consciousness)는 무력감을 느끼는 개인들을 한데 모아 문제의 원인이 자신들에게 있는 것이 아니라는 점을 알게 한다. 이러한 과정을 통하여 자신들을 억압하는 사회구조에 대해 비판적 의식을 갖추게 한다.

(2) 자기주장

문제의 원인과 소재를 파악한 다음에는 공개적으로 자기의 목소리를 내어 자기주장을 전개해 나가는 것이 중요하다. 사회복지사는 이들이 공개적으로 자신의 주장을 전개하는 것에 대해 두려움을 갖거나 위축되지 않도록 도와주어야 한다.

(3) 공공의제의 틀을 갖추기

공공의제의 틀을 갖추기(framing the agenda)는 쟁점이 공공의제(public agenda)가 될 수 있도록 쟁점을 정리하고 대중의 관심을 확보할 수 있도록 의제화한다. 이 과정에서 시위나 대중매체 캠페인은 대중들의 관심을 유도할 수 있는 좋은 수단이 된다.

(4) 권력 키우기

권력 키우기(building power)는 자원 동원과 조직화를 통해 주민들의 권력을 키우는 과정이다. 사람의 수, 열정, 법적 행동, 전문성, 힘의 위협 등은 중요한 힘의 원천이 된다.

(5) 역량 건설

역량 건설(capacity building)은 대상자의 역량을 강화하기 위한 조직을 설립하고 자신들의 주장을 효과적으로 표명하기 위한 캠페인을 전개하는 과정을 포함한다. 이를 통해 목표 완수라는 성공을 이루고 무력감을 극복하도록 한다.

(6) 사회자본의 창출

사회자본의 창출(creating social capital)에 있어서 사회자본은 지역사회 구성원의 사회적 관계에 바탕을 둔 자원으로서 물리적 자본과는 상대적 개념이다. 이러한 사회자본은 구성원 간의 협력과 연대감을 높이는 데 기여한다.

4) 사회행동

사회행동(social action)은 무력감을 극복하고 임파워먼트를 극대화하기 위해 지역사회 주민들이 펼치는 집합적 행동을 의미한다. 사회행동은 치밀한 계획에 따라 이루어져야 한다. 사회행동의 기술에는 일반적 전략, 정치적 압력 전술, 직접 행동, 법적 행동 등이 있다. 구체적으로 살펴보면 다음과 같다.

(1) 일반적 전략

일반적 전략에는 힘의 극대화와 정당성 확보 등이 있다. 힘의 극대화는 조직이 지닌 힘(권력)을 극대화하는 작업은 단순히 조직의 권력 자원을 증대시키는 것에 그치지 않는다. 그것은 상대방의 힘을 약화시키거나 우리에게 유리한 방향으로 이용하는 것까지 포함한다. 힘의 극대화는 상대방의 강점과 약점을 파악하는 것으로부터 시작된다. 지피지기(知彼知己)는 병법의 기본이기 때문이다. 힘을 극대화하기 위해서는 공격의 대상을 정확히 선정해야 하고, 강한 상대를 이길 수 있는 방법 가운데 하나는 상대방의 힘을 역이용하는 것이며, 상대방이 자신들의 가치와 규범을 제대로 지키지 않을 때 사회행동조직은 이것을 쟁점으로 삼아 상대방에게 타격을 가하는 방법 등이 있다.

정당성 확보는 조직 내부와 조직 외부 양쪽에서 모두 확보되어야 한다. 조직 내부의 정당성 확보는 조직 구성원의 가치를 적절히 반영할 때 이루어진다. 이것은 조직가들이 전술 선택에서 자신의 가치와 선호를 구성원에게 일방적으로 강요해서는 안 된다는 의미이기도 하다. 또한 조직 외부의 정당성 확보는 대중의 승인을 받을 수 있는 전술을 사용하여야 한다. 특히 폭력의 사용은 금물이다.

(2) 정치적 압력 전술

사회행동의 상당 부분은 정치체계를 상대로 펼쳐진다. 정치체계는 극복의 대상이 되기도 하고, 목표를 이루기 위한 동반자가 되기도 한다. 이러한 정치체계에 영향력을 행사하기 위해서는 먼저 정부 구조, 정책 형성과 입법 과정 등에 관한 충분한 지식과 정보를 갖추어야 한다.

정치체계에 영향력을 행사하는 방법에는 로비(lobbying) 활동과 직접 참여의 두 가지가 있다. 로비 활동은 자신의 이익을 관철시키기 위해 정치인이나 관료를 설득하는 행위이고, 직접 참여는 단순한 청원자로 머물지 않고 의사결정과정에 직접 참여하는 방법이다. 예를 들면 선거에 출마하거나 공직을 담당하는 경우를 말한다.

(3) 직접 행동

직접 행동(direct action)은 로비 활동과 같은 온건하고 간접적인 방법이 효과를 거두지 못할 때 사용하는 대결 전술의 하나이다. 직접 행동은 문제를 가시화하는 데 큰 효과가 있다. 또한 직접 행동은 표적에 대해 직접적인 타격을 가하는 동시에, 사회행동조직의 내부적 결속력을 높일 수 있다. 그러나 직접 행동은 성공적인 자원 동원을 전제로 할 뿐만 아니라 때로는 상당한 위험 부담을 감수해야 한다. 직접 행동의 유형에는 시위 전술, 교육 홍보 전술, 불평 전술, 경제 전술 등이 있다.

(4) 법적 행동

법적 행동(legal actions, litigation)은 사회행동조직의 정당성을 확실하게 높일 수 있는 방법으로 법적 행동은 크게 가처분과 소송으로 나눌 수 있다. 가처분은 추가적 사실을 수집할 때까지 상황을 악화시킬 가능성이 있는 행위를 중단시키는 법적 수단이다. 소송은 법원에

손해배상을 청구하거나 잘못된 행위를 시정해 달라고 요구할 때 사용한다. 사회행동에서 자주 쓰이는 소송으로는 집단소송(class-action suits)과 정부기관을 대상으로 제기하는 행정소송 등이 있다.

5) 옹호

옹호(advocacy)는 지역사회복지실천기술에서 대상자의 이익을 지키고 대변하는 모든 활동으로 대상자가 권리를 갖고 있으며 그 권리의 보장은 법적으로 요구할 수 있는 것이라는 가정에서 출발한다. 옹호란 대상자들의 이익 또는 권리를 위해 싸우거나, 대변하거나, 방어하는 활동을 말한다. 직접적 서비스 실천에서 옹호는 종종 대상자를 지지하고 대변하는 활동이기도 하고, 대상자가 스스로 대변하는 자기 옹호가 이루어지기도 한다(감정기 외, 2005 재인용).

옹호의 유형으로는 자기 옹호, 정치적 옹호, 시스템 옹호, 미디어 옹호 등이 있다. 첫째, 자기 옹호(self-advocacy)는 옹호를 필요로 하는 사람이나 집단이 스스로 자신들을 옹호하는 활동을 말한다. 둘째, 정치적 옹호(political advocacy)는 공공 옹호(public advocacy)라고도 하는데, 주로 정책 영역을 대상으로 하는 옹호 활동을 말한다. 셋째, 시스템 옹호(systems advocacy)는 기존의 체제를 옹호한다는 뜻이 아니라, 옹호 활동의 표적이 시스템이라는 뜻이다. 여기서 시스템이란 정부기관, 의회, 대기업, 학교 등의 기존 사회제도를 총칭한다. 미디어 옹호(media advocacy)는 지역사회실천조직의 취지나 목표에 대한 대중의 지지를 얻기 위해 미디어를 사용하는 일체의 활동을 말한다.

6) 네트워크(연계) 및 서비스 통합

네트워크(networking)는 사회에서 상호 간 서로 연결된 형태라 할 수 있으며, 사회 여러 점들 간의 연계체계 또는 연계형태를 가리키는 것이다. 또한 네트워크는 서비스의 중복을 방지하고 자원을 효율적으로 관리하기 위하여 정기적인 모임 및 회의를 통하여 서비스 계획을 공동으로 수립한 후 개별 기관들이 각각 서비스를 제공하는 것으로 개별 기관의 정체성은 유지하되 서비스 제공에 있어서 팀 접근(team approach)을 시도해 나가는 것을 말한다(박태영, 2003).

아울러 서비스 통합(service integration)은 네트워크에서 궁극적으로 추구하는 것으로 활동의 통합, 즉 노력의 통합을 통해 문제해결의 효과성과 효율성을 높이는 것을 말한다. 서비스 통합은 효과적이고 효율적인 지역사회복지실천을 위해 매우 의미 있는 작업이다. 서비스 통합이 한편으로는 지역사회 프로그램과 조직들의 활동 조정으로서 의미를 가지기도 하고, 다른 한편으로는 지역사회에서 서비스들의 연계망을 형성하여 서비스들이 물리적으로 공존하게 하는 것으로서의 의미를 갖기도 하는 등 다양한 의미를 갖는다고 하였다(강철희 · 정무성, 2006).

요점정리

지역사회를 대상으로 하는 사회복지실천기술은 사회복지사가 지역사회를 클라이언트체계(대상체계)로 보고 지역사회의 욕구(needs), 문제(problem) 그리고 위험(risk)에 대해 지역주민의 조직화를 통하여 해결하도록 원조하는 전문적 활동이다.

지역사회분석은 사회복지사로 하여금 지역사회 내부의 행동과 의사결정에 영향을 미치는 사회 · 경제 · 정치적 구조와 지역사회의 역사를 알게 함으로써 사회복지실천의 맥락을 이해할 수 있으며, 지역사회 주민이나 클라이언트를 돕기 위해서 또는 지역사회에 필요한 새로운 프로그램을 개발하는 데 필요한 정보와 현존하는 자원에 대한 정보를 알게 한다. 또한 지역사회대상 사회복지실천기술의 특징은 지역사회 주민의 공통 욕구와 문제, 지역사회 주민의 조직화, 지역사회 자원이다.

지역사회복지실천모델은 로스만, 테일러와 로버츠, 와일과 갬블 등이 있다. 로스만 모델은 지역사회개발모델(모델 A), 사회계획모델(모델 B), 사회행동모델(모델 C)이 있다. 테일러와 로버츠의 모델은 지역사회개발모델, 프로그램 개발 및 조정모델, 계획모델, 지역사회연계모델, 정치적 권력강화모델이 있다. 와일과 갬블의 모델은 근린지역의 지역사회조직, 기능적 지역사회조직, 지역사회의 사회 · 경제개발, 사회계획, 프로그램 개발과 지역사회 연계, 정치 · 사회행동, 연합, 사회운동이 있다.

지역사회대상 사회복지실천 개입과정에는 문제 발견 및 분석, 정책 및 프로그램 개발, 프로그램의 실천, 평가가 있다. 지역사회대상 사회복지실천 개입기술은 조직화, 자원 동원과 개발, 임파워먼트(역량강화), 사회행동, 옹호, 네트워크(연계) 및 서비스 통합 등이 있다.

토의문제

1. 세 가지 지역사회대상 사회복지실천모델에서 우리 지역사회에 가장 적합한 모델은 어떤 유형인지 토의해 보시오.
2. 지역사회대상 사회복지실천기술을 연습해 보고 그 경험(느낀 점)을 나누어 보시오.
3. 지역사회대상 사회복지실천기술을 각 영역별, 단계별로 가장 많이 활용되는 기술과 기술 활용이 어려운 기술은 무엇인지 토의해 보시오.
4. 지역사회대상 사회복지실천기술을 적용할 때 어려운 점은 무엇인지 토의해 보시오.
5. 지역사회대상 사회복지실천기술이 개인대상과 집단대상에서 어떠한 공통점과 차이점이 있는지 토의해 보시오.
6. 책에 기재되어 있는 지역사회대상 사회복지실천기술 외에 필요한 기술로는 어떤 것들이 있는지 토의해 보시오.

Chapter

12 사례관리 실천

학습목표

1. 강점 관점실천의 중요성을 이해하고 강점 사정 질문을 실무에 적용할 수 있다.
2. 클라이언트와 협력관계를 수립하는 방법을 숙지하고 실무에 적용할 수 있다.
3. 사례관리 실천에서 해결중심상담을 숙지하고 실무에 적용할 수 있다.
4. 강점 관점에 입각하여 사정, 계획 수립, 점검, 평가를 실행할 수 있다.

1. 사례관리에서 강점 관점의 적용

1) 사례관리에서 강점 관점의 중요성

세상을 살아가면서 관점(perspective)은 매우 중요하다. 사람들은 세상을 바라보는 관점에 따라 자신의 행동(doing)이나 조치(action)를 선택하게 된다. 그리고 취해진 행동이나 조치에 따라 특정한 결과(get)를 얻게 되며, 이러한 결과는 다시 세상을 바라보는 관점을 강화시키는 순환적인 고리를 형성하게 된다.

사례관리자가 가지고 있는 관점에 따라서 사례관리자의 개입 방향이나 선택하는 조치가 달라질 것이며, 그러한 조치를 통해서 얻어지는 결과는 다시 사례관리자의 관점을 강화하는 데 영향을 미치게 된다. 예를 들면 병리적인 관점을 가진 사람이 클라이언트를 바라볼 때, 클라이언트는 문제와 약점을 가진 사람이라고 바라볼 것이며, 클라이언트가 가지고 있는 문제와 결함을 발견하기 위한 행동을 하게 될 것이다. 그리고 클라이언트의 많은 문제와 결함을 발견하게 될 것이다. 한편 강점 관점을 가진 사례관리자는 모든 클라이언트가 강점을 가지고 있다고 보기 때문에 클라이언트가 가지고 있는 강점을 발견하기 위한 행동을 하게 될 것이며, 그 결과 클라이언트가 가지고 있는 강점을 발견하고 활용하려 할 것이다. 이처럼 관점은 단순히 세상을 바라보는 것이 아니라 실천의 전반에 영향을 미치는 중요한 요소이다.

강점 관점(strengths perspective)은 사회복지실천에 뿌리 깊게 자리 잡고 있었던 의료모델에 대한 반성적 고찰에서 시작되었으며, 사회복지실천의 패러다임의 전환을 가져왔다(김상곤 외, 2010). 강점 관점이란 "클라이언트가 문제를 강점의 2차적인 영역으로 바라보게 도움으로써 모든 클라이언트의 긍정적인 행동들을 바라보는 방식을 말한다. 그리고 그들의 삶에 있어서 다양한 중요한 이슈와 문제 그리고 고민(concern)에 대처하기 위해 그들이 잘하는 것으로부터 일상적으로 활용하는 성공적인 전략에 기반을 두어서 해결책을 찾을 수 있도록 돕는 관점"을 말한다(Glicken, 2004).

사례관리실천에서 강점 관점의 중요성을 이해하기 위해서 다음의 사례를 검토해 보자. 사례관리자인 당신에게 각각 사례 A와 사례 B에 제시된 클라이언트가 의뢰되었다. 당신은 어떤 느낌을 갖게 되는가? 희망적인가 아니면 절망적인가? 성공할 가능성이 있다고 보는가 아니면 회의적인가? 클라이언트와의 친밀한 관계 수립을 할 수 있을 것이라고 믿는가 아니면 만남 자체가 두려운가?

사례 A

김○○(53세, 남성)는 ○○시 ○○동에 혼자 살고 있으며, 가족들과는 단절된 상태이다. 고등학교 시절 약물을 한 경험이 있으며, 젊은 시절 조직폭력에 가담해서 활동원으로 활동하였다. 심각한 음주문제를 가지고 있으며, 함께 조직폭력으로 활동하던 동생과 술친구를 하며 지내고 있다. 최근 일을 하다가 산업재해를 당해 손목과 허리를 다쳐 치료를 받았으나 아직 완전히 회복되지 않았으며, 산업재해 신청을 했으나 기각되었다. 그는 음주상태에서 주민센터나 복지관에서 위협적인 행동을 하곤 한다.

사례 B

김○○(53세, 남성)은 ○○시 ○○동에 혼자 살고 있으며, 자신의 과거 경력이 부정적인 영향을 미칠까봐 가족들과 연락을 하지 않고 있다. 고등학교 밴드부에서 활동하였으며, first 기타와 색소폰을 연주하였다. 아버지는 경찰관으로 근무하였으며, 의협심이 강하다. 동네 문제가 발생하면, 복지관이나 주민센터에 문제를 해결해 달라고 요청하는 일이 종종 있다. 복지관에서 밑반찬 배달을 받는 것이 미안해 정기적으로 2만원씩 후원을 하고 있다. 젊은 시절 조폭으로 활동하던 동생과 친한 관계를 유지하고 있으며, 복지관 밑반찬 배달 담당 사회복지사와 친밀한 관계를 유지하고 있다.

위의 두 사례는 동일한 사례이다. 그러나 어떤 패러다임으로 클라이언트의 삶을 바라보느냐에 따라 전혀 다른 삶의 모습을 관찰할 수 있다. A사례에서 희망을 발견하는가 아니면 B 사례에서 희망을 발견하는가? 성공의 가능성이 높다고 보는 쪽은 어느 쪽인가? 그리고 편안하게 접촉하고 원조관계를 수립할 수 있는 사례는 어떤 사례인가?

약점 또는 결함이나 강점에 초점을 두는 접근은 모두 자성예언(self-fulfilling)을 실현하게 하는 효과가 있다. 사회복지실천에서 약점과 결함에 초점을 두는 것은 클라이언트의 능력을 비관하게 하거나 제한하게 하고, 클라이언트의 상처받기 쉬운 부분을 강조하게 되면서 사회복지사와 클라이언트 간의 관계의 불균형을 강조하게 될 가능성이 크다. 반면에 강점에 초점을 두는 것은 사례관리자와 클라이언트 간에 강력한 관계를 형성하는데 도움을 줄 수 있고, 클라이언트와 사례관리자에게 희망을 제공할 수 있으며, 변화를 위한 전략을 제공할 수 있다는 장점이 있다(Saleevey, 2002). 당신이 위 사례를 담당하는 사례관리자라면, 사례관리자 스스로 그리고 클라이언트가 어느 방향으로 자성예언을 실현하게 할 것인가?

2) 강점의 의미

모든 사람들은 자신의 욕구를 충족시킬 수 있는 한 가지 이상의 강점을 가지고 있다. 그리고 사람들이 가지고 있는 강점은 개인적인 것뿐만 아니라 외부적인 것을 포함하는 매우 다양한 요소이다. 아는 만큼 보인다는 말이 있듯이 사례관리자는 강점의 의미와 요소를 정확하게 이해할 때, 클라이언트가 가지고 있는 강점을 풍부하게 발견하고 활용할 수 있을 것이다. 살리베이는 강점의 의미를 능력, 자원, 자산을 내포하는 말로 간주하는데, 구체적으로 그 내용을 다음과 같이 요약하고 있다(Saleevey, 2006).

첫째, 사람들이 자기 자신과 타인에 대하여 배운 것을 의미한다. 사람들은 자신들의 성취로부터 배울 뿐만 아니라 견뎌 온 도전거리들로부터도 배울 수 있다. 레질리언시(resiliency)는 내적, 환경적인 자원들과 사람들이 직면하는 위험요인들과의 상호작용으로부터 발생한다.

둘째, 개인적인 자질들, 특징들 그리고 덕목들을 의미한다. 역경을 경험하면서 사람들은 재능, 자산 또는 자원을 인식하게 된다. 또한 사람들은 자신들이 직면하는 도전거리들에 맞서기 위해서 새로운 강점과 자원을 개발하기도 한다. 예를 들면 창조성, 영성, 유머, 돌봄 등과 같은 요소들이 포함된다.

셋째, 사람들이 세상과 사람들에 관하여 알고 있는 지식이다. 지식은 교육, 문화, 실제적인 경험을 포함하는 다양한 출처로부터 발생한다. 사람들은 세상에 관하여 학습하는 동안 기술과 능력을 발전시킨다. 예를 들면 클라이언트는 우리가 기대하는 것보다 주택시스템에 대해 더 많은 것을 알게 될지도 모른다. 그렇지만 이러한 지식들은 너무나 자주 전문가들에게 종속되는 경향이 있다. 이러한 지식은 관찰하고 질문할 때에만 확인이 가능하다.

넷째, 사람들이 가지고 있는 재능을 의미한다. 종종 여러분들은 사람들이 깜짝 놀랄 만한 재능, 즉 노래 부르기, 글쓰기, 색칠하기, 이야기 말하기 등과 같은 재능을 가지고 있는 것을 발견하곤 한다. 사람들은 우리가 논의하는 것과 아무런 관련이 없다고 생각하기 때문에 이러한 재능에 대해 언급조차 하지 않는다. 우리가 질문하지 않는다면 이러한 강점들을 동원할 기회를 놓치게 될 것이다. 이러한 재능이 클라이언트의 열망과 연결되어 있지 않은 것처럼 보인다 할지라도 그 재능들은 우리에게 더 큰 자원이 되고, 개인의 열망을 실현하고, 그들의 목적에 도달하는 것을 돕는 도구가 될 수 있다.

다섯째, 문화나 개인적인 이야기 그리고 전승된 지식을 의미한다. 이러한 강점들은 안정성, 생활지도, 소속감 그리고 세계 속 한 장소의 근원이 된다. 전승되는 이야기나 신화, 문화적인 이야기들은 역경을 통해서 정체성, 의미 그리고 열망의 근원이 될 수 있다.

여섯째, 강점은 자부심을 포함한다. 사람들은 방해물을 극복하거나 역경으로부터 회복되었을 때, 자부심과 성취감을 개발하게 된다. 울린과 울린(Wolin & Wolin, 1994)이 설명한 "생존자들의 자부심(survivor's pride)"은 부끄러움의 커튼 뒤에서 발견되기를 기다리고 있다.

일곱째, 강점은 지역사회를 포함한다. 지역사회에는 물리적, 대인관계적, 제도적인 많은 강점들을 포함하는 자산들이 존재하고 있다. 사람들은 지역사회 내에서 강점들을 주고받음으로써 혜택을 누릴 수가 있다. 그리고 그러한 활동은 사람들의 멤버십과 역량을 강화하는 데 도움을 제공한다.

여덟째, 강점은 영성을 포함한다. 캔다(Canda, 2006)에 의하면, 영성이란 사람들의 생물학적, 심리학적, 사회적, 문화적, 정치적 측면을 포함하고, 초월하는 총체적인 접근을 의미한다. 영성은 클라이언트의 긍정적인 미래에 대한 희망과 가능성에 대한 믿음으로 안내하는 강점과 레질리언스의 강력한 자원이다. 그렇기 때문에 우리는 클라이언트가 영성을 이야기할 때, 클라이언트에게 귀를 기울여야 한다. 그리고 존경심을 가지고 그들의 믿음과 실천을 탐구하도록 해야 한다.

3) 강점 사정 질문

사례관리자가 강점의 다양한 요소와 의미를 이해했다면, 강점을 효과적으로 사정하기 위한 방법을 터득해야 한다. 강점 관점에서는 클라이언트의 강점과 자원을 효과적으로 발견하도록 돕기 위해서 생존 질문, 지지 질문, 예외 질문, 가능성 질문, 자긍심 질문을 활용한다. 강점을 찾기 위한 효과적인 질문을 제시하면 다음과 같다(Saleebey, 2002).

(1) 생존 질문

생존 질문(survival questions)이란 클라이언트가 겪어온 역경들 속에서 경력(career)을 발견하는 질문이다. 클라이언트가 역경을 견디고, 역경에 맞설 수 있었던 특별한 힘, 능력, 재능은 무엇인지, 역경을 경험하면서 터득한 삶의 지혜는 무엇인지를 파악하는 질문이다. 생존 질문의 예를 제시하면 다음과 같다.

- 당신이 맞서야만 했던 모든 도전들에서 지금까지 살아남기 위해 어떻게 했습니까?
- 어떻게 당신 앞에 놓인 도전들을 이겨낼 수 있었습니까? 그러한 어려움에 직면했을 때 당신의 사고방식은 어떠했습니까?
- 어려움을 이겨내는 동안 자신과 세상에 대해 무엇을 배웠습니까?
- 이러한 어려움 중에서 당신에게 특별한 강점, 통찰, 기술을 준 것은 무엇입니까?
- 무엇이 당신이 의지할 수 있는 특별한 자질입니까?

(2) 지지 질문

지지 질문(support questions)이란 클라이언트의 삶에 영향을 미치는 사회적 지지망을 탐색하기 위한 질문이다. 이 질문을 통해서 클라이언트의 삶에 영향을 미치는 공식적 · 비공식적인 지지망과 지지망을 통해서 얻어지는 교환 내용, 지지망을 형성하게 된 이유 등을 파악할 수 있게 된다. 지지 질문의 예시를 소개하면 다음과 같다.

- 어떤 사람들이 당신에게 특별한 이해, 지원, 지도를 해 주었습니까?
- 누가 당신이 의지할 만한 특별한 사람입니까? 이러한 사람들이 당신에게 준 특별한 것은 무엇입니까? 어떻게 그들을 발견했는지, 혹은 어떻게 그들이 당신에게 왔습니까? 무엇이 당신에게 반응하게 하였습니까?
- 과거에 어떤 조직, 집단이 당신에게 특히 도움이 되었습니까?

(3) 예외 질문

예외 질문(exception questions)이란 클라이언트의 삶 속에서 예외적인 부분과 긍정적인 부분을 발견하는 질문이다. 이 질문을 통해서 클라이언트 삶의 성공적이었던 요소를 확인하고, 이를 재생할 수 있는 방안에 대해 도전할 수 있도록 돕는다. 예외 질문의 예시를 소개하면 다음과 같다.

- 삶이 잘 풀려나갔을 때, 무엇이 달랐나요?
- 과거에 당신의 인생에서 좋았거나, 더욱 즐거웠거나 안정적이었을 때, 당신의 세상, 당시의 관계, 당신의 생각에서 무언가 특별하거나 다른 것이 있었다면 무엇이었습니까?
- 당신의 인생과 당신의 존재에서 어떤 부분이 다시 회복되고, 재창조되고, 재생되었으면 합니까?
- 당신의 삶에서 어떠한 순간이 당신에게 특별한 이해, 레질리언스, 가르침을 갖게 하였습니까?

(4) 가능성 질문

가능성 질문(possibility questions)이란 클라이언트의 바람, 희망과 비전, 클라이언트의 재능과 능력 등을 파악하기 위한 질문이다. 가능성 질문의 예시를 소개하면 다음과 같다.

- 당신이 지금 원하는 것은 무엇입니까?
- 당신의 희망, 비전, 열망은 무엇입니까? 이러한 것을 달성하는 데 당신은 얼마나 진전을 보이고 있습니까? 이러한 방향으로 이동하는 데 어떠한 사람들과 개인적 자질들이 도움이 되었습니까?
- 당신은 무엇을 하고 싶습니까?
- 당신의 특별한 재능과 능력은 무엇입니까?
- 당신에게 특별한 희망과 지도를 제공하는 환상과 꿈은 무엇입니까?
- 당신이 목적을 달성하거나 과거에 당신이 가지고 있었던 특별한 희망과 시간을 회복하는 데 내가 어떻게 도와줄 수 있습니까?

(5) 자긍심 질문

자긍심 질문(esteem questions)이란 타인이 바라보는 클라이언트의 장점, 자긍심을 주는 요소, 기쁨을 주는 것, 성취한 것들을 탐색하는 질문을 말한다. 자긍심 질문의 예시를 소개하면 다음과 같다.

- 사람들이 당신의 장점을 말할 때, 그들이 주로 말하는 것은 무엇입니까?
- 당신에게 진정으로 자긍심을 주는 당신의 인생, 당신 자신, 당신의 성취에 관한 것은 무엇입니까?
- 당신 인생이 잘되고 있다는 것을 어떻게 알 수 있습니까?
- 당신은 무엇을 할 것이고, 누구와 함께 할 것이며, 어떻게 느끼고 생각하고 행동합니까?
- 무엇이 당신 인생에서 진정으로 기쁨을 줍니까?
- 언제 당신은 자신이 원했던 것을 달성했다고 믿을 수 있습니까?
- 어떤 사람, 사건, 생각들이 관련이 있습니까?

(6) 관점 질문

관점 질문(perspective questions)이란 클라이언트가 자신의 삶이나 상황에 대해 어떻게 인식하고 있는지를 파악하기 위한 질문을 말한다. 관점 질문의 예시를 소개하면 다음과 같다.

- 당신이 처한 현재 상황에 대한 당신의 생각은 무엇입니까?

(7) 변화 질문

변화 질문(change questions)이란 변화를 위해서 필요한 것, 할 수 있는 것을 탐색하기 위한 질문을 말한다. 변화 질문의 예시를 소개하면 다음과 같다.

- 변화를 위해서 어떠한 것이 필요하다고 생각하십니까?
- 그러한 것이 나타나게 하기 위해서 당신이 할 수 있는 것은 무엇인가요?

2. 사례관리 실천기술

1) 클라이언트와 협력적 관계 수립하기

(1) 협력 관계의 중요성

많은 선행연구들에서 효과적인 사회복지적인 개입을 결정하는 요인은 개입기술보다 사회복지사와 클라이언트 간의 실천관계의 질에 있음을 보고하고 있다(김성천, 2009). 가족과의 첫 만남에서 가장 중요한 과제는 관계의 형성이다. 초보 사회복지사도 첫 상담에서 다른 과제들은 실행하지 못하여도 가족들이 다시 오게 하기 위해 관계 형성 과제 하나만큼은 반드시 실행해야 한다. 좋은 관계 형성을 위해 사회복지사는 가족에게 따뜻하고 다정한 사람으로 인식되어야 하며, 가족의 삶에 깊이 관여할 자세가 마련되어야 하고, 동시에 유능한 사람으로 인정받아야 한다. 이를 위해 사회복지사가 갖추어야 할 자질은 전문적 능력, 진지한 자세, 감정이입적 능력 및 일에 대한 헌신적 자세이다(엄예선, 1994; 김성천, 2009: 5 재인용).

사례관리의 과정에서 클라이언트와 가족이 필요할 때, 언제나 믿고, 도움을 요청할 수 있도록 신뢰관계를 형성하는 것이 사례관리의 핵심이다(Onyett, 1998; 양정남 외, 2009: 94 재인용). 사례관리 실천에서 사례관리자와 클라이언트와의 협력 관계는 인테이크와 사정, 계획 수립, 서비스 조정, 점검, 평가 등 사례관리 실천과정에서 이루어지는 모든 활동과 서비스를 제공하기 위한 토대가 된다. 사례관리자와 클라이언트와의 협력적 관계를 기반으로 클라이언트에 관해 정확하고 풍부한 정보를 얻을 수 있으며, 클라이언트를 중심으로 욕구와 선호 및 강점과 자원을 사정할 수 있다. 뿐만 아니라 협력적 관계가 수립될 때, 클라이언트의 욕구와 선호에 부합하는 계획을 수립할 수 있으며, 실행력을 강화할 수 있다. 이와 같이 클라이언트와의 협력 관계를 기반으로 한 사례관리 실천은 사례관리의 전 과정을 원활하게 만들어주며, 사례관리서비스를 적극적으로 활용하게 함으로써 궁극적으로 사례관리의 효과성을 높아지게 할 수 있다. 그러나 사례관리 실천현장에서 사례량에 대한 부담이나 사례관리를 통해 무엇인가를 제공해야 한다는 강박적 사고, 그리고 변화를 이끌어내야 한다는 의욕으로 인해서 사례관리자와 클라이언트와의 관계 형성을 간과하는 우를 범하기 쉽다. 만약 사례관리자가 클라이언트와의 관계 수립을 무시하거나 소홀히 하고 사례관리를 전개해 나갈 경우, 클라이언트의 협력을 이끌어내는 데 어려움을 경험할 가능성이 높아지게 되고, 저항적이거나 적대적인 관계로 발전해 나갈 수 있게 된다. 만약 이러한 현상이 발생할 경우, 사례에 대한 개입을 통한 효과성은 고사하고 사례에 대한 개입 자체가 어려워지는 결과를 가져오기도 한다. 따라서 사례관리자는 사례관리 초기면접에서부터 사례관리 실천의 전 과정에서 클라이언트와의 협력적 관계를 수립하는 데 관심을 두어야 한다.

(2) 협력 관계 수립방법

클라이언트와 관계에 있어서 사례관리자가 흔히 하는 오류는 "나는 클라이언트를 돕는 사람이고, 그들은 나와 관계가 좋다"라고 인식하는 것이다. 그러나 관계에 있어서 클라이언트가 어떻게 인식하고 있는지가 더 중요하다. 클라이언트의 입장에서 사례관리자를 도움을 주는 지원자로 인식하는지, 아니면 '성가신 존재'로 인식하는지, 신뢰로운 관계여서 자신을 개방하고, 변화의 과정에 협력하는지, 자신을 숨기고 게임을 하는 존재인지 등에 대해 이해해야 한다. 사례관리자와 클라이언트 간에 협력적 관계를 수립하기 위한 요령을 제시하면 다음과 같다.

첫째, 사례관리자는 따스함, 진정성, 감정이입적 태도를 가져야 한다. 사례관리자가 취하는 이 3가지 요소는 클라이언트가 미래를 향해 움직이게 하고 회복하도록 하는 데 심오한 효과를 가지고 있다(Summers, 2009).

둘째, 클라이언트에게서 나타나는 이해가 되지 않는 모든 행동에는 '그럴만한 충분한 이유가 있다'는 인식을 가지고 '그럴만한' 또는 '그럴 수밖에 없는' 이유를 이해하는 데 관심을 기울여야 한다.

> 가출, 학교 부적응, 원조교제 등 심각한 문제 행동을 표출하고 있는 중학교 3학년 여학생에게 사례관리자는 비난과 훈계를 대신해서 "많이 힘들었지? 선생님은 네가 그렇게 행동하는 데에는 그럴만한 충분한 이유가 있다고 생각해. 네가 그렇게 할 수밖에 없었던 이유는 무엇일까? 말해줄 수 있겠니?"라고 반응할 수 있다.

위와 같은 반응을 통해서 사례관리자가 클라이언트 자신을 이해하고 받아주고 있구나 하는 것을 느끼게 할 수 있다.

셋째, 클라이언트가 중요하게 생각하는 것에 초점을 두고 이야기하도록 한다. 사례관리자들이 취하는 흔한 오류 중에 하나는 클라이언트가 실패했고, 문제가 많으며, 스스로 문제를 해결할 수 없기 때문에 사례관리자가 생각하는 방향으로 클라이언트를 이끌어가기 위해서 클라이언트를 설득하고, 유도하려 한다는 것이다. 사례관리자의 이러한 입장이나 태도는 클라이언트의 관심사에 초점을 두게 하기보다는 사례관리자의 관심사에 초점을 두게 함으로써 클라이언트가 방어적인 자세를 취하게 하는 요소가 될 수 있다. 사례관리자는 클라이언트가 자신들이 중요하게 생각하는 것들에 대해 그들의 이야기를 할 수 있도록 기회를 제공해야 한다. 클라이언트가 중요하게 생각하는 것에 초점을 두는 일이 사례관리자가 중요하게 생각하는 요소들을 다루지 말아야 한다는 것은 아니다. 클라이언트가 중요하게 생각하는 것, 관심 있어 하는 것이 시작점이 되도록 하라는 의미이다. 이를 통해서 클라이언트가 사례관리자는 자신을 이해하고, 도우려는 사람이라는 인식을 강화하고 결국 더 긴밀한 협력 관계를 수립할 수 있다. 그리고 사례관리자의 관심사를 다루게 되더라도 일방적으로 사례관리자의 관심사에 대해 알려 주고, 그렇게 해야 한다고 설득하는 것이 아니라 사례관리자가 중요하게 생각하는 요소에 대해 클라이언트는 어떻게 생각하는지 인식을 탐색하고 이해를 넓혀 나가도록 하는 것이 바람직하다.

넷째, 클라이언트의 어려움과 고충을 진심으로 이해하도록 한다. 일반적으로 클라이언트는 사례관리자에 비해 많은 역경을 경험한 사람이다. 빈곤의 문제, 가족의 해체와 관계의 문제, 폭력이나 생존의 위험 등 수많은 아픔을 경험한 사람들이다. 사례관리자가 클라이언트를 이해하려 한다 해도 사례관리자의 삶의 패러다임에서 볼 때, 이해가 안 가는 부분이 많을 수 있다.

> 보증금 200만 원에 월세 20만 원으로 두 명의 남자아이를 키우는 어머니가 있다. 유일한 가족이던 아버지가 돌아가시고, 요구르트 배달을 하면서 근근이 생계를 유지하고 있다. 1년 전 긴급 주거비 지원으로 300만 원을 지원받았는데, 다시 이사를 해야 하는 상황에 처해 주거 이전을 위해 지원금을 요청하고 있다.

여러분들은 위의 사례를 어떻게 이해하는가? 또 다시 도움을 청하는 것에 대해 혹시 의존적이라거나 염치없는 사람이라고 보지 않는가? 사례관리자의 패러다임으로 보면, 충분히 이해가 안 될 수 있다. 그러나 클라이언트의 패러다임으로 보면, 그들의 고충을 더 잘 이해할 수 있고, 그럴 수밖에 없음을 이해할 수 있게 된다. 클라이언트의 패러다임으로 그들의 고충을 이해할 수 있어야 한다.

다섯째, 클라이언트의 강점과 능력에 대해 칭찬한다. 클라이언트는 오랜 시간 동안 타인에 의해서나 자기 스스로 '실패한 사람', '문제가 많은 사람'이라는 부정적인 피드백을 받았을 가능성이 크다. 클라이언트는 사례관리자에게 비난을 받고 싶어 하지 않는다. 따라서 사례관리자는 모든 사람은 자신의 욕구를 충족시킬 수 있는 한 가지 이상의 강점을 가지고 있다는 것을 받아들여야 한다. 그리고 강점 사정의 기술을 활용해서 그들이 가지고 있는 강점을 발견하고, 그 강점을 칭찬하고 활용방안을 탐색해 보아야 한다. 사례관리자가 클라이언트를 칭찬하는 방법은 직접적인 방법과 간접적인 방법이 있을 수 있다. 직접적인 방법은 "운동을 참 잘하는구나! 선수해도 되겠는 걸"과 같은 방식으로 직접적으로 강점을 인정하는 것이다. 간접적인 칭찬은 클라이언트의 강점을 언급하되 "어머니 건강도 어려움이 크실 텐데, 어떻게 해서 아이들을 키우기 위해서 그렇게 애를 쓰실 수가 있지요?"라고 간접 질문을 하는 방식이다. 이러한 간접 질문을 통해서 아이들에 대한 양육의지와 노력을 인정하고 칭찬할 수 있으면서 동시에 클라이언트의 인식을 확인할 수 있다. 위의 질문에 대해 클라이언트는 "애들은 제 생명과도 같아요!"라고 응답함으로써 자녀에 대한 인식까지도 확인할 수 있었다.

2) 효과적인 인터뷰 기술

인테이크의 목적은 클라이언트와 사례관리자 사이의 의사소통을 강화하기 위한 것이다. 이를 위해서 사례관리자가 고려해야 할 필수적인 면접기술을 해결중심상담에 입각하여 살펴보면 다음과 같다(De Jong, Berg, 2002; 김상곤 외, 2010: 82-85 재인용).

(1) 경청

클라이언트의 의견을 빠지지 않고 청취하려는 노력에서 한걸음 더 나아가서 사례관리자의 주관이나 판단은 가급적 줄이고 클라이언트의 시각과 입장을 이해하는 것이 중요하다. 특히 누가, 그리고 무엇이 클라이언트에게 중요한가에 대해서 잘 듣는 것이 필요하다.

(2) 질문 만들기

질문 과정은 클라이언트에게서 문제나 다른 주제에 대한 정보를 얻어내는 것으로 국한되지 않는다. 사례관리자와 클라이언트는 질문하고 대답하는 과정에서 새로운 자각과 미래에 대한 가능성을 발견하고 창조하게 된다. 우리가 대화 중에서 흔히 경험하는 "아, 그런 생각을 못했군요"나 "제가 그러길 원한다는 것을 미처 알고 있지 못했군요"와 같은 반응들은 질문이 가지는 해결적 성격을 보여준다. 사례관리자가 질문을 만들 때, 해결중심상담에서는 클라이언트의 이전 혹은 그 이전의 대답에서 질문을 만들도록 하고 있는데 이는 즉각적인 새로운 통찰과 가능성을 끌어내어 해결책을 구축하는 데 도움이 되고, 자연스럽게 클라이언트의 준거틀 안에서 다음 과정이 이루어지게 한다.

(3) 자세한 것을 이끌어내기

많은 경우에 있어서 클라이언트들은 "아이들과 사이가 좋아지도록 노력할게요" 혹은 "술을 줄이고 조심할게요"처럼 막연하게 이야기한다. 이 경우에 사례관리자는 "'사이가 좋아지도록 노력할게요'라고 하셨는데 어떻게 하면 사이가 좋아질 수 있다고 생각하시나요?", "어떻게 술을 줄일 수 있을까요?"처럼 보다 자세한 방법과 상황을 이끌어 낼 수 있는 일련의 질문들을 하는 것이 필요하다. 이를 해결중심상담에서는 'Who와 How 질문'이라고 한다. 여기에서 한 가지 유의할 점이 있다. "왜"에 대한 질문은 권장되지 않는다. 이는 사례관리자로 하여금 클라이언트의 행동과 상황의 원인을 분석하도록 만들고, 반면에 클라이언트 입장에서는 문제에 직면하거나 심판받고 있다는 느낌을 줄 수 있어서 피해야 한다.

(4) 클라이언트가 사용하는 핵심 용어에 대한 반향(echo)

클라이언트가 반복적으로 사용하는 핵심 단어에 주목하고 이를 활용한다. 이는 해결책

구축에 열쇠가 될 수 있고 다른 한편으로 내담자에 대한 존중이 될 수 있다. 클라이언트가 사용하는 핵심 용어에 대해서 사례관리자가 관심을 표명하는 것은 클라이언트의 내면을 더 드러내고 클라이언트에 대한 이해를 심화시키는 좋은 방법이다.

(5) 개방형 질문

"학교 담임선생님을 좋아하니?", "인터넷 게임을 몰래 하기로 결심하기 전에 부모님에게 이를 하고 싶다고 이야기했니?", "그 친구와 화해하고 싶니?"와 같은 질문이 폐쇄형 질문이라면, "학교 담임선생님과의 관계에 대해서 말해 주실래요?", "인터넷 게임을 몰래 하기로 한 날, 부모님과 무슨 일이 있었는지 궁금합니다", "그 친구와 화해하게 된다면, 무엇이 달라질까요?"와 같은 질문이 개방형 질문이다. "예"와 "아니요"로 답하는 질문이 폐쇄형 질문의 대표적인 예다. 해결중심상담에서는 '폐쇄형 질문'이 클라이언트의 초점을 제한하고, 사례관리자의 준거틀이 반영되기 쉬우며, 주로 사실을 묻는 것이라고 본다. 반면에 개방형 질문은 클라이언트의 지각을 넓혀 주고, 그가 지닌 준거틀에 대한 질문이며, 태도, 생각, 느낌 등을 묻는 것이다. 개방형 질문은 클라이언트가 하고자 하는 이야기를 선택할 수 있고, 자기결정권을 증진시킬 수 있는 유용한 방법이다.

(6) 쉽고 간략한 설명(paraphrasing)

사례관리자는 클라이언트의 이야기를 축약하고 명료화하여 그 이야기의 본질을 다시 클라이언트에게 피드백한다. 이는 클라이언트에게 그가 하고 있는 이야기를 되새김해 볼 수 있는 계기가 됨과 동시에 다른 한편으로 사례관리자가 클라이언트의 말을 듣고 있음을 보여주는 좋은 방법이기도 하다.

(7) 비언어적 행동

오쿤(Okun)이 정리한 바에 따르면, 클라이언트는 사례관리자가 자신을 존중하고 그의 말을 경청하는지를 판단하기 위해서, 그와 유사한 어조를 보이는지, 눈을 맞추는지, 고개를 끄덕이는지, 어떤 얼굴 표정을 짓는지, 이해를 나타내는 미소를 짓는지, 어떤 손동작을 취하는지, 가까운 거리에 앉는지, 어떤 속도로 말하는지, 클라이언트 쪽으로 몸을 약간 기울이는지, 그 외의 신체적 접촉 등을 본다고 한다. 비언어적 기술에 대해서 알고 있으면 유용하지만, 해결중심상담에서 그보다 더 중요하게 생각하는 것은 클라이언트중심의 시각이다. 클라이언트의 말을 경청하고자 할 때, 비언어적 행동 역시 자연스럽게 개발되는 경향이 있다.

(8) 침묵

대부분의 상담과정에서 침묵은 매우 불편하다. 그러나 클라이언트는 자신의 경험, 무엇이 달라지기를 원하는지, 무엇이 잘되고 있는지 등에 대해서 생각해야 하고, 이 과정에서 침묵하게 된다. 침묵에 대한 불편함을 벗어나기 위하여 사례관리자는 곧잘 섣부르게 자신의 관찰이나 제안을 이야기하는데, 이는 문제중심으로 후퇴하는 결과로 귀결됨을 이해하자. 침묵의 순간에 "네, 정말 어려운 질문이지요"와 같이 클라이언트와 공감하고, 해결책을 생각해 볼 수 있도록 격려하는 것이 중요하다.

(9) 클라이언트의 비언어적인 행동에 대한 주목

특히 상담 초기에 클라이언트가 보이는 반응은 매우 중요하다. 이는 사례관리자가 클라이언트의 시각을 존중하고 그와 함께 협력적인 파트너십을 구축하는 데 성공하고 있는지, 혹은 클라이언트의 관심이나 의지에 부합하는 질문을 하고 있는지를 알 수 있는 중요한 지표가 된다.

(10) 과정에 대한 주목

여기서의 과정이란 클라이언트가 정보를 표현하는 방식으로 자세, 눈맞춤의 정도, 말의 속도, 침묵, 일관된 주제, 얼굴 표정, 어조 등으로 나타난다. 종종 클라이언트의 대화 내용과 과정은 일치하지만, 때로 이는 일치하지 않기도 한다. 이런 불일치에 대해서 이 문제를 거론할지 혹은 접어두고 계속 상담을 진행할지는 클라이언트가 상담이 잘 진행되고 있다고 느끼게 할지 아닌지를 판단해서 결정한다.

(11) 칭찬

클라이언트가 지닌 개인적인 특성과 자질들은 그의 강점이고, 과거의 여러 경험들은 과거의 성공이다. 칭찬은 단지 클라이언트에 대한 친절한 마음의 표현이 아니다. 그것은 클라이언트로 하여금 자신의 강점과 과거의 성공 경험에 주의를 돌리도록 하기 위한, 그리고 더 많은 강점과 성공 경험을 찾아내는 데 도움이 되는 유용한 수단이다.

(12) 클라이언트의 지각에 대한 긍정

클라이언트가 자신이 어떻게 생각하고 느끼고 행동하고 경험하는지 등에 대해서 사례관리자가 이해하고 있다는 것을 확인할 때, 자신이 이해받고 있음을 확신하게 된다. 물론 이것이 화가 나서 "내일 바로 가서 옆집을 불질러 버리겠다"라고 말하는 클라이언트에 대해 공감해야 한다는 말은 아니다. "그렇게 하고 싶다고 생각하도록 만드는 어떤 일들이 있었나요?", "그게 어떤 도움을 줄까요?"와 같은 질문을 통해서 클라이언트가 그런 감정을 느끼는 이유를 이해하게 된다. "그 사람들이 당신에게 그런 모욕을 주었다니, 저도 당신이 왜 그렇게 화가 나 있는지를 이해할 수 있겠어요"라고 공감한다. 그렇다고 이런 공감이 그 행동을 부추기는 것은 아니다. 이런 공감을 하면 클라이언트는 긴장을 풀고 조금 덜 극단적인 방법을 찾는 대화를 하게 된다.

(13) 자연스런 공감적 이해

클라이언트와의 협조적인 관계를 구축하기 위해서 사례관리자는 클라이언트가 느끼는 감정에 대해 공감하는 것이 필요하다. 음주 후 들어온 남편이 TV를 문 밖으로 던져 버리는 행동을 했을 때, "어머나" 혹은 "저런"과 같은 반응을 보이는 것이 그 예이다. 그러나 "정말로 슬프네요. 선생님에게 정말로 이 시기는 너무도 힘든 시기인 것 같아요"처럼 부정적 감정을 확대하는 유형의 공감적 이해는 표현하지 않는 것이 좋다.

(14) 정상화

클라이언트는 자주 자신들의 상황이 매우 극단적이고 특별하다고 생각한다. 사례관리자도 흔히 클라이언트가 특수하고 복잡한 문제에 놓여 있다고 동의한다. 해결중심상담에서는 이러한 상황이 아주 특수한 일이라기보다는 일상생활의 범위 안에 있는 일이라는 것을 상기시킨다. 반항하는 10대 아들에 대해서 고민하는 부모에 대해서 사례관리자는 "말 그대로 10대네요. 10대 남자아이들은 정말로 억세고 거칠죠"라고 말한다. 이 속에서 부모는 자신들이 겪고 있는 현실에 대한 균형 감각을 찾을 수 있게 된다.

(15) 클라이언트에게 초점 돌리기

클라이언트가 자신의 문제를 말할 때, 흔히 다른 사람이나 상황에 그 탓을 돌리고 자신은 이러한 사람이나 상황에 의해서 영향 받는 것처럼 이야기한다. 타인과 상황이 아닌 자신에게 초점을 맞추도록 하기 위하여 사례관리자는 "상황이 좀 나아지게 될 때, 사람들은 당신이 어떻게 다르게 행동하는 것을 보게 될까요?", "우리가 이야기하는 문제가 조금이라도 나아지려면, 무슨 일이 일어나야 하는 것일까요?"와 같은 질문을 행한다.

(16) 가능성의 단서에 대한 주목

클라이언트는 대개 자신의 고통스러웠던 경험이나 일, 사람에 초점을 맞추어 이야기한다. 이때 사례관리자는 문제에 대한 세세한 대화에 사로잡히지 않고, 클라이언트가 달라지기를 원하는 것, 과거의 성공, 상황을 개선하기 위해 그가 행했던 시도들에 대해 질문하고 이를 통해서 클라이언트는 그 과거의 경험 위에서 가능한 해결책을 모색하게 된다.

(17) 클라이언트의 의미 탐색

사례관리자는 내담자의 경험을 해석하려고 노력하는 대신에 내담자가 자신의 의미를 구성해 나가는 것을 도와준다. 먼저 사례관리자는 클라이언트의 과거 경험 중에서 미래에 도움이 되는 것을 물어본다. 둘째, 클라이언트의 과거 경험이 그의 삶에서 어떤 변화를 일으켰는지 묻는 것이다. 클라이언트는 과거 경험이 현재와 미래에 어떤 의미가 있는지를 찾으며 그의 미래 행동에 대한 구상을 하게 된다.

(18) 관계성 질문

사례관리자는 클라이언트에게 중요한 사람을 질문 속에 넣어서 클라이언트가 자신의 상황이나 달라지기를 원하는 것, 그리고 상호작용 속에서 해결이 이루어지도록 하는 방법을 설명할 수 있도록 권유한다. 예를 들면 "아버님이 더 이상 따님에게 폭언을 하지 않는다면, 따님은 그 대신에 아버님이 어떻게 행동하는 것을 보게 될까요?"라는 질문을 생각해 보자. 이 질문을 받은 클라이언트는 그 자신이 폭언 대신에 어떤 행동을 할 것인지를 딸과의 관계 속에서 생각하게 되는 것이다. 클라이언트가 한 관계에서 긍정적인 변화를 시작하면, 다른 관계에서도 긍정적인 변화를 시작할 수 있다.

(19) 해결중심적 대화의 확대

사례관리자는 클라이언트가 자신의 생활이 어떻게 달라질 것인지, 그리고 이를 위해 어떻게 다르게 행동할 것인지를 알고 있다는 것을 확인한 후, 그 이상의 행동으로 옮겨가기 위한, 즉 이를 확대하기 위한 질문들을 한다. 대화의 확대 속에서 클라이언트는 처음 울적한 기분을 피하기 위한 술 대신에 친구와의 유쾌한 대화, 산보, 등산, 아이들의 존재 등으로 대안적인 행동들을 모색해 나간다. 이처럼 해결책에 대한 모색을 확대하면서, 클라이언트는 가능성에 대해서 더욱더 희망적으로 되고, 확신을 가지게 된다.

3) 클라이언트와 함께 사정하기

(1) 사정의 주요 특성

사례관리에서 사정은 클라이언트의 적극적인 관여를 기반으로 클라이언트의 강점에 초점을 두고 이루어지는 협력적인 활동이다(Kisthardt & Rapp, 1992; Saleebey, 1992; Rapp et al., 1994, Sullivan & Fisher, 1994; Miley, O'Melia & Dubois, 1998; Gursansky, Harvey, & Kennedy, 2003: 65 재인용). 사례관리에서 사정은 전문적인 활동이지만 사례관리자의 전문적 분석에 의해 이루어지는 것이 아니라 클라이언트와 함께 하는 과정이며, 사례관리의 전 과정에서 이루어지는 지속적인 활동이다. 따라서 사례관리자는 클라이언트가 자신의 욕구와 선호를 표현할 수 있는 기회를 제공하고, 잘 표현하도록 도움으로써 클라이언트가 주문(order)하는 욕구와 선호를 잘 사정하도록 해야 한다. 사례관리 실천에서 사정은 일반적인 사회복지실천의 사정방법과 동일한 요소가 있는 반면에 차별적인 특성을 가지고 있다.

사례관리 실천에서 사정의 특성을 제시하면 다음과 같다(김만두 편역, 1993).

첫째, 사정은 욕구에 기초하는 것이다. 사례관리는 욕구에 기반을 두는 성격을 지니고 있기 때문에 사례관리자는 클라이언트의 욕구를 사정하고 개별화해야 한다. 사례관리자는 욕구를 사정하고 명확하게 함으로써 욕구의 결핍으로 인해서 나타나는 개인적 문제를 효과적으로 해결해 나갈 수 있다.

둘째, 사정은 종합적이고 포괄적인 것이다. 사례관리자에 의해 수행되는 사정과정은 방대하고, 여러 영역들을 포함한다. 사정은 사례관리자가 생물학적 · 사회적 · 심리적 기능화의 모든 영역을 포괄한다는 점에서 종합적이다.

셋째, 사정은 여러 분야가 상호 제휴하는 것이다. 사례관리자들은 그들이 가진 전문 지식만으로 사정과정을 제한하지 않고, 사정과 평가의 과정에서 다른 전문가들을 포함하기 위하여 그들이 가진 역할과 학문적 경계를 넘어서 활동하기도 한다. “상호 제휴적”이라는 것은 ① 클라이언트의 강점과 제한점에 관해 전문화된 정보를 얻기 위한 수단으로서 사정과정에서 필요한 다른 전문가를 포함하고, ② 클라이언트의 욕구에 대한 더욱 포괄적인 프로필의 형상화를 이루기 위해 서로 다른 여러 전문가들의 견해를 통합하며, ③ 클라이언트의 욕구에 대해 잘 알고, 이러한 욕구의 충족을 위해 계속적으로 클라이언트와 함께 직접적으로 일하는 데 있어서 도움을 줄 수 있는 전문가들의 팀을 수립하는 중요성을 뜻하는 것이므로 사례관리의 사정에 있어서 하나의 중요한 특성이 되는 것이다.

넷째, 사정은 참여적인 것이다. 클라이언트의 자기결정은 사례관리자와 클라이언트의 관계를 인도하는 하나의 중요한 가치이다. 사례관리자는 사례관리자의 입장에서 편파적인 역할을 취해서는 안 되며, 클라이언트와 함께 책임 · 참여 · 결정 형성에 대해 서로 공유해야 한다. 자기결정은 “결정과정에서 선택의 자유를 행사하는 인간의 권리이다(Hepworth & Larsen, 1982; National Institute of Handicapped Research, 1985). 이와 같은 선택의 자유는 클라이언트가 다음과 같은 기회들을 가짐으로써 사정과정에서 분명히 반영되어야만 한다. ① 자신의 욕구에 대한 클라이언트의 자기 인식에 관해 사례관리자와 의사소통하고, 욕구를 명확히 할 수 있는 기회, ② 클라이언트가 자신의 욕구에 대해 우선순위를 부여할 수 있는 기회, ③ 클라이언트가 특별한 평가를 수행할 수 있는 전문가를 선택할 수 있는 기회, ④ 사정 정보에 대해 논의하고, 관련된 결정이 이루어지는 공개토론회에 클라이언트가 포함되고, 참석할 수 있는 기회.

다섯째, 사정은 하나의 과정이다. 클라이언트의 욕구는 전 생애에 걸쳐 역동적인 것이며, 변화하는 것이다. 새로운 욕구는 변화하는 클라이언트의 생활 상황이나 환경에 의해 생겨난다. 사례관리자는 ① 사정 문서에 대한 주기적인 검토, ② 욕구의 변화를 알아내기 위해 과정 전반에 걸친 욕구 점검, ③ 클라이언트의 변화하는 환경에 의해 요구되는 새로운 자료 수집이나 특별화된 평가 등을 실시함으로써 클라이언트의 사례계획을 수정해야 한다.

여섯째, 사정은 체계적인 것이다. 사정과정은 사례관리자가 클라이언트의 욕구와 관련된 자료를 구하는 데 경험적 자료 수집방법을 활용하고자 시도한다는 점에서 공식적이다. 사정을 위한 체계적인 도구의 범주를 활용하며, 수집된 자료의 신뢰성 및 타당성을 유지해야 한다.

일곱째, 사정은 하나의 결과물이다. 사례관리 사정은 연속선상에 있어서 어떤 특정 시점의 클라이언트의 욕구 내용을 대표하는 기술된 문서이다(Hepworth & Larsen, 1982).

(2) 사정하기

사례관리에서 실시하는 사정의 핵심 요소는 욕구와 선호 사정, 강점 사정, 자원 사정, 장애물 사정이다. 각 요소를 사정하는 방법을 제시하면 다음과 같다.

① 욕구와 선호 사정

욕구를 사정하기 위해서는 욕구(needs), 문제(problems), 선호(wants), 계획(plans) 각각의 개념을 이해하고, 각 요소들 간의 차이와 관계를 이해하는 것이 필요하며, 각 요소들 간의 논리적인 전환적 사고가 필요하다(김상곤 외, 2010). 먼저 욕구란 '되어야만 하는 기준(ought to be)'과 '현재 상태(are)'의 '차이(gap)' 또는 불일치(discrepancy)로서 충족되어야 할 요소의 결핍 상태(deficit)를 의미한다. 사례관리 실천에서 사례관리 조직은 사정의 영역을 규정하고 있는데, 일반적으로 사정해야 할 욕구의 영역에는 심리 정서, 사회적 관계, 건강, 소득, 주택, 학습, 고용·직업, 여가문화 등이 포함된다. 사례관리 실천에서 중요하게 고려해야 하는 욕구의 종류는 다음과 같다.

- 인지적 욕구 : 결핍되고, 충족이 필요하다고 인식하고 있는 욕구

- 표현적 욕구 : 클라이언트가 도움을 표현하는 욕구
- 규범적 욕구 : 사례관리자가 보기에 반드시 충족되어야 한다고 전문적으로 규정한 욕구
- 합의된 욕구 : 클라이언트가 인식하고, 표현하고, 함께 다루어 나가기로 합의한 목표

사례관리자는 자신이 속한 사례관리 조직에서 설정하고 있는 사정 영역에 있어서 클라이언트가 자신의 욕구를 인식하고, 표현하고 합의된 욕구를 이끌어낼 수 있어야 한다. 특히 클라이언트가 인식조차 못하고 있는 규범적 욕구의 경우, 사례관리자가 중요한 욕구로 규정하여 사정하는 것보다는 클라이언트가 욕구로서 인식하도록 돕고, 표현하고, 합의하도록 도와야 한다.

사례관리자가 고려해야 할 또 한 가지 사항은 욕구와 문제의 관계를 이해하고 실천에 활용하는 것이다. 사례관리 실천에서 문제란 "욕구의 결핍으로 인해 나타나는 생활상의 어려움"을 의미한다. 일반적으로 클라이언트는 문제를 '힘들다', '어렵다', '죽겠다', '문제다'라고 표현한다. 사례관리자는 클라이언트가 경험하고 있는 문제, 어려움에 관심을 기울임으로써 클라이언트가 중요하게 생각하는 요소가 무엇인지를 확인하고, 그로 인한 클라이언트의 고충을 이해하고, 공감하고, 수용하도록 한다. 그러나 사례관리자는 클라이언트가 호소하는 문제를 직접 해결해 나가는 것보다는 호소하는 문제를 연관된 욕구로 전환함으로서 클라이언트가 중요하게 여기는 욕구를 사정하도록 한다. 예를 들면 '몸이 아파 죽겠다'라고 호소하는 클라이언트의 건강상의 문제는 '건강의 회복'이라는 욕구를 반영하고 있으며, '공부를 못해서 걱정이다'라고 호소하는 학업 성적의 문제는 '성적 향상'의 욕구를 반영하고 있다.

욕구 사정에 민감한 사례관리자는 욕구와 선호의 차이를 구분할 수 있으며, 사정된 욕구에 부합하는 선호를 사정할 수 있어야 한다. 사례관리실천에서 선호(wants)란 "욕구를 실현하기 위한 수단으로써 클라이언트가 좋아하는 방법"을 의미한다. 예를 들면 '성적 향상'은 욕구를 의미하며, 성적 향상을 위한 '학원 수강', '학습지', '인터넷 강의 수강' 등과 같은 방법을 의미한다. '질병의 회복'은 건강의 욕구를 의미하고, '건강검진과 진료', '정기적인 운동' 등과 같은 방법은 건강 회복을 위한 선호를 의미한다. 선호는 클라이언트가

바라는 방법으로서 구체적인 서비스이거나 욕구를 실현하기 위한 전략을 포함한다. 만약 클라이언트가 욕구를 충족하는 데 필요한 선호를 표현하지 못할 경우, 사례관리자는 가능한 선호 항목에 대해 제시함으로써 각 선호들을 탐색하도록 한다. 사례관리자들이 흔히 범하는 오류는 클라이언트가 요청하는 선호를 욕구로 규정하고, 그 선호를 실행하기에 급급하다는 것이다. 만약 이러한 방식으로 사례관리를 실천할 경우, 클라이언트들의 선호에 대한 요구들이 점점 증가할 것이며, 클라이언트의 자율성이나 역량은 강화되지 못하고 자원에 대한 의존성만 커질 가능성이 크다. 따라서 사례관리자는 클라이언트가 요청한 선호를 욕구로 전환하고 사정된 욕구를 실현하기 위한 선호를 다시 탐색함으로써 욕구 충족을 위한 근본적이면서도 다양한 방법을 탐색하고 합의하여야 한다. 그리고 사례관리자가 선호를 탐색하는 데 있어서 전문적 보호 차원에서의 선호와 상호적 보호 차원의 선호, 그리고 클라이언트의 자기보호 차원에서의 선호를 탐색해야 한다. 사례관리 서비스는 클라이언트의 자기보호와 상호적 보호를 통해서 충족하지 못하는 욕구를 지원해 주는 것이며, 클라이언트의 자기보호와 상호적 보호를 강화함으로써 클라이언트의 자율성과 독립성이 강화되도록 해야 한다. 이상에서 논의한 내용을 기초로 사정의 요령을 제시하면 다음과 같다.

- 욕구를 분석하지 말고, 클라이언트에게 질문함으로써 함께 욕구를 확인하고 사정한다.
- 사례관리자는 클라이언트가 호소하는 문제를 관련된 욕구로 전환하도록 한다.
- 욕구를 사정할 때, 클라이언트가 욕구를 인식하고, 표현하고, 합의하도록 한다.
- 욕구를 사정할 때, 클라이언트가 표현한 진술문을 그대로 활용하도록 한다.
- 합의된 욕구를 사정한 후 욕구를 실현하기 위한 선호를 클라이언트와 함께 탐색한다.
- 클라이언트가 선호만을 표출하는 경우, 선호를 욕구로 전환하고 욕구를 충족하기 위한 선호를 재탐색하도록 한다.
- 선호를 탐색할 때, 전문적 보호 차원의 선호와 상호적 보호 차원, 클라이언트의 자기보호 차원의 선호를 탐색한다.
- 욕구와 선호가 사정된 후에 실천의 우선순위를 정하기 위하여 욕구와 선호의 우선순위를 정한다.

② 강점 사정[1)]

모든 클라이언트체계의 강점은 변화과정을 발생시키고, 에너지를 부여하고, 지속시키는 자원이다(Saleebey, 2002). 따라서 사례관리자는 클라이언트와 가족의 강점과 자원을 탐색하고, 칭찬하고, 활용함으로써 강점을 확대해 나가도록 해야 한다. 강점의 요소와 강점을 사정하기 위한 질문을 연결하면 〈표 12-1〉과 같다.

〈표 12-1〉 개인적 강점의 요소와 사정방법

차원	강점의 요소	강점 사정 질문
특성/덕목	• 특성 : 자아개념, 동기, 용모, 대처능력, 호기심 등 • 덕목 : 인내심, 생활력, 영성 또는 믿음, 창의력, 유머, 신뢰, 관용 등 • 기술 : 대인관계기술, 문제해결기술, 의사결정기술 등	• 생존 질문 : 역경을 견딜 수 있었던 힘은 무엇이었나요? 역경을 통해서 터득한 삶의 지혜나 교훈은 무엇인가요?
재능	잘하는 것, 좋아하는 것, 즐겁게 하는 것, 열심히 하는 것 등	• 가능성 질문 : 지금 원하는 것은 무엇인가요? 당신의 특별한 재능과 능력은 무엇인가요?
자부심	이전 삶의 성공, 현재 삶의 성공, 교육적 성공, 직장에서의 성공 등	• 자부심 질문 : 사람들이 당신의 장점을 말할 때, 주로 뭐라고 말하나요? 당신에게 자긍심을 주는 것은 무엇이 있나요?

③ 자원 사정

자원이란 클라이언트 외부에 존재하는 강점으로서 클라이언트의 욕구 충족을 지원하거나 도움을 주고 있는 공식적·비공식적인 지지망을 의미한다. 사례관리자는 클라이언트의 욕구 충족을 위해 과거에 서비스를 제공한 기관과 현재에 도움을 주고 있는 기관을 사정하도록 하며, 나아가서는 잠재적 자원을 탐색함으로써 지역사회 자원을 최대한 활용하도록 한다. 그리고 클라이언트의 삶에 영향을 미치는 비공식적인 자원을 탐색하고, 클라이언트의 삶에 긍정적인 역할을 할 수 있도록 도움으로써 비공식적 지지망을 확대해 나가도록 한다. 자원의 요소와 사정방법은 〈표 12-2〉와 같다.

1) 일반적으로 강점 관점에서는 강점의 요소에 개인적 특징, 특성, 덕목, 재능, 자긍심, 사회적 지지망 등 클라이언트 내외부의 강점과 자원을 모두 포함하는 것으로 본다. 본 장에서는 강점을 클라이언트의 개인적인 것으로, 자원은 클라이언트의 외부적인 것으로 규정하여 설명하고자 한다.

〈표 12-2〉 자원의 요소와 사정방법

자원	자원의 요소	자원 사정 질문
공식적 자원	• 사회복지조직과 각종 서비스 • 주민센터 등의 공공조직과 그들이 제공하는 각종 서비스 • 다양한 서비스 제공 조직과 각종 서비스	• 지지 질문 : 특별한 지원을 해 주고 있는 공공기관은 어떤 곳이 있나요? • 공식적 자원 사정은 질문을 통해서 파악할 수도 있지만 공식적인 기록, 지역사회 서비스 기관과의 협력 등을 통해서도 파악이 가능함.
사회적 지지망 (사회적 관계)	유의미한 타인과의 관계, 친밀함, 지지체계, 사회활동, 종교 활동, 좋은 이웃, 커뮤니티 등	• 지지 질문 : 도움이 필요할 때 지원해 줄 수 있는 사람은 누구인가요?

④ 장애물 사정

사례관리 사정에서 클라이언트의 욕구 충족을 방해하는 장애물을 사정해야 한다. 장애물은 크게 내부 장애물과 외부 장애물로 구분할 수 있다. 내부 장애물은 무관심, 무기력, 무동기, 비관주의, 비판주의, 운명주의 등 인적인 요소와 내용을 의미한다(권진숙 · 박지영, 2008). 사례관리자는 직접적인 실천을 통해서 클라이언트가 내부 장애물을 극복할 수 있도록 도와야 한다. 외부 장애물은 클라이언트의 욕구 충족을 어렵게 하는 외부 사람(표적체계), 자원을 얻고 활용하는 데 어려움을 주는 제반 요소를 의미한다. 사례관리자는 클라이언트의 욕구 충족을 어렵게 하는 외부요인들을 사정하고 클라이언트가 스스로 또는 사례관리자의 도움을 받아 외부 장애물을 극복해 나갈 수 있도록 도와야 한다(김상곤, 2010). 장애물 사정은 욕구와 선호 사정과 분리된 활동이 아니라 밀접하게 연관되어 이루어지는 것이 바람직하다. 아래 제시된 사례는 성적 올리는 것에 합의하고 '매일 2시간씩 독서실에서 주도 학습하기', 'EBS 인터넷 강의 듣기'를 선호로 탐색한 사례이다. 이러한 상황에서 사례관리자는 다음과 같은 질문을 통해서 각각의 선호를 실행하는 데 있을 수 있는 어려움(장애물)을 사정하도록 한다.

- W'er : 독서실에서 주도 학습하기를 실천하는 데 나타날 수 있는 어려움은 무엇이 있을까?
- C't : 제가 의지력이 부족해서 작심삼일이 될까 걱정이에요.
- W'er : 어떻게 하면 그런 어려움을 극복할 수 있을까?
- C't : 누군가가 옆에서 계속 격려해 주었으면 좋겠어요.
- W'er : 그럼 처음 한 달 동안 나와 엄마가 지지 문자를 보내주면 어떨까?

- W'er: EBS 인터넷 강의를 수강하는 데 어떤 어려움이 있을까?
- C't의 모: 생활비도 빠듯해서 수강비를 마련하는 게 당장은 어려울 것 같아요.
- W'er: 스스로 충당할 수 있는 정도는 얼마나 될까요?
- C't : 다달이 5만원 정도는 가능할 것 같은데...
- W'er: 그럼 무상으로 인터넷 강의를 수강할 수 있는지와 수강 비용을 지원받을 수 있는 방안을 같이 찾아보면 어떨까요?

합의된 욕구와 탐색된 선호를 실행하는 데 예상되는 장애물 사정 결과와 장애물을 극복하기 위한 전략은 〈표 12-3〉과 같다.

〈표 12-3〉 장애물 사정과 극복전략 탐색 방법

합의된 욕구	탐색된 선호	장애물 사정	장애물 극복을 위한 전략 수립
성적 올리기	매일 2시간씩 독서실에서 주도 학습하기	의지력 부족	• 매일 엄마와 사례관리자의 지지 문자 보내기
	EBS 인터넷 강의 듣기	인터넷 강의 수강을 위한 비용	• 부모의 지원방안 • 무상 인터넷 수강권 탐색 • 경제적 후원 개발

(3) 지지망을 통한 욕구 충족 사정

사례관리자는 클라이언트의 욕구를 사정할 때, 클라이언트와 클라이언트의 사회적 망에 의해서 혹은 대인서비스 전달을 통해서 충족될 수 있는 범주를 알아내고, 클라이언트의 욕구에 관해 포괄적으로 검토해야 한다. 클라이언트의 욕구는 클라이언트 지지망의 서로 다른 구성요소들, 즉, 자기보호, 전문가 보호, 상호적 보호를 통해서 충족되기도 하고, 이러한 구성요소들이 상호 연합하여 욕구를 충족시키기도 한다(김만두 편역, 1993). 각 요소를 정리하면 〈표 12-4〉와 같다.

〈표 12-4〉 지지망을 통한 욕구 충족 사정

구분	정의	내용	
클라이언트의 자기보호	클라이언트 스스로 욕구를 충족하고 스스로를 지원할 수 있는 능력	신체적 기능과 상태 감정적 기능과 상태	인지적 기능과 상태 행동적 기능과 상태
상호적 보호	클라이언트와 함께 관계를 유지하고 상호작용하는 기관들이나 사람을 통한 보호	가족 종교 · 교회 직장 지역사회 학교	친 · 인척 연합체(클럽, 모임 등) 이웃 비공식적 관계 기타 사회적 관계
전문적 보호	지역사회에 존재하는 지역사회서비스, 대인서비스 기관 그리고 사회적 복지서비스에 의한 보호	정신건강 보호 급식과 영양서비스 소득 유지와 사회보장 휴식 및 보호	이동과 건강보호 가사보조 서비스 서비스 이용권 법적 서비스

사례관리자는 자기보호와 상호적 보호를 통해서 충족될 수 없는 영역의 욕구에 대해서 공식적 전문가 보호 서비스를 가지고 클라이언트의 욕구에 대응하기 위한 시도를 하게 된다. 모든 경우에서 사례관리자의 목표는 클라이언트의 독립성을 강화 · 유지하는 데 있다(김만두 편역, 1993).

(4) 사정 양식을 활용한 사정 예시

이상에서 언급한 욕구와 선호 사정, 강점 및 자원 사정, 장애물 사정을 종합하면 〈표 12-5〉와 같다.

〈표 12-5〉 사정 양식을 활용한 사정 예시

합의된 욕구		우선순위	선호	강점/자원	실천의 어려움
C't	무기력감 극복("너무 무기력하고 가끔 자살하고 싶은 충동이 생겨요.")	1	• 사례관리자와 주 1회 1시간 정기상담. 필요시 외부전문가 상담 실시	변화 의지	의지력 부족 - 지지와 격려
			• 주 3회 미술학원 수강과 교내 동아리 활동	미술에 소질이 있음	미술 학원비 - 자체 부담, 무료수강, 후원자 개발 등
			• 대학생 멘토링 (문화체험)	• 00대학교 00학과 진학 희망	멘티 개발 - 대학 방문

	합의된 욕구	우선순위	선호	강점/자원	실천의 어려움
	지속적인 학교생활 유지하기 ("학교를 잘 다니고 싶어요.")	2	• 주 1회 학교상담 실시 • 11시에 취침하고 아침 7시에 기상하기 • 학교출석도우미	• 학교상담사, 담임교사(관심과 지지), 엄마(기상지원, 관심), 사례관리자(출결도우미), 자명종 • 학교생활 유지 의지	일찍 일어나는 것 - 자원들의 역할 분담 등을 통한 격려
	성적 향상("공부를 하고 싶은데 성적이 잘 안 올라요.")	3	• EBS 교재 지원 • EBS 인터넷 강의 수강 • 독서실에서 학습	• 학력 향상에 대한 의지 • 복지관 후원	의지력 부족 - 초기에 적극적 개입, 지속적 격려 인터넷 강의 수강 비용 충당 - 자체 부담, 무상 수강, 후원자 개발 등
	건강 회복("몸이 좀 허약한 것 같아요. 감기도 잘 걸리고.")	4	• 병원 검진, 진료 및 치료(감기몸살 회복, 허약체질 개선을 위한 영양제 등) • 엄마가 C't가 좋아하는 주 1회 음식 만들어 주기	• 보건소, 주민센터, 여약사회 • 개선 의지	-
	컴퓨터 게임 자제 ("너무 늦은 시간까지 컴퓨터 게임을 하니깐 아침에 일어나기가 힘들어요.")	5	• 컴퓨터 사용 환경 조정 • 일과 종료 후 1일 1시간 컴퓨터 사용	개선하려는 의지가 있음	자제력 부족 - 엄마의 지원, 사례관리자 개별 상담
가족	모녀관계 개선("엄마랑 친해졌으면 좋겠어요.")	2	• 주 1회 복지관 부모교육 프로그램	• 복지관 부모교육 프로그램 • 참여의사 및 동기 있음	무기력감 - 사례관리자 지지, 사회활동
	엄마의 무기력한 생활/우울증 극복 ("집에만 들어오면 꼼짝하기가 싫어서 큰일이에요.")	1	• 병원진료 잘 받기	• 00병원(의사, 간호사 등)	무기력감 - 사례관리자 지지, 사회활동
			• 출석 종교단체를 통한 지지망 확대 • 친·인척을 활용한 지지망 확대	• 00교회 • 친가(조부모), 이모, 이모 자녀	친인척의 욕구와 의사 : 가능성 탐색
			• 복지관 자조모임 참석하기 • 자조모임 미용 강사	• 참석 의사 높음 • 피부관리 전공	-
			• 강점을 활용한 활동하기(미용) : 주 1회 봉사활동	• 00대학(교수, 조교 등) • 00종교단체(지도자, 동료 등)	무기력감 - 사례관리자 지지, 사회활동

합의된 욕구		우선순위	선호	강점/자원	실천의 어려움
환경/자원	안정적인 주거 ("이사를 가야 하는데, 보증금을 내주지 않아 걱정이에요.")	1	• 보증금 문제 확인 • 이사추진에 대한 협력	• 집주인 • 출석 종교 단체 성도	집주인의 부정적 태도 - 중재, 옹호
			• 위생적인 주거 상황 유지하기: 주 1회 대청소하기	• 엄마, C't	무기력감 - 사례관리자 지지

4) 클라이언트와 함께 계획 수립하기

계획 수립 단계는 사정 단계를 검토함으로써 사례관리에 대한 목적과 구체적인 서비스와 전략을 수립하는 단계이다(Summers, 2004; Woodside & McClam, 2006). 이 단계에서 사례관리자가 반드시 기억해야 할 사항은 사정과 서비스 계획이 단절된 것이 아니라 연속적인 과정이며, 사례관리자의 전문적인 판단에 근거한 것이라기보다는 종합적인 사정의 결과를 토대로 한 합의에 의한 것이라는 점이다. 사례관리자는 클라이언트와 함께 욕구와 선호, 강점과 자원 그리고 서비스를 실행해 나가는 데 예상되는 장애물을 검토하고 사정 내용을 기반으로 한 개별화된 서비스를 수립하도록 한다. 개별화된 계획을 수립하는 과정을 설명하면 다음과 같다.

(1) 클라이언트 중심의 목표 수립하기

사례관리실천에서 목표는 사정 단계에서 합의한 욕구와 밀접하게 연관되어 있다. 사례관리자는 클라이언트 중심의 목표를 수립하기 위해서는 사정 단계에서 합의한 욕구를 확인하고, 이를 목표로 전환하도록 해야 한다. 목표는 단기목표와 장기목표로 구분할 수 있는데, 목표의 성격과 우선순위를 고려하여 장단기 목표로 구분하도록 한다. 사례관리에서 고려해야 할 클라이언트 중심의 목표는 〈표 12-6〉과 같다.

〈표 12-6〉 클라이언트 중심의 목표

• 안정된 주거를 얻기(유지하기) • 가족 구성원들과 긍정적인 관계 형성(유지)하기 • 정신 건강 증진이나 재활서비스 확보(유지)하기 • 신체적 건강 증진이나 재활서비스 확보(유지)하기 • 사회적 지지망 확대(유지)하기 • 오락이나 여가활동 기회 만들기(유지하기) • 새로운 역할 만들기 • 독립적인 생활 지속하기 • 음식과 의복 확보(유지)하기 • 일상적인 사회기술 습득(향상)하기 • 스트레스와 대처 기제를 긍정적으로 변화시키기 • 교육 프로그램을 확보(유지)하기 • 재정적인 문제를 지원할 수 있는 원조자를 확보하기 • 미래를 위한 현실적인 목표를 개발하기

출처: Summers(2009: 339)

사정 단계에서 제시한 사례에서 보듯이 클라이언트는 "너무 무기력하고 가끔 자살하고 싶은 충동"을 호소하고 있으며, 사례관리자는 클라이언트가 호소하는 문제를 '자살 충동 및 무기력감 극복' 욕구로 전환하고 있다. 이러한 호소 문제와 욕구에 대한 개입 목표는 '자살 충동 및 무기력감 극복하기'로 진술할 수 있다. 여기서 한 가지 확인할 것은 '욕구'와 '목표'는 거의 유사하게 진술된다는 점이다. 상황이 개선되기를 바라는 것 또는 충족되기를 바라는 것은 클라이언트의 삶에 있어서 도달하고자 하는 목표와 동일한 요소이기 때문이다. 위의 사례에서 제시된 욕구 가운데 몇 가지를 목표로 전환하는 예를 제시하면 다음과 같다.

호소 문제	합의한 욕구	목표
"너무 무기력하고 가끔 자살하고 싶은 충동"을 느껴요!	자살 충동 및 무기력감을 해소하고 싶음	자살 충동 및 무기력감 극복하기
"학교를 잘 다니고 싶어요."	지속적 학교생활 유지하고 싶어함	지속적 학교생활 유지하기

(2) 개별화된 서비스 계획과 전략 수립하기

사례관리 실천에서 개별화된 서비스 계획 및 전략은 클라이언트와 함께 욕구를 충족하기 위한 수단으로서 합의한 선호와 밀접한 관련이 있다. 다시 말하면 사례관리서비스 계획 및 전략 수립은 클라이언트와 탐색한 선호들을 실행 가능한 구체적인 서비스 또는 실천 전략으로 전환하는 것을 의미한다. 그리고 계획에는 사정 단계에서 파악한 클라이언트의 강점과 자원을 활용할 수 있는 방안을 반영해야 하고, 예상되는 장애물을 해소하기 위한 전략까지도 포함하도록 한다. 계획을 수립할 때, 사례관리자가 고려해야 할 몇 가지 지침을 제시하면 다음과 같다.

① 클라이언트의 욕구와 선호를 반영한 계획을 수립하라.
② 계획은 구조화된 서비스만이 아니라 실행 전략도 포함하라.
③ 클라이언트의 강점을 강화하기 위한 계획을 포함하라.
④ 클라이언트의 선호를 실천하는 데 필요한 공식적 자원과 비공식적 자원의 활용을 포함하라.
⑤ 전문적 보호뿐만 아니라 클라이언트의 자기보호, 상호적 보호를 계획에 반영하라.
⑥ 클라이언트의 자율성과 자기지향성을 강화하기 위한 사례관리자의 직접적 서비스를 포함하라.
⑦ 클라이언트의 사회적 지지망을 강화하기 위한 내용을 계획에 반영하라.
⑧ 육하원칙이 드러나도록 서비스 계획 및 전략을 구체적으로 수립하라.
⑨ 예상되는 장애물을 극복하기 위한 전략을 포함하라.
⑩ 서비스 계획과 전략을 수립한 다음 클라이언트에게 고지된 동의를 실시하라.

사정 단계에서 제시한 사례에서 보듯이 클라이언트는 자신의 자살 충동과 무기력감 극복을 위해 '사례관리자와 정기적인 상담'과 '필요 시 외부 전문가 상담'을 선호로 탐색하고 합의하였다. 사례관리자는 클라이언트가 합의한 선호를 구체화하여 계획으로 전환하게 되는데, '사례관리자와 주 1회 1시간씩 복지관 상담실에서 개별 상담 실시', '필요한 경우 전문가 외부 상담 실시'와 같은 방식으로 서비스 계획과 전략을 기술할 수 있다. 또한 학교생활을 유지하기 위하여 '일찍 자고 일찍 일어나기', '학교 출석 도우미'라는 선호를 탐색하고 합의하였는데, 이를 구체화하여 '밤 11시에 취침하고 아침 7시에 기상하기', '3월 한 달 동안 사례관리자 출결도우미 활동'하기와 같이 계획으로 발전시킬 수 있다. 선호를 서비스 계획과 전략으로 전환한 예를 제시하면 다음과 같다.

탐색된 선호	서비스 계획과 전략
• 사례관리자와 정기 상담 실시	• 사례관리자와 주 1회 1시간씩 복지관 상담실에서 개별 상담 실시 • 필요한 경우 전문가 외부 상담 실시
• 일찍 자고 일찍 일어나기 • 학교 출석 도우미	• 밤 11시에 취침하고 아침 7시에 기상하기 • 3월 한 달 동안 사례관리자 출결도우미 활동

(3) 클라이언트와 계약(동의)하기

사례관리서비스 계획과 전략이 완료되면, 계획을 실천하기에 앞서 종합적인 사례관리 계획과 전략에 대해 클라이언트에게 설명해 주고 계약 또는 동의의 절차를 거치도록 한다. 사례관리는 사례관리자가 서비스를 제공하고, 클라이언트가 서비스를 이용하는 일방적인 관계가 아니라 클라이언트와 함께 하는 과정이며, 사례관리자와 클라이언트는 클라이언트의 행복을 위해 함께 하는 팀이라는 것을 인식하도록 도와야 한다.

이상에서 논의한 서비스 계획과 전략의 핵심적인 내용을 표로 제시하면 〈표 12-7〉과 같다.[2)]

2) 본 예시에는 클라이언트 개요, 사례관리자의 역할, 클라이언트와 가족의 역할, 종결조건, 서명날인 사항이 생략되었다.

〈표 12-7〉 서비스 계획과 전략 예시

합의된 욕구		우선순위	서비스 계획과 전략			강점/자원	동의여부
			무엇을	누가	언제부터 언제까지		
C't	무기력감 극복("너무 무기력하고 가끔 자살하고 싶은 충동이 생겨요.")	1	• 사례관리자와 주 1회 1시간 정기 상담. 필요시 외부 전문가 상담 실시	C't와 사례관리자	2011. 2 ~2011. 12	변화 의지	○
			• 주 3회 미술학원 수강과 교내 동아리 활동	C't	2011. 3 ~2011. 12	미술에 소질이 있음	○
			• 주 1회 대학생 문화 멘토링	C't와 멘토	2011. 3 ~2011. 12	• 00대학교 00학과 진학 희망 • 00대학교 00과 멘토	○
	지속적인 학교생활 유지하기("학교를 잘 다니고 싶어요.")	2	• 밤 11시에 취침하고 아침 7시에 기상하기 • 학교출석도우미	C't와 사례관리자	2011. 3 ~2011. 12	• 학교생활 유지의지 • 담임교사(관심과 지지) • 엄마(기상지원, 관심) • 사례관리자 (출결도우미) • 자명종	○
	성적 향상("공부를 하고 싶은데 성적이 잘 안 올라요.")	3	• EBS 교재 지원 • EBS 인터넷 강의 수강 • 매일 독서실에서 2시간씩 주도 학습	C't와 사례관리자	2011. 3 ~2011. 6	• 학력 향상에 대한 의지 • 복지관 후원	○
	건강 회복("몸이 좀 허약한 것 같아요. 감기도 잘 걸리고.")	4	• 병원 검진, 진료 및 치료(감기몸살 회복, 허약체질 개선을 위한 영양제 등) • 엄마가 C't가 좋아하는 주 1회 음식 만들어 주기	C't와 엄마 및 사례관리자	2월부터 필요시까지	• 보건소, 주민센터, 여약사회 • 개선 의지	○
	컴퓨터 게임 자제("너무 늦은 시간까지 컴퓨터 게임을 하니까 아침에 일어나기가 힘들어요.")	5	• 컴퓨터 사용 환경 조정(거실로 컴퓨터 옮기기) • 일과 종료 후 1일 1시간 컴퓨터 사용	C't와 엄마 및 사례관리자	2011. 3 ~2011. 12	개선하려는 의지가 있음	○

합의된 욕구		우선 순위	서비스 계획과 전략			강점/자원	동의 여부
			무엇을	누가	언제부터 언제까지		
가족	모녀관계 개선 ("엄마랑 친해졌으면 좋겠어요.")	2	• 주 1회 복지관 부모교육 프로그램 참여	엄마와 프로그램 담당자	2011. 3 ~2011. 6	• 복지관 부모교육 프로그램 • 참여의사 및 동기 있음	○
	엄마의 무기력한 생활/우울증 극복 ("집에만 들어오면 꼼짝하기가 싫어서 큰일이에요.")	1	• 병원진료 잘 받기	엄마	2011. 3 ~2011. 6	• 00병원(의사, 간호사 등)	○
			• 출석 종교단체를 통한 지지망 확대 • 친 · 인척을 활용한 지지망 확대	엄마	2011. 3 ~2011. 12	• 00교회 • 친가(조부모), 이모, 이모 자녀	○
			• 복지관 자조모임 참석하기 • 자조모임 미용 강사 활동하기	엄마, 복지관 프로그램 담당자	2011. 3 ~2011. 6	• 참석의사 높음. 피부관리 전공 • 복지관 자조모임	○
			• 강점을 활용한 활동하기(미용) : 주 1회 봉사활동	엄마	2011. 3 ~2011. 12	• 00대학 (교수, 조교 등) • 00종교단체 (지도자, 동료 등)	○
환경/자원	안정적인 주거 ("이사를 가야 하는데, 보증금을 내주지 않아 걱정이에요.")	1	• 보증금 문제 확인 • 이사 추진에 대한 협력	엄마, 사례관리자, 출석 종교단체 성도	2011. 1~2	• 집주인 • 출석 종교단체 성도	○
			• 위생적 주거 상황 유지하기 : 주 1회 대청소하기	C't, 엄마	2011. 1 ~2011. 12	• 엄마, C't	

5) 실행하기

사례관리를 통해 실천될 서비스 계획과 전략이 수립되고 동의가 이루어진 후 사례관리자는 계획에 따라 실천을 추진하도록 한다. 서비스와 전략의 실행은 사례관리자와 클라이언트와의 관계 속에서 이루어지는 직접적 서비스와 클라이언트를 둘러싸고 있는 공식적 · 비공식적 자원망을 통한 간접적 서비스로 이루어지게 된다.

사례관리서비스를 실천해 나가는 초기 단계에는 사례관리자의 직접적 서비스 기능을 강화하는 것이 바람직하다. 클라이언트가 동의하고, 좋은 계획을 수립했다하더라도 계획을 추진하고 실행해 나가는 것은 힘든 일이다. 그리고 클라이언트가 변화를 위한 준비가 부족할 수도 있고, 동기가 약할 수도 있으며, 아직 좋은 습관이 형성되지 않아 계획을 실천해 나가는 데 어려움이 있을 수도 있다. 이러한 요인으로 인해서 클라이언트가 또 다시 실패할 가능성이 충분히 있다. 따라서 사례관리자는 초기 단계에 클라이언트를 지지하고, 격려하고, 칭찬함으로써 클라이언트가 희망을 갖고, 동기화될 수 있도록 도와야 한다. 또한 계획 수립 단계에서 확인된 장애물들을 극복할 수 있도록 도움으로써 클라이언트가 수립된 계획과 전략을 통해서 성공의 경험을 할 수 있도록 도와야 한다. 사례관리 실천의 과정에서 클라이언트가 성공과 성취의 경험을 하게 되고, 이러한 경험이 쌓이게 된다면 클라이언트의 자율성과 자기 지향성은 점차 강화될 수 있을 것이다. 사례관리자가 사례관리 계획을 실행해 나가면서 수행하는 직접적 서비스 기능을 제시하면 〈표 12-8〉과 같다.

〈표 12-8〉 사례관리의 직접적 서비스 가능

구분	내용
실행자	• 위기 상황에 처한 클라이언트와 일해야 하는 경우 • 위기 개입, 심리적 지지, 인지적 회복
교육자/훈시자	• C't에게 스스로 고기 잡는 법 교육 • 기술에 대한 명확화, 모델화, 역할 연습, 수행 환류, 훈련의 이전
안내자/협조자	• C't의 욕구를 충족시키기 위해 필요한 자원을 정할 때 클라이언트와 의논 • 서비스와 지원을 획득하는 과정 전반에 걸쳐 안내 • 안내자/협조자로서 사례관리자의 과업 - C't의 욕구 충족을 위해 서비스와 지지를 논의하기 위해 대면 접촉에서 C't 만남 - C't에게 필요한 서비스와 지원을 정하는 데 함께 협조 - C't에게 요구되는 서비스와 지원을 가진 전문가와 사회적 망 구성원과의 만남을 계속 해야 함 - 서비스와 지원의 제공을 협상하고 C't의 상황을 논의하기 위해 다른 전문가들과 사회적 지지망의 구성원을 만남

구분	내용
진행자	• 진행자로서의 역할은 문제해결과정에 대한 지원과 지역사회 자원의 활용에 대한 기술을 제공하는 것을 의미 • 클라이언트의 욕구에 대응하는 대안을 찾아낼 수 있도록, 그리고 클라이언트에게 도움이 될 수 있는 적절한 서비스와 지지를 선택하도록 도울 때 사용 가능 • 클라이언트의 자기지향성이 높아졌을 때 적용
정보전문가	• 지역사회 내 이용 가능한 대인서비스, 급여체계 등 기회들에 대한 정보 제공 • 사례관리자는 카드 목록, 자원책자, 팸플릿, 특정화된 파일 등의 형태로 자원에 대한 정보체계를 구축해야 함
지원자	• 클라이언트가 자기 옹호를 할 수 있도록 돕는 것 • 클라이언트의 자기 옹호란 "자신의 욕구 충족을 위해 필요한 자원에 접근할 수 있고, 자원을 찾아낼 수 있는 존재로서 그들 자신의 동기를 발전시키는 것"

출처: 김만두 편역(1993: 161-186) 내용 재구성

사례관리자는 직접적 서비스 기능을 수행함과 더불어서 지역사회의 공식적·비공식적 자원망 속에서 통합적으로 활동함으로써 클라이언트의 욕구를 효과적이고 효율적으로 충족해 나갈 수 있도록 돕는다. 사례관리자의 간접적 서비스 기능을 제시하면 〈표 12-9〉와 같다.

〈표 12-9〉 사례관리의 간접적 서비스 가능

전략	수행방법
클라이언트의 욕구에 부응하기 위한 중계 전략	• 클라이언트에 대한 서비스와 지원계획에서 정해진 서비스를 전달할 수 있는 적절한 기관이나 지역사회 자원을 선택하는 데 사례관리자가 관여하는 것 • 효과적인 중계는 사례관리자의 지식(자원목록-resource inventories)을 통해서 발전 • 서비스 전달망에 대한 필요 지식 - 자격기준 - 서비스의 질 - 서비스 제공자의 능력 - 서비스 제공자들의 동기 - 기관들의 주요 서비스 분야 - 서비스 관계망과 전문가 망 구축
서비스 및 자원과 클라이언트를 연결하는 전략	• 서비스의 이용성을 보장하기 위해 서비스와 클라이언트를 연결하는 것. 연결의 중요한 전략은 의뢰서비스 • 효과적인 의뢰 - 클라이언트에게 의뢰가 필요한 욕구를 설명

전략	수행방법
	- 의뢰의 필요성, 목적, 감정, 관심, 염려, 선호 사정 - 의뢰기관을 접할 때 클라이언트가 많이 관여하도록 유도 - 클라이언트와 서비스를 매치시킬 때, 클라이언트와 함께 사정 - 자원 접근상에 발생할 수 있는 문제점에 대한 이해 - 서비스 이용을 촉진하기 위해 동반자 연결 - 관계된 기관들에게 핵심적인 클라이언트 정보 이전 - 클라이언트에게 서비스를 제공할 때 생기는 장애요소와 문제들을 해결 - 연결의 일차적인 장치로써 연결모임(linkage meeting)을 이용 - 점검 장치의 중요성 인식 - 지속적인 전화 통화 - 서비스 제공자와 주기적인 서신 왕래 - 주기적인 연결모임 - 클라이언트 기록에 대한 주기적인 검토
클라이언트에게 서비스 전달을 조정하는 전략	• 클라이언트의 욕구에 대응하기 위해 필요하다고 판단해서 조직한 대인서비스 제공자와 사회적 망의 구성원들에 의한 서비스가 조화롭고 적합한 방법에서 수행되도록 보장하려는 것 • 조정의 목적 - 모든 활동자들이 서비스 전달 목적을 성취하기 위해 노력할 수 있도록 보장 - 서비스 전달계획이 의도에 따라 이행되도록 보장 - 서비스와 지원계획들에 대한 의사소통 보장 • 조정의 효과 - 목표 달성 촉진 - 협력 강화 - 자원의 중복 방지 - 대상자의 누락 방지 • 조정을 촉진하는 전술 - 클라이언트의 욕구를 강조 - 조정 노력을 형성 - 무엇이 조정되어야 하는지를 동의 - 조정의 이점을 공유
클라이언트를 위한 옹호 전략	• 클라이언트의 욕구에 부흥하려는 의사가 없는 경우 사용 • 클라이언트의 권리를 옹호하고 자원과 서비스 기회를 가질 수 있도록 대변하는 것 • 사례관리자의 권한 근거 - 권위(공식적 권위를 가진 기관, 합법적인 권위 등) - 인적 자원(다른 전문가, 소비자 집단, 감시인 조직체 등) - 기술 및 지식(서비스 정보, 협상, 의사소통 등) - 심리사회적 요소들(사례관리자에 대한 평판 등)

전략	수행방법
	- 물적 자원(활용 가능한 기금) • 옹호 전술 - 협상하고 거래하는 것 - 직접적으로 호소하는 것 - 외부의 감독관에게 호소하는 것 - 기금의 원천으로 가는 것 - 대중매체를 통한 폭로방법 - 조직화된 소비자 집단을 동원하는 것 - 권리 보호 및 옹호와 관련된 제도적 체계를 이용하는 것
반응적인 사회적 망을 수립하는 전략	• 가족, 친구, 비공식적으로 도와주는 사람, 여타의 사람들로 구성된 사회적 망을 구축하는 것 • 사회적 망들로부터 생기는 이점 - 감정적 지지 - 현실적 도움 - 준거집단 - 희망과 자극 • 사회적 망의 구성원들과 함께 하는 개입활동 - 망의 구성원들에 대한 교육 - 망 구성원들에 대한 이차적인 지원 - 대안적인 지원체계(자조집단, 소비자단체 등)
기술적 지지와 협상	• 클라이언트의 욕구에 부응하는 대인서비스 조직이나 기관에 대한 변화와 혁신을 장려하는 것 • 사례관리자의 지식과 전문 기술 - 전문적 기술과 능력 - 경험적 지식 - 클라이언트의 욕구와 서비스 전달체계 문제들에 관한 인식 - 희망과 자극 • 기술적 지지와 협의의 급부에 있어서의 단계 - 지지에 대한 기관의 요청에 반응하는 것 - 클라이언트의 욕구들을 알리기 위해 기관의 대표들에게 접근하는 것 - 클라이언트의 부응되지 못한 욕구와 클라이언트와 관련된 특성에 대해 기관을 교육하는 것 - 서비스전달문제들을 해결하기 위한 접근들을 개발하는 것 - 자원을 획득하는 데 기관을 지지하는 것

출처: 김만두 편역(1993: 187-223) 내용 재구성

6) 점검하기

사례관리는 임상적 기능(case)과 행정적 기능(management)을 통합한 실천이다. 따라서 사례관리 실천에서 체계적인 점검은 사례관리서비스의 내용과 전략, 그리고 성과와 질을 관리하는 중요한 과정이다. 사례관리의 점검 모델은 클라이언트 지원망의 3가지 차원과 점검의 유형 그리고 점검의 내용으로 구분해 볼 수 있다.

먼저 점검은 클라이언트 지원망의 3가지 차원, 즉, 클라이언트의 자기보호, 상호적 보호, 전문적 보호로 구분하여 이루어질 수 있다. 다음으로 점검의 방법은 비공식적·질적 점검과 공식적·양적 점검으로 이루어진다. 비공식적·질적 방법은 사례관리자에 의한 비계량적인 점검을 의미하며, 공식적·양적 점검은 사례관리팀 또는 기관에 의한 공식적이면서도 계량적인 점검을 의미한다. 세 번째로 점검의 내용은 사례관리자와 사례관리조직의 노력성, 서비스 계획 또는 전략의 적절성, 사례관리서비스의 질, 서비스를 통한 산출과 성과 등이 포함된다. 사례관리의 점검 모델을 제시하면 〈표 12-10〉과 같다.

〈표 12-10〉 사례관리의 점검모델

구분		점검의 유형들	
		비공식적·질적 점검	공식적·양적 점검
클라이언트 지원망의 차원들	클라이언트 자기보호	[유형 I] 노력 적정성 질 산출	[유형 II] 노력 적정성 질 산출
	상호적 보호	[유형 III] 노력 적정성 질 산출	[유형 IV] 노력 적정성 질 산출
	전문가 보호	[유형 V] 노력 적정성 질 산출	[유형 VI] 노력 적정성 질 산출

출처 : 김만두 편역(1993: 234)

사례관리 실천의 점검에서 클라이언트 중심의 점검은 매우 중요한 요소이다(Saleevey, 2002). 클라이언트 중심의 점검이란 사례관리자에 의해서 이루어지는 비공식적인 점검으로서 클라이언트와 가족 그리고 클라이언트의 삶에 영향을 미치는 사회적 지지망 또는 서비스 제공망에 포함된 팀 또는 사람과의 접촉을 통해서 이루어지는 점검을 의미한다. 예를 들면 사정 단계에서 제시된 사례를 통해서 볼 때, 사례관리자가 클라이언트와 가족, 서비스를 제공하는 멘토, 학교의 담임선생님, 출석 종교단체 동료, 이용하는 병원 관계자, 복지관 프로그램 담당자 등과의 지속적인 접촉을 통해서 서비스의 양이 충분한지, 서비스의 내용이나 전략은 적절한지, 서비스의 질은 적절한지, 서비스를 통해서 어떤 변화가 나타나는지를 점검하게 된다. 사례관리자의 이러한 점검 활동을 통해서 클라이언트의 서비스망에 속한 사람 또는 조직의 협력을 강화해 나갈 수 있다. 그리고 사례관리서비스 계획의 적절성, 효과성, 효율성 등을 점검할 수 있으며, 궁극적으로 사례관리가 성공할 수 있도록 돕게 된다.

사례관리에서 공식적인 점검은 주로 사례회의를 통해서 이루어지는데, 사례회의는 개입 사례에 대한 사정, 계획 수립, 진행과정 점검, 재사정, 평가 및 종결을 판단하는 활동으로서 사례관리의 전 과정에 대한 협의와 조정을 책임지는 단위이다. 사례회의를 통해서 사례관리자 개인의 역량이나 전문 분야의 한계를 극복하고 개입사례에 대한 최적의 서비스를 제공할 수 있는 가능성을 극대화할 수 있다. 사례회의에서 이루어지는 주요한 기능을 제시하면 다음과 같다(한국사례관리학회, 2011).

① 클라이언트와 생태적 환경에 대한 자료 수집 결과 검토
② 클라이언트의 문제와 욕구 및 강점을 사정 및 재사정
③ 클라이언트에 대한 개입방안 협의
④ 맞춤형 포괄적 서비스를 설계 및 개발
⑤ 클라이언트에 대한 개입 상황 및 대상자의 변화를 점검
⑥ 클라이언트에 대한 평가와 종결 여부 결정
⑦ 사례관리와 관련한 행정적인 사항을 점검

사례회의는 사례관리가 원활하게 이루어지도록 사례관리자를 지원하는 자리이다. 그

러나 사례회의가 행정적인 점검 기능을 강조하거나 사례 개입에 있어서 실패한 부분을 강조하다보면, 사례관리자에 대한 비난과 질책의 분위기가 조성될 수 있다. 이러한 분위기는 사례관리팀 상호 간의 불신을 조성하게 되며, 팀워크를 깨뜨리게 되는 결과를 초래하게 된다. 따라서 사례회의에서는 사례관리자의 노력을 지지하고 보다 클라이언트의 긍정적인 변화를 이끌어내고 있는 긍정적인 개입요소를 발견하고, 이를 활용하며, 새로운 개입방법에 대한 자문을 제공하는 자리가 되어야 한다(한국사례관리학회, 2011).

7) 평가하기

사례관리실천은 통합적인 실천방법이다. 따라서 개입의 단위가 클라이언트뿐만 아니라 그들의 가족 및 환경과 자원으로 확대된다. 그렇기 때문에 사례관리를 통해 기대하는 성과는 다차원적이며, 사례관리의 성과를 측정하기 위한 평가 또한 다차원적일 수밖에 없다. 목슬리(Moxley, 1992)는 사례관리 평가에 대한 접근방법으로 클라이언트에 대한 서비스와 지원계획에 대한 평가, 영향 목적의 달성에 대한 평가, 사례관리서비스의 전반적 효과성에 대한 평가, 클라이언트의 만족도의 4가지 차원으로 구분하였다. 그리고 샤라크 등(Scharlach et al., 2001)은 사례관리평가의 영역을 구조(structure), 과정(process), 결과(outcome)에 대해 이루어진다고 보았다(권진숙 · 박지영, 2008: 182 재인용). 사례관리 실천에서의 평가는 평가 시점에 따라 사례관리의 과정 중에 이루어지기도 하고, 사례관리 종결 시점에 이루어지기도 한다. 그리고 평가의 주체에 따라 사례관리자가 평가의 주체가 되기도 하고 사례관리기관 또는 사례관리의 행정적인 책임을 지고 있는 외부기관이 담당하기도 한다. 사례관리 현장에서 주로 활용되는 평가방법을 소개하면 다음과 같다.

(1) 구조 평가

구조란 제공된 사례관리서비스들 간의 조직된 형태를 의미하는데, 사례관리에 동원되는 자원과 사례관리를 제공하고 있는 기관의 신뢰도와 전략, 사례관리자와 클라이언트의 적정한 비율 정도, 사례관리자의 전문성, 자격, 교육, 슈퍼비전, 전문가로서의 훈련 수준, 그리고 행정적인 지원 등이 포함될 수 있다(권진숙 · 박지영, 2008). 이러한 요소들을 고려할 때, 구조 평가는 운영 평가라고 볼 수 있다. 따라서 구조 평가에는 사례관리조직의 운영 체계, 사례관리체계와 지역사회체계와의 운영체계뿐만 아니라 협력 수준이 포함될 수 있다. 이러한 구조 평가는 사례관리 실천의 운영이나 종결 시점에 실시할 수 있으며, 사례관리 조직이나 사례관리 조직을 행정·재정적으로 지원하고 있는 조직이 평가의 주체가 되는 것이 일반적이다.

(2) 목표 달성 평가

목표달성척도는 목슬리(Moxley, 1992)가 말한 영향 목적의 달성에 대한 평가와 동일한 의미이다. 이 평가는 클라이언트와 가족에 대한 개별화된 서비스와 지원계획을 통해서 달성하고자 하는 목표 달성 수준을 평가하는 것을 의미한다. 목표 달성 수준 평가는 일반적으로 사례관리자에 의해서 이루어지는데, 사례관리 실천과정 또는 종결 시점 모두에서 이루어질 수 있으며, 양적 평가나 질적 평가를 통해서 이루어질 수 있다. 목표 달성을 측정하는 방법으로 목표달성척도(goal attainment scale) 방법이 많이 활용되는데, 목표달성척도는 클라이언트와 합의한 기대 변화의 정도를 평가하는 것으로 클라이언트와의 협력적인 과정이 전제된다. 또한 평가목표 수립은 서비스 제공 이전에 이루어져야 하며, 목표는 명료하고 실현 가능하게 목표로 설정해야 한다. 목표달성척도에 의한 평가를 예를 들어 설명하면 아래와 같은 단계를 통해 수행할 수 있다(김상곤 외, 2010).

① 1단계

사례관리자는 클라이언트와 함께 목표의 우선순위를 정한다. 또한 목표의 우선순위에 따라 가중치를 달리할 수 있다. 예를 들어 체중 감량, 자기주장 향상이라는 2개의 목표를 세웠다면, 이 2개 서비스 목표 전체를 1로 하여 각각의 목표에 점수를 부여하는 것이다. 즉 각 목표 가운데 체중 감량이 시급한 문제라면 체중 감량에 0.6, 다음이 자기주장 향상이라면 0.4를 부여하여 전체의 합이 1이 되는 것이다.

② 2단계

클라이언트와 함께 수립한 목표를 달성 수준에 따라 1에서 5점으로 평가하게 되는데, 이때 점수별 성과 정도를 어느 수준까지로 정할 것인지 각 평가의 수준에 대해 클라이언트와 사례관리자가 합의하여 작성한다. 이때 초기면접 때의 수준은 'x', 개입 이후(정기평가 또는 종결 평가)의 수준은 'v'로 표시한다.

③ 3단계

목표 달성 수준의 값은 다음과 같은 산출방법에 의해 계산된다. 만약 클라이언트가 사례관리서비스를 제공받은 후, 성과 수준이 체중 감량과 자기주장 향상이라는 각각의 목표에서 4점과 3점을 획득했다면 각각의 점수에 목표가중치를 곱해서 더해준다. 산출식은 (0.6×4)+(0.4×3)=3.6이 된다. 기대한 정도의 향상이 3점이므로 0.6점 더 나은 점수를 획득한 것으로 해석할 수 있다.

위에서 제시한 단계에 따라 목표 달성 수준을 아동 개인 측면, 아동 가족 측면, 지역사회환경 측면에서 각각 평가하도록 한다. 위의 단계를 적용한 목표달성척도는 〈표 12－11〉과 같다.

〈표 12-11〉 목표달성척도에 의한 목표 달성 평가

목표 달성 평가 : 아동 개인 측면							
목표 달성수준		목표 1: 체중 증가 (가중치=0.6)		목표 2: 자기주장 향상 (가중치=0.4)		목표 3 :	
점수	성과 정도	C't와 합의한 목표	점수	C't와 합의한 목표	점수	C't와 합의한 목표	점수
5	최적의 향상	5kg 증가		상대방을 설득할 수 있다.			
4	기대 이상의 향상	3kg 증가	v (종결)	상대방을 이해시킬 수 있다.			
3	기대한 정도의 향상	2kg 증가		나의 의견을 말할 수 있다.	v (종결)		
2	기대 이하의 성과	변화 없음		상대방의 얼굴을 쳐다보지 못한다.	x (시작)		
1	전혀 성과가 없음	체중 감소	x (시작)	대화를 회피한다.			
목표 달성의 수준 : 총점 (3.6)=(0.6x4)+(0.4x3) ☞ 기대한 정도보다 0.6 향상							

목표 달성 평가 : 아동 가족 측면							
목표 달성수준		목표 1 : 건강한 의사소통 (가중치=0.3)		목표 2 : 위생관리(가중치=0.3)		목표3 : 부의 알코올의존 감소(가중치=0.4)	
점수	성과 정도	C' t와 합의한 목표	점수	C' t와 합의한 목표	점수	C' t와 합의한 목표	점수
5	최적의 향상	항상 자녀 입장에서 생각하고 경청하며 의견을 물어본다.		늘 청결한 상태로 유지하며 주변을 정리 정돈한다.		가끔 술을 마시지만 적당한 선에서 그만 마실 수 있다.	
4	기대 이상의 향상	어렵지 않게 감정을 다스릴 수 있다.		매번 바로 설거지하고 청소는 하루에 한 번 한다.		평상시에는 술 생각을 하지 않지만 가끔 술을 마실 때는 그만 마시기가 어렵다.	v (종결)
3	기대한 정도의 향상	억지로 노력해야 감정을 다스릴 수 있다.	v (종결)	설거지는 하루에 한 번 하고, 청소는 이틀에 한 번 한다.	v (종결)	일에 몰두하고 있을 때는 술을 생각하지 않는다.	
2	기대 이하의 성과	감정대로 행동한다.		집안이 늘 어지럽혀져 있다.	x (시작)	술 생각이 떠나지 않고 이내 곧 술을 마시게 된다.	x (시작)
1	전혀 성과가 없음	감정대로 행동하고 체벌한다.	x (시작)	집안에 악취가 심하다.		늘 술을 마신다.	
목표 달성의 수준 : 총점 (3.4)=(0.3x3)+(0.3x3)+(0.4x4) ☞ 기대한 정도보다 0.4 향상							

(3) 전반적 효과성 평가

클라이언트의 전반적 효과성에 대한 평가는 사례관리의 종결 시점에서 이루어지는 성과평가를 의미한다. 사례관리의 전반적 효과성을 평가하기 위해서는 사례관리를 통해서 도달하고자 하는 목적을 명확하게 하고 이를 토대로 기대하는 사례관리의 성과가 무엇인지를 규정해야 한다. 보편적으로 받아들여지는 성과에는 클라이언트 측면에서는 자아존중감, 긍정적인 자아개념, 사회적응력, 삶의 질, 사회적 지지, 대인관계, 문제해결력 등이 있으며, 가족 측면에서는 가족건강성, 가족 기능, 가족응집력 등이 있을 수 있다. 그리고 기관이나 지역사회 차원에서는 협력의 수준, 네트워크 등이 포함될 수 있다. 일반적으로 사례관리의 전반적 효과성 평가는 사례관리 조직 또는 사례관리를 지원하는 외부기관에 의해 이루어질 수 있으며, 표준화된 척도에 의해 사전–사후 실험설계에 의한 양적 연구와 심층면접이나 초점집단면접과 같은 질적 연구에 의해서 이루어질 수 있다.

(4) 클라이언트 만족도 평가

사례관리에서 클라이언트 만족도는 개별적이고 개인적인 선호를 대표할 수 있으며, 클라이언트로 하여금 적극적이고 비판적인 소비자가 되도록 클라이언트의 역량을 강화할 수 있으며, 결과적으로 서비스의 질을 평가하는 하나의 지표가 될 수 있다(김만두 편역, 1993). 클라이언트의 만족도 지표는 주로 사례관리의 과정이나 종결 시점에 실시할 수 있으며, 사례관리자에 의해 이루어지게 된다. 사례관리 만족도 설문 예시는 〈표 12-12〉와 같다.

〈표 12-12〉 클라이언트 만족도 설문

문항(총 10문항)		전혀 그렇지 않다	그렇지 않다	그렇다	매우 그렇다
사례 관리자 만족도	1. 사례관리자는 진심으로 나와 나의 가족을 이해하려고 노력한다. (사례관리자의 태도)				
	2. 사례관리자는 나와 가족의 문제를 도우려고 열심히 노력한다. (사례관리자의 노력)				
	3. 사례관리자는 내가 도움을 필요로 할 때, 즉시 도움을 제공한다. (도움의 적시성)				
사례 관리기관 만족도	4. 기관에 도움을 청하는 과정과 방법은 용이하다. (절차의 용이성)				
	5. 나는 기관으로부터 내가 원하는 서비스를 제공 받았다. (욕구와 일치도-내용의 적절성)				
	6. 기관으로부터 제공받은 서비스의 질은 직면하고 있는 문제를 해결하는데 적절하였다. (서비스의 질의 적절성)				
	7. 기관에서 나에게 제공한 서비스로 인해 직면하고 있는 나의 문제가 해결되었다. (결과의 효과성)				
서비스 만족도	8. 나는 기관으로부터 제공받은 서비스가 만족스럽다. (서비스 만족도)				
	9. 나는 내가 어려움에 처할 때, 이 기관을 다시 이용할 의향이 있다. (사후 재이용 의사)				
	10. 나는 주변에 나와 비슷한 도움을 필요로 하는 사람이 있다면 이 기관을 추천할 것이다. (타인에게 추천 의향)				
기타 의견 :					

출처: 김성천 · 김상곤(2008: 92) 일부 수정

요점정리

강점의 의미는 역경, 특징·특성·덕목, 교육을 통해 학습한 세상에 관한 지식, 사람들이 지니고 있는 재능, 문화적 · 개인적 이야기나 전승 등, 사람들이 가지고 있는 프라이드, 커뮤니티의 힘을 요약할 수 있다.

강점 사정 질문으로는 생존 질문, 지지 질문, 예외 질문, 가능성 질문, 자긍심 질문, 관점 질문, 변화 질문이 있다.

클라이언트와 협력 관계 수립하기는 다음과 같다. 첫째, 사례관리자는 따스함, 진정성, 감정이입적 태도를 가져야 한다. 둘째, 클라이언트에게서 나타나는 이해가 되지 않는 모든 행동에는 '그럴만한 충분한 이유가 있다'는 인식을 가지고 '그럴만한' 또는 '그럴 수밖에 없는' 이유를 이해하는 데 관심을 기울여야 한다. 셋째, 클라이언트가 중요하게 생각하는 것에 초점을 두고 이야기하도록 한다. 넷째, 클라이언트의 어려움과 고충을 진심으로 이해하도록 한다. 다섯째, 클라이언트의 강점과 능력에 대해 칭찬한다.

사정의 주요 특성은 첫째, 사정은 욕구에 기초하는 것이다. 둘째, 사정은 종합적이고 포괄적인 것이다. 셋째, 사정은 여러 분야가 상호 제휴하는 것이다. 넷째, 사정은 참여적인 것이다. 다섯째, 사정은 하나의 과정이다. 여섯째, 사정은 체계적인 것이다. 일곱째, 사정은 하나의 결과물이다.

사례관리에서 실시하는 **사정의 핵심 요소**는 욕구와 선호 사정, 강점 사정, 자원 사정, 장애물 사정이다.

클라이언트와 함께 계획 수립하기는 다음과 같다. ① 클라이언트의 욕구와 선호를 반영한 계획을 수립하라. ② 계획은 구조화된 서비스만이 아니라 실행 전략도 포함하라. ③ 클라이언트의 강점을 강화하기 위한 계획을 포함하라. ④ 클라이언트의 선호를 실천하는 데 필요한 공식적 자원과 비공식적 자원의 활용을 포함하라. ⑤ 전문적 보호뿐만 아니라 클라이언트의 자기보호, 상호적 보호를 계획에 반영하라. ⑥ 클라이언트의 자율성과 자기지향성을 강화하기 위한 사례관리자의 직접적 서비스를 포함하라. ⑦ 클라이언트의 사회적 지지망을 강화하기 위한 내용을 계획에 반영하라. ⑧ 육하원칙이 드러나도록 서비스 계획 및 전략을 구체적으로 수립하라. ⑨ 예상되는 장애물을 극복하기 위한 전략을 포함하라. ⑩ 서비스 계획과 전략을 수립한 다음 클라이언트에게 고지된 동의를 실시하라.

실행하기는 다음과 같다.

직접적 기능	실행자, 교육자/훈시자, 안내자/협조자, 진행자, 정보전문가, 지원자
간접적 기능	클라이언트의 욕구에 부흥하기 위한 중계전략, 서비스 및 자원과 클라이언트를 연결하는 전략, 클라이언트에게 서비스 전달을 조정하는 전략, 클라이언트를 위한 옹호 전략, 반응적인 사회적 망을 수립하는 전략, 기술적 지지와 협상

점검하기는 다음과 같다.

<table>
<tr><th colspan="2" rowspan="2">구분</th><th colspan="2">점검의 유형들</th></tr>
<tr><th>비공식적 · 질적 점검</th><th>공식적 · 양적 점검</th></tr>
<tr><td rowspan="3">클라이언트 지원망의 차원들</td><td>클라이언트 자기보호</td><td>[유형 I]
노력
적정성
질
산출</td><td>[유형 II]
노력
적정성
질
산출</td></tr>
<tr><td>상호적 보호</td><td>[유형 III]
노력
적정성
질
산출</td><td>[유형IV]
노력
적정성
질
산출</td></tr>
<tr><td>전문가 보호</td><td>[유형 V]
노력
적정성
질
산출</td><td>[유형VI]
노력
적정성
질
산출</td></tr>
</table>

평가하기는 다음과 같다. ① 구조 평가, ② 목표 달성 평가, ③ 전반적 효과성 평가, ④ 클라이언트 만족도 평가.

토의문제

1. 사례관리에서 강점 관점과 병리적 관점을 비교하고 토론해 보시오.
2. 사례관리에서 강점 관점을 어떻게 적용할 수 있는지 생각해 보시오.
3. 클라이언트와 협력적 관계를 수립하기 위한 방법에 대해 토론해 보시오.
4. 클라이언트 중심의 사정방법에 대해 토론하고 사례를 선정하여 사정해 보시오.
5. 클라이언트 중심의 계획 수립에 대해 토론하고 사례를 선정하여 계획을 수립해 보시오.
6. 사례관리의 실천과 점검 방법에 대해 토론해 보시오.
7. 사례관리의 평가방법에 대해 토론하고, 선정된 사례에 대한 평가 계획을 수립해 보시오.
8. 제시된 사례관리 실천 사례의 긍정적인 요소와 보완이 필요한 요소를 분석해 보시오.

Chapter

13 사회복지실천 기록

학습목표

1. 클라이언트, 조직, 전문직에 대한 책무성인 사회복지실천 기록에 대해 학습하여 설명할 수 있다.
2. 기록의 목적 및 유형, 내용 등에 대해 학습하고 실제 사례를 연습할 수 있다.

사회복지실천 기록이란, 사회복지사에 의해 실행된 사회복지 실무에 관해 기록한 문서이다. 즉 클라이언트의 문제에 관계되는 모든 사항과 기관이 클라이언트에게 수행한 모든 개입 행위를 기록한 문서를 의미한다. 이러한 기록은 '공적'의 성격이 있으며, 기록에 대한 정의는 실무자와 기관이 정확성의 기준을 지키면서 클라이언트의 사적 권리를 보장할 수 있도록 하는 데 의의가 있다(홍순혜 · 한인영, 1997).

1. 사회복지실천 기록의 목적

사회복지실천 기록의 일차적 목적은 책무성, 효율성, 사적 권리 등에 있다. 사회복지사는 기관, 클라이언트, 지역사회에 대한 윤리적 · 법적 책무성을 가지고 자신이 전달하는 서비스를 기록하고 설명해야 하며, 평가해야 한다.

① 클라이언트의 욕구 및 사회복지실천 활동의 문서화 : 기록은 클라이언트의 상황과 서비스에 대한 욕구를 확인시켜주는 정확한 사회 진단 및 개입을 위한 기초 자료를 얻기 위해 사회복지사는 그 과정 중 문제의 정확성을 평가해 보며 앞으로의 서비스 계획을 수립하기 위해 기록을 검토하는 것이 필요하다. 이는 전문적이고 효과적인 개입을 가능하게 한다.

② 직접적인 서비스 제공의 근거 마련 : 기관의 수급 자격(eligibility)을 입증할 문서를 구비하거나 사회복지실천기관에서 직접적인 서비스의 제공이 목적이 되는 경우는 사례기록이 그 근거 자료가 될 수 있다. 사례의 서비스에 대해 구체적으로 기록할 필요가 있다.

③ 사례의 지속성 유지 : 사회복지 실무에서 사례의 지속성을 갖게 하기 위한 목적이다. 즉 사회복지사의 교대를 대비하기 위함이다. 사회복지실천은 개인의 책임이 아니라 기관의 책임에 의해서 행해지는 것이므로 항상 기관의 책임을 명백히 해 두기 위해서는 기록이 그 기관의 책임을 명시하는 자료로서 활용될 수 있어야 한다.

④ 슈퍼비전의 활성화 : 지도감독의 자료로서 사용되기 위해서 가장 중요한 것이 사례기록이다. 학생 실습 및 초보 사회복지사의 교육 훈련, 사례연구 등에 중요한 자료

로 활용될 수 있다.

⑤ 조사연구를 위한 자료 제공 : 연구조사 자료 활용 목적으로 사회복지서비스를 연구하고자 하는 기관이나 연구자들에게 자료와 정보를 제공할 수 있다.

⑥ 전문가 간의 의사소통 활성화 : 사회복지사들만이 아니라 타 전문가들과 함께 일하는 기관에서 기록은 전문적 공조체제를 원활하게 하기 위하여 필요하다.

⑦ 클라이언트와의 정보 공유 : 사회복지실천방법 중 클라이언트와 기록의 일부나 기록과정을 공유하도록 권장하고 있다. 기록이 클라이언트와 의사소통하는 도구로 사용될 필요가 있다.

⑧ 효과적 서비스를 위한 모니터링 : 기록은 서비스에 대한 지속적 평가에 유용한 도구이다. 그러므로 기록은 서비스의 궁극적인 효과를 측정하기 위하여 필요하며 구조화된 체계적 기록은 서비스가 진행되는 동안 클라이언트에게 제공된 서비스 활동을 점검하고 평가하고 수정하는 데 활용된다.

⑨ 행정적 자료 : 기록은 클라이언트의 욕구, 서비스의 유형, 직무 관리, 직원의 직무수행, 자원의 분배에 관한 행정적 결정을 위한 정보를 제공하기 위하여 필요하다.

⑩ 클라이언트에 대한 책무성 : 사회복지사가 클라이언트에게 책무를 다했는지에 대해 확인하기 위한 것도 있다. 특히 현재의 상황에서는 법적 책임의 공방에서도 사회복지사의 실천에 관한 자료가 활용되기도 한다. 어떠한 원칙을 가지고 어떻게 사정하고 개입하였는지 등에 관한 사회복지실천의 전문성 평가 및 법적 책임에 관한 자료로서의 활용 목적이 있다.

⑪ 기관 평가 : 사회복지기관의 평가를 위한 자료로 기록이 활용되기도 한다.

2. 사회복지실천 기록의 유형

사회복지실천 기록은 사례의 종류, 기관의 기능, 사회복지실천의 실제적 조건 · 기록을 활용하는 사람의 종류 등에 따라 기술의 방법은 달라질 수 있다. 기록의 구성은 기록의 범위 · 선택성 · 형식 · 원칙에 의해 달라진다. 이러한 기록은 기능의 발전에 따라 형식이 발전하며 기록 방식은 무엇을 어떻게 기록하며 실무가 어떻게 수행되어야 하는지에 대해 각기 다른 가정을 암시하게 된다. 사회복지 분야를 전체적으로 볼 때 새로운 기록방법과 구식의 방법이 공존하고 있다. 기록의 형태는 다양해졌지만 목적과 내용 면은 오히려 서로 유사해지고 있다. 따라서 기록의 서술양식에 따른 분류와 형태에 따른 분류를 통해 다양한 사회복지실천 기록을 살펴보고자 한다.

1) 서술양식에 따른 분류

(1) 서술체(narrative style)

가장 오래된 사례기록의 형태는 일기 형식으로 쓰인 것이다. 서술체는 사회복지사에 의한 단계적인 기술을 의미하며 그 내용은 객관적 사실이나 사건을 그대로 기술하는 것이다.

(2) 요약체(summary style)

수집한 자료의 의미와 중요성을 지적하고 그 내용 관련을 나타내는 것으로 적당한 간격을 두어가며 요약을 하는 것이다. 요약체는 사례기록의 분량을 절약하고 진행되는 방향을 명확하게 하며 시간을 절약할 수 있다. 여기에는 문제별·표제별·시간적 순서에 의한 압축 서술체로 기록할 수도 있다.

(3) 설명체(interpretation styles)

사회복지실천 기록은 사실과 그 사실을 보고하는 사회복지사의 의견이라는 두 부분이 함께 이루어지는 것을 강조한다. 사회복지실천의 전문적 훈련의 중점은 사례의 이해에 관한 지식을 깊게 하며 사정과 평가의 목표를 명확히 하고 기술을 발전하게 하기 위한 지적 훈련에 있다. 전문직으로서의 사회복지실천 기록이 되기 위해서는 클라이언트의 문제와 그에 따른 태도·감정 등에 관해 사회복지사의 해석을 설명하며 기록하는 것이다.

2) 형태에 따른 분류

(1) 최소 기본 기록(minimum basic recording)

최소 기본 기록은 단순하고 경제적인 기록 양식이다. 이 기록 유형은 먼저 기본적인 신상정보, 즉 클라이언트의 이름, 주소, 전화번호, 직업과 수입, 그리고 가족이나 친척의 주소와 전화번호를 포함한다. 그리고 면접 날짜와 주요한 클라이언트 문제, 목적, 개입계획, 클라이언트의 반응, 탐색이 필요한 영역, 필요한 자원, 클라이언트를 위해 필요한 행동, 종결 상태를 기록한다(조휘일 외, 2000: 152).

(2) 이야기체 기록(narrative recording)

훌륭한 이야기체 보고서는 주제별과 시간별로 조직화되어 있는 것이다. 그러나 대부분의 기록의 내용과 구조는 사회복지사의 재량에 맡겨진다. 이 기록은 개별적이며 가장 독특한 기록 방식이다. 클라이언트와 상황, 그리고 서비스 교류의 특수한 본질을 반영할 수 있어 임상 실무를 문서화하는 데 적합하며 인간 행동, 사회복지 이론과 실제, 서비스의 제공, 기록에 대한 실무자의 지식을 반영하게 된다. 그러나 지나치게 단순하거나 지나치게 길고 초점이 분명하지 않을 수도 있다. 사회복지사의 문장력이나 기록에 투여된 시간에 의해서 기록의 질이 좌우되나 가장 큰 문제점은 시간이 너무 많이 들고 비용이 많이 든다는 것이다.

일차적 기능은 개별화된 서비스의 문서화이며 이차적 기능은 임상 슈퍼비전에 있다. 현재 모든 실무 분야와 실무 형태에 활용된다. 장점은 표준화되어 있지 않기 때문에 총괄적인 내용을 포함할 수 있고 클라이언트-상황, 서비스 교류의 특별한 특성들을 잘 나타내줄 수 있다. 그러나 단점은 시간이 많이 걸리며 비용이 많이 든다. 또한, 정보 검색도 어렵다. 기록자가 정보를 얼마나 적절히 선택하고 명확하게 조직하고 정규적으로 기록할 시간을 갖고 문장력 있게 쓸 수 있는지에 기록의 질이 달려 있다.

(3) 요약 기록(summary recording)

요약 기록은 날짜와 클라이언트의 기본적인 사항을 적은 뒤 개입 내용과 변화 상황을 간단히 요약하면 된다. 요약 기록은 일반적으로 사회복지기관에서 가장 많이 사용되는 기록형태로 시간의 흐름에 따라 변화된 상황, 개입 활동, 중요한 정보 등을 요약하여 기록하는 것이다. 1회의 면접에서 파악한 것을 전체적으로 요점을 정리하여 기술한 방식이며, 압축 기록이라고도 부른다. 요약 기록을 정리하는 요령은 첫째, 면접할 동안 사회복지사와 클라이언트가 한 말을 반복하지 않는다. 둘째, 주된 관점은 클라이언트이며 사회복지사는 진단적 요약, 사회복지사가 받은 인상 또는 사정과 같은 특정 문제와 관찰이나 감정과 분석적 사고를 기록한다. 셋째, 요약 기록은 결과를 서술하는 것이지만 보통 사회복지사가 그 결과를 얻기 위해 취한 모든 단계를 서술하지는 않는다(양정남 외, 2007: 172-173).

(4) 문제중심 기록(problem-oriented recording)

문제중심 기록은 의료 및 정신보건 영역에서 광범위하게 사용되는 형식이다. 위드(Weed)는 4가지 주요 부분으로 나누는데 데이터베이스, 문제목록, 초기계획, 진행노트(SOAP 포함) 등이다.

일차적 기능은 책무성에 있으며 이차적 기능은 타 전문직의 의사소통과 의사들을 위한 교육에 있다. 현재 보건 및 정신보건 영역에서 활용되며 기록 구성의 원칙은 현재 제시되고 있는 문제를 중심으로 구성하는 것으로 주로 의료모델에서 사용된다. 문제의 기록은 질병명을 포함하지만 이에 제한되지는 않는다. 장점은 실무자나 치료팀이 목록화된 문제를 다루어야 할 책임이 있어 책무성을 촉진시키게 된다. 동료 검토와 의료교육 분야 간의 공조를 원활히 한다. 또한 치료자가 환자의 문제점에 대해서 조직적인 사고를 하여 환자의 문제점을 빠짐없이 다룰 수 있고 상호 관계를 파악하여 처리해 나갈 수 있다. 교육적인 면이 뛰어나 제공된 치료의 질을 평가하기에 좋은 도구이다. 그러나 제한점은 시간과 비용이 많이 들며 문제중심 기록은 목록화된 문제가 중요한가, 또 적절히 명명되었는가 또는 중요한 문제가 간과되었는가에 대해서 설명하지 않는다는 것이 단점이다. 또한 사회복지 기록에 있어서 문제중심 기록은 보편적인 사회복지 쟁점들과 개입을 포괄하고 있지 않기 때문에 활용면에 있어서 적절하지 못하다. 즉 문제중심적 기록은 클라이언트의 강점보다는 문제를 강조하고 상황에 관한 이해보다는 개인을 강조하기 때문에 사회복지의 관심인 클라이언트의 욕구나 자원에 대한 통합적인 시각이 부족하다.

(5) SOAP

SOAP는 문제지향식 기록 체계의 일부로 개발되었으나, 기록이 용이하고 실무활용도가 높아서 흔히 단독으로 사용되고 있다. SOAP에서 S(Subjective information)는 환자와 가족이 기술하는 문제와 같은 주관적 정보로서 환자의 병력, 환자의 생활양식이나 가정생활, 환자의 정서나 태도, 환자의 목표, 환자의 치료에 대한 반응, 환자의 현 상태에 대한 정보 등을 환자의 언어로 기록하기도 한다. O(Objective information)는 실무자가 보는 환자에 대한 객관적 정보를 말하며 의료기록지에 나타난 환자의 병력, 현 문제와 연결된 객관적 검사 또는 측정이나 관찰의 결과, 이미 환자에게 제공되는 치료 등을 앞서 기술된 S와 관련된 내용을 기록한다. A(Assessments)는 치료진의 견해, 해석, 사정 등을 기록한다. 이 또한 S, O에 관련된 내용이어야 한다. P(Plan)는 앞으로의 진단과 치료에 대한 계획, 환자나 가족에 대한 교육계획 및 추적계획이 포함된다. 즉 전문가가 특정한 문제를 제기하거나 해결하는 방법을 나타낸 것으로 구체적인 행동으로 기록되어야 한다. 하루 또는 일주일에 환자가 치료받아야 할 횟수, 치료의 장소나 진전, 평가나 재평가에 대한 계획, 퇴원계획, 타 기관으로의 의뢰 등이 기록될 수 있다.

(6) 시계열적(단일사례) 기록(time-series recording)

사회복지 개입의 표적이 되는 행동, 태도, 관계에 대한 측정을 되풀이해 기록하는 것이다. 이러한 측정은 클라이언트와 상황에 대한 사정에 그리고 그 후에는 서비스의 목적이나 목표 성취로의 움직임에 대한 평가에 사용된다. 서비스 목적 또는 목표가 설정되면 측정도구가 결정되고 측정과정이 시작되며 기록하는 작업이 시작된다. 측정을 기록하는 것은 항상 동일한 원칙에 따른다. 무엇이, 언제, 누가 기록하느냐 하는 것이 명시되어야 하며 서비스 과정을 통해 일관성이 있어야 한다. 따라서 일관성있게 기록되기 위해서는 양식을 사용하여야 한다. 특별히 설계된 양식을 사용하는 것은 정보 수집과 기록하기 과정 자체를 조직화하는 것을 돕는다. 여기에는 양식 사용 지침(누가, 언제, 왜, 무엇을), 측정 자체, 측정 시기, 측정 과정이나 측정 자체에 영향을 줄 수 있는 개인적·상황적 특수 요인들이 포함되어야 한다.

이러한 예는 1970년대에 개발된 목표중심 기록(Goal-Oriented Record; GOR)을 들 수 있다. 목표중심 기록은 과제중심모델이나 목표성취척도(goal-attainment scaling)로부터 발전을 보게 되었다. 목표중심 기록의 특징은 목표의 구체화이다. 클라이언트의 목표 성취를 돕기 위한 과업이나 활동의 기록도 또한 특징이다. 두 가지 강조점이 있는데 문제에 대한 구체적 기록과 목적에 관해 구체적으로 기록하는 것으로, 목표를 성취하기 위한 과제가 점검된다(조휘일 외, 2000: 156).

(7) 과정 기록(process recording)

과정 기록은 사회복지사와 클라이언트가 면접하는 동안 일어난 모든 것들을 대화 형태 그대로 기록하는 것이다. 이러한 기록은 교육 및 지도·감독 시에 매우 유용하게 사용되나 시간과 비용이 많이 소모된다는 한계를 가지고 있다. 과정 기록은 사회복지사와 클라이언트의 상담전개과정을 시간적 흐름에 따라 기술하는 방식으로 클라이언트가 말한 내용, 행동한 것, 사회복지사가 말한 내용과 느낌을 포함한다. 즉 기록의 정리 방식이 연극의 대본과도 유사하다.

원조과정이나 클라이언트와 사회복지사의 상호작용 과정을 있는 그대로 기록하는 방법인 과정 기록의 장점은 사회복지사가 스스로 자신이 수행한 사회복지실천과정과 결정한 내용들을 분석하고 그 내용을 개념화하고 조직할 수 있다는 점이다. 그래서 개입의 목적을 명확하게 하고 기술능력을 향상하는 데 도움이 된다. 반면, 기록에 시간이 너무 많이 소요되고, 실제 내용을 간접적이고 불완전하게 왜곡하여 기록할 수도 있다. 주로 실습생이나 수련생이 교육 목적으로, 자신의 발전에 필요한 사례를 선택하여 사용한다. 과정 기록방법은 면담 내용을 대화체로 참석자가 한 말을 그대로 옮겨 기록한다. 그리고 옆 칸에는 사회복지사가 관찰한 클라이언트의 행동과 그때 사회복지사가 느낀 감정 등을 기록한다.

3) 특정 기록양식과 형태를 선택하는 기준

사회복지 실무와 실무환경이 변함에 따라 이제까지의 관례적인 방법은 더 이상 적합하지 않아 사회적 서비스 기관에서 사용될 새로운 기록 보전 접근법이 개발되거나 다른 분야에서 사용되고 있는 접근법에 근거해 새로운 모델들이 만들어졌다. 사회복지사는 다음과 같은 목적 중 하나 또는 그 이상을 충족시키기 때문에 특정 사례나 특정 프로그램 또는 특정 기록 형식을 선택하게 된다.

① 기록을 구성하거나 기록하는 데 소비되는 시간을 제한하거나 정보의 저장, 검색, 활용을 간단화함으로써 비용 절감을 할 수 있는 기록 형식
② 자격을 인정해 주거나 재원을 제공해 주는 기관이 요구하고 있는 책무성을 만족시키는 기록 형식
③ 의사결정, 사례의 지속성, 슈퍼비전 또는 전문가 간의 의사소통을 원활히 하고자 하는 기관 내부의 욕구를 만족시키는 기록 형식
④ 현재의 기관 차원 또는 분야 차원의 기록 기준과 일치하는 기록 형식
⑤ 어떤 정보가 중요하며 어떤 변화가 일어날 것인지에 관한 실무 과정과 일치하는 기록 형식
⑥ 클라이언트의 사적 권리를 최대화하는 기록 형식
⑦ 클라이언트 접근에 적절한 기록 형식

이상과 같은 기록 형식을 선택하는 목적 이외의 기타 여러 가지 요인들이 있을 수 있으나 위와 같은 목적들을 적절히 만족시키는 실무 형식에 따라 기록 유형을 선택하여 사용하는 것이 효율적이며 효과적인 사회복지 기록이 될 것이다.

3. 사회복지실천 기록의 내용

모든 사례 기록에는 어떠한 기술 양식을 취하든 다음과 같은 내용을 포함하여야 한다. 클라이언트가 신청하는 문제의 성격, 클라이언트의 문제 상황에 대해 무엇을 생각하고 어떻게 느끼는가, 또는 과거에 원조를 받은 경험이 있는가, 사회복지사의 문제에 대한 생각, 클라이언트와 관계 있는 가족·집단·지역사회의 조건 등을 명확하게 보여줘야 한다. 이러한 내용을 각각의 요소로 나누어서 살펴보고자 한다.

1) 기록 내용

다음 내용의 요소들이 기록에 사용될 때 일부 또는 전부로 구성될 수 있다.

(1) 클라이언트의 특성

인구학적 정보는 서비스 교류에 관한 기록 초기에 들어가게 된다. 인구학적 정보는 클라이언트 자신이나 서무 직원 등에 의해서 수집 · 기록되기도 하며 사회복지사와 클라이언트가 서로 처음 대면하기 전에 기록에 포함되기도 한다. 클라이언트의 특성은 클라이언트와 그 가족에 의해 보고되는 정보와 공공 서류와 다른 서비스 기록에 있는 정보에 기초하게 된다. 이러한 클라이언트의 특성은 서비스 전달을 위해, 책무성 수행을 위해, 행정적 계획을 위해, 조사에서 서비스 자격 요건을 결정하기 위해 기록된다. 구체적인 내용으로는 클라이언트의 이름, 주소, 생년월일, 성, 교육 수준, 가족 구성, 현재 직업, 수입, 결혼 상태, 종교 등과 기관에 따라서는 보험 적용 여부, 의학적 진단명, 병역관계, 구속 등의 법적 제재 사항, 보호자 관계, 주민등록번호 등이 있다.

(2) 서비스를 개시하는 방법과 사유

클라이언트에게 서비스가 제공되는 사유는 접수 면접에서 처음으로 기록하게 된다. 이 정보는 서비스를 의뢰하는 측이 갖고 있는 서비스에 대한 클라이언트의 욕구와 서비스의 잠재적 이득에 대한 견해를 나타내 준다. 의뢰되는 경우에도 문제와 서비스 욕구에 대한 클라이언트의 인식을 기록하는 것은 중요하다. 다음과 같은 목적을 가지고 기록한다.

① 서비스를 개시하는 측이 갖고 있는 클라이언트의 문제나 서비스 욕구를 이해하고 이에 반응하도록 하기 위해

② 기관의 서비스에 대한 클라이언트의 인식을 이해하도록 하기 위해

③ 클라이언트와 그 밖의 사람들을 서비스 과정에 관련시키기 위해

④ 기관의 서비스가 지역사회 내에서 어떻게 인식되고 있으며 클라이언트가 기관에 어떻게 오게 되었는지를 평가하기 위해

서비스를 개시하는 이유는 서비스의 목적이라는 기록의 요소와는 분명히 구분되어야 한다. 대부분의 사례에서는 서비스의 목적은 탐색과정을 통해 나타나게 된다. 시작 단계에서의 문제와 서비스 욕구에 대한 개념 정의는 서비스를 신청한 사람이 클라이언트가 될 때 비로소 서비스의 목적으로 전환된다. 서비스의 개시방법은 개시 이유가 분명하지 않은 경우에도 분명하게 나타난다. 클라이언트가 아웃리치나 예방서비스를 선택하게 되는 경우 서비스 이유는 기록되어야 하며 클라이언트에게 서비스에 대한 욕구와 관심이 있는지, 서비스를 받기 위한 자격 요건이 되는지를 결정하기 위해서 클라이언트-상황이 사정되어야 한다는 내용이 포함되어야 한다.

(3) 현재와 과거의 클라이언트 - 상황에 대한 기술

클라이언트의 문제나 욕구를 역사적이며 생태학적 맥락에서 이해하기 위해 클라이언트 상황에 대한 현재와 과거에 대한 정보를 포함한다. 그 이유는 다음과 같다.

① 클라이언트, 가족, 중요한 타인들에게 자신들의 이야기를 말할 수 있는 기회를 제공하여 자신들의 경험을 재검토하고 공유할 수 있도록 하기 위해
② 클라이언트, 상황, 관련 환경을 개별화하기 위해
③ 문제의 원인과 문제해결을 위한 자원을 찾기 위해
④ 욕구와 결핍뿐만 아니라 강점과 대처능력을 발견하기 위해
⑤ 관심과 서비스를 개입에 관한 관련 쟁점들과 포인트로 초점을 맞추기 위해
⑥ 다른 서비스 제공자들에게 적절한 정보를 전달하기 위해
⑦ 조직 내에서 서비스 전달에 관련된 결정과 행동, 다른 곳의 서비스를 받도록 의뢰하는 것과 관련된 결정과 행동을 포함하여 사회복지실천 결정과 행동의 근거를 문서화하기 위해

중요 정보원은 가족과 클라이언트라 할 수 있다. 또 다른 정보 제공처로는 타 분야의 서비스 제공자들, 클라이언트의 의미 있는 타인, 기관 기록, 각종 검사, 관찰정보 등이다. 여러 가지 출처의 정보들에서 신뢰성, 적시성, 정확성 등을 확립하기 위하여 정보 제공의 배경 확인 및 다른 출처 등에서의 확인 작업들이 필요하다. 또한 사회력은 과정이며 결과물

이기도 하다. 조사과정에서 사회복지사와 클라이언트는 중요한 사건과 상황을 재검토하고 공유할 수 있다. 이 과정이 이미 원조과정의 일부이기도 하며 지속적인 과정이다. 서비스가 진전됨에 따라 새로운 정보가 생기고 이것이 서비스 교류의 일부가 되어 기록에 남게 된다.

사회복지사 자신의 지식과 경험으로부터 클라이언트-상황에서 중요하다고 판단되는 특정 요소에 관심을 가져야 한다. 클라이언트의 특성, 나타난 문제 또는 서비스를 개시하는 이유, 실무 분야 또는 서비스 프로그램, 기관 방침과 실무 등이 그 요소라 할 수 있다. 또한 이러한 중점적인 탐색은 문제나 욕구를 만들고, 유지하고, 변화시키거나 문제나 욕구에 다른 식으로 연계를 갖고 있는 요소들에 관한 이론과 지식, 서비스 과정, 이용 가능한 자원, 서비스에 다른 방법으로 접근했을 때의 잠재적 효과에 관한 지식 등에 근거하여야 한다.

(4) 자원과 계약

탐색과정에서 확인된 문제와 욕구에 대응하기 위해 사회복지사는 클라이언트가 필요로 하고 이용 가능한 자원과 서비스를 고려하게 된다. 이용 가능한 공식적·비공식적 자원을 명시해야 하며 또한 지역사회 자원의 부적합성뿐만 아니라 존재하는 자원에 접근하는데 따른 장애요소도 기록되어야 한다. 이는 서비스 계획을 정당화해 주고 서비스 제공 전문가가 서비스의 효과를 평가하는 것을 돕는다.

(5) 사정

기록에는 클라이언트-상황과 서비스 과정 및 진행에 관한 기술이 이루어진 다음에 정보에 대한 사정이 뒤따른다. 사정은 사회복지사의 사고과정과 결정 및 행동의 근거를 보여준다. 사정은 다음의 경우 활용된다.

① 서비스를 계획하고 실행하고 평가하는 데 있다.

② 슈퍼비전과 동료 검토, 질을 확보하는 데 있다.

③ 클라이언트, 조직, 인정 단체 및 재원 제공 단체에 대해 책무성을 수행하는 데 있다.

④ 클라이언트에게 서비스를 제공하는 다른 조직의 사람들과 의사소통하는 데 활용된다.

기록에서 사정은 '사회복지사의 견해, 조작적 가설' 등의 분명한 명칭을 갖는 것이 좋다. 여기에서는 클라이언트의 욕구, 제한, 강점과 자원도 평가된다. 서비스 교류에 대한 사정은 서비스의 진전과 향상을 평가할 뿐만 아니라 서비스 제공상의 제약과 서비스의 효과도 확인한다. 전문적 판단의 근거로 사용되는 기준도 분명하게 명시한다. 이 기준들은 사회복지사가 지식, 기술과 기관의 정책, 방침, 실무를 반영하고 있다. 분석은 클라이언트-상황이나 서비스 교류에 구체적으로 관련성을 갖는 것이 중요하다.

(6) 서비스에 영향을 미치는 결정들

클라이언트에게 전달되는 서비스의 종류, 질, 양에 영향을 미치는 중요한 결정들의 본질과 정당성을 기록하는 것이 중요하다. 다음과 같은 용도로 활용된다.

① 서비스를 실행하고 서비스의 효과를 평가하는 데 활용된다.
② 수용된 기준과 절차의 준수를 기록하는 데 활용된다.
③ 서비스의 연속성을 향상시키는 데 활용된다.
④ 책무성, 슈퍼비전, 동료를 검토하는 데 활용된다.

이 결정은 서비스 환경에서 사회복지사 또는 타 전문가들이 내린 전문적 판단을 포함한다. 다른 결정은 클라이언트나 클라이언트를 대신하는 사람들에 의해서 내려진다. 사회복지 실무는 사회복지사와 클라이언트 간의 상호 결정을 중시한다. 서비스 목적과 과정에 대한 상호 결정을 계약이라고 부른다. 계약은 전문가의 결정이 우세한 의료모델에서 보다 상호 균형적이며 견해차가 타협될 수 있는 법적 모델로 옮겨 가고 있다. 서비스에 영향을 주는 상호 결정은 서비스의 목적과 방법에 관한 전반적인 합의와 면담시간표·비용·과업활동 등과 같은 구체적인 것들에 대한 합의를 포함한다. 문서 계약을 할 때는 계약서 사본을 기록에 철해 두어야 하며 구두 계약을 할 때도 중요한 내용은 기록이 되어야 한다. 누가 의사결정에 참여했는지, 어떤 결정을 내렸는지, 어떤 대안들을 고려했으며 왜 대안들을 채택하지 않았는지 등이 포함된다. 결정에 대한 완벽한 기록은 어떤 결정이 내려졌으며 그런 결정들이 근거를 두고 있는 관찰과 사정은 무엇인지 설명이 되어 있어야 한다.

(7) 서비스 목적

서비스 목적은 서비스 목표를 달성하기 위해 사회복지사, 클라이언트, 그리고 타인들이 어떤 행동을 해야 하는지를 명시하는 것이다. 서비스 계획은 어떻게 목표를 달성할 수 있는지를 기술하는 반면 서비스 목적은 무엇을 달성할 것인지를 기술한다. 목적에 대한 기술은 기록에 통일성을 부여하고 다음을 위한 근거를 형성한다.

① 적절한 개입점과 개입 접근법을 알아낸다.

② 서비스 계획을 수립한다.

③ 서비스 전달에 관련되어 있는 다른 전문가들과 의사소통을 한다.

④ 서비스 영향을 평가한다.

(8) 서비스 계획

서비스 목적을 성취하기 위해 취해지는 행위들을 의미한다. 이 기록은 기관이 정책과 절차를 준수하고 있는지 확인하는 데, 슈퍼비전, 자문, 동료 검토를 원활히 하는 데, 클라이언트에게 서비스를 제공하는 데, 다른 사람과 의사소통하는 데, 서비스의 실행을 평가하는 데 유용하다. 서비스 계획 기록의 역할은 미래를 제시하는 것이다. 클라이언트-상황과 서비스 접근은 계획에 근거한다. 계획에는 기관에 대해, 프로그램, 의뢰에 대해 기술한다. 탐색과 개입을 위한 쟁점들을 제시한다. 사회복지사, 클라이언트, 다른 사람들에게 취한 일련의 단계들을 개괄한다. 우발적 사건들도 제시한다. 서비스 계획에 대한 기록은 다음의 조건을 갖추고 있을 때 가장 유용하다.

① 최신의 정보로 구성되어 있으며, 서비스의 지속적 국면을 다 포괄할 때 유용하다.

② 필요시 다른 서비스 제공자에 의해 수행될 수 있도록 충분히 구체적일 때 유용하다.

③ 재평가에 의해 수정이 가능할 때 유용하다.

(9) 서비스 특성

이 요소는 서비스 전달을 위해, 책무성을 위해, 행정 계획을 위해, 조사를 위해서 독립적으로 기록된다. 체크리스트(check-list), 플로 차트(flow-chart) 등을 활용할 수도 있다.

(10) 서비스 점검 및 재검토

이 요소는 책무성의 목적에 의해 기록된다. 날짜, 참여자, 제안점, 결정 내용 등을 포함하게 된다. 재검토 후 서비스의 목적과 계획이 재검토를 통한 제안과 결정을 반영할 수 있도록 수정을 할 수 있다. 이 요소는 서비스 결정과 활동에 대한 공식적 재평가를 기록하게 된다. 이는 동료, 타 분야 전문가, 슈퍼바이저, 클라이언트와 클라이언트 가족 등의 의견을 포함한다.

(11) 서비스 종결의 방법과 사유

서비스 종결과 관련된 조건들은 그 조건들이 다음의 경우에 사용되기 때문에 기록된다.

① 책무성을 위해 기록한다.

② 서비스 평가를 위해 기록한다.

③ 클라이언트에 대한 향후 서비스의 계획을 위해서 기록한다.

즉 서비스 종결의 이유와 방법은 서비스 개시의 이유와 방법에 관한 부분에서 설명한 방법에 따라 간략하게 기록하면 된다. 내용에는 서비스 요약, 서비스 전과정과 종결 시의 클라이언트-상황에 대한 기술, 향후 서비스와 사후 검토를 위한 제안 등이 있다.

(12) 서비스 활동과 결과에 대한 요약

서비스 종결 요약과 종결 당시의 서비스 결과에 대한 기술을 포함해야 한다. 그러나 사례를 종결한 후에 자세한 기록이 무용지물이 될 수 있다. 그러나 다음 중 한 가지 목적을 만족할 수 있다면 종결 요약은 유용하다. 첫째, 서비스가 시간 제약적이거나 단기적일 때 종결 평가 시 서비스 과정과 효과를 기술하고 평가하면 효과적이다. 둘째, 종결 요약은 서비스가 장기적이고 기록이 장황할 때 효과적이다. 종결 요약은 클라이언트가 부가 서비스를 받기 위해 재방문할 때 서비스 연결을 보다 원활하게 한다. 종결 시의 클라이언트-상황에 대한 기술, 서비스에 대한 평가와 클라이언트-상황과 이용 가능한 자원에 관한 서비스의 영향에 관한 평가 등을 포함하여야 한다.

(13) 사후관리

기관에서 종결된 사례에 대해 사후관리를 하게 된다. 사후관리의 기록은 다음과 같은 용도에 사용된다.

① 기관 정책의 준수를 보여주는 데 사용된다.
② 서비스 활동을 기록하는 데 사용된다.
③ 서비스의 영향을 평가하는 데 사용된다.
④ 사례가 재개시되거나 클라이언트가 다른 곳의 서비스로 의뢰될 때를 위해 서비스의 지속성을 유지하는 데 사용된다.

여기에는 클라이언트-상황에 관한 현재의 상태와 향후의 서비스에 관한 제안, 클라이언트와 함께 또는 클라이언트를 대신해서 취해진 모든 행동에 대한 정보를 포함하여야 한다.

2) 사례기록 연습

사회적 사정과정에 도움이 되는 것으로 가족과 상호작용적 자료를 그래프로 나타낸다. 그림을 통하여 빠른 시간 안에 클라이언트의 상황과 문제점을 사정할 수 있는 가치 이외에도 사례기록을 짧게 할 수 있다는 장점도 가지고 있다. 기록에 대한 연습으로 가계도 및 생태도는 제9장의 내용을 참조하고, 사회조사(social study)는 본 장의 끝에 있는 〈부록 1〉의 양식지를 참조하여 연습한다. 또한 〈부록 2〉의 사회복지실천 양식지를 통해 기록에 대해 연습해 볼 수 있겠다.

4. 사회복지실천 기록의 윤리

1) 기록과정

기록과정은 실무자에게 크게 도움이 되며 궁극적으로는 클라이언트에게 도움이 된다.

기록 업무 수행은 여러 가지 사고를 명확하게 해준다. 클라이언트의 상황과 제공된 서비스에 대한 여러 정보 중 가장 중요한 사항을 문서화하기 위하여 정보를 골라낸다. 기록은 사회복지사가 관심을 갖는 가장 특징적인 부분에 초점을 맞추는 것이 중요하다. 기록 업무는 조직화의 작업이다. 정보는 주제별로, 순서별로 정리된다. 문서화 작업은 사회복지사가 논리적으로 사고하고 시간적 · 공간적 · 인과적 관계를 지각하는 데 도움을 준다. 기록 업무를 통해 실제로 있었던 사실, 결정, 서비스 행위 등이 구체화하여야 한다. 그 결과 정보의 차이 해석의 오류가 명확해지는 경우가 종종 있다. 기록 업무를 통해서 관찰과 추론을 이끌어 통합된 결론이 나오기도 하고 전체를 부분으로 분리해 냄으로써 분석이 이루어지기도 한다. 그 결과 선택을 바꾸기도 하고 관계에 대한 해석을 바꾸기도 한다.

2) 클라이언트가 작성하는 기록

클라이언트의 메모라고도 불리는 클라이언트-상황에 대한 정보원으로서 개입과정 자체의 한 요소로서 사용된다. 클라이언트가 쓴 정보는 서비스 제공을 위한 정보가 되며 정보 내용에 의해 행동을 조절하고 적응하기도 한다. 클라이언트 메모는 행동수정 개입 방식으로 사용되는 것이 보통이다. 폭넓은 실무 양식으로 사용되고 있으며 또 다양한 욕구, 능력, 관심을 가진 클라이언트를 위하여 활용된다.

사회복지사는 몇 가지 목적을 위하여 클라이언트에게 직접 기록하도록 요청한다. 사회복지사는 클라이언트의 상황, 행동을 파악할 수 있고 사고, 감정, 행동 간의 관계에 대한 정보를 발견할 수 있다. 클라이언트 메모는 서비스의 사정, 개입, 평가에 대한 유용한 정보를 제공할 수 있다. 정보 제공 이외의 학습경험도 제공할 수 있다. 클라이언트의 메모는 서비스 제공을 강화할 수도 있는데, 그것은 기록을 함으로써 클라이언트가 보다 적극적으로 정보를 구하고 의사를 표시하고 결정과 결론을 내리도록 고무할 수 있기 때문이다. 여기에는 두 가지 형태가 있는데, 일지와 일기로 구분할 수 있고, 감정 · 사고 · 경험을 서술한다. 일지의 내용과 조직에 대한 결정은 사전에 이루어지며 일기는 실질적인 내용과 형태에 대한 결정이 클라이언트가 글을 쓰는 동안에 이루어진다. 활용 시 메모의 내용과 구조, 사용 목적, 계획에 대해 가능한 한 명확하게 구체적으로 제시하는 것이 좋다. 제한점은 클라이언트의 메모는 매우 주관적이다. 그러므로 결정의 신뢰성과 객관성을 높이기 위하여 클라이언트의 메모는 다른 정보들과 함께 사용되어야 한다.

3) 기록의 비용과 중복

① 기록 내용상의 중복을 피한다.
② 과도한 기재를 피하도록 지침을 세운다.
③ 서술형 문서 대신 간단한 양식, 목록점검표, 문항별 서식을 활용한다.
④ 일정한 사례는 간소화하여 제시한다.
⑤ 비용 절감 자원을 제공한다(전산화 등).

4) 기록 보관 및 지침

① 기관에서 기록을 보관해야 할 필요가 있는지, 있다면 어떤 것인지 확인이 필요하다.
② 모두 보관할 것인지, 일부 보관할 것인지를 결정하여야 한다.
③ 기관에 적용되는 법적 요구사항과 전문가 지침을 따라야 한다.
④ 과거 기록이 장래의 서비스 전달 정보를 위해, 문서 요청에 응하기 위해, 행정 결정을 위해, 조사연구를 위해 필요한 정도를 기술하여야 한다.
⑤ 저장기술 및 정보접근기술의 사용 가능 정도 등을 확인하여 보관하여야 한다. 보관기간은 실무 분야에 따라 다르다.

5) 클라이언트의 사적 권리

사회복지사는 클라이언트 개개인의 정보를 매일 관리하는 데 있어서나 기관의 정책을 세워 나가는 데 있어서 일련의 선택을 해야만 한다. 이때 클라이언트를 보호하여 인비(人秘)사항이 오용된다든지 불필요하게 사적 권리가 침해되지 않게 하는 일과 정보를 문서화하여 타인에게 전해야 할 필요성 사이에서 비교 고찰하는 것이 반드시 요구된다. 체계적인 문서화제도를 갖추는 데 주저하지 않는 기관들은 대부분 사회복지사들이 기록에 대해 결정을 내리는 데 도움을 주는 명확하고 분명한 지침을 마련할 수 있다. 사회정책에 대한 지식, 기관의 절차에 대한 지식을 바탕으로 하고 전문직 윤리에 의거해서 일하면 실무자는 클라이언트의 인비사항을 이용하여 사적 권리를 보호하는 의무를 지키면서도 적합한 서비스, 시기적절한 서비스, 개별화된 서비스를 전달하는 데 어려움이 적을 것이다.

6) 기록의 질을 향상시킬 수 있는 지침

기록의 질은 실무자의 기술 향상, 기관의 지침, 지지적 자원, 기관의 풍토 등에 의하여 영향을 받는다. 특히 기관의 기록에 대한 규정이나 지침과 실제적인 업무 할애 등이 현장에서는 매우 중요한 요소가 된다.

(1) 질 향상의 지침

① 보고서는 읽을 사람을 분석하고 그들이 필요로 하는 정보가 무엇인지를 결정하는 것이 중요하다. 또한 사회사업기록은 다른 조직과 잠재적인 클라이언트에게 읽혀지는 것인가를 결정하여야 한다. 보고서를 읽는 사람이 이 글을 어떻게 해석할지 또는 보고서를 잘못 이해하지 않을지를 항상 생각해야 한다.

② 공식적인 보고서는 항상 기관에서 제시한 형식에 따른다. 축약어, 이름, 전문용어를 사용해야 한다. 공식적인 보고서에서는 축약어는 피한다.

③ 작성하기 전에 제시할 정보를 논리적인 구조로 조직화한다. 개요를 구성하고 질서정연한 방법으로 표현해야 한다.

④ 완성하기 전에 수정 검토가 꼭 필요하다.

⑤ 단순하고 분명한 말을 사용한다. 독자가 이해할 수 있는 단어를 사용하기 위하여 단어를 주의 깊게 선택한다. 다른 맥락에서는 다른 의미를 갖는 단어를 피한다. 또한 속어나 독자에게 상처를 줄 수 있는 구절은 피한다. 단어가 가진 정서나 태도 등의 내포된 함의를 고려해야 한다.

⑥ 필자는 자신의 언급에 대해 책임을 회피하는 '모호한 말'을 사용하지 않는다. "－라고 느낀다. －인 것 같다"보다는 "나는 필요하다고 믿는다"라고 말하는 것이 더 바람직하다. 또한 "－일 수 있다, －할 것이라고 느낀다, －인 것으로 보인다" 등도 피해야 한다. 모호한 말은 보고서 작성자가 자신이 하는 말을 확신하지 못하고 있다고 생각하게 된다. 보고서의 신뢰도를 의심하고 사회복지사의 능력에 문제를 제기하게 한다. 글을 쓰거나 말을 하는 데 있어 의사를 분명히 하여야 한다.

⑦ 상투적인 어휘를 피한다. 상투적 구절은 작성자가 불성실하거나 단지 형식적으로 대처하고 있다는 것을 암시한다.

⑧ 필요한 단어만을 사용한다. 같은 내용의 단어나 구절을 되풀이하는 것은 좋지 않다.

⑨ 보통 20단 이내로 되도록 문장을 짤막하게 한다. 대개는 직설적인 주어－목적－동사 순서의 문장이 가장 좋은 배열이다. 왜냐하면 빨리 읽을 수 있고 잘못 전달될 염려가 없기 때문이다.

⑩ 가능한 능동적인 동사를 사용한다. 수동태형은 필요 없는 단어를 덧붙이고, 설명력이 약하고 의미도 분명치 않다.

⑪ 문단 구성에 주의를 기울인다. 각 문단은 한 가지 생각에 초점을 두어야 한다. 잘 짜인 문단에 대한 개요는 다음과 같다. 첫 문장에는 문단의 주요한 점을 서술한다. 필요하면 말을 바꾸어 주요점을 다시 서술하거나 부가적인 설명을 제공한다. 주요점을 지지하는 배경이나 증거를 제시하고 적절한 곳에서 예를 드는 것도 좋다. 결론을 낸다. 마지막으로 한 문장으로 핵심점을 요약함으로써 문단의 끝을 맺는다.

⑫ 단어의 정확한 의미, 올바른 철자법, 시제나 인칭에 따른 정확한 단어의 사용, 정확한 구두점 등을 정확하게 사용한다.

(2) 기록 정리 시 유의사항

① 기록은 신속하고, 정확하고, 간결하고 명료하며 목적에 맞게 정리한다.

② 지워질 수 있는 필기도구(연필) 등은 사용하지 않는다.

③ 기록자의 이름이 분명히 기재되어 있는지를 확인한다. 지위를 나타내는 머리글자는 성명 앞에 기재하도록 하며 실습 학생의 경우에는 항상 슬래시를 한 뒤 슈퍼바

이저의 확인 서명을 받는다(실습생 ○○○/ S.W'er ○○○).

④ 기록일자를 정확하게 기록한다.

⑤ 이미 기록한 내용은 반복하지 않는다.

⑥ 문단에 소제목을 붙인다.

⑦ 상식에 벗어나는 용어, 기호 등의 사용을 피한다.

⑧ 전문용어를 정확하게 사용한다(전문용어사전 참조).

⑨ 문장 서술 시 논리정연하고 전후 맥락을 분명하게 파악할 수 있도록 한다.

⑩ 깔끔하고 단정하게 기록한다(문장부호, 오 · 탈자 주의).

요점정리

사회복지실천 기록은 사회복지사에 의해 실행된 사회복지 실무에 관해 기록한 문서이다. 즉 클라이언트의 문제에 관계되는 모든 사항과 기관이 클라이언트에게 수행한 모든 개입 행위를 기록한 문서를 의미한다. 사회복지실천 기록의 이론적 근거는 서비스 중심이며, 기록이 갖고 있는 3가지 서로 갈등적인 목표들 즉 책무성(accountability), 효율성(efficiency), 사적 권리(privacy)를 융합시키려고 하는 것이다. 본 장에서는 이러한 사회복지실천 기록의 목적, 역사, 유형, 기록에 포함되어야 할 내용, 클라이언트의 사적 권리를 보호하는 기록에 있어서의 윤리 등을 학습함으로써 사회복지실천에서의 효과적인 기록의 기술을 살펴보았다.

토의문제

1. 자신의 가계도와 생태도에 대해 그려 보시오.
2. 사회복지실천에 있어서 기록의 필요성에 대해 토의해 보시오.
3. 사회복지실천 기록에 있어 클라이언트의 사적 권리에 대해 생각해 보시오.

<부록 1> Social Study 양식[1)]

1) 정신장애인 Social Study

등 록 번 호 성 명 / 성 별	Psychosis Social Study (Social Service Dep.)
병동 호 침상	Adm. date . . . —Dis. date . . .

I. Identification **(일반적 사항)**

1.	성명(환자) :	성별(연령) : (세)	
2.	현주소 :		전화번호 :
3.	최종학력 :	종교 :	결혼상태 :
4.	현직업 :	근무기간 :	이전직업 :
5.	가족 내 위치 :		군경력(남) :
6.	정보 제공자 :		

II. Chief Complaint & Past Psychiatric History **(주요 증상 및 정신과적 치료력)**

III. Personal History **(개인력)**

IV. Premorbid Personality & Social Function **(병전성격 및 사회적 기능)**

V. Family History **(가족력)**

VI. Socio-economic Status **(경제상태)**

주거상황 : 자가, 전세(만원), 월세(보증금 만원/ 월 만원)

자택형태 : 아파트 (평), 단독주택 (평), 기타 ( )

월 수 입 : 만원, 주 수입원과의 관계 –

기 타 :

VII. Comment **(소견)**

20 년 월 일 사회복지사_______________

○○대학교 의과대학 ○○정신건강병원 사회사업실

1) 천덕희(1998). 정신보건사회복지사 임상수련 매뉴얼, 연세대학교 의과대학 세브란스정신건강병원.

2) Alcoholics Social Study(3page)

등 록 번 호 성 명 / 성 별	Alcoholics Social Study (Social Service)
병동 호 침상	Adm. date . . . −Dis. date . . .

Ⅰ. 일반적 사항 (Preliminary Identification)

1.	성명(환자) :	성별(연령) : (세)	
2.	현주소 :		전화번호 :
3.	최종학력 :	종교 :	결혼상태 :
4.	현직업 :	근무기간 :	이전직업 :
5.	가족 내 위치 :		군경력(남) :
6.	정보 제공자 :		

• 가족사항

관계	성 명	성별	연령	학 력	직 업	종 교	성 격	동거여부

• 가족 내 병력 : 환자의( ) 가 (알코올중독, 우울증, 정신분열증, 인격장애, 기타)

Ⅱ. 병전 성격 : 술 마시기 전 성격 (Premorbid Personality)

Ⅲ. 주증상 (Chief Complaint) (☞ 참고 : 해당되는 증상에 ∨ 하십시오.)

1. 신체적 증상		
1) 금단증상 ▶오랫동안 과음 후 갑자기 술을 끊었을 때 나타나는 증상 ① 손 떨림 ② 식은 땀 ③ 긴장 ④ 쫓기는 기분 ⑤ 환청 ⑥ 환시 ⑦ 발작 ⑧ 기타	2) 내성 ▶ 음주 후 기대하는 효과를 위해서 다시 음주 ① 매일 마신다. 하루에 병 (주류 :) ② 술이 깰 만하면 다시 마시고 참다 다시 마시는 것을 반복한다. ③ 며칠 또는 몇 주일은 마시지 않다가 한 번 마시기 시작하면 한동안 계속 마시며 폭주로 이어진다. ④ 기타	3) 소화기관의 장애 ▶ 식사를 거의 하지 않는다. 위염, 위궤양 등 위장장애가 있다. 기타 4) 간기관의 장애 ▶ 간염, 지방간, 간경화 등, 기타
5) 심장기관의 장애 ▶ 심근경색증 등, 기타	6) 혈액기관의 장애 ▶ 출혈(식도, 항문 등)등, 기타	7) 신경계의 장애 ▶ 기억상실증상, 알코올성 다발신경염(걷기 힘들고, 신경말단의 무감각 또는 통증) 운동과 행동의 장애, 혼란, 졸도, 의심이 많다, 의처증, 피해적인 망상 등, 기타

2. 심리적 증상		
1) 자기중심적이다. 2) 낮은 자신감, 자기 증오심 등으로 자만심을 나타낸다. 3) 매우 예민하다.	4) 좌절을 견디지 못한다. 5) 원한과 분노에 잘 빠진다. 6) 두려움, 심한 공포감에 사로잡힌다.	7) 정직하지 못하다. 8) 현실을 받아들이는 능력이 없다. 9) 우울, 자살시도 여부

3. 행동적 증상		
1) 조절능력. 자제력을 잃는다. 2) 술을 감추거나 몰래 마신다. 3) 가족, 직업, 사회생활에 피해가 간다. ▶ 가족을 괴롭힌다, 가족 때문에 술을 마신다며 가족에게 감정적인 협박을 하거나, 직장 내 지각을 하거나 결근을 자주 한다, 일은 꼼꼼히 잘하나 술로 인해 인정받지 못한다, 친구들이나 사회적인 관계를 줄이거나 회피한 채 주로 혼자 지낸다.	4) 도덕적 황폐화, 성격의 변화가 생긴다. ▶ 아무 데서 소변을 보거나 고성방가, 술로 인해 경찰서 출입 등, 욕설을 퍼붓는다, 공격적인 행동, 때리거나 기물을 파괴, 다른 사람을 무시하며 독선적인 행동 등, 술 문제가 나타나기 이전의 성격보다 점점 다르게 성격의 변화를 느낀다.	5) 음주 후 행동에 대해 죄책감, 수치감을 갖는다. ▶ 술 마신 후 나타난 행동에 대해 후회하거나 미안해하고 다시는 술을 마시지 않겠다고 다짐, 맹세하지만 곧 다시 마신다. 6) 기타 :

Ⅳ. 과거력 & 현병력(Past History & Present Illness)

1. 술을 처음 마시기 시작한 시기는? (Onset) ________________ 세 때부터
2. 점점 심하게 마셔온 시기는? (Remote) ________________ 년 전부터
3. 최근 심하게 마셔온 시기는? (Recent) ________________(년, 달, 일) 전부터
4. 과거에 내과나 정신과에 입원해 본 경험은? 있다, 없다.
   ① 첫 번째 : __________(병원, 의원, 요양원, 기타), ___년 __월부터 ____년 __월까지
   ② 두 번째 : __________(병원, 의원, 요양원, 기타), ___년 __월부터 ____년 __월까지
   ③ 세 번째 : __________(병원, 의원, 요양원, 기타), ___년 __월부터 ____년 __월까지
   ④ 네 번째 : __________(병원, 의원, 요양원, 기타), ___년 __월부터 ____년 __월까지
   ⑤ 기 타 :
5. 현재 입원하게 된 주요인 (Precipitation Factor)

V. **사회 · 경제적 상태** (Socio-economic Stataus)

1. 환자의 직업 기능
   1) 직업 기능에 손상이 있다.
   2) 현재 직업이 있으므로 치료 후 계속 직업을 유지할 수 있다.
   3) 직업은 현재 갖고 있지 않지만(기술, 자원) ______________이 있으므로 술 문제만 해결되면 앞으로 직업 기능이 가능하다.
   4) 직업 기능을 기대하기보다는 문제만 일으키지 않았으면 좋겠다.
   5) 현재 배우자가 경제적인 것을 해결하고 있으므로 치료만 되면 좋겠다.
   6) 기타 :
2. 경제 상태
   1) 전체 총 월수입 : ① 50만원 미만 ② 50~100만원 ③ 100~200만원 ④ 200만원 이상
   2) 주택 : ① 자택 (아파트 / 주택 ____평), ② 전, 월세 (보증금 만원/ 만원)
   3) 생활비 부담자 : ① 환자 본인 ② 배우자 ③ 부모 ④ 형제 ⑤ 기타
3. 입원기간 중 병원에 바라는 도움은?
   1) 질병에 대한 이해 2) 환자의 증상치료(신체적, 정신적, 심리적, 행동적)
   3) 가족 내 문제 4) 환자의 일상생활 문제
   5) 퇴원 후 사회적응 및 재활문제 6) 환자의 증상에 대처하는 방법
   7) 기타 :

VI. **개인력** (Personal History)

VII. **가족력** (Family History)

VIII. **사회복지사 소견** (Social Worker's Comment)

1. Interviewee's attitude :
   cooperative, active, submissive, distant, hostility, avoidant, resistant, evasive, irritability, anxious, guilty, high expressed emotion......
2. Reliability :
3. Social Worker's Comment

사회복지사 ______________________

○○대학교 의과대학 ○○○○정신건강병원 사회사업실

3) Geriatric Social Study(3page)

등 록 번 호 성 명 / 성 별	Geriatric Social Study (Social Service)
병동 호 침상	Adm. date . . . —Dis. date . . .

I. 사회조사 1

1. 일반적인 사항	성 명 :	성별( ) /연령(세)	가족 내 위치	남 녀중 째 (자녀 수) 남 녀
	주 소 :		연 락 처	
			긴급연락처	
			결 혼 상 태	미혼 / 동거 / 사별 이혼 / 별거 / 기타
	최종학력 :	현재 직업 :	이전 직업 :	종교 :
	정보 제공자 :	입원일 : 20 년 월 일 (번째 입원)		

• **가족에 대한 정보**

① 가족사항	관계	성명	연령	직업	동거여부	연락처	비고

② **가족 내 병력 :** 무 ( ) 유 ( )—[환자의 ______가 ____________]

③ **주 보호자 :** 배우자 ( ) 아들 ( ) 딸 ( ) 친척 (관계 :) 기타 ( )

• **주 보호자 연락처 :**

3. 과거력/현병력	① 처음 증상이 나타난 시기 (onset) : ____________세 부터 ② 점점 심해진 시기 (remote) : ______________년 전부터 ③ 최근 심해진 시기 (recent) : ________________(년, 달, 일) 전부터	
	주증상	기억력 감퇴( ) 우울/낙담 ( ) 식욕변화(증가, 감소) 수면장애(증가, 감소) 잘못된 믿음( ) 환각 ( ) 공격적 ( ) 초조함 ( ) 불안함 ( ) 기분이 들뜸( ) 무감동/무관심 ( ) 충동적 ( ) 불안정함 ( ) 화를 잘 냄 ( ) 비정상적 운동행동( ) 기타 ( )
	입원경력	없다 ( ) 있다 ( ) : ______(병원, 의원, 요양원, 기타) ________부터________까지
	병전성격	

20 년 월 일 사회복지사 ____________

등 록 번 호	Geriatric Social Study
성 명 / 성 별	(Social Service)
병동 호 침상	Adm. date . . . –Dis. date . . .

Ⅱ. 사회사업지도 1

1. 환자의 기능평가(BADL)						
	식사	혼자서 한다 □ 약간 도움이 필요하다 □ 먹여드려야 한다 □	목욕	혼자서 한다 □ 도움이 필요하다 □	세면	혼자서 한다 □ 도움이 필요하다 □
	대변	혼자서 가린다 □ 가끔 싼다 □ 못 가린다 □	소변	혼자서 가린다 □ 가끔 싼다 □ 못 가린다 □	옷입기	혼자서 입는다 □ 약간의 도움이 필요 □ 입혀드려야 한다 □
	화장실사용	혼자서 사용한다 □ 약간 도움이 필요 □ 많은 도움이 필요 □ (혼자 사용 못함)	이부자리	혼자 펴고 갠다 □ 도움이 필요하다 □ 남이 해줘야 한다 □	걷기	혼자 걷는다 □ 약간 도움이 필요 □ 많은 도움이 필요 □ (휠체어로 가능) 전혀 움직이지 못함 □
	계단오르기	혼자 오를 수 있다 □ 도움이 필요하다 □ 업어드려야 한다 □	전화사용	혼자서 한다 □ 도움이 필요하다 □	외출/여행	혼자서 한다 □ 도움이 필요하다 □

물건구입	금전관리	대중교통	약관리
혼자서 한다 □ 도움이 필요하다 □	혼자서 한다 □ 도움이 필요하다 □	혼자서 한다 □ 도움이 필요하다 □	혼자서 한다 □ 도움이 필요하다 □

• 건강상태

병 명	
	당뇨 ( ) 고혈압 ( ) 저혈압 ( ) 관절염 ( ) 천식 ( ) 요통 ( ) 디스크 ( ) 신경통 ( ) 심장질환 ( ) 빈혈 ( ) 안질환 ( ) 백내장 ( ) 호흡기질환 ( ) 순환기 질환 ( ) 위장질환 ( ) 간질환 ( ) 기타 ( )

Ⅲ. 사회조사 2

• 경제 및 주거 상태

경제사항		
	월수입	① 50~100만원 ② 100~200만원 ③ 200~300만원 ④ 300만원 이상
	생활비 부담자	① 환자 본인 ② 배우자 ③ 자녀 ④ 형제 ⑤ 기타 ( )
	주 택	① 자택 (아파트 / 주택 ____평) ② 전, 월세 (보증금 만원/ 만원)

• 입원기간 중 바라는 도움

1) 질병에 대한 이해 2) 환자의 증상치료 3) 가족 내 문제 4) 환자의 일상생활문제
5) 퇴원 후, 사회적응 및 재활문제 6) 환자의 증상에 대처하는 방법 7) 기타 :

등 록 번 호	Geriatric Social Study
성 명 / 성 별	(Social Service)
병동 호 침상	Adm. date . . . −Dis. date . . .

Ⅳ. 개인력 및 가족력

1. 개인력

2. 가족력 (가계도)

Ⅴ. 사회사업지도 2

3. 가족의 어려움 정도

1. 환자의 치료과정을 몰라서 답답하다. ( )
2. 환자가 재발하거나 다른 문제 (가족에 대한 원망 등)가 생길까봐 두렵다. ( )
3. 환자의 질병과 질병관리에 대해 잘 몰라 답답하다. ( )
4. 퇴원 후 관리가 어려워 퇴원을 권유받을까봐 두렵다. ( )
5. 다른 가족이나 친지의 원망을 들을까봐 두렵다. ( )
6. 환자가 증상으로 인해 달라지고 치료를 거부해서 당황스럽고 속상하다. ( )
7. 환자 때문에 다른 사람들(친구, 이웃, 친지 등)과 관계를 유지하는 데 어려움이 있다. ( )
8. 환자로 인한 스트레스관리를 어떻게 해야 할지 모르겠다. ( )
9. 치료비가 부담스럽다. ( )
10. 퇴원 후, 치료 및 외래치료가 궁금하다. ( )

4. 문제 상황에 대한 이해

가족과의 문제	가족의 죽음( ) 가족 내 건강문제 ( ) 학대문제 ( ) 방임 ( ) 불화 ( ) 기타( )
사회적 환경과의 문제	친구의 죽음 ( ) 이웃과의 갈등 ( ) 혼자 사는 것 ( ) 생활환경 변화 ( ) 기타 ( )
교육문제	문맹 ( ) 학업문제 ( ) 기타 ( )
직업문제	실직 ( ) 과로한 업무 ( ) 어려운 작업상황 ( ) 직업변화 ( ) 직장내 불화 ( )
주거문제	무주택 ( ) 부적절한 주거환경 ( ) 기타 ( )
경제문제	불충분한 수입 ( ) 불충분한 복지지원 ( ) 빚 문제 ( ) 기타 ( )
건강서비스문제	신체적인 상해 ( ) 건강관리를 도와줄 가족의 부재 ( ) 기타 ( )
법적 문제	소송문제 ( ) 범죄의 희생 ( ) 기타 ( )
기타 심리사회·환경적 문제	가족 외 치료진과의 불화 ( ) 사회서비스기관 이용 부족 ( ) 기타 ( )

Ⅵ. 사회복지사 소견 (Comments)

1. Interviewee's attitude : cooperative, active, submissive, distant, hostility, avoidant, resistant, evasive, irritability, anxious, guilty, high expressed emotion......
2. Reliability :
3. Social Worker's comment :

20 년 월 일 사회복지사 ____________

○○대학교 의과대학 ○○○○정신건강병원 사회사업실

<부록 2> 각종 사회복지실천 기록 양식[2)]

상담 신청서

접수일 : 년 월 일 접수번호 :

<table>
<tr><td colspan="2">성명</td><td colspan="2"></td><td>남/여</td><td colspan="4">년 월 일생(만 세)</td></tr>
<tr><td colspan="2">현주소</td><td colspan="4"></td><td>전화번호
H.P</td><td colspan="2"></td></tr>
<tr><td colspan="2">직업</td><td></td><td></td><td>병역</td><td>필 · 미필 · 의병제대</td><td>직장번호</td><td colspan="2"></td></tr>
<tr><td colspan="2">결혼상태</td><td colspan="4">기혼 · 미혼 · 이혼 · 사별 · 별거</td><td>최종학력</td><td colspan="2"></td></tr>
<tr><td colspan="2">성장지역</td><td colspan="4"></td><td>종교</td><td colspan="2"></td></tr>
<tr><td colspan="2">의뢰경로</td><td colspan="7">신문광고 · 방송광고 · 친구친척소개 · 간판광고 · 기타( )</td></tr>
<tr><td colspan="2">상담경험</td><td colspan="7">무 · 유－언제 ( ) 어디서 ( )</td></tr>
<tr><td rowspan="6">가족
관계</td><td></td><td>성명</td><td>관계</td><td>연령</td><td>직업</td><td>학력</td><td>종교</td><td>동거여부</td></tr>
<tr><td>1</td><td></td><td></td><td></td><td></td><td></td><td></td><td></td></tr>
<tr><td>2</td><td></td><td></td><td></td><td></td><td></td><td></td><td></td></tr>
<tr><td>3</td><td></td><td></td><td></td><td></td><td></td><td></td><td></td></tr>
<tr><td>4</td><td></td><td></td><td></td><td></td><td></td><td></td><td></td></tr>
<tr><td>5</td><td></td><td></td><td></td><td></td><td></td><td></td><td></td></tr>
<tr><td colspan="2">주거상황</td><td colspan="7">자택 · 전세 · 월세 · 친척집 · 하숙 · 자취 · 기숙사 · 기타( )</td></tr>
<tr><td colspan="2">생활정도</td><td colspan="7">월수입 : 50만원 이하( ) 51~100만원( ) 101~150만원( )
151~200만원( ) 201~250만원( ) 251~300만원( )
301~350만원( ) 351~400만원( ) 401~450만원( )
451~500만원( ) 501만원 이상( )</td></tr>
<tr><td colspan="2">상담</td><td colspan="7">가족문제 · 부부 갈등 · 부모자녀문제 · 자녀양육문제 · 성격문제 · 대인관계 · 종교문제 · 이성교제 · 진로문제 · 가족문제 · 학업문제 · 경제문제 · 기타( )</td></tr>
<tr><td colspan="2">현재 본인이
느끼는 어려움</td><td colspan="7"></td></tr>
<tr><td colspan="2">상담비</td><td colspan="7"></td></tr>
<tr><td colspan="2">비고</td><td colspan="7"></td></tr>
</table>

사회복지사 : ________________________

2) 양옥경 외(2005). 『사회복지실천론』. 나남출판.

Intake Sheet

접수일 : 년 월 일 접수번호 :

성명			성별	남/여	생년월일	음/양 만( )	
주소					전화번호		
최종학력		직업		직책		종교	
결혼여부		가족 내 위치			주거상태		

의뢰인		의뢰인소속	
의뢰이유			

정보 제공자		관계	
상담을 요청하게 된 주된 문제(기관에 오게 된 동기)			
이전에 사회복지서비스를 받은 경험			

성장과정 : 생애주기별 특이사항 기록	
유아기	
유년기	
청소년기	
장년기	
노년기	

가계도

생태도

사회복지사 견해

사회복지사 : ____________________

면담 과정 기록지

클라이언트 이름 : 날 짜 :
문 제 :

1. 면담목표 :

2. 면담내용

면담내용	면담내용 분석
사회복지사 : 클라이언트 :	

3. 면담총평

4. 면담목표 달성평가

5. 다음 면담 계획

사회복지사 : ____________________

Chapter

14 사회복지실천 평가

학습목표

1. 사회복지실천 평가의 중요성과 필요성을 이해하여 설명할 수 있다.
2. 사회복지실천 평가의 개념과 유형을 이해하여 설명할 수 있다.

사회복지실천에서의 평가는 사회적 책무성이라는 측면에서 중요시되고 있으며, 사회복지실천의 효과성과 효율성을 객관적으로 입증하는 역할을 한다. 사회복지실천의 효과성을 평가하는 방법에는 프로그램 평가와 사회복지사가 개인, 가족, 소집단을 대상으로 실시하는 사회복지실천의 개별 사례에 대한 평가가 있다.

1. 평가의 중요성과 필요성

사회복지실천에서 평가가 중요하고 필요한 이유는 다음과 같다(최재성, 2000; 설진화, 2013).

(1) 전문직으로서의 책임성

사회복지사가 책임감 있는 실천을 하기 위해서는 평가가 필수적인 과정이며, 이를 통해 전문성을 객관적으로 인정받을 수 있다. 사회복지사가 자신이 제공하는 전문적인 서비스, 정책, 프로그램 등에 대한 효과성을 측정하는 것은 전문직으로서의 사회복지사, 클라이언트, 동료 사회복지사, 재정 지원 후원자, 정책 담당자 등에게도 중요한 의미를 갖는다.

(2) 사회복지실천을 위한 지침 제공

사회복지사가 수행하는 객관적이고 과학적인 평가는 사회복지사들의 실천활동을 위한 지침이 된다. 따라서 사회복지사는 객관적이고 과학적인 평가기법을 활용하여 평가하고 이를 통해서 실천방법을 개선해야 한다.

(3) 실천에 활용 가능한 지식의 구축

사회복지실천 평가는 추상적인 개념과 이론을 구체화하여 제공한다. 또한 사회복지실천 방법과 기술에 대한 신뢰할 만한 정보를 제공하며, 사회복지사의 역량을 강화시켜 줄 수 있다. 따라서 사회복지실천 평가는 사회복지사들의 전문 지식 개발과 향상에 필수적이다.

(4) 사회복지실천현장의 피드백

사회복지실천현장에서는 클라이언트가 가지고 있는 특정 문제에 대한 효과적인 실천

방법이나 기법을 개발하고 평가하는 실증적인 연구가 필요하다. 또한 클라이언트에 대한 실천 계획을 변경하거나 서비스의 종결을 결정할 때에도 평가가 중요한 역할을 한다. 따라서 사회복지실천 평가는 사회복지사가 자신이 실천한 내용을 객관적이고 과학적인 방법에 의해 평가해 봄으로써 반성할 수 있는 기회가 되며, 평가 결과를 근거로 더 좋은 서비스를 클라이언트에게 제공할 수 있다.

2. 평가의 개념과 유형

1) 개념

평가는 문제해결과정이다. 따라서 사회복지실천의 주요 목적은 바람직한 결과를 달성하는 것인 반면에, 평가의 주요 목적은 결과가 사실대로 달성되었는지를 사정하는 것이다(Zastrow, 2003). 또한 평가는 사회복지사의 개입과정이 효과적이며, 효율적인지를 사정하는 것이다(Sheafor at al., 1997; 서울대사회복지실천연구회 역, 2001). 좀 더 구체적으로 살펴보면, 사회복지실천 평가는 서비스 욕구를 지닌 클라이언트에게 정확한 서비스가 효율적으로 이루어지고 있는지를 알아보기 위해 실천의 효율성과 효과성, 클라이언트의 변화 정도를 평가하는 것을 의미한다(양정남 외, 2012). 따라서 사회복지실천 평가란 클라이언트와 사회복지사가 결정한 목적과 목표를 계획대로 수행하였는지, 목표한 것이 실제로 이루어졌는지를 객관적이고 과학적인 방법으로 알아보는 것이다.

2) 유형

사회복지실천에서의 평가 유형은 자료의 속성, 평가 시기, 개입 대상에 따라 다양하게 분류된다.

(1) 질적 평가와 양적 평가

이 평가유형은 평가되는 자료의 속성에 따른 구분이다.

① 질적 평가(qualitative evaluation) : 관찰과 면접을 주로 이용하여 연구 의도에 적합한 개별화된 집단이나 개인에게 나타나는 인간 행위와 상호작용 또는 그 증거 등을 심층적으로 통찰하여 연구결과를 도출하는 연구방법이다.

② 양적 평가(quantitative evaluation) : 척도나 설문지 혹은 계량화된 측정 기준을 주로 이용하여 측정되거나 수집된 수량적 결과들에 대해서 통계적 또는 확률적 이론을 기반으로 그 결과를 기술하고 해석하며, 가설 검증하거나 모집단 특성을 추정하는 방법이다.

(2) 총괄 평가와 형성 평가

이 평가유형은 평가의 시점에 따라 분류한다.

① 총괄평가(summative evaluation) : 최종적인 결과 성과, 산출된 실적들, 즉 전반적 효과성 및 효율성에 대한 것을 평가한다(우수명, 2004). 즉 이는 계획된 변화과정의 시작 시점에서 기대하였던 결과가 성취되었는지 알아보는 데 목적이 있다. 따라서 프로그램의 운영이 끝날 때 수행하게 되며, 앞으로 프로그램을 계속할 것인지, 아니면 새로운 변화를 시도할 것인지, 폐기하고 다른 프로그램으로 대체시킬 것인지 등을 결정하기 위하여 수행하는 정책결정적인 성격의 종결 평가이다.

② 형성평가(formative evaluation) : 실천과정을 평가하는 것으로서, 프로그램이 어느 정도까지 제시된 지침, 목표에 따라 진행되고 있는가를 진행과정 중에 평가하며, 프로그램의 수정 및 보완을 주목적으로 하는 평가이다(우수명, 2004). 따라서 프로그램이 원래의 목적과 목표에 따라 진행되는지, 예측하지 못한 돌발 상황의 발생이나 문제가 있는지, 중간점검과 환류(feedback)를 통하여 보다 나은 프로그램이 되기 위한 방안을 모색한다.

(3) 실천 평가와 프로그램 평가

이 평가유형은 개입대상에 따라 분류한다.

① 실천 평가(practice evaluation) : 사회복지사의 개입 노력, 즉 개인, 가족, 집단, 지역사회의 변화를 사정하는 것이다.

② 프로그램 평가(program evaluation) : 클라이언트 혹은 전체 지역사회 단위에 제공되는 프로그램의 효과성과 효율성을 평가할 수 있다. 즉 이는 의도된 결과를 달성하고 측정 가능한 영향을 성취할 수 있는 정도를 사정하는 것으로 제공된 서비스의 효과성을 검증하는 과정이라고 볼 수 있다.

3) 평가의 실제

사회복지실천현장에서 유용하게 사용될 수 있는 평가도구는 집단연구설계와 단일사례설계로 나누어 볼 수 있다. 집단설계는 개입방법의 효과를 과학적으로 증명할 수 있는 방법이지만, 사회복지실천의 성격상 흔히 사용될 수 있는 설계가 아니기 때문에, 여기서는 사회복지실천 평가도구로 유용하게 사용될 수 있는 단일사례설계를 중심으로 다루고자 한다.

(1) 집단연구설계

집단연구설계는 실험집단설계와 유사실험집단설계로 구분된다. 집단설계연구의 한계점은 개인차를 무시하고 통계적 의미를 중시함으로서 임상적 의미를 약화할 가능성이 높다는 점과 사회복지실천현장에서 많은 수의 클라이언트를 확보하기 어렵다는 점이다. 또한 실험연구를 시행함으로써 윤리적 문제가 발생할 가능성이 높다.

① 실험집단설계(experimental group design)

이 설계는 연구대상이 되는 두 집단을 무작위로 표집한 후 실험집단에 의도적인 개입을 하고 통제집단에는 개입을 하지 않은 채 두 집단 간의 결과 차이를 비교함으로써 개입한 방법의 성과를 파악하는 것이다. 이 실험은 다른 조건이 동일하다면 개입 후의 차이는 개입방법이 유효하다는 것을 보여주는 것이다(이애재, 2006).

〈표 14-1〉 실험집단설계

집단	표집방법	사전 조사	개입	사후 조사
실험집단	무작위 표집	O_1	X	O_2
통제집단	무작위 표집	O_3		O_4

O1, O3 : 사전 검사, O2, O4 : 사후 검사, X : 프로그램

실험집단설계는 매우 유용한 전략이지만 사회복지실천을 평가하는 실제적인 방법으로서는 다음과 같은 한계가 있다. 첫째, 사회복지실천에서 양적 연구에 적합한 사례 수를 확보하기가 어렵다. 둘째, 연구기간 동안 통제집단에 속한 클라이언트에게 문제해결을 위한 어떠한 개입도 하지 않아야 하는 것이 사회복지실천의 윤리적 문제를 야기할 수 있다.

② 유사실험집단설계 (quasi-experimental group design)

이 설계는 연구대상이 되는 두 집단을 의도적으로 표집한 후 실험집단에 의도적인 개입을 하고 통제집단에는 개입을 하지 않은 채 두 집단 간의 결과 차이를 비교함으로써 개입한 방법의 성과를 파악하는 것이다.

〈표 14-2〉 유사실험집단설계

집단	표집방법	사전 조사	개입	사후 조사
실험집단	의도적 표집	O_1	X	O_2
통제집단	의도적 표집	O_3		O_4

O1, O3 : 사전 검사, O2, O4 : 사후 검사, X : 프로그램

(2) 단일사례설계

단일사례설계(single subject design)는 단일체계설계(single system design)라고도 한다. 단일사례설계는 한 명의 클라이언트에 대해 개입 전, 개입 중간, 개입 후에 반복적으로 측정하여 개입으로 인한 변화를 평가한다(Zastrow, 2003). 개입 전에 클라이언트의 기능 수행에 대한 기초선을 측정하며, 개입이 끝난 후 마지막 측정은 목표가 성취된 정도를 결정할 수 있다.

단일사례설계의 장점은 목표와 산출에 초점을 맞추고, 측정된 산출결과에 대한 방법론을 제공한다는 점이다. 단일사례설계의 단점은 적용 범위가 매우 제한되어 있다는 것이다. 사회복지실천의 개입 중 행동적인 부분 안에서만 기법이 유용하기 때문이다.

사회복지사의 단일사례설계평가의 단계는 다음과 같다(Zastrow, 2003).

- 1단계 : 목표를 구체화한다.
- 2단계 : 적합한 측정방법을 선정한다.
- 3단계 : 기초선 자료를 기록한다.

- 4단계 : 개입을 선정한다.
- 5단계 : 개입을 실행하고 지속적인 모니터링을 실시한다.
- 6단계 : 변화를 사정한다.
- 7단계 : 효과성을 추론한다.

단일사례평가의 유형은 다음과 같이 분류할 수 있다.

① AB설계

AB설계는 개입 이전의 기초선을 알아보기 위해 사전 측정을 여러 번 한 후 개입기간 동안 연속적으로 측정을 하는 것으로써 A는 기초선(baseline), B는 개입(intervention)을 의미한다. 기초선의 형태와 개입 후의 형태에 변화가 보이면 개입이 효과가 있다고 본다.

- 단점

개입 전(A)에 개입이 없이 단순히 표적행동빈도만 관찰한다면 연구의 타당성을 입증할 수 있는 많은 요인들을 통제하기 어렵기 때문에 개입효과성이나 인과관계의 추정이 어렵다.

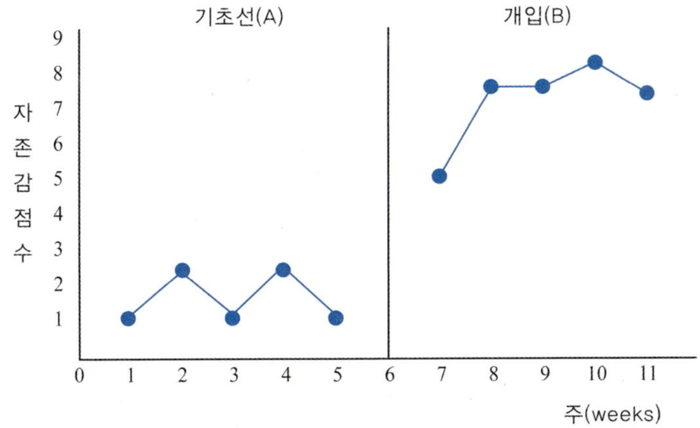

[그림 14-1] AB설계의 예

② ABA설계

이 설계는 AB설계에 개입 이후에 또 하나의 기초선(A)을 추가한 설계를 말한다. AB설계에 개입을 일정기간 실시하고, 개입을 중단한 후 표적행동을 관찰하는 설계이다.

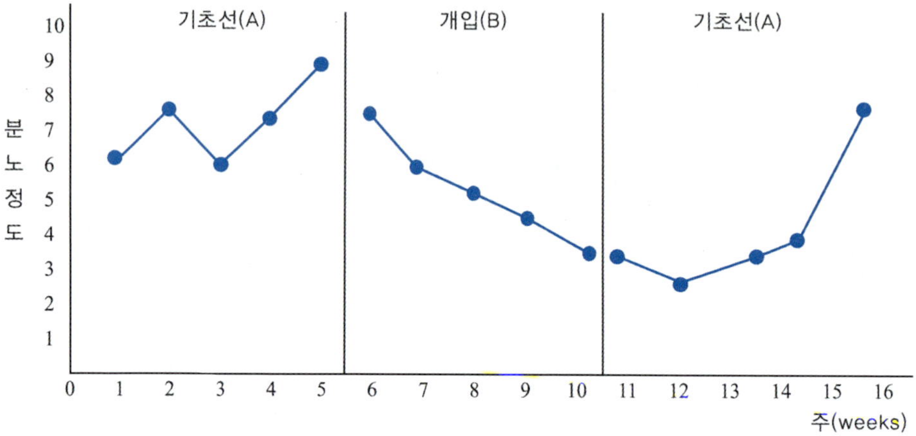

[그림 14-2] ABA설계의 예

③ ABAB설계

이 설계는 외생변수를 효과적으로 통제하기 위해 기초선 A와 개입 B를 추가하는 설계이다. 이 설계에서는 개입하지 않는 상태와 개입을 한 상태를 두 번 관찰함으로써 개입으로 인한 변화의 효과성을 확신할 수 있다. ABA의 개입을 중단한 후 다시 개입 B를 추가한 것이라서 반전(reversal) 설계 또는 철회(withdrawal) 설계라고도 한다.

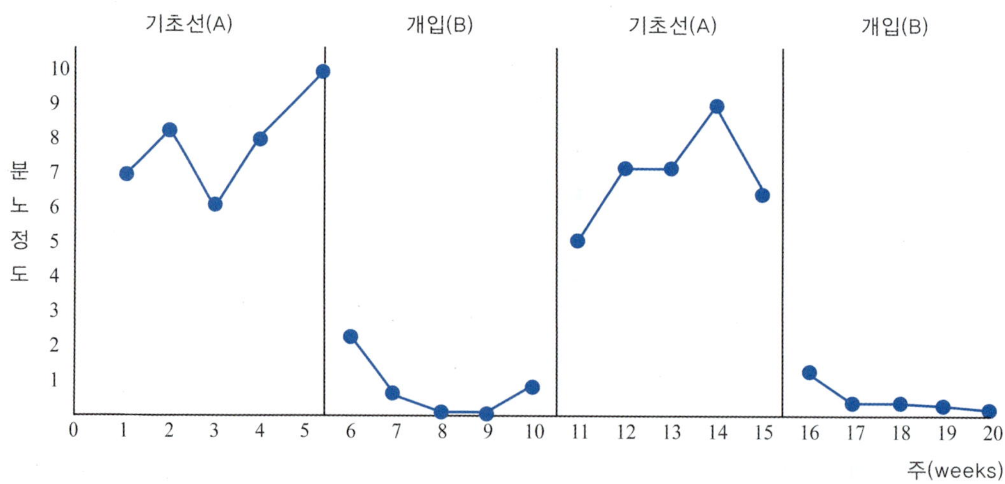

[그림 14-3] ABAB설계의 예

④ BAB설계

이 설계는 기초선 측정 없이 바로 개입할 때 사용한다. 클라이언트가 위기에 처해 있거나, 기초선을 측정할 수 없는 상황에서 곧장 개입하는 설계이다. 이 설계의 장점은 위급한 사회복지현장에서 기초선 조사를 할 여유가 없는 상황에서 개입할 때 사용하기가 좋다.

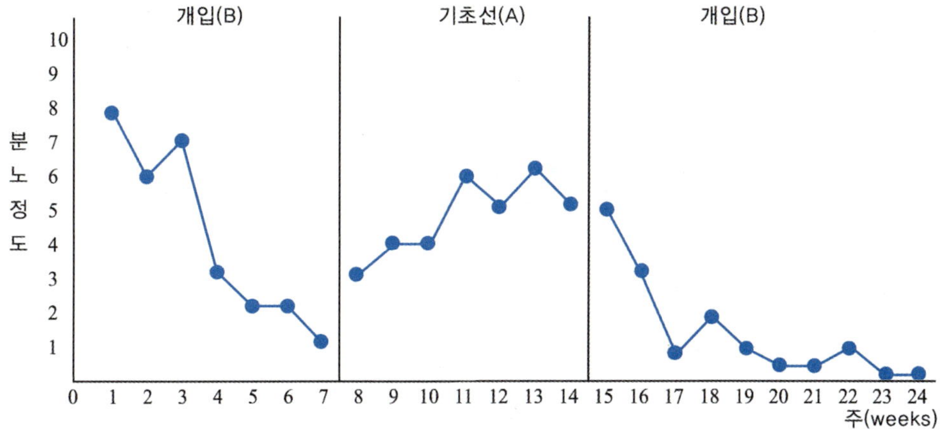

[그림 14-4] BAB설계의 예

⑤ ABCD설계

이 설계는 다중요소설계라고도 한다. 기초선 자료에 여러 개의 각기 다른 개입방법을 연속적으로 도입해 보는 방식이다. 즉 기초선 실시 후 B, C, D의 각기 다른 개입을 순차적으로 적용하는 방법이다.

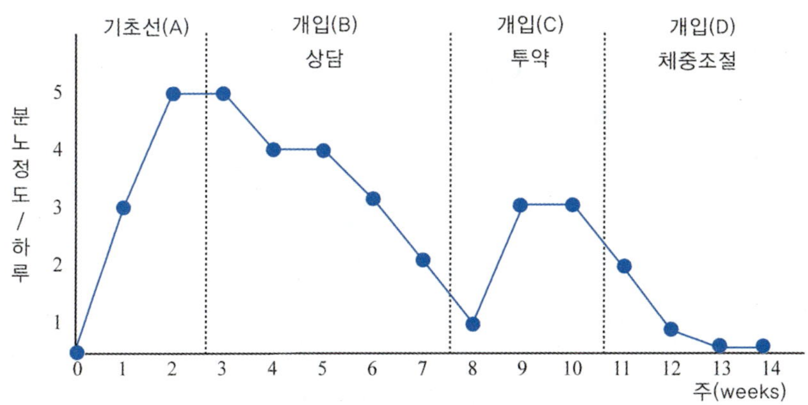

[그림 14-5] ABCD설계의 예

⑥ 복수 기초선 설계

이 설계는 AB설계로 구성되며, 동일한 개입방법을 각기 다른 사례에 반복적으로 적용하는 것이다.

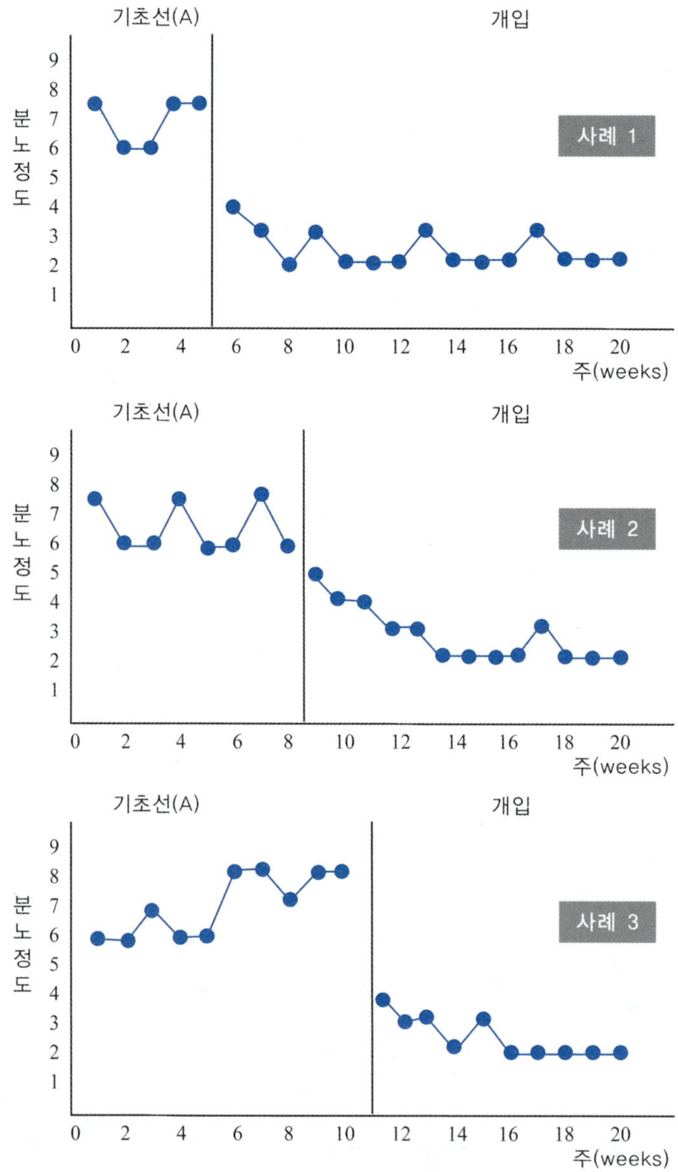

[그림 14-6] 복수기초선설계의 예

(3) 과업달성척도

과업달성척도(task achievement scaling)는 합의된 과업이 실제로 달성된 정도를 측정한다. 측정은 보통 4점 척도나 5점 척도를 이용한다(Johnson-Yanca, 2004; 한인영 외 공역, 2006 재인용).

〈표 14-3〉 과업달성척도 평점과 내용

평점	평점 내용
0	전혀 달성되지 않음
1	달성되지 않음
2	부분적으로 달성
3	상당히 달성
4	완전 달성

〈표 14-4〉 과업달성척도의 적용

과 업	달성 정도	평점
강 할머니에게 가정봉사원 배치하기	초기면접 후 서비스 제공	4
강 할머니에게 밑반찬서비스 주 2회 제공하기	복지관과 연결하여 주 1회 제공	2
강 할머니에게 이웃주민과 말벗서비스 주 4회 제공하기	부녀회 도움으로 매주 2회 제공	2

척도: 4=완전 달성, 3=상당히 달성, 2=부분적 달성, 1=달성되지 않음, 0=전혀 달성되지 않음

과업달성척도의 장점은 구체적이고 다양한 서비스 제공의 정도와 결과를 측정할 수 있으며, 사회복지사의 과업에 관한 결과와 성취도를 객관적으로 평가할 수 있고, 사례관리 대상자에 적합한 평가도구이다.

과업달성척도의 단점은 주관적인 평가가 될 가능성이 강하며, 결과만 평가되어서 의도나 노력에 관한 평가가 되지 못한다.

(4) 목표달성척도

목표달성척도(Goal Attainment Scaling; GAS)는 직접적이거나 간접적인 사회복지서비스 제공에서 클라이언트의 변화를 측정하는 유용한 평가도구이다. 목표달성척도는 사회복

지개입의 목표가 어느 정도 달성되었는지를 측정한다.

부모와 갈등관계에 있는 청소년에 대한 목표달성척도의 사례를 정리하면 다음과 같다(Boyle & Hull, 2006). 사회복지사는 클라이언트와 3~4개의 목표, 즉 분노 폭발 중단하기, 심부름 잘하기, 가족과 함께 하는 모임에 참석하기의 3가지 목표로 세웠다. 각 목표에 대해 가중치를 주고, 클라이언트의 개입 전 상태는 √로 하고, 변화한 결과에 대해 굵은 글씨로 표시하였다. 가중치가 반영된 변화점수를 계산한 후 최고변화점수와 비교하여 목표달성비율을 계산한다.

〈표 14-5〉 목표달성척도의 적용

구 분	문 제		
달성 수준	분노 폭발 중단하기	심부름 잘하기	가족과 함께하는 모임에 참석하기
가장 바람직하지 않은 결과(0)	분노 폭발을 매우 자주함 (하루에 2번 이상) √(개입 전)	심부름을 전혀 하지 않음 √(개입 전)	가족 모임에 전혀 참석하지 않음 √(개입 전)
기대 이하의 성공 (1)	분노 폭발을 덜 자주함 (하루에 1번)	계속적으로 요청할 때만 심부름을 함	가족 모임에 아주 가끔 참석함 √(개입 후)
기대한 성공(2)	분노 폭발을 적게 함 (일주일에 1번) √(개입 후)	한 번 더 요청하면 심부름을 함	적어도 일주일에 한 번은 가족 모임에 참석함
기대 이상의 성공(3)	분노 폭발을 거의 하지 않음(한 달에 1번)	요청을 하지 않아도 심부름을 함 √(개입 후)	가족 모임에 와달라고 요청할 때만 참석함
가장 바람직한 결과(4)	분노 폭발을 더 이상 하지 않음	다른 심부름할 것이 있는지 물어봄	요청하지 않아도 가족모임에 참석함
가중치	10	8	8
변화점수	2	3	1
가중치가 반영된 변화점수	20	24	8
최고 변화 점수	40	32	32
목표 달성비율	50%	75%	25%

목표달성척도의 장점은 일반적인 목표가 여러 가지 하위 목표로 분화되어 각 하위 목표의 성공과 실패의 정도를 측정하여 전반적인 목표 달성 여부를 계량적으로 파악할 수

있다. 또한 어느 서비스 제공이 어느 정도 효과가 있었는지 쉽게 평가할 수 있다. 그러나 하위 목표 설정이 주관적이어서 사회복지사가 쉽게 달성할 수 있는 목표를 설정하고 추진할 가능성이 있다는 점이 단점이다(손광훈, 2009).

(5) 클라이언트 만족도 조사

만족도 조사는 사회복지사가 클라이언트로부터 환류(feedback)를 받을 수 있는 방법이다(Boyle & Hull, 2006). 만족도 조사는 주로 폐쇄 질문으로 이루어지며, 클라이언트에게 사회복지사의 개입과정에서의 주요한 행동에 대한 질문을 한다.

만족도 조사의 장점은 사용이 간편하고 쉬우며, 비용이 적게 든다는 점이다. 그러나 이 평가의 단점은 클라이언트의 인식만 파악한다는 점이다.

〈표 14-6〉 클라이언트 만족도 조사의 적용

* 다음 각 문항에 5점 척도로 응답해 주십시오.
1=매우 반대, 2=반대, 3=보통, 4=동의, 5=매우 동의
1. 사회복지사는 신속하게 나의 의뢰에 대해 도움을 주었다. ____
2. 사회복지사는 나에게 충분하게 절차에 대해 설명하였다. ____
3, 사회복지사는 나의 말을 잘 들어주었다. ____
4. 사회복지사는 나의 질문에 잘 답변해 주었다. ____
5, 사회복지사는 나의 관심거리를 잘 이해해 주었다. ____
6. 사회복지사는 나를 존중해 주었다. ____
7. 나는 이 사회복지사를 내 친구나 가족에게 추천할 것이다. ____
8. 전반적으로 나는 나에게 제공한 서비스에 대해 만족한다. ____

요점정리

사회복지실천에서의 평가는 사회적 책무성 측면에서 중요시되며, 사회복지실천의 효과성과 효율성을 객관적으로 입증하는 역할을 한다.

사회복지실천 평가의 중요성과 필요성의 이유는 ① 전문직으로서의 책임성, ② 사회복지실천을 위한 지침 제공, ③ 실천에 활용 가능한 지식의 구축, ④ 사회복지실천현장의 피드백 등이다.

사회복지실천 평가란 클라이언트와 사회복지사가 결정한 목적과 목표를 계획대로 수행하였는지, 목표한 것이 실제로 이루어졌는지를 객관적이고 과학적인 방법으로 알아보는 것이다.

사회복지실천 평가유형은 자료의 속성, 평가 시기, 개입대상에 따라 다양하게 분류된다. ① 질적 평가와 양적 평가, ② 총괄 평가와 형성 평가, ③ 실천 평가와 프로그램 평가 등이다.

사회복지실천 평가도구로 ① 집단연구설계 : 실험집단설계, 유사실험집단설계, ② 단일사례설계 : AB설계, ABA설계, ABAB설계, BAB설계, ABCD설계, 복수기초선설계, ③ 과업달성척도, ④ 목표달성척도, ⑤ 클라이언트 만족도 조사 등이 있다.

토의문제

1. 사회복지실천 평가의 중요성과 필요성에 대해 토의해 보시오.
2. 단일사례설계의 유형 중 가장 기본적인 AB설계를 적용해 볼 수 있는 자신의 '행동' 목록을 기록해 보시오.

참고문헌

감정기 · 백종만 · 김찬우 (2005). 『지역사회복지론 : 이론 · 기술 · 현장』. 나남출판.

강문희 · 박 경 · 강혜련 · 김혜련 (2009). 『가족상담 및 치료』. 신정.

강철희 · 정무성 (2006). 『지역사회복지실천론』. 나남출판.

강흥구 (2007). 『의료사회복지실천론』. 학현사.

구혜영 (2010). 『사회복지실천기술론』. 신정.

권구영 외 (2008). 『사회복지실천론』. 창지사.

권중돈 · 김동배 (2005). 『인간행동과 사회환경』. 학지사.

권진숙 · 김상곤 · 김성천 · 박지영 · 유명이 · 유서구 · 이기연 · 조현순 (2009). 인천광역시 사회복지관 사례관리 실천을 위한 매뉴얼 연구보고서. 인천광역시사회복지관협회 · 사례관리연구회.

권진숙 · 박지영 (2008). 『사례관리의 이론과 실제』. 학지사.

권진숙 · 신혜령 · 김정진 · 김성경 · 박지영 외(2006). 『가족복지론』. 공동체.

길귀숙 · 강희숙 · 이재호 · 천덕희 · 김상곤 · 오영훈 · 현영렬 · 임승희 (2010). 『사회복지실천론』. 양서원.

김기태 · 김수환 · 김영호 · 박지영 (2008). 『사회복지실천론』. 공동체.

김만두 편역 (1993). 『복지서비스를 위한 사례관리실천론』. Moxley, D. P. (1993). *The Practice of Case Management*. 홍익재.

김상곤 (2010). "통합사례관리네트워크 구축방안". 고양시 무한돌봄센터 세미나 자료집.

김상곤 · 정연정 · 박호준 (2010). GN 강점기반 통합사례관리 모형 및 매뉴얼. 굿네이버스 · 한국사례관리학회.

김상균 외 (2005). 『사회복지 윤리와 철학』. 나남출판.

김상균 · 최일섭 · 최성재 · 조흥식 · 김혜란 (2002). 『사회복지개론』. 나남출판.

김성천 (2009). 가족복지실천에서의 관계. 한국가족사회복지학회 춘계학술대회 자료집. pp. 5-14.

김성천 · 김상곤 (2008). 상황적합맞춤형 실종아동 등 가족사례관리 모형개발. 보건복지부 · 어린이재단.

김수진 · 김은영 · 정민자 (2006). 『지역사회복지』. 형설출판사.

김용태 (2001). 『가족치료이론』. 학지사.

김유숙 (2003). 『가족치료』. 학지사.

김인수 · 송성자 · 정문자 · 이영분 · 김유숙 (1998). 『무엇이 좋아졌습니까? 해결중심치료의 적용』. 동인.

김종일 (2006). 『지역사회복지론』. 현학사.

김충식 (2005). 『사회복지실천론』. 형설출판사.

김충식 · 나용선 · 서상범 · 신상수 · 최명주 (2009). 『사회복지실천기술론』. 공동체.

김혜란 · 홍선미 · 공계순 (2001). 『사회복지실천기술론』. 나남출판.

김혜란 · 홍선미 · 공계순 (2005). 『사회복지실천기술론(개정판)』. 나남출판.

김혜란 · 홍성미 · 공계순 (2006). 『사회복지실천기술론(개정2판)』. 나남출판.

나동석 · 서혜석 (2009). 『사회복지실천론』. 학현사.

남기민 (2004). 『현대사회복지학의 이해』. 양서원.

남세진 · 조흥식 (2001). 『집단지도방법론』. 서울대학교출판부.

남일재 · 박형준 · 손정일 · 신현석 · 양정하 · 오종희 · 오주 · 유용식 · 이상직 · 이선영 · 이양훈 · 조윤득 · 최용 (2007).『사회복지개론』. 현학사.

남진열 · 강세현 · 전영록 · 유용식 (2009).『지역사회복지론』. 공동체.

도광조 (2008).『사회복지개론』. 양서원.

박세정 · 손명희 (2008).『사회복지실천론』. 양서원.

박세정 · 정왕용 · 이동춘 · 박연희 · 이장희 · 정영일 · 손순용 (2008).『사회복지실천기술론』. 창지사.

박영숙 · 김주연 · 황희숙 · 김수정 (2008).『사회복지실천기술론』. 대왕사.

박태영 (2003).『지역사회복지론』. 현학사.

백은령 · 김선아 · 양숙미 · 엄미선 · 윤철수 (2009).『사회복지실천론』. 대왕사.

서미경 외 (2005).『사회복지실천윤리』. 양서원.

서상철 (2006).『지역사회복지론』. 홍익제.

설진화 (2008).『사회복지실천기술론』. 양서원.

설진화 (2013).『사회복지실천기술의 이해』. 양서원.

손광훈 (2009).『사회복지실천기술론』. 공동체.

솔루션센터 (2003).『해결중심모델교재(초급, 중급용)』. 미국단기가족치료센터 부설 솔루션센터.

신성자 · 고요나 · 김수정 · 박용권 · 성희자 · 이원준 · 전보경 · 정숙희 · 최은지 (2017).『사회복지실천기술론』. 양성원.

안인경 (2003). 정신보건사회복지사 수련 이론교재. 한국정신보건사회복지학회.

양옥경 · 김정진 · 서미경 · 김미옥 · 김소희 (2004).『사회복지실천론』. 나남출판.

양옥경 · 최영민 (2005). 사회복지실천모델의 재검토 : 전통모델과 임파워먼트모델의 재검토. 한국사회복지학회 학술대회 자료집.

양점도 · 현영렬 · 조미숙 · 임희규 · 장정순 · 이문국 · 조성상 · 강준원 · 이예종 · 박경문 · 김진태 (2008).『사회복지학개론』. 광문각.

양정남 · 이유리 · 박순희 (2012).『사회복지실천기술론』. 양서원.

양정남 · 권구영 · 김화선 · 최은정 · 한혜경 (2009).『사례관리』. 양서원.

양정남 · 최선령 (2008).『사회복지실천론』. 양서원.

엄명용 · 김성천 · 오혜경 · 윤혜미 (2016).『사회복지실천의 이해』(4판). 학지사.

엄명용 · 노충래 · 김용석 (2005).『사회복지실천기술의 이해』. 학지사.

엄예선 (1994). 가족치료 과정을 이끄는 방법.『한국사회복지학』, 통권 23호, 261-286.

연세사회복지실천연구회 역 · Francis J. Turner 편 (2004).『사회복지실천이론의 이해와 적용』. *Social Work Treatment*. 나남출판.

우수명 (2004).『Program 개발과 평가』. 인간과 복지.

원요한 (2007).『사회복지실천기술론』. 학현사.

윤현숙 · 김기환 · 김성천 · 이영분 · 이은주 · 최현미 · 홍금자 (2005).『사회복지실천기술론』. 동인.

이미선 · 강우진 · 권향임 · 오영림 (2020). 『사회복지실천기술론』. 도서출판 신정.

이소희 · 최덕경 · 강기정 · 김 훈(2004).『가족문제와 가족복지』. 대왕사.

이애재 (2013). 『사회복지실천기술론』(개정판 2판). 양서원.

이영분 · 신영화 · 권진숙 · 박태영 · 최선령 · 최현미 (2008). 『가족치료모델과 사례』. 학지사.

이영실 · 윤순이 · 신준옥 · 오현숙 · 노길희 · 조명희 · 홍성희 (2015). 『사회복지실천기술론』. 양서원.

이영호 (2008). 『사회복지실천기술론』. 공동체.

이유섭 외 (2009). 『사회복지실천기술론』. 레인보우북스.

이윤로 (2007). 『사회복지실천기술론』(2판). 학지사.

이윤로 외 (2005). 『사회사업실천기술론』. 학현사.

이인정 · 최해경 (2004). 『인간행동과 사회환경』. 나남출판.

이장호 · 정남운 · 조성호 (2006). 『상담심리학의 기초』. 학지사.

이종복 · 전남현 · 김덕일 (2006). 『사회복지실천론』. 학현사.

이준우 · 이화옥 · 임원선 (2004). 『사회복지실천론』. 인간과 복지.

이팔환 외 공역 · 미국사회복지사협회 편 (1999). 『사회복지실천이론의 토대』. *The Foundations of Social Work Practice*. 나눔의 집.

이현림 (2008). 『상담이론과 실제』. 양서원.

이현림 · 김순미 · 천미숙 (2009). 『집단상담의 이론과 실제』. 양서원.

인천기독교종합사회복지관 (2010). 『사례관리사업 실천서』. 인천기독교종합사회복지관.

인천종합사회복지관협회 · 사례관리연구회 (2010). 인천광역시 사회복지관 사례관리실천을 위한 매뉴얼 연구보고서. 인천종합사회복지관협회 · 사례관리연구회.

임상사회사업연구회 역 · Rachelle A. Dorfman 편 (1997). 『임상사회사업기술론(수정증보판)』. *Paradigms of Clinical Social Work*. 홍익재.

임은희 (2004). 『사회복지실천론』. 학지사.

장수미 외 (2010). 『사회복지실천기술론』. 학지사.

장인협 (1989). 『사회사업실천방법론(상)』. 서울대학교출판부. pp.277-288.

장인협 (1993). 『사회복지개론』. 서울대학교출판부.

장인협 (2005). 『사회복지실천론(中)』. 서울대학교출판부.

장인협 (2005). 『사회복지실천론(下)』. 서울대학교출판부.

전남련 · 박정란 · 윤기종 · 이효수 (2012). 『사회복지실천기술론』. 정민사.

전재일 · 이성희 (2006). 『사회복지실천기술론』. 형설출판사.

전재일 · 이종복 · 조운희 · 이준상 · 이애재 · 이성희 (2002). 『사회복지실천론』. 형설출판사.

정문자 (2003). 『사티어 경험적 가족치료』. 학지사.

정문자 · 송성자 · 이영분 · 김유순 · 김은영 (2008). 『해결중심단기치료』. 학지사.

정순돌 · 김경미 · 박선영 · 박형원 · 최혜지 · 이현아 (2007). 『사회복지와 임파워먼트』. 학지사.

조휘일 외 (2005). 『사회복지실천기술론』. 학지사.

조휘일 · 이윤로 (2002). 『사회복지실천론』. 학지사.

천덕희 (1998). 정신보건사회복지사 임상수련 매뉴얼. 연세대학교 의과대학 세브란스정신건강병원.

천덕희 (2010). 정신보건사회복지사 수련 이론교재. 한국정신보건사회복지사협회.

최경화 · 김재열 · 유인애 · 석재은 · 황성식 · 안성의 · 이형진 (2010). 『사회복지실천기술론』. 신정.

최덕경 · 강기정 · 박경애 · 박주현 · 배은숙 · 이명순 · 이혜자 (2010). 『가족복지론』. 파란마음.

최선령 · 이인수 역(2005). 『가족치료임상에서 삼각관계활용 – 보웬의 체계적 가족치료 적용』. 시그마프레스.

최선화 (2008). 『풀어쓴 사회복지실천기술』. 3판. 공동체.

최선화 (2007). 『풀어쓴 사회복지실천기술』. 양서원.

최선화 (2008). 『풀어쓴 사회복지실천기술론』. 공동체.

최옥채 (2007). 『사회복지실천론』. 양서원.

최일섭 · 류진석 (2003). 『지역사회복지론』. 서울대학교출판부.

최일섭 · 이현주 (2006). 『지역사회복지론』. 서울대학교출판부.

최재성 (2000). 사회복지평가제도의 진단과 개선방안. 한국사회복지행정학회, 2000년 추계학술대회 및 워크숍 자료집.

최항순 (2007). 『지역사회복지론』. 대영문화사.

한국 버지니아 사티어 연구회 역 (2000). 『사티어모델』. 김영애가족치료연구소.

한국사례관리학회 (2011). 『사례관리전문가 교육교재 : 실무자 기초과정』. 한국사례관리학회.

한국임상사회사업학회 (2008). 『가족복지론』. 양서원.

한국전문대학사회복지교육협의회 (2005). 『사회복지실천론』. 공동체.

한국정신보건사회사업학회 (2001). 『정신보건 전문요원 수련교재』. 양서원.

허남순 외 (2004) 『사회복지실천 이론과 기술』. 나눔의집.

황철수 · 정주석 · 임구언 · 오정옥 · 박영국 (2010). 『사회복지실천기술론』. 양서원.

1급사회복지사시험연구회 편 (2009). 『사회복지실천기술론』. 도서출판 나눔의 집.

Boyle, S. W. & Hull, G. H. (2006). *Direct Practice in Social Work*. Pearson Education, Inc.

Boyle, Scott W., Hull, Grafton H. Jr., Matter, Jannah Hurn, Smith, Larry Lorenzo, & Farley O. William (2006). *Direct Practice in Social Work*. Allyn & Bacon.

Brenner, C. (1975). *An Elementary Textbook of Psychoanalysis*. New York : Doubleday Anchor Books.

Brill, N. (1997). *Working with people : The Helping Process*(6th ed). New York : Longman.

Brown, J. (1992). *Handbook of Social Work Practice*. Springfield Ill. : Charles C. Thomas.

Brown, L. & Levitt, J. (1979). A Methodology for Problem : System Identification. *Social Casework*, 60, 408-415.

Collins, D., Jordan, C., & Holman, H. (1999). *An Introduction to Family Social Work*. Itasca : F. E Peacock Publishers, Ins.

Compton, B. & Galaway, B. (1994). *Social Work Processes* (6th ed.). Pacific Grove, CA : Brooks/Cole Publishing Company.

Cournoyer, Barry 저 · 김인숙 · 김용석 역 (2002). 『사회복지실천기술 연습』. *The Social Work Skills Workbook* (3rd ed.). 1991). 나남출판.

Dejong, P. & Berg, Insoo Kim (1998). *Interviewing for Solutions*. Brooks/Cole Publishing Company. 허남순 ·

노혜련 역(2000). 『해결을 위한 면접』. 학문사.

Dobson, K. (1988). *Handbook of Cognitive-Behavioral Therapies*. N.Y. : The Guilford Press.

Edelwich, J. & Brodsky, A. (1992). *Group Counseling for the Resistant Client : A Practical Guide to Group Process*. New York, NY : Lexington Books.

Francis, T. (1986). *Social Work Treatment : Interlocking Theoretical Approach*(3rd ed). New York : The Free Press.

Gehart, Diane R. & Tuttle, Amy R. (2003). *Theory-based Treatment Planning for Marriage and Family Therapist*. Thomson Brooks/Cloe.

George, R. & Dustin, D. (1988). *Group Counseling : Theory, Methods and Practice*. Englewood Cliffs, NJ : Prentice-Hall.

Gerald Corey 저 · 조현춘 · 조현재 역 (2003). 『심리상담과 치료의 이론과 실제』. 시그마프레스.

Glicken, M. D. (2004). *Using the Strengths Perspective in Social Work Practice*. Boston, MA : Pearson Educations, Inc.

Goldstein, E. G. (1995). *Ego Psychology and Social Work Practice*. New York : The Free Press.

Guerin, P. J. Jr., Fogarty, T. F., Fay, L. F., & Kautto, J. G. (1996). *Working with Relationship Triangles : The One-Two-Three of Psychotherapy*.

Gursansky, D., Harvey, J., & Kennedy, R. (2003). *Case Management Policy, Practice and Professional Business*. Columbia University Press New York.

Gutiérrez, L., Parsons, R., & Cox, E. (1998). *Empowerment in Social Work Practice*. 김혜란 · 좌현숙 · 차유림 · 문영주 · 김보미 역(2006). 『사회복지실천과 역량강화』. 나눔의 집.

Hardcatle & David, A. et. al. (1997). *Community Practice*. Oxford University Press.

Herbert, S. (1986). *Clinical Social Work : Theory and Practice*. London : The Free Press.

Hollis, F. & Woods, M. E. (1981). *Casework : A Psychosocial Therapy*(7th ed). New York : Random House.

Hollis, F. (1967). *Casework : A Psychosocial Therapy*(7th ed). New York : Random House.

Hollis, F. (1970). The psychosocial approach to the practice of casework. In Roberts, R. & Nee, R. (Eds.), *Theories of Social Casework*. pp. 33-75. Chicago : University of Chicago Press.

Jill Doner Kagle (1991). *Social Work Recording*. 홍순혜 · 한인영 공역 (1997). 『사회사업기록 – 이론과 실제』. 학문사.

Johnson, L. C. & Yanca, S. J. (2002). *Social Work Practice : A Generalist Approach*. Boston : Allyn and Bacon.

Johnson, L. C. (1995). *Social Work Practice : A Generalist Approach* (5th ed.). Boston : Allyn and Bacon.

Johnson, L. C., & Yanca, S. J. (2004). *Social Work Practice : A Generalist Approach*. Allyn and Bacon, 한인영, 장수미, 최정숙, 박형원 역 (2006). 『사회복지실천론 : 일반주의 관점』. 하나의학사.

Joseph, W. (2006). *Theories for Direct Social Work Practice*. Thomson Brooks/Cole.

Kadushin, A. & Kadushin, G. (1997). *The Social Work Interview*(4th ed). New York : Columbia University Press.

Malcolm, P. (1991). *Modern Social Work Theory : A Critical Introduction*. London : Macmillan Press ltd.
Mcgoldrick, M. & Gerson, R. *Genograms in Family Assessment*. 이영분 · 김유숙 역 (1992). 『가족분석가계도』. 홍익재.
Miley, K. K., O'Melia, M., & Dubois, B. (1998). *Generalist Social Work Practice : An Empowering Approach*. Needham Heights : Allyn and Bacon.
Nichols & Schwartz (1995). *Family therapy : Concepts and methods*(3rd ed). Boston : Allyn and Bacon.
Northen, H. (1995). *Clinical Social Work : Knowledge and Skills*(2nd ed). New York : Columbia University Press.
Onyett, S. (1998). *Case Management in Mental Health*. UK : Stanly Tomas.
Papell, C. & Rothman, B. (1966). Social groupwork models : possession and heritage. *Journal of Education for Social Work, 2*(2), 66-77.
Rapp, R., Kelliher, C., Fisher, J., & Hall, F. (1994). Strengths-based Case Management : A Role in Addressing Denial in Substance Abuse Treatment. *Journal of Case Management*, 3(4), 139-44.
Reid, W. (1997). *Social Work Practice with Groups : A Clinical Perspective*. CA : Brooks/Cole.
Ripple, L., Alexander, E., & Polemis, B. (1964). *Motivation, Capacity and Opportunity*. Chicago : University of Chicago Press.
Rose, S. & Moore, V. L. (1995). *Case Management. In Encyclopedia of Social Work*. Eds R. L. Edwards, J. G. Hopps, L. D. Bernard et al. Washington : NASW Press. pp. 335-40.
Rothman, J. (1995). *Approaches to Community Intervention*. In Jack Rothman et al., Strategies of Community Intervention, Peacock.
Rubin, Herbert, & Irene Rubin (2001). *Community Organizing and Development*(3rd ed). Boston : Allyn and Bacon.
Saleebey, D. (Ed.). (1992). *The Strengths Perspective in Social Work Practice*. New York : Longman.
Saleebey, D. (Ed.). (2002). *The Strengths Perspective in Social Work Practice* (4th ed.). Boston : Pearson Education, Inc.
Saleebey, D. (Ed.). (2006). *The Strengths Perspective in Social Work Practice* (4th ed.). Boston : Pearson Education, Inc.
Schulman, L. (1992). *The Skills of Helping : Individuals, Families, and Groups*(3rd. ed.). Itasca. IL : Peacock Publishers.
Sheafer, B., Horejsi, G., & Horejsi, C. (2005). *Techniques and Guideline for Social Work Practice*. Boston : Allyn & Bacon.
Sheafer, B., Horejsi, G., & Horejsi, C. 저 · 서울대사회복지실천연구회 역 (1998). 『사회복지실천기법과 지침』. *Techniques and Guidelines for Social Work Practices*. 나남출판.
Shulman, L. (1984). *The Skill of Helping Individuals and Groups*. Itasca, IL : Peacock.
Sullivan, W. & Fisher, B. (1994). Intervening for Success : Strengths-based Case Management and Successful Ageing. *Journal of Geontological Social Work, 22*(1/2), 61-74.

Summers N. (2004). *Fundamentals of case Management Practice : Skills for the Human Service*(3ed). Belmont, CA : Brooks/Cole, Cengage Learning.

Thornton, T., Craft, C., Dahlberg L., Lynch, B., & Bear, K. (2000). *Best Practices of Youth Violence Prevention : A Sourcebook for Community Action*. Atlanta : Center for Disease Control and Prevention, National center for Injury Prevention and Control.

Toman, W. (1995). *Family Therapy and Sibling Position*. Northvale, NJ : Jason Aronson Inc.

Toseland, R. & Rivas, R. (1995). *An Introduction to Group Work Practice*(2nd ed.). New York : Macmillan.

Trevithick, P. (2000). *Social Work Skills : A Practice Handbook*. Philadelphia, PA : Open University Press.

Turner, F. (Ed.) (1996). *Social Work Treatment*(4th ed). New York : The Free Press.

Warren, R. L. (1978). *The Community in America*. Chicago : Rand Mcnally.

William A. Griffin (2003). 『가족치료모델』. 하우.

Woodrow, R. (1983). Casework : A psychosocial therapy. In Meyer, C. H. (Ed.), *Clinical Social Work in the Eco-systems Perspective*. New York : Columbia University Press.

Woods, M. & Hollis, F. (1990). *Casework : A Psychosocial Therapy* (4th ed). New York : McGraw-Hill.

Woodside, M. & McClam, T. (2006). *Third Edition Generalist Case Management a Method of Human Service Delivery*. Belmont, CA : Thomson Brooks/cole.

Zastrow, C. (1987). *Social Work with Groups*. Chicago : Nelson-Hall.

Zastrow, C. (2003). *The Practice of Social Work*. Brooks/Cole, Thomson Learning, Inc.

찾아보기

ㅇ

ㅈ

ㅊ

저자 약력

길귀숙 숭실대학교 대학원 졸업(사회복지학 석사)
숭실대학교 대학원 졸업(사회복지학 박사)
광주여자대학교, 열린사이버대학교, 대구사이버대학교 사회복지학과 교수 역임
현, 인덕대학교 사회복지학과 교수

강희숙 서울대학교 대학원 졸업(보건학 석사)
서울대학교 대학원 졸업(보건학 박사)
성균관대학교 대학원 졸업(사회복지학 박사수료)
현, 공주대학교 사회복지학과 교수

김상곤 중앙대학교 대학원 졸업(사회복지학 석사)
숭실대학교 대학원 졸업(사회복지학 박사)
중앙대학교부설종합사회복지관 부장, 한국학교사회복지사협회 협회장(2대),
한국사례관리학회 대외협력위원장, 안산대학교 사회복지과 교수 역임

오영훈 숭실대학교 대학원 졸업(사회복지학 석사)
한남대학교 대학원 졸업(사회복지학 박사)
한국치료레크리에이션사회복지학회 이사, 건양대학교병원 의료사회사업실장 역임
현, 대전과학기술대학교 사회복지과 교수

유용식 숭실대학교 대학원 졸업(사회복지학 석사)
숭실대학교 대학원 졸업(사회복지학 박사)
현, 충청북도사회복지사협회 이사, 제천시사회복지협의체 대표위원
세명대학교 사회복지학과 교수

임승희 숭실대학교 대학원 졸업(사회복지학 석사)
영국 버밍엄대학교 대학원 졸업(사회복지학 박사)
연대 세브란스병원 호스피스실 사회복지사, 한북대학교 교수 역임
현, 신한대학교 사회복지학과 교수

천덕희 이화여자대학교 대학원 졸업(사회복지학 석사)
숭실대학교 대학원 졸업(사회복지학 박사)
연대 세브란스정신건강병원 사회사업실장, 가톨릭관동대학교 국제성모병원 사회사업팀장,
동원대학교 사회복지과 교수 역임
현, 강남대학교 사회복지학부 교수

현영렬 동경도립대학교 대학원 졸업(사회복지학 석사)
서울시립대학교 대학원 졸업(사회복지학 박사)
사회복지법인 애지재단 근무
현, 서정대학교 사회복지행정과 교수

▌사회복지실천기술론(2판)▐

1판 1쇄 발행 2015년 1월 5일
1판 5쇄 발행 2020년 3월 5일
2판 1쇄 발행 2021년 3월 5일
2판 5쇄 발행 2025년 2월 28일

저　　자 | 길귀숙 · 강희숙 · 김상곤 · 오영훈
유용식 · 임승희 · 천덕희 · 현영렬
발 행 인 | 박철용
발 행 처 | 양서원
주　　소 | 경기도 파주시 직지길 522 파주출판도시
전　　화 | 031-955-8000(代)
팩　　스 | 031-955-8005
홈페이지 | www.yswpub.co.kr
이 메 일 | yswgroup@naver.com
출판등록 | 1987년 11월 24일 제 406-2003-037 호

ISBN 978-89-994-1125-0

정가 22,000원